U0582571

金岳霖全集

第四卷　下

人民出版社

《金岳霖全集》编辑委员会

第 四 卷

（下）

客观事物的确实性和形式逻辑的头三条基本思维规律[*]

为了使得思维认识能够正确地反映客观事物及其规律，两个带根本性的矛盾需要解决。一个大矛盾是客观事物的不断运动变化发展和思维认识的僵化，客观事物的普遍联系和思维认识的孤立化，客观事物的整体性和思维认识的零碎化等的矛盾。另一个大矛盾是客观事物的确实性和思维认识经常出现的不确定性的矛盾。逻辑是为真理服务，为认识服务的工具。解决前一矛盾的主要是辩证逻辑。解决后一矛盾的主要是形式逻辑。本文的题目是后一方面的。

一、客观事物的确实性和思维认识的可能的不确定性的矛盾

（一）客观事物的确实性

（1）什么是确实性。客观事物的确实性说的是，它们的形色状态是独立于我们的思维认识而然的关系质，或者说，独

---

* 原刊于《哲学研究》1962 年第 3 期。——编者注

立于思维认识而这样或那样的关系质。(关系质是因关系而有的质,例如甲是父亲,父亲这一质就是因甲是乙的父亲而有的关系质)这句话需要解释。客观事物是独立于我们的思维认识而存在的。显然存在不是光溜溜的,存在总是具有各种各样的性质和关系的,总是有同有异的。我们把这些都叫做形色状态。客观事物既然是独立于我们的思维认识而存在的,它们的形色状态也是独立于我们的思维认识而然的,或者说,而这样或那样的。确实性是不能离开独立性的。在许多场合上,我们只提独立性就够了,不必提确实性。但是,就现在所讨论的矛盾说,确实性是头等重要的事情。说客观事物的形色状态是独立于我们的思维认识而这样或那样的,也就是说它们是哪样的,它们就是那样的,不是因为我们思维认识到它们,它们才是那样的。假如一客观事物有子、丑、寅、卯等等的形色状态,这个事物是子,它就是子,不是因为我们思维认识到它,它才是子,其余同样。概括地说就是:甲是甲(口说时"是"字声音大),或甲就是甲(口说时"就"字声音大)。一客观事物是甲,它确实是甲。这是所谓"实"的根本意义之一。这个"实"的意义是本来,是没有外加。对于它,我们的思维认识不能附加不能减少,它如何,它就那样。有两点我们要注意。我们这里说的是客观事物形色状态的确实性,而不是形色状态本身。如果表示形色状态的是形容词,表示确实性的是副词,"红确实地是红"。为什么我们要提出这一点呢?我们要着重地指出确实性不是形色状态之一,而是任何形色状态所有的独立于思维认识而这样或那样的关系质。第二点我们要注意的是,确实性是针对于思维认识而说的,不是形色状态彼此独立。形色状态彼此的联系或关系完全是另外一回事。为什么要提到这一点呢？确实性不涉及客观事物的相对稳定或急剧变化，也不涉及形色状态各自相对稳定或急剧变化。如果某一事物是相对稳定的，那么，它确实是相对稳定的，这就是说，它是独立于思维认识而相对稳定的。如果某一事物是急剧变化的，那么它确实是急剧变化的，这也就是说，它是独立于思维认识而急剧变化的。以上说的不只是客观事物独立于思维认识而存在，而且它们的形色状态也是独立于我们的思维认识而这样或那样的。

（2）确实性与变革现实的实践。有人会问：认识是不能够离开实践的，而实践是需要变革现实的，这岂不是要变革确实性吗？毛泽东同志说过：你要知道梨子的滋味，你就得变革梨子，亲口吃一吃。这是认识和认识论的大道理。不仅感性认识需要变革现实的实践，理性认识也要。普通所谓实验或试验也是这样的实践。为了认识，我们所需要变革的大都是认识的条件，不是认识的对象。当然，在很特殊的情况下，我们也要用实践来变革认识的对象，因为对象本身成为阻碍认识它的条件，例如原子。在这种情况下我们要用实践来冲破原子；这样做我们还是为了克服阻碍认识原子的条件。认识本身不变革它的对象。就以上面的梨子说，变革的是那梨子的形状，它原来是完整的，现在有了咬去的一块空白，但是所要知道的滋味没有变革。我们要变革梨子的形状去发现它的滋味，没有前者是不能得到后者的。但是，认识的对象不是被思维认识所变革的。果然，认识变革了它的对象的话，在感性方面我们事实上成为休谟主义者，因为客观事物的本来面目感觉就反映不出来了；而在理性上我们又成为康德主义者，因为原理原则就不反映物自体的规律了。认识的对象是不能够也不应该被思维认识所变革的。显然，假如我们要知道的不是梨子的滋味而是它的重量，我们决不会先咬它一口。要不要变革它的条件呢？要。我们要称它。认识是需要深入的。但是，认识的深入不是变革对象的确实性，认识的深入是撇开现象的确实性，深入到本质的确实性，撇开偶然的确实性，深入到必然的确实性，撇开支流的确实性，深入到主流的确实性……认识总是要由浅入深的，但是，无论是浅也好深也好，认识总是要反映对象的确实性的。对象的形色状态不是相等的，它们有深有浅有表有里，但是，它们又都有确实性。它们都是独立于我们的思维认识而这样或那样的形色状态。认识总是要反映确实的形色状态的。在这里我们可以说我们实在是进行两方面的斗争。一方面我们反对那种否认实践作用的静止的认识论，抹杀主观能动性的认识论，我们坚持认识过程是需要变革现实的实践的。另一方面我们也反对客观主义地对待形色状态的认识论。我们坚持形色状态是不平等的，而认识是需要深入的。无论在哪一方面我们都坚持认识是要反映客观事物的确实性的。

（3）思维认识不改变客观对象的形色状态。上段已经提到这一点，现在简单地引申一下，因为有人感觉到确实性难于抓住。我们举一个例吧！我们说：天安门城墙的颜色确实是红的。我们究竟说了什么呢？这句话可能包括这些意思：天安门城墙的颜色不是我们说它是红的，它就是红的，不是我们想象它是红的它就是红的，不是有人制造错觉或幻觉使我们看起来它好像是红的,而是它客观地是红的。这又是什么意思呢?就正确的认识说,分析到最后,这句话是说天安门城墙的颜色不是因为我们思维认识到它,它才是红的,而是说如果我们不思维认识到它,它仍然是红的。这就是说,我们虽然认识了天安门城墙的颜色,我们虽然用了"红"这一概念去反映它,我们和它虽然有了这种思维认识的关系,然而我们的思维认识不影响它,不改变它。这就是说,天安门城墙的颜色是独立于我们的思维认识而红的。客观事物形色状态的这个不受思维认识的影响,不为思维认识所改变的情况,就是客观事物形色状态的确实性。

(4)客观化了的维认识的确实性。正在我们头脑里进行的思维认识只是主观的思维认识。这样的思维认识不仅别人不知道,事后连自己也经常忘记。但是,思维认识是有语言作为它的"物质"外壳的。通过它的"物质"外壳,思维认识是可以转化为客观事物的。说出来了的,特别是写出来了的思维认识都是已经转化为客观事物的思维认识。我们要特别指出,这样的思维认识仍然不是物质。它仍然是看不见摸不着的,一般地说,感觉不到的。如果我们不指出这一点,我们可能会混淆物心的界限。但是,指出这一点之后,我们也要承认这种转化了的思维认识是客观事物。这样的思维认识也经常是我们研究的对象。这也就是说,它是研究它的思维认识的对象。逻辑学所研究的对象正是这样的思维认识的形式及其规律。作为对象的思维认识,客观化了的思维认识也和其他的客观事物一样有它的确实性。这就是说,这样的思维认识的形色状态是独立于我们的研究(思维认识)而然的。不然的话,逻辑就不成其为科学了。

（5）客观世界确实性的规律。确实性被掌握了之后,我们就可以进一步发现它的规律。我们是彻底的可认识论者。我们只承认有尚未被我们认识的事物,不承认有不可知的事物。客观事物是千变万化多种多样无限丰富的,它们的形色状态,如果用比喻说的话,是万头攒动纷至沓来的。认识是艰巨的,长期的,没有止境的。但是,其所以可能是因为无论客观事物多么复杂,它们都有确实性。没有确实性的客观事物就成为不可知的了。事实上客观事物是可知的,因此,它们必然地是有确实性的。这还是不够的。客观事物不只是有确实性而已,而且它们的确实性只有一个。在这里说确实性只有一个好像难于了解似的,在这里可能不如说本来面目只有一个。其实所谓本来面目就是确实性。正如所谓本来面目一样,确实性只能是一个,不可能是多样的。确实性是独立于认识而然（即这样或那样）的关系质。独立于思维认识而"然"的情况只有一个。独立于认识而"然"的就是不受思维认识的影响的。受影响时的影响可能是多种多样的,不受影响时的没有影响只是原来的一个而已。显然客观确实性只有一个。这就是关于确实性的客观规律。

（二）思维认识的可能的不确定性

（1）思维认识的确实性和确定性。确实性和确定性一般地说是没有混淆的问题的。客观物质事物有确实性,但是,至少在我们现在讨论的范围内,它们无所谓确定性。思维认识就不同了。任何客观化了的思维认识,作为客观事物,都有确實性,它們的確實性是一樣的。但是,它們的確定性就不一樣了。下面(甲)、(乙)、(丙)三個例子都是客觀化了的思維認識,作為客觀事物,它們的確實性是一樣的。(甲)"下雨天留客天留客不留"。(乙)"下雨天留客,天留客不留"。(丙)"下雨天,留客天,留客不?留"。(甲)、(乙)、(丙)的形色狀態不同,它們的確實性是一樣的,它們同樣的是獨立於我們的認識而然的。這就是說,它們是獨立於我們現在的思維認識而甲樣或乙樣或丙樣的。但是,它們的確定性不一樣。(甲)沒有確定性,它沒有說什麼,它只是有一定秩序的十個漢文字而已。它可能有幾個解釋,但是,單靠它自己,我們是無法決定的。(乙)有確定性,但是,思想比較簡單。(丙)有確定性,它複雜多了,它陳述了情況,它有問有答。它的思想和(乙)的很不一樣。(甲)、(乙)、(丙)都有確實性,他們不都有確定性。確實性和確定性是不一樣的。確實性是確定性的必要條件,不是充分條件。上面三個例子也就證明了這一點。從一般的認識論着想,我們可能要着重地指出確實性之為必要條件。思維認識如果沒有確實性它也不可能有確定性。但是,從本文的特定角度說,我們要着重地指出:確實性並不充分。這就是說,在思維認識過程中出現的而又客觀化了的思維認識並不都是確定的。

(2)何謂確定性。下面利用句子或命題或判斷來介紹確定性。如果一句句子(或命題或判斷,以下同此)說了什麼,或者有意義,或者有真有假,該句子是確定的;反過來,如果一個句子沒有說什麼,或者沒有意義或者既不可能是真的也不可能是假的,那麼該句子是不確定的。確定性或不確定性是一个复杂的问题。自相矛盾的句子,就是不确定的句子,而自相矛盾是极其复杂的问题。悖论我就不懂。把属于不相干的论域的东西结合在一块儿的句子是废话,也是不确定的,例如"公道是二的开方"。这样的废话很明显,在思维认识过程中可能是不大出现的,但是,不确定的东西不都是这样明显的。在本条我们只是介绍一下确定性和不确定性而已。

（3）不确定的思维认识的例子。也许有人会怀疑:思维认识是否能够不确定? 他们可能会说,在思维认识的过程中,不确定的东西可能出现,但是,这样的东西能够被保存下来,被正式地提出来吗? 我们且看下面这句句子。这样的句子在20世纪30年代某日报的短评中出现过,我从前在课堂上引用过。现在是靠记忆写出来的,字句可能有差别。

"本来中苏边界相隔太近,脚踏一步,即已出国。"这样的句子曾经被想出来了,写出来了,而且印出来了,显然,它不只是在思维认识过程中昙花一现而已。在汉语语法上,我看不出它有什么毛病。就我个人的感觉说,文字还很简洁。有些同志可能认为这里有语言上约定俗成问题。有些字汇不合理,可是,约定俗成,用起来并不犯错误。"在未解放之前","超出讨论范围之外"都是不合理的;解放有"之前",未解放没有"之前";范围可以"超出",范围之外无法"超出"。但是,我们用这些字汇,不是按不合理的方面去用的,了解也不是。上面的例子不是这样的东西。中苏边界能相隔吗? 如果能相隔的话,两国中任何一国的边界是中苏边界吗? 这里是能相隔不能相隔的问题。能相隔才有远近问题,不能相隔就没有远近问题。如果根本不能相隔,也就无所谓太近了。至于"脚踏一步,即已出国",要看从哪里踏起。如果从广州或昆明踏起,踏上几百万步也不行,如果正站在边界上去踏,可能一步不动,半个身子已经出国了。"本来"两字最难体会。是不是说中苏边界有特点,它相隔太近,而法意、意瑞、加美等边界就不同呢? 后者都相隔很远呢? 是不是在这些边界上脚踏一步就不能出国了呢? 显然这句句子所表达的思维认识是不确定的。它虽然是句子,虽然包含了十几个字,虽然想出来了,写出来了,印出来了,然而它没有说什么,它所表达的思维认识是不确定的,是不可能反映客观现实的。

(4)不确定性仍然发生。认识的发展是知识越来越多,也越来越广越深越复杂。在这个发展中,不确定性思维认识是否也越来越少了呢? 不确定的思维认识仍然是不断地产生的。我的文章里就有,别人的文章里不见得就没有。它是增加,还是减少呢? 我没有研究过,不敢说,有些不确定性的性质可能是越来越清楚了。大体说来,形式逻辑里所讲的形式的和部分的实质的错误也可以说是不确定性的分类,纠正这些错误就是避免不确定性;遵守形式结构的要求也是对确定性的保障。这只是一个方面而已。科学愈发达,思维认识也愈来愈复杂,愈准确,愈精密。随之而来的是新的不确定性。以自相矛盾为例。有些自相矛盾是跟着数学或逻辑学的发展而出现的,这些是古时候所不可能有的。不确定的思维认识在刊物上出现的时候,似乎比从前少了些,但是,在思维过程中还是会不断地产生,就是在刊物上也不会绝迹。

（三）矛盾和解决矛盾的方式

（1）反映规律之一。客观事物之没有不确实性和思维认识之有不确定性是有矛盾的,而这个矛盾是相当根本的。无论如何,它是本节所讨论的主要矛盾。这个矛盾的主导面是遵守辩证唯物主义的原理原则的。物质是第一性的,思维认识是第二性的,这样一个最根本的原理是贯彻到这个矛盾里来的。我们是反映论者,思维认识不仅是客观事物的反映,而且是要正确地反映客观事物的。显然,在本矛盾中客观确定性是主导的一面。我们要克服的是思维认识的不确定性。反映是有规律的,而规律之一就是:只有确定的思维认识才能正确地反映客观事物的确实性。确定的思维认识不一定正确,不确定的思维认识不可能正确。我们的任务就是要克服不确定性。但是,不确定性不是可以用唯心主义的方式去克服的。这个方式也是要从客观事物中来,通过思维认识的引用,回到客观事物上去,受到实践的检验才能最后肯定地成为克服不确定性的方式。形式逻辑这门科学的主要内容之一就是要研究出克服不确定性的方式。有一点我们应当着重。上面提到的规律相当根本,而就形式逻辑说,特别重要。

（2）形式逻辑的头三条基本思维规律的作用。头三条基本思维规律正是在上述情况下提出而又历史地肯定下来的。本文的基本看法上面已经提出来了。认识世界的根本矛盾之一是客观事物之有确实性和思维认识之有不确定性的矛盾。反映规律之一是:只有确定的思维认识才能正确地反映客观事物的确实性。按照这个规律,为了使我们能够正确地反映客观事物,我们要研究确定性的条件,寻找确定性的规律来克服不确定性。头三条基本思维规律的作用正是克服这个不确定性。但是,它们的有效性还须具体地说明。

(3)头三条基本思维规律的两重性。头三条基本思维规律之所以有效,因为它们有两重性质。一重性质是它们有正确的反映性。它们正确地反映了根本的客观规律。从这一方面着想,它们和别的具体科学的原理一样。就它们所反映的客观规律说,客观事物都要遵守的,根本就没有任何例外。作为这条客观规律的正确反映,任何事物都是遵守它们的,这就是说对于任何事物,它们都是能够引用的。但是,头三条基本思维规律不只是有反映性而已。另一重性质是它们的规范性。思维认识有不确定性,不确定的思维认识是不能够正确地反映客观事物的。头三条基本思维规律规范思维认识,要求后者遵守它们。对客观事物,头三条基本思维规律说:它们是如何的;对思维认识,头三条基本思维规律说:它们必须如何。头三条基本思维规律之所以能够规范,因为它们所反映的客观规律有它的特点,以这个特点去要求思维认识而又得到满足的话,思维认识就成为确定的。下面我们就反映与规范两方面来讨论。

二、头三条基本思维规律的反映性

(一)头三条基本思维规律所反映的是:客观事物的确实性只有一个

(1)头三条基本思维规律是一组规律。在本条我们首先表示一下,这三条规律不只是个别地反映客观事物的确实性只有一个,而且结合为一组也反映,而且更完整地反映客观事物的确实性只有一个。从这一点来看,我们也可以看出它们和第四条规律是不一样的。第四条规律不属于这一组。虽然如此,在下面我们还是要先分别地讨论。在这里我要谈一谈表达方式。逻辑教科书里的表达方式并不一致。本文采取如下的表达方式。同一律的表达方式是:如果××是甲,它就是甲。更简单的方式是:是甲就是甲。我们也同意甲是甲的表达方式,但是,我们的了解仍然是如果××是甲,它就是甲;或者是甲就是甲。不矛盾律的表达方式是:××不能既是甲而又不是甲。排中律的表达方式是:××是甲或者不是甲。这个表达方式可以帮助我们,使我们更好地看出它们实际上是一组的规律。

（2）同一律。同一律肯定如果××是甲,它就是甲。"甲"是所谓变词。它代表什么呢? 它的值(变词的值)是形色状态。"是甲"(口说时"是"声音重些)表示甲的确实性。整个的同一律表示甲的确实性的同一。前面已经提到天安门城墙的红,现在仍然结合到那个例子来谈。用到这个例子上,同一律说:如果天安门城墙是红的,它就是红的。肯定天安门城墙是红的,不是同一律的任务,它没有肯定天安门城墙是红的。它说的是:如果天安门城墙是红的,那么如何如何。也许有人会说:假如天安门城墙不是红的,怎么办呢? 他们还会指出在反动统治阶级统治时期,这城墙曾经不是红的,它只有小小的几块红色。这和同一律不相干,显然如果天安门城墙不是红的,它就不是红的。同一律对于甲的值没有偏爱,这个值是红的也好,不是红的也好,形色状态的确实性的同一是一样的。这和天安门城墙颜色的变化也不相干。如果天安门城墙变化了，那么它变化了。这也许笼统一些。我们可以用一具体的例子。西红柿是由绿（苹果绿）变红的。当它是由绿变红的时候，它就是由绿变红的。当它是绿的时候，它就是绿的。而当它成为红的时候，它就是红的了。当然，它会有不绿不红的阶段，不错，可是当它是不绿不红的时候，它就是不绿不红的。其所以如此，是因为同一律所反映的不是形色状态或它们的变化，而是形色状态和它们的变化的确实性的同一。形色状态和它们的变化都是独立于思维认识而然的，这个然法只有一个，确实性也只能是同一的。这个然法是普遍的，确实性的同一也是普遍的。同一律作为同一确实性的反映也是普遍有效的。

（3）不矛盾律。上面是从正面来反映确实性只有一个。但是，单从正面来反映是不够的。我们还要从两个侧面来反映确实性只有一个。不矛盾律就是从一个侧面来反映确实性的。在这里我们不能不结合到否定判断或命题来谈。说"××不是甲"，或说"某某不是红的"的意义是什么呢？它所否定的首先是某某客观事物有红这一属性，但是它同时也否定了"某某是红的"这一判断。否定这一判断也就是断定这一判断是假的。它断定了某某没有红这样的确实性。为什么要提到这一点呢？这里有相容或不相容的问题。二十多年前曾经接触到这样的议论：××是红的长方桌子，可是，长方不是红，因此××既是红的又不是红的。这是错误的。"××是红的"的"长方不是红"根本不是一个类型的命题或判断。它们根本不能混在一块儿。具体的事物总是各种各样的形色状态综合在一块儿的,不然它就不成其为具体的东西。显然,一个红的东西可以是长方的、圆的、香的、臭的、木头做的、石头做的等等。这些都是相容的多种多样性。不矛盾律所反映的是不相容的情况:无论某某是什么,它不能有既红而又不红的确实性,或者说它不可能确实地是既红而又不红的。客观的情况正是这样。难道一个事物能够独立于思维认识地红而又不独立于思维认识地红? 这显然是没有的事,不可能的事,违背客观规律的事。拿呆板的事物来作例,问题还可能不够明确。现在就以萤火虫作例吧! 它忽然亮忽然不亮了。当它亮的时候,它确实那样亮,当它不亮的时候,它又确实那样不亮了。这好像没有什么问题。但是,它是否有半明不亮的时候呢? 尽管这时候很短,这时候还是有的。但是,请注意,这不是既亮而又不亮的时候。以从前的亮为标准,萤火虫的亮和以前不一样了,半明虽明,然而它已经不是从前那样的亮了。同时它也没有成为以后的黑暗,因为它还是半明的。这半明不亮显然既不是从前那样亮而又不是以后那样的黑暗。同时尽管时间很短,半明不亮显然有它的确实性。半明不亮就是半明不亮,它在那一阶段不能既是那样的半明不亮又不是那样的半明不亮。不矛盾律是从是甲和不是甲二者不可得兼(无论是肯定的兼或否定的兼)来反映确实性的。这是从一个侧面来反映客观事物的确实性只有一个。和同一律结合起来说,这就是同一的那一个。

(4)排中律。排中律是从另一个侧面来反映客观确实性只有一个的。这是什么侧面呢? 是甲和不是甲之间既没有二者相容的确实性(不矛盾律所反映的),也没有二者之外的确实性。后者就是排中律所要反映的侧面。从我们的取舍说，是与不是之间，我们必取其一，必舍其一，没有第三可能。从具体的例子来看，情况正是这样。新中国成立前北京的许多红柱子向太阳的一面经常是由深红变成浅红，由浅红变成白的。就整个的过程说，是由红变白和不是由红变白二者之间没有第三可能。整个过程中的前一阶段是由深红变浅红的。在这一阶段问题同样，是由深红变浅红和不是由深红变浅红二者之间仍然没有第三可能。问题仍然是确实性只有一个。如果整个的过程是由红变白的，它就确实是这样，它既不能确实地是这样而又确实地不是这样，也不能再是这样与不是这样之外还来一个确实地怎样。回到排中律，××是甲，或者不是甲，说的正是二者之外没有任何第三可能。

（5）头三条基本思维规律结合起来的反映。在（1）条里我们已经表示三条基本规律是一组的规律。整组结合起来反映了客观事物的确实性只有一个这样一条根本的客观事物方面的规律。分别地讨论了之后，我们可以更清楚地看出结合起来的结果如何。同一律所反映的实在是：是甲就是甲；不矛盾律实在是说是甲与不是甲不可得兼；而排中律实在是说是甲与不是甲之外没有第三可能。用最简单的话说，确实性是同一的，不二的，无三的。回到确实性的定义，独立于思维认识而然的形色状态的关系质是同一的，不二的，无三的。这也就是说客观事物的确实性只有一个。这是作为认识对象的客观事物的根本规律之一。这个规律之所以根本，因为它是彻底的可认识论的必要条件之一。没有这个条件认识世界就成为不可能的。当然强调这条规律并不意味着我们可以忽视客观事物的可改造性。客观事物的可改造性不能够忽视。从辩证唯物主义说，改造世界是十分重要的事情。但是，那一方面的问题不是本文的问题。从本文的角度说，客观事物的确实性只有一个这一条规律特别重要，因为它正是头三条基本思维规律所反映的客观事物的规律。它不只是头三条基本思维规律的客观基础，而且是有关部分的形式逻辑的客观基础。

（二）本文的所谓同一

本文的所谓同一是从头三条基本思维规律所反映的客观规律那里来的。相对于思维认识，客观事物的确实性只有一个。这就是说客观事物独立于思维认识的关系质只有一个，或者独立于思维认识而然的然法只有一个。首先我们要注意，这里说的是客观事物的形色状态独立于思维认识而然的然法只有一个，或独立于思维认识而然的关系质只有一个；这里说的不是形色状态。上面曾提到"本来面目只有一个"这句话好像是容易被人接受些。但是，我们用"确实性"而不用"本来面目"这个词汇也是有理由的。"本来面目"容易使人想到面目上去，而我们所要着重的不是面目。面目总是多种多样的，千变万化的。我们着重的是本来，是本来之所以为本来，而本来之所以为本来只有一个。它就是独立于思维认识而然的关系质。头三条基本规律反映了这个客观规律。单就一条规律说，问题可能还不太清楚。三条结合起来看，显然它们反映了客观确实性是同一的、不二的、无三的。这就是说客观确实性只有一个。本文所说的同一就是从这个客观规律来的。本文的同一不是所谓"不变"的事物的同一，但是，它是否有不变这一因素呢？它有。客观事物无论如何地变，它独立于思维认识的关系不变。本文的同一不是一般地不受别的事物的影响的同一，但是，它是否有不受影响这一因素呢？它有。它不受思维认识的影响。请注意，这里说的是客观事物不受思维认识的影响，这就是说，它不以思维认识为转移，这里说的不是思维认识不受它的影响。这里说的也不是客观事物不受人的影响或不受人的实践的影响，它显然是受人的影响，受人的实践的影响的，这里说的只是它不受思维认识的影响。本文的同一不是超出关系网的，或没有关系的光溜溜的同一，但是，它有没有一种不相干的因素呢？它有。无论思维认识的性质如何，即令是极端唯心主义或形而上学的，这和客观事物的形色状态不相干。显然，唯心主义者或形而上学者只是错误地反映客观事物而已，他们决不能改变客观事物的确实性，他们的观点与方法和作为它们的对象的客观事物的形色状态是不相干的。最简单的说法是：本文的同一就是头三条基本思维规律所反映的同一。更简单的说法是说它就是同一律所说的同一。根据本条的说法，本文的同一与其说重点在同，不如说重点在一。同时我们也要明确地指出：本文的同一没有无所对的绝对性，可是，有所对的绝对性；没有绝对的绝对性，可是，有相对的绝对性。我们不能够也不应该把不是绝对的东西绝对化，但是，本来是相对地绝对的东西，我们还是要如实地反映。不然的话，我们还是犯了错误。

三、头三条基本思维规律的规范性

（一）为什么有规范性这个问题

（1）作为思维规律，头三条不是所有的思维认识所实际上遵守的规律。客观化了的思维认识有两重性。一方面它们是客观事物，另一方面，它们是反映工具。作为客观事物，它们都有确实性，它们都是遵守客观确实性只有一个这一条客观规律的。这就是说，它们所遵守的是头三条基本思维规律所反映的那条客观规律的。但是，作为思维认识，作为反映工具，它们是不是都遵守头三条基本思维规律本身呢？问题就两样了。作为客观事物和作为反映工具的思维认识虽然是统一的，然而是有分别的。这个分别在第一大节第（二）小节第（1）条已经提出。那条里的甲例就是确实的客观事物，但是它不是确定的思维认识，它只是写在纸上的图形而已。每一个字虽然有意义，然而十个字联系起来的整体没有意义。它是不确定的。我们已经断定并不是所有的思维认识都是确定的。这也就是说，实际上并不是所有的思维认识都遵守头三条基本思维规律。

（2）头三条基本思维规律是规范确定性或一贯性的。头三条基本思维规律虽然不是所有的思维认识都实际上遵守的，然而它们是所有的思维认识所必须遵守的。不遵守它们，思维认识就不确定了或者说就不一贯了。确定性和一贯性是一件事情。前者是就个别的概念、判断（或命题）或推理说的，后者是就一整篇文章、整个报告或一整套理论说的。所谓整体是一贯的,也就是说,整体的确定性只有一个。客观事物的确实性只有一个,思维认识的确定性也只有一个。我们经常不这样想,因为思维认识是反映形色状态的,而形色状态是多种多样的。我们经常忽略了形色状态虽然是多种多样的,然而它们的确实性只有一个。因此,我们也经常忽略了作为反映形色状态的思维认识虽然也是多种多样的,然而它们的确定性也只有一个。概念、判断(或命题)、推理是多种多样的,但是,它们都必须各自是确定的,这就是说,它们都必须是同一的,不二的,无三的;或者说,它们都必须是遵守头三条思维规律的。一篇文章,一个报告,一套理论。无论它的内容多么丰富,多么复杂,它本身必须是一贯的,这也就是说。它必须是同一的,不二的,无三的,而这就是遵守头三条基本思维规律。当然,确定的概念、判断(或命题)或推理不一定正确,有一贯性的文章、报告或理论也不一定就正确。要思维认识正确地反映客观事物,我们还要在别的方面下许多工夫,单单要求思维认识遵守头三条基本思维规律显然是不充分的。但是,不确定的思维认识,包括不确定的概念、判断(或命题)或推理和不一贯的文章、报告或理论,不可能是正确的。确定性或一贯性是正确的思维认识的必要条件。这个条件是低级的,但是,它也是非常重要的。头三条基本思维规律虽不是所有的思维认识都实际上遵守的,然而它们是所有的思维认识所必须遵守的。它们所规范的正是思维认识的确定性或一贯性。形式逻辑之有规范性是人们早就承认的,只最近几十年来人们忽略了它而已。

(3)反映性和规范性的对象和关系。反映性和规范性的对象是不同的。头三条基本思维规律所反映的是客观事物，是它们的确实性，是客观事物的确实性只有一个这样一条规律。这三条规律所规范的是思维认识，所反映和所规范的是完全不同的对象。这一分别是头等重要的事情。我们自己要经常意识到这一分别。这一方面是使自己避免错误，另一方面是使我们和唯心主义进行斗争。唯心主义者的一个重要的歪曲，就是否认或取消头三条规律的反映性，歪曲它们的规范性，把它们说成是规范客观事物，从而把事物说成为我们规范的结果。反映性和规范性的关系如何呢？反映性是基本的。显然，没有反映性就是没有客观基础，而没有客观基础的思维规律是不能够执行规范任务的。说反映性基本是从执行任务的有效性的根源来说的。这不是降低规范性的重要性。愈强调规范性的重要，也就愈强调反映性的基本。这仍然是说没有反映性，则规范性就成为无源之水，无本之木。当然，就思维认识之是否能够正确地反映客观事物，就不确定的思想认识在事实上存在，就这样的不确定性非排除不可来说，规范性是头等重要的事情。

（二）如何规范

（1）作为规范的头三条基本思维规律。因为规范的对象不同，作为规范的头三条思维规律的内容也就不一样了。首先是前面表达方式中的"××"这一符号的值的转变。作为反映客观事物的规律，这个符号的值是客观事物（它们的形色状态），它虽然没有指出某某具体的事物，然而它的所指不出客观事物的范围。作为规范确定的思维认识的规律

"××"这一符号已经不是指一般的客观事物了,它的值已经转变成为思维认识和它的形式,虽然这一符号所指的不是某某具体的思维认识或某某具体的思维形式。不仅"××"已经不只是指客观事物了,而且"是"与"不是"也转变了,它们不只是表达客观确实性如何如何的"是"或"不是"了,它们兼有应该和必须的意义了。这样一来,同一律不只是:如果××(概念、判断、推理、证明)是甲,它就是甲;而且是:如果××(同上)是甲,它就必须是同一的甲。不矛盾律不只是:××(同上)不能既是甲又不是甲;而且是:××(同上)不应该既是甲又不是甲。排中律不只是:××(同上)或者是甲或者不是甲,而且是:××(同上)必须或者是甲或者不是甲。

确定性和一贯性本来是一件事,但是,我们把一件事从两方面来讨论是有好处的。在好些人心目中,确定性是很容易和僵死联系起来,和不灵活联系起来的,而一贯性并不如此。确定性或一贯性不是僵死性,但是在具体运用时,我们要利用相对凝固性来维持确定性,不然确定性是无法维持的。同时,我们也要利用相应的发展性来维持确定性,不然确定性也是无法维持的。我们这里说利用并不是无中生有地利用。所利用的性质仍然是确定性所固有的。这一点很重要,这就是说,相对凝固性和相应发展性都是确定性所固有的。下面我们就要从两方面进行讨论。这个讨论既表示如何规范,又论证确定性或一贯性不是僵死性。

(2)确定性中有相对凝固性。我们从反映这一任务的执行中来看确定性。这样来看,我们会发现确定性中有相对凝固性。就确定性中的相对凝固性说,思维认识是不跟着客观事物的变化而变化的。我们又拿萤火虫作例吧！它忽然亮，忽然又不亮了。当它亮的时候，它确实地那样亮，当它不亮的时候，它又确实地那样不亮。反映亮或不亮的概念"亮"或"不亮"之有确定性在这里没有多大的问题。但是，萤火虫是否有半明不亮的时候呢？有。可是，请注意，这不是既"亮"而又"不亮"的时候。同时，在这个变化过程中，我们不是能够继续地以"亮"这一概念去反映萤火虫的形色状态的。在半明不亮的时候，以从前的亮为标准，萤火虫已经不一样了，半明虽明然而已经不是从前那样的亮了，因此，它已经属于后面两个字所说的那样的不亮了。从前那样地亮和不那样地亮仍然没有兼。同时半明不亮尽管时间很短，还是有它的确实性。它不能既是那样地半明不亮又不是那样地半明不亮。半明不亮也是独立于思维认识而言的半明不亮。萤火虫已经变了，它已经由亮变为半明不亮了。原来正确地反映它的"亮"概念是不是也应该跟着萤火虫的变而变为"半明不亮"这一概念呢？不。萤火虫虽然已经终止其为亮，然而反映亮的那个"亮"概念并不跟着就终止其为"亮"概念。我们的办法是以另一概念，即"半明不亮"这一概念去反映变化，而不是改变原来的"亮"概念。这就是说，原来的概念是有相对凝固性的。这就是说，概念是不跟着它所反映的客观事物的形色状态的变化而变化的。没有这种相对凝固性，概念是不能够确定的。确定性中本来就有这种相对凝固性。不然的话，概念是不能够反映客观事物的变化的。显然，如果"亮"这个概念跟着萤火虫的变化而变化，那么"亮"这概念也就变为或偷换成为"半明不亮"这一概念了，"亮"这一概念就失去它的确定性了,而半明不亮这一状态,就反映不出来了。这里只是用概念来说明确定性中有相对凝固性而已,别的思维形式的问题同样。

(3)确定性中有相应的发展性。思维认识也是运动变化发展的。上面既然已经提到萤火虫的"亮",我们就可以从它说起。这是天然的亮,以后就有人为的亮。在人为的"亮"中。我们是由碰石头而产生星星的"亮",到钻木取火的"亮",到青油灯的"亮",到蜡烛的"亮",到煤油灯的"亮",到电灯的"亮"的。这是一个很大的发展过程。亮的内容变了,发展了,标准也就改变了。"亮"这一概念也以满足新的标准为它的要求了。如果有几个发亮的萤火虫在没有开上电灯的房子里飞来飞去,我们还是会肯定该房子是"黑暗的"。房子的"亮"已经不是萤火虫那样的"亮"了。就整个的发展过程说,"亮"还是"亮",它也必须是"亮"。就每一阶段说,"萤火虫的亮"仍是"萤火虫的亮","电灯的亮"仍是"电灯的亮"。在这里,"亮"这一概念是跟着有亮的客观事物的质的变化发展而变化发展的。显然,不跟着客观事物的质的变化发展而变化发展的话,我们就会抹杀不同阶段的差别,而萤火虫的亮和电灯的亮就会被等同起来了,而这也就是抹杀它们的分别了。"亮"这一概念也就会成为不确定的了。上面说的是概念跟着客观事物的质的变化发展而变化发展。认识是要深入的。概念也是跟着认识的深入而发展的。古代的"原子"概念包括"不可分"的组成部分,而现在"原子"概念包括"可分"的组成部分了。这是认识深入的发展。这个发展的时期很长,而在这一很长的发展时期中,就有"原子"概念发展史。

在这个发展史中,原来的"原子"概念必须是那个"原子"概念,现在的"原子"概念必须是现在的"原子"概念,不然的话,"'原子'概念发展史"这一概念就不能确定,因而也就不能反映那个发展过程了。思维认识的确定性是有相应的发展性的。没有这种相应的发展性,思维认识也是不能够确定的。

以上(1)条分别地表示头三条基本思维规律各自的规范性。因为结合起来它们规范思维认识必须同一、不二、无三,而这就是规范确定性,所以在以后的讨论中我们就不分别地提到头三条规律,只谈它们结合起来所规范的确定性或一贯性。(2)、(3)两条表示在执行反映任务的过程或活动中,我们如何具体地维持确定性,这也就是说,我们如何贯彻头三条基本思维规律的规范性。同时,我们表示只有确定的思维认识才能正确地反映客观现实。客观事物是运动变化发展的,确定的思维认识和这个情况不但没有不可克服的困难,而且只有它才能把这个情况正确地反映出来。上面我们只提到运动变化发展,没有特别地提客观事物的矛盾问题。我们可以用类似的方式表示只有确定的思维认识,这就是说,只有在形式逻辑上不矛盾的思维认识才能正确地反映客观事物所固有的矛盾。我们没有多提这一方面或其他方面的问题,尽管这些问题重要。我们的重点是摆在确定性上的,而这正是头三条基本思维规律所规范的。

*　　　*　　　*

以上第一大节提出了客观事物的确实性和思维认识的可能的不确定性的矛盾。它也指出了头三条基本的思维规律是解决这个矛盾的。它表示了这三条基本思维规律既有反映性又有规范性。在第二大节里,本文提出了这三条规律所反映的是客观确实性只有一个这样一条客观规律。但是,尽管如此,在第三大节里,本文指出它们仍然是思维和思维形式的基本规律,它们是规范思维认识的确定性的。

论推论形式的阶级性和必然性[*]

在 1961 年第 5 期的《哲学研究》上, 周礼全同志发表了批评《论"所以"》的文章。^①《论"所以"》那篇文章发表后, 我虽然也接触到一些批评的意见, 然而我认为这些意见帮助不太大。周礼全同志的文章是有很大的帮助的。首先我要向他表示谢意。

在批评的过程中, 周礼全同志是遇到困难的, 原因是《论"所以"》那篇文章有很大的毛病。它摊开得太广, 提出来的问题太多太杂, 中心问题反而不够突出。这些毛病的根源还是思想不够明确。思想之所以不够明确, 因为在主张新看法的时候, 旧看法并没有排除。这表示中心思想并不成熟。说推论基本上是有阶级性的就有这个问题。这暴露了原文举棋不定, 把推论说成有时有阶级性, 有时又没有阶级性似的。其实自然科学中的命题, 日常生活中的某些命题之没有阶级性和断定或推论之有阶级性是两件事情, 不能混为一谈。原文说的蕴涵有时是逻辑蕴涵, 有时又不是。对逻辑蕴涵所能说

---

* 原刊于《哲学研究》1962 年第 5 期。——编者注

① 周礼全:《〈论"所以"〉中的几个主要问题》。——编者注

的,对别的蕴涵有时不能说,把不同的蕴涵混在一块也就产生混乱。又如推论的形式很多,原文也没有确定,说的好像是一般的演绎推论,而想的主要是三段论推论。总而言之,枝枝节节的问题太多,主要问题反而论证得不够,反而难于抓住了。

周礼全同志善于分析。他提出的 $H_1 H_2$ 的分别我认为是正确的。$S_1 S_2$ 的分别提得很好。假如我以后有机会能比较全面地重写《论"所以"》的文章,我要吸收周礼全同志的劳动成果。

但是争论也没有就此打住。周礼全同志的文章愈到后来愈成为他说他的,我说我的,或原文说原文的。这部分地仍是原文的毛病。下面我把论点集中到推论的阶级性和必然性上去,把推论集中到三段论上去,把蕴涵限制到逻辑的蕴涵上去。这样论点可能明确些,毛病可能暴露得清楚些,批评也可能容易针锋相对些,同时如果论点确实不正确的话,它也容易被推翻些。

一

我们还是从蕴涵和推论或"所以"的分别说起。我们把蕴涵限制到三段论式中的逻辑蕴涵。以 AAA 为例,这个蕴涵就是:如果 MAP 而且 SAM 那么 SAP。这个蕴涵不是推论,它是推论的形式根据。我还是认为它的存在是独立于认识的。我们要承认就物质世界说,思想是派生的。但是,尽管如此,思想派生出来之后,客观化了之后,它逻辑地蕴涵什么是独立于思维认识而存在的。这就是说,如果一个命题 p 在思维认识过程中出现,p 逻辑地蕴涵什么,不是我们想 p 蕴涵什么,p 就蕴涵什么或才蕴涵什么,也不是我们认为 p 蕴涵什么,p 就蕴涵什么或才蕴涵什么。p 蕴涵什么是客观地存在的。逻辑蕴涵可以在思维认识活动中出现,可是,它的存在不是思维认识活动的结果。我同意这一看法:逻辑蕴涵是有它本身之外的根据的,它的根据是客观事物所固有的必然联系,而它的存在是要靠客观事物所固有的必然联系的。我也同意这一看法:逻辑蕴涵也是靠人类的思维认识的存在而存在的。假如地球上根本没有人类和人类的思维认识,逻辑蕴涵也就不存在了。但是,当思维认识派生出来之后,当 p 出现之后,p 逻辑地蕴涵什么根本就不是我们想 p 蕴涵什么或认为 p 蕴涵什么,它就蕴涵什么或才蕴涵什么的问题。它的存在是客观的,而我们经常不认识它的存在。欧几里得几何学的定理都是前面的公理或定理所蕴涵的(暂离三段论)。在从前的学习过程中这个蕴涵在某些定理上我曾经认识,可是,在另外一些定理上我曾经不认识,有的甚至于在老师讲解之后我还不懂。这个不懂涉及两方面的问题。我们现在只着重一方面,这就是我虽然不懂,蕴涵仍然存在。蕴涵不是思维活动的事情或结果,它是命题与命题之间的固有的必然联系。

　　推论不是单纯的命题与命题之间的关系。它是人的思维活动。它是断定蕴涵的前件使它转化为前提,通过这个断定过渡到断定后件使它转化为结论的思维活动。这里谈的推论仍然是有"所以"的推论。单有命题或前件而没有断定,不可能有推论或"所以";单有蕴涵而没有过渡,也不可能有推论或"所以"。推论不是随着蕴涵的存在而存在的,它的存在就

是这个活动的存在,有这个活动它就存在,没有这个活动,它
就不存在。对于蕴涵人们可能犯错误,我们可能认为有蕴涵,
而事实上没有,也可能认为没有蕴涵而事实上有;但是,蕴涵
不可能犯错误。推论则不然,推论是可以犯错误的。推论犯
了错误既是推论有错误也是推论者在他的推论活动中犯了错
误。蕴涵者是命题(命题函项这里不讨论)不是人,推论者是
人不是命题。一个命题可以蕴涵另一个命题,根本用不着一
个人在旁边进行什么活动,一个命题决不可能推论到另一个
命题,推论根本就不是命题的事情。这里的分别很简单,可是
也很根本。不承认这个分别我认为是错误的。

　　上面说推论是要有断定的。作为前提的那个或那组命题
是要通过断定才能成为前提的。一命题的断定可能是很复杂
的事情,分析起来可能不容易,但是,就本文说,它的要点就在
认定该命题之为真。断定是认识方面的事情,它是认识的表
现。除诡辩与欺骗外,它是认真负责的。没有断定,不可能有
过渡。过渡是由认定蕴涵前件的真到认定后件的真的过渡,
它本身也是认识方面的事情。它是认识的过渡、理解的过渡,
它是人的过渡,没有断定既不能有过渡,没有断定也不能有
"所以"或推理。有些同志不承认断定是推论或"所以"的必
要条件。当他们谈"推理"的时候。我认为他们所谈的只是
蕴涵。他们常常说"可以推出",例如,由 A 的真"可以推出"
O 的假,或由 SAP 的真"可以推出"SEP 的假。也许他们以为
"可以推出"的意思是"既是可以又是推出",因此"可以推
出"是推出。这显然是错误的。"可以推出"不是推出。当他
们说"可以推出"的时候,他们说的只是蕴涵,上面的话,只有

被解释成蕴涵的时候，才是真的；解释成推出，它成为废话。"由 A 的真推出 O 的假"：谁推出呢？命题无所谓推出不推出。就是的的确确的真命题也没有这个活动。没有人断定 A 的真，怎么推得出 O 的假呢？有些同志谈推论时喜欢谈推论结构。推论结构是应该研究的。果然研究的话，就应提出断定，因为断定是推论的主要组成部分之一。可是他们根本不谈断定。我认为这样地谈推论结构仍然是谈蕴涵而不是谈推论。推论总是要断定的。过渡是对逻辑蕴涵前件的断定到对该蕴涵后件的断定的过渡（谈的限制到三段论），过渡是认识的过渡。没有这个过渡，也就没有推论，而没有断定也就没有过渡。谈推论而不谈断定，无论是有意地避免或无意地忽略都是不正确的。

有的同志说，断定是重要的，不能置之不理的。但是，从形式逻辑的角度来看，我们所需要的是一般的断定，抽象的断定，形式的断定，不是具体的断定。具体的断定总是和具体的情况纠缠在一块儿的，它不是形式逻辑的对象。我同意这一看法，我们在形式逻辑里要研究的是一般的断定形式，研究虽然要根据具体的内容，然而总结出来的仍然不是具体的断定内容。有些朋友认为我已经讨厌抽象了，已经要放弃它了。认为我要放弃它，这是误会。因为它是办不到的。在⊢MAP 这个式子里，"⊢"只能是一般的断定形式。MAP 根本就不是一个命题，它只是一个命题形式，它是无法断定的。在 MAP 上面冠以"⊢"符号，只能表示具有这一形式的命题的断定而已；"⊢"不可能不是一般的断定形式。显然，我所强调的断定也是一般的断定形式。问题根本就不在一般或不一般，抽象

或具体，形式或内容。在这一点上我和许多同志没有什么
分歧。

　　问题在于什么样的一般。有的同志所谈的一般的断定似
乎是所有的人的共同的断定，而断定形式似乎是所有的人的
共同的断定形式。问题就在这里。我认为自从人类进入阶级
社会以来，人们早已没有这样的一般的断定，也没有这样的共
同的断定形式。断定是人们同客观世界打交道的过程中表现
观点立场方法的思维工具。总起来说，它是从不同的观点立
场方法，在辨别是非善恶美丑时有所选择、有所决定或有所认
定的表现工具。在阶级社会里，一个人赞成什么，反对什么，
高兴什么，痛恨什么，根本就不是什么"人同此心，心同此理"
的。就对立的阶级说，断定也是对立的，我们可以引用倍倍尔
的话："假如敌人夸奖你，那你一定是犯了错误；假如敌人咒
骂你，那你一定是做对了。敌人的夸奖不是我们的夸奖，敌人
的咒骂也不是我们的咒骂。"在阶级社会里，全人类共同的人
性是不存在的，全人类共同的是非善恶美丑也是不存在的，全
人类辨别是非善恶美丑的共同标准也是不存在的。这也就是
说，全人类的共同的观点立场方法是不存在的。这是必须承
认的。承认了这一点之后，我们也必须承认观点立场方法也
没有全人类的共同的表现。显然，所有的人的共同的断定或
共同的断定形式是不存在的。这一点肯定之后，难道逻辑工
作者还能够拿这样的共同的断定或断定形式当作推论或"所
以"的组成部分或因素吗？很明显，我们不能这样做，也不能
这样设想。我们研究的对象是一般的推论，是推论形式。在
研究过程中我们不免会涉及这一或那一具体的推论，然而这

不是我们的研究对象。研究的对象既然是一般的推论、推论
的形式,这个形式所需要的断定显然也是一般的断定和断定
的形式。这一点是没有问题的。但是,所需要的不可能是全
人类的一般的断定或全人类的断定形式,因为它是不存在的。

　　也许有些同志认为,否认这样的一般就是只承认个别,或
者否认抽象只承认具体,或者否认形式只承认内容。也许他
们认为除了上述的一般就没有一般了。我不同意这一看法。
在某些问题上,全人类是有共同的一般的,例如饮食男女,在
另一些问题上全人类没有共同的一般,只有各阶级的一般。
像自由民主这样的东西也是有一般的,虽然没有全人类的自
由和民主,但是有各阶级的自由和民主;而各阶级的自由和民
主仍然是各阶级的人的共同的一般的自由和民主。断定也是
这样。没有全人类的共同的断定或断定形式,但是有各阶级
的共同的断定或断定形式。我们所需要的或者说作为推论或
"所以"所需要的一般的断定或断定形式,正是各阶级的断定
形式。也许会发生这样的问题:各阶级有断定的一般吗,有断
定的形式吗? 前一问题可能分歧少些。一阶级的断定是属于
一个类型的。一个类型下的个别断定显然是有各个别所共有
的一般的,因此一个阶级之有断定的一般,可能问题少些。如
果所谓形式就是最一般的性质,一阶级的断定之有共同的形
式也不至于有多大的问题。但是,所谓形式就是最一般的属
性和性质吗? 有的人可能认为,这不是形式逻辑里所了解的
形式。我认为形式逻辑里所说的形式都是这样的形式。形式
逻辑工作者可能分得细些,有些形式已经被分析成为形式结
构,有些没有,有些形式结构是演绎的或重言式的形式结构,

有些不是。但是，它们都是形式，都是一类型的最一般共同性质。一阶级的断定显然是有这样的共同属性或性质的，它显然是有这样的形式的。

上面三段所说的可以归结为以下三点：（一）作为推论形式所需要的组成部分或因素的断定是断定形式。（二）在阶级社会里没有全人类的断定形式。（三）只有各阶级的断定形式。作为推论形式的组成部分或因素的就是各阶级的断定形式。

以上可能还是说服不了持相反意见的人。他们可能会问：你说断定是人们在同客观世界打交道的过程中表现观点立场方法的思维工具，这是全面的吗？断定是表示对客观事物的看法的，这我们承认。但是，断定的直接对象是命题。我们就拿"二加二等于四"这样一个命题来作例吧！资产阶级断定它，无产阶级也断定它。显然，在这里断定是没有阶级性的。我们回答说，这里确实存在着没有阶级性的东西。问题是这个没有阶级性的东西是什么？在一般的条件下，"二加二等于四"那一类的事情没有阶级性，资产阶级可以承认它，无产阶级也可以承认它。因此，"二加二等于四"那个命题也没有阶级性，敌对的阶级可以断定它。但是，难道我们能够从这个例子里得出断定没有阶级性的结论吗？我们认为不能。恰恰相反，既然敌对的阶级如资产阶级和无产阶级都能够断定这一命题，这岂不正足以表示这一命题没有阶级性吗？显然，假如这一命题有阶级性的话，总有一个阶级不断定它。断定是自觉的，不是条件反射，它是考虑之后的认定。敌对的阶级在考虑之后都断定"二加二等于四"，这只表示这一命题没有阶级性而已。这并不表示断定没有阶级性。断定不是跟着命题之有无阶级性而成为有无阶级性的。断定是观点立场方法的表现，不同的阶级是有不同类型的断定的，这也就是说，不同的阶级是有不同的断定形式的。

"你这不是把断定和所断定的命题割裂开来了吗?"断定和所断定的命题是分不开的。上述断定的对象是客观事实，"二加二等于四"这一命题就是这一断定的内容。把断定和它的内容分开来岂不就成为光溜溜的空空洞洞的断定了吗?我们同意这一看法的一部分，断定总是和命题统一在一起的，它不是和这个命题结合在一起，就和那个命题结合在一起。因此没有光溜溜的断定。但是断定和命题还是有分别的，并且就我们的题目说，这二者的分别非常之重要。命题一般地说是没有"谁的命题"这样的问题的。断定的重要问题就是谁的断定。断定的类型不是根据命题的性质的，它是根据断定者的类型的。不同阶级的断定者有不同类型的断定。不同阶级的观点立场方法既然不同，他们的断定类型当然不同。这是明显的事实，也是明显的道理。这道理上面已经论证过，这里不赘。之所以重提到它，只是要表示断定和所断定的命题虽然是结合着的，然而是有分别的。这个分别是极其重要的。不意识到这个分别或者不强调这个分别，断定的类型问题就会被掩盖起来。它会和命题纠缠不清。断定既然可以和有阶级性的命题结合，也可以和无阶级性的命题结合，它好像就成为无所谓有无阶级性的东西似的。这一看法仍然是另一看法的继续，该另一看法就是坚持有全人类共同的断定形式的看法。我们已经论证了在进入阶级社会以后人类没有共同的断定形式。既然如此,我们就不能以断定和它所断定的命题的不可分割为借口来抹杀二者的分别。二者虽不能分割,二者仍有分别。

中心问题还是:承认全人类的共同的断定形式呢,还是承认各阶级各自所有的共同断定形式呢?本文认为只有后者是存在的,前者根本就不存在。但是,问题仍需要深入地研究。主张有全人类的共同断定形式的同志可能没有意识到这一看法的本质。在这里我们要揭露这一看法的本质,不是给有这一看法的同志扣帽子,这一看法的本质就是资产阶级在断定这一问题上的客观主义。"⊦"这一断定符号所表示的就是断定形式。随着"⊦"的引用,关于断定形式的看法也就带进来了。这看法就是客观主义的。按照这个看法,断定形式是所有的人的共同形式,也就是任何具体的人的断定形式。这就是说,不管赵钱孙李属于哪一阶级,不管他们表现哪一阶级的立场观点方法,他们的断定是属于一个类型的,这也就是说,他们的断定形式是共同的断定形式。不同的类型又怎样理解呢?资产阶级的客观主义总是和资产阶级的个人主义紧密地结合着的。断定的不同类型被取消了。这笔账就算在个人的各种各样的分歧上去了。就资产阶级的虚伪理论说,个人的分歧是最后的现实,是拿它没有什么办法的事。这样一来赵有赵的断定,钱有钱的断定,等等。把断定归到个人的不同上去,就是抬出空空洞洞的全人类的共同的断定形式,去抹杀不同阶级所有的不同类型的断定形式,抬出不存在的形式去抹杀存在的形式从而混淆它们。这样,在断定这一问题上阶级立场观点方法就被掩盖起来了。资产阶级的客观主义并不是客观的,它不是无所谓的,它是资产阶级的党性的表现!我们决不能等闲视之。这是不是说得过分一点呢?我在我的《逻辑》那本书里只说了:"'⊢'表示断定。每一命题都有断定的成分在内。……"①("命题"两字在那本书里的用法和本文的用法不一样)。原文总共只有五行字。难道有这样多的文章在里面吗?"⊢"确实有这样多的文章在里面。资产阶级从来不明目张胆地主张客观主义,从来没有承认他们有他们的党性,更没有承认客观主义就是他们的党性的表现。他们一直是利用全民名义的口号来为他们本阶级服务的。他们已经习惯于他们的欺骗。客观主义已经渗透到各式各样的理论当中去了。"⊢"这一符号背后之有客观主义并不例外。这一点我们认为是毫无疑问的。

我们现在通过具体的例子来看"⊢"。肯尼迪一直宣传,为了保卫世界的"自由""民主"与"和平",美国一定要维持强大的威慑力量。他还表示"反对殖民主义","援助不发达的国家",等等。全世界有觉悟的劳动人民都知道他这里说的"自由"和"民主"是垄断资产阶级的"自由"和"民主",而这就是垄断资产阶级的独裁和劳动人民的被奴役;这里说的"保卫和平"就是武装侵略,所谓"和和队"就是特务队,所谓"反对殖民主义"就是新殖民主义要取旧殖民主义而代之,所谓"援助不发达的国家"就是对这些国家的资本和货物的输出来压迫和剥削这些国家的人民。这在政治方面觉悟了的人民是了解的。这是主要的方面。从逻辑这一角度来看,我们

---

① 《逻辑》,三联书店 1961 年版,第 147 页。

可以看出另外一方面的问题。肯尼迪在他的欺骗宣传中断定了一系列的命题。他的断定是假借全人类的口号进行的。我们又回到"⊦"上来了。"⊦"真的是全人类的断定形式吗？在这里我们可以很清楚地看出它不是。全人类的名义只是假象。他所进行的是资产阶级的特别是垄断资产阶级的断定。不提亚、非、拉丁美洲的觉悟了的劳动人民，就拿美国的觉悟了的人民来考虑吧！他们会不会作出这样的断定呢？能不能作出这样的断定呢？不会，不能。这样的命题是用垄断资本的观点立场方法断定的，不是人民的观点立场方法的表现。名义是全人类、全世界，实质只是为垄断资本的最高利润服务而已。明明是垄断资产阶级的自由和民主，资产阶级把它们宣传为全人类全世界的"自由"和"民主"，明明是资产阶级的断定形式，资产阶级的逻辑学家把它说成全人类的"断定形式"。"⊦"的名义是全人类的，它的本质是资产阶级的。

我们的断定是无产阶级的：我们不掩盖我们的阶级性、我们的党性，我们坦白地宣传我们的无产阶级的观点立场方法。十二年来，我们学习马克思列宁主义，学习把无产阶级的观点立场方法转化为我们自己的观察形势、处理事务的思想武器，所以我们要进行思想改造。思想改造就是批判旧的观点立场方法，树立起新的观点立场方法。如果我们学习得好改造得好，我们就能够正确地而且合乎革命利益地观察形势和处理事务。在这当中有一个因素，它一直存在，可是，大家都只假设了它而已，一直没有把它明确地提出来过，而这一因素就是断定。在观察形势和处理事务当中，情况大都是复杂的，我们究竟断定些什么呢？所谓学习得好或改造得好，就是能够用断定这一工具来贯彻我们的新的观点立场和方法。所谓贯彻我们的观点立场方法就是贯彻无产阶级的党性和阶级性。这就是说,我们要用无产阶级的断定形式。在学习过程中,我们的要求也说明了这一点。我们提出的要求是分清敌我,辨明是非。这也可以说,我们要分清大是大非,也要辨明人民内部矛盾的是非。但是,显然,所谓分清,所谓辨明都是离不开断定的。就断定说,大是大非特别重要。在处理人民内部矛盾上,我们可能犯小非,可是小非不是大非。就大家所习惯的语言说,我们可能只是犯了认识上的错误,并没有丧失我们的立场。就断定说,我们虽然犯了错误,然而我们不一定就超出了我们的断定形式。大非就不同了。犯大非的人的政治品质要看他的思想体系、一贯的作风、他的历史等一系列的具体问题,这不是我们的问题。我们的问题是大非的性质。大非,就是丧失了立场的非。就断定说,就是违背了无产阶级的断定形式。我们在这里继续引用"⊬"来表示无产阶级的断定形式。"⊬"和"⊢"不只是不同的形式而已,而且是对立的形式。它们二者之外,没有渗透着它们二者而又在它们之上或它们之下的全人类的共同的断定形式。

二

推论不只是有断定而已,另一主要的组成因素是过渡。它不只是断定蕴涵的前件而已,而且是通过这个断定把蕴涵的前件转化为前提过渡到断定蕴涵的后件,把蕴涵的后件转化为结论。前件之转化为前提,后件之转化为结论,都是靠断定和这个过渡的。过渡的根据是蕴涵。要有推论,要过渡,首先就要认识蕴涵,没有对蕴涵的认识,过渡是不可能的。认识蕴涵是过渡的必要条件。认识可能是错误的,我们可能认为有蕴涵,而实际上没有。这方面的问题不是我们的问题。我们的问题是有蕴涵而我们不认识它。这一情况在三段论里可能不多,但是,仍然是有的。在这一情况下,我们没有推论,也不可能有推论。命题无所谓过渡或推论,它有有无蕴涵问题。过渡是我们的过渡,推论是我们的推论。我们过渡或推论不只是根据蕴涵而已,而且是根据我们对蕴涵的认识。这仍然只是表示认识蕴涵是过渡或推论的必要条件而已,这不表示它是充分条件。有蕴涵而我们不认识它,固然没有推论,也就是没有过渡;但是,有蕴涵有认识,我们也不一定有推论或过渡。在《论"所以"》那篇文章里,我说,让雷在 1630 年没有认识到:所有有重量的东西都是往下施加压力的东西,而空气是有重量的东西,蕴涵空气是往下施加压力的东西。现在看来那可能是错误的。他可能不认识,可是,他也可能认识了那个蕴涵。他没有过渡没有推论,这仍然是事实。这就是说即使认识了一个蕴涵,一个人也不必就根据它而作出推论,推论所需要的不只是认识蕴涵而已,而且需要断定它。断定或认定不只是认识而已,除辨别外,它有选择因素决定因素。这一点可能问题不大,不必多说什么。重要的是这个断定不只是断定一个命题那样的断定,它不是单独的断定,因此它不只是单独地断定一个蕴涵,而是跟着对前件的断定而断定前件的蕴涵,把蕴涵转化为"所以",同时也是跟着对蕴涵的断定而断定蕴涵的后件。这就是推论。"所以"本身就是这样的断定,它是前后两断定之间的桥梁的断定。这句话需要适当的解释。它不只是两组命题之间的蕴涵的断定，这可能只是一个假言判断；它也不只是两断定之间的桥梁，这可能是习惯了的联想，而联想不必是蕴涵。这个桥梁不是一般的联想，它是断定的桥梁，而同时又是所断定的前后两组命题的逻辑蕴涵。"所以"本身就是这样的断定，因此"∴"这一符号前面就不必加上断定的符号。可是，有一点要预先声明。"∴"这一符号里所有的断定和前后两组命题的断定是属于一个类型的。现在仍以 AAA 为例吧！在"⊧A，⊧A，∴⊧A"中的"∴"的断定是"⊧"。而在"⊢A，⊢A，∴⊢A"中的"∴"的断定是"⊢"。这里谈的就是过渡，过渡就是"所以"，而"所以"也就是推论。在以前那篇文章里和在这篇文章里一样，所谓推论就是有"所以"的推论，有些同志谈推理时似乎不着重谈"所以"，"所以"两个字虽然引用，然而没有分析。无论那样的推理解释如何(上面曾表示意见认为它只是蕴涵)它不是本文的推论。本文的推论就是"所以"，也就是过渡。

因为"⊧"是无产阶级的断定形式，"⊧A，⊧A，∴⊧A"就是无产阶级的(三段论第一格)推论形式；因为"⊢"是资产阶级的断定形式，"⊢A，⊢A，∴⊢A"也就是资产阶级的(三段论第一格)推论形式。"⊧"与"⊢"之间没有共同的断定形式。"⊧A，⊧A，∴⊧A"与"⊢A，⊢A，∴⊢A"之间也没有共同的推论形式。我们虽然共同地使用了"推论形式"四个字，然而它们仍只是四个字而已。

我们用以下的例子来说明问题。我们只用一个无产阶级的例子：所有的反动派都是纸老虎，美帝国主义是反动派，所以美帝国主义是纸老虎。这个推论的形式是："⊦A,⊦A,∴⊦A"。资产阶级对于大前提没有断定也不可能有断定,对于小前提没有断定也不可能有断定;没有过渡也不可能有过渡(认识蕴涵与否是另一问题),对于结论也没有断定也不可能断定。在这里,他们根本没有推论这样一种思维活动。他们既然连这种活动都没有,他们不可能有关于这种活动的形式。很明显,"⊦A,⊦A,∴⊦A"不是他们的推论形式。现在举一个美帝国主义的例子:在各国建立美军基地都是保卫"自由"世界(即侵略别的国家)的,美的扩军备战政策之一就是在各国建立美军基地,所以美国的扩军备战政策之一是保卫"自由"世界的。这里的推论形式是:"⊦A,⊦A,∴⊦A"。我们对第一命题没有断定,也不可能有断定,对第二命题没有断定,也不可能有断定,我们没有过渡也不可能有过渡,对第三命题没有断定也不可能有断定,在这里我们根本没有推论这样一种活动。我们既然连这种活动都没有,我们不可能有关于这种活动的形式。这样的例子很多。当无产阶级有推论的时候,资产阶级没有,也不可能有。当资产阶级有推论的时候,无产阶级没有,也不可能有。这两个例子也说明两个对立的阶级都没有它们的共同的推论形式。无产阶级有"⊦A,⊦A,∴⊦A",资产阶级也有"⊦A,⊦A,∴⊦A"。但是,它们虽然都有推论形式,然而它们各有各的。上面的例子就是各有各的推论,各有各的推论形式。它们没有共同的推论形式。

　　也许有人会说慢点。你这个例子中的命题是集中地表现了阶级性的命题。对于这样的命题,对立的阶级不可能有共同的推论。但是这只表示一阶级有推论时,另一对立的阶级没有,这并不表示两阶级没有共同的推论形式。为什么不举没有阶级性的命题呢? 在《论"所以"》那篇文章里,我们曾提到一个在 1630 年还没有作出的推论,这就是关于所有有重量的东西都是往下施加压力的,空气是有重量的,空气是往下施加压力的。无产阶级可以作出这个推论:⊢所有有重量的东西都是往下旋加压力的,⊢空气是有重量的,∴⊢空气是往下施加压力的。资产阶级也可以作出他们的推论,只要把断定符号"⊢"换上"⊢"就行了。在这种情况下,两对立的阶级都有推论。问题是它们有没有共同的推论,有没有共同的推论形式? 这个情况和上面曾提到的对"二加二等于四"的断定情况一样。在这里,我们曾表示命题是共同的命题,断定不是共同的断定。在这里作为前提和结论的三个命题是共同的,可是,就在这里,我们也没有共回的推论或共同的推论形式。其所以对立的阶级都可以各自作出推论,正因为这三个命题没有阶级性,所以在考虑之后,它们都各自作出推论。我们不能因为这三个命题没有阶级性,就认为推论或推论形式是共同的,或者推论或推论形式也没有阶级性。应该说,这三个命题之没有阶级性是得到两个对立阶级的断定而得到证实的。反过来这也证实了两个对立阶级的推论是有阶级性的。前几年在人造卫星上天之后不久,我们断定人们要上月球去,美帝国主义也断定了人们要上月球去。命题之一是共同的,断定可不一样,推论也不一样。我们的考虑是扩大研究为人民谋福利,美帝国主义的考虑是占领月球。当其时美国的某些资产阶级已经出售占领月球的股票。关于上述三个命题,对立的阶级虽然都各自作出推论,然而推论不是一个类型的,也没有共同的推论形式。

有人会说："你实在是说，无论内容如何，推论总是有阶级性的，推论形式总是有阶级性的。我们的意见相反，无论内容如何，推论形式总是没有阶级性的。至于具体的推论，有时有阶级性，有时没有。就在你上面举的例子当中，无论有阶级性的也好，没有阶级性的也好，它们的形式不都是 AA∴A 吗？这不就是共同的推论形式吗？"这实在是整个问题的总分歧。后一部分的问题实在是 AAA 的问题。这一点以后再谈，现在不谈。推论是断定前件并且通过对前件的断定过渡到断定后件，主要的因素之一是前后件的断定，另一主要因素是过渡，而过渡之中主要因素仍然是断定。断定是贯彻观点方法立场的，它是有阶级性的，推论是有不同的阶级的类型的，这也就是说推论形式是有阶级性的。方才提问题的同志认为无论内容如何，推论形式总是没有阶级性的。我们不同意这个看法。我们回到头两个例子上去吧！关于一切反动派都是纸老虎的推论，无产阶级有这个推论，资产阶级没有。资产阶级不可能断定前提，不可能过渡，不可能断定结论。他们根本就没有推论这样的活动。难道在纸老虎这一问题上，这两个对立的阶级还有共同的推论形式吗？这不是普通的形式内容问题。在纸老虎这一问题上资产阶级根本就没有推论这样的活动。我们也根本没有推论的内容。在没有推论活动没有推论内容的情况下，我们还一口咬定他们仍然有推论形式吗？这样一个一口咬定，是不是使所谓"推论形式"完全悬空呢？当然推论形式是人的推论形式。但是，这不是说在人的任何事情里都有推论形式。究竟在什么事情上，人有推论形式呢？显然只有在推论活动这样的事情上,人才有推论形式问题。推论形式是寓于推论活动这样的事情之中的。在推论活动这样的事情里,有形式和内容是否适合的问题。正确性和真实性的争论是这类活动里的形式和内容方面的争论,不是在没有这种活动的时候在推论活动之外的形式和内容问题。如果我们在推论这种活动之外仍然坚持有推论形式,那么所谓"推论形式"就是脱离了个别的一般。脱离了个别的一般是没有的,不可能的。坚持这样的一般实在就是回到"事外有理"或"共相本身存在"那样的主张上去了。我们不能不坚持在纸老虎问题上的那个推论无产阶级作出来了,因此在那一活动里无产阶级有推论形式,资产阶级没有作出也不可能作出那个推论,他们没有也不可能有那个活动里的推论形式。在第二个例子中,资产阶级作出了推论,无产阶级没有也不可能作出。因此,在资产阶级的活动中有资产阶级的推论形式。无产阶级既然没有也不可能有这个活动,也没有和不可能有这个活动里的推论形式。阶级烙印在推论上和在断定上一样明显。一阶级的推论有它的共同类型,这也就是说有一种推论形式,另一阶级有另一推论类型,这也就是说有另一种推论形式。在某些问题上,如上述第三例子,对立的阶级都各自作出推论,这只说明这样的问题没有阶级性而已。这不但不证明推论形式没有阶级性,反而证明了推论形式有阶级性。显然,要知道某一具体思想有没有阶级性,最好的试验之一是看对立的阶级是否都各自断定它;要知道某一问题是否有阶级性,最好的试验之一是看对立的阶级是否能都各自作出它们的推论。如果断定和推论都没有阶级性,我们怎么能拿它们作标准来观察形势处理问题呢？

　　"你对于'AA∴A'作何解释呢？难道它有阶级性吗？"

　　"AA∴A"是什么呢？AA之后有"所以"的符号，看起来好像是推论形式。可是，没有断定符号。AA没有断定是不可能有"所以"的。这就是说，没有断定，"AA∴A"不能是推论形式。这一点本文一开始就提出，从本文的角度说，这是无可怀疑的。我们可以退一步，我们假设AA和第三个A都有断定，不过没有明确地表示出来而已。这样一来，我们就要问，这个断定是谁的断定呢？这一问题，本文在前一大节里已经讨论过，这里不重复。我们的结论是：我们谈的是断定形式，不是具体的断定，但是，本文不承认有全人类的断定形式，只承认各阶级的断定形式。在"AA∴A"中，是谁的断定这一问题问的就是哪一阶级的断定。这在"AA∴A"里没有表示。不表示谁的（即哪一阶级的）断定，等于否定断定这一因素。我们谈的既不是个别的具体的断定，同时又没有全人类的共同的断定，而又不表示谁的（哪一阶级的）断定，这不是否定断定这一因素是什么呢？因此假设"AA∴A"中的AAA都有断定，不过没有明确地表示出来而已是一个虚假的假设，这和不要求断定之为推论的要素是一样的。我们可以进一步说：不明确地指出断定是谁的断定，"AA∴A"也不可能是推论形式。现在再提出"所以"问题。我们已经分析过"所以"或过渡，在分析中指出它的主要因素仍然是断定。因此，我们要提出同样的问题："AA∴A"中的"∴"是谁的"所以"或谁的过渡呢？我们问的不是个别的具体的这一或那一"所以"或过渡，而是"所以"或过渡形式。和断定一样，没有全人类的共同的"所以"或过渡形式，只有阶级的"所以"或过渡形式。"AA∴A"既然没有指出它的"∴"是谁的（即哪一阶级的）"所以"或过渡，"AA∴A"同样地不可能是推论形式。我们的结论："AA∴A"不是推论形式。它不可能是人类的共同推论形式。我们仍坚持没有人类的共同的推论形式。

也许有人会说，"不承认人类共同的推论形式是不行的。在阶级社会里当然会有不同阶级的推论，但是，这只是一方面而已。对立的阶级也还是在一个社会里共处的。它们有千丝万缕的关系。它们进行不断的斗争，并且经常是针锋相对的斗争。针锋相对的斗争是要知己知彼的，它们要彼此了解，彼此懂得才行。"这个意见正确，我们完全同意。但是，下面的意见就是另外的问题了。这些人可能会继续说："没有共同的推论形式，对立的阶级怎么能够彼此了解呢？彼此懂得呢？"这我就不懂了。也不同意问题背后的想法。首先我们要指出"懂"虽然会涉及推论，然而根本不是推论或推论的事情。其次我们要指出：说对立的阶级没有共同的推论形式并不是说它们之间没有任何共同点，也不是说没有任何共同的形式。我们先讨论后一点。主张有共同推论的同志不只是关心"AA∴A"而已，而且是关心 AAA，EAE 等等。我们说对于后者不必有什么顾虑。我们所否认的是全人类的共同的推论形式，我们不否认全人类的共同的逻辑蕴涵。仍以 AAA 为例吧！我们不否认"AA→A"，或"AA 蕴涵 A"，或"如果 MAP 而且 SAM，那么 SAP"，对全人类是必然的或普遍有效的。这样的逻辑蕴涵没有阶级限制，任何阶级都引用它。无产阶级当然引用它。就拿"⊢A，⊢A，∴⊢A"来看，它的形式结构上的根据就是"AA→A"或者"如果 MAP 而且 SAM，那么 SAP"。资产阶级的"⊢A，⊢A，∴ ⊢A"也是这样。反驳的人会说："我知道，你要说：这里不涉及断定 A 和 A 这样的前件，按照你的说法蕴涵是命题的事情，不是人的活动，同时也没有断定 A 这一后件。"我们说一点也不错，这正是我们的想法。可是，反驳的人会继续不去，他会问："难道'AA→A'或者'如果 MAP，而且 SAM，那么 SAP'这一复杂的命题，也不要断定吗？按照你的说法断定是有阶级性的呀！"首先我们说，断定不断定和蕴涵是两个问题。蕴涵的存在不靠断定。你断定它，它存在，你不断定它，它也存在。这个蕴涵的存在至少有好几千年了，有 MAP、SAM 这样的命题联结在一起，这个蕴涵已经存在。断定它的存在，我认为是后来的事情。就个人的经验说，这个蕴涵虽然早已存在，然而断定它是近三十年的事情。看样子问题不在这里。反驳的人认为，人们虽然没有断定前后件，然而他们断定了整个的蕴涵，断定既然是有阶级性的，所断定的逻辑蕴涵岂不是也有了阶级性吗？问题原来在这里。总有好些人认为只要断定有阶级性，所断定的命题一定也有阶级性。这是没有的事。我们在上面已经说过，断定虽然有阶级性，所断定的命题可以没有阶级性，即令我们断定了"AA→A"或者"如果 MAP 而且 SAM，那么 SAP"。所断定的蕴涵并不因此就有阶级性问题。断定的要点在于认定或决定，但是，它也是一个辨别工具。有无阶级性的正是断定时所考虑的问题。考虑的结果显然不可能把断定限制到有阶级性的命题而已。

现在要谈"懂"的问题。阶级之间的"懂"是一个复杂的问题。假如"懂"不只是了解而且是同情,像旧时代恩爱夫妻之间无原则的"懂"那样,对立的阶级是无法彼此相"懂"的。就是把"懂"限制到了解,两阶级之间的"懂"也不简单。下面说的懂只是了解的懂。就无产阶级的意识形态说,资产阶级是不懂的。资产阶级的意识形态我们懂得。分别就在于我们用辩证唯物主义和历史唯物主义作为我们的观点立场方法去观察世界处理事物,我们可以抓住他们意识形态的本质。我们懂得他们比他们懂得他们自己要科学得多。无论如何,彼此的行动彼此都可以观察,彼此的目的彼此还是可以明了,基本的理由就是共同的客观世界的存在。在一张桌子面前,两个不同语言的人就可以彼此了解。中国人指着桌子说"桌子",英国人指着它说"table",他们两个人就可以了解。在一个民族社会里,对立的阶级既有共同的客观世界又有共同的语言,为什么他们不能有某种程度的了解呢?为什么对立的阶级非得有共同的推论形式,才能彼此懂得呢?我们认为彼此的了解根本无须乎共同的推论形式。显然有共同的客观世界,对立的阶级就可以有某种程度的正确反映。资产阶级的世界观是唯心主义的。但是,唯心主义是不可能一致的。马赫那样的唯心主义者在他的试验室里可以是唯物主义的,罗素那样的唯心主义者在饭馆里仍然可以是唯物主义的。资产阶级不可能把客观世界完全歪曲掉。资产阶级显然也是有知识的。知识总是可以理解的。对立阶级之间的某种程度的了解显然是事实,而这并不是靠共同的推论形式的。

也许有人会说,"你好像认为彼此了解和共同的形式逻辑不相干。这看来是错误的。就拿你自己上面说的对共同的桌子的了解说吧！难道这个了解只靠桌子的存在吗？你说中国人指着桌子说'桌子'，英国人指着它说'table'，他们两个人就可以了解。这意思是说中国人说的'桌子'反映了桌子，英国人说的'table'也反映了桌子，这两个名词或概念既然都反映了共同的客观事物桌子，它们相等，这两个人也就彼此了解了。但是，假如当中国人说'桌子'的时候，'桌子,可以不是'桌子'，当英国人说'table'的时候，'table'可以不是'table'，它们能够反映那个共同的客观事物吗？如果这些名词或概念不能反映共同的客观事物桌子，他们两个人能够彼此了解吗？我们承认这两个人能够彼此了解。但是，他们之所以能够彼此了解，除了共同的客观事物之外，还有共同的形式逻辑的规律，例如同一律。"我们同意这个意见。彼此了解确实需要共同的形式逻辑的规律。不但同一律、不矛盾律、排中律这些基本思维规律是全人类的共同的思维规律，另外许多思维形式和规律也是全人类的共同的东西。我们不是已经指出"AA→A"就是各阶级之所共有的蕴涵吗？不是已经肯定了"如果 MAP 而且 SAM，那么 SAP"是人类所共同承认的蕴涵吗？我们从来没有否认过形式逻辑里好些东西都是全人类之所共。我们认为命题演算里的公理和所有的定理都是全人类之所共，它们都没有阶级性。但是，这和推论形式是不同的问题呀！推论是贯彻各阶级的观点立场方法的。各阶级有不同的观点立场方法。它们就有不同的推论形式。我们不要老是抓住"AA∴ A"不放。我不否认形式逻辑教科书确实写着这样的东西，或者类似这样的东西。但是，它是虚伪的、不存在的，事实上没有的。事实上既没有共同的推论形式，同时事实上对立的阶级又进行不断的斗争,显然阶级斗争并不需要共同的推论形式。

我们的意见仍然是没有人类共同的推论形式,只有各阶级的推论形式。就现在全世界两大阶级说,我们用"⊬A,⊬A,∴⊬A(三段论第一格)"符号代表无产阶级的推论形式,用"├A,├A,∴├A"代表资产阶级的(三段论第一格)推论形式,前者不是资产阶级的推论形式,资产阶级没有前一类型的活动,也没有前一活动的推论形式,对资产阶级说前者不是推论形式。后者不是无产阶级的推论形式,无产阶级没有后一类型的活动,也没有后一活动的推论形式,对无产阶级说后者不是推论形式。尽管如此,两对立阶级还是能够彼此了解,针锋相对地斗争。请注意,这里说的只是这一阶级的推论形式不是那一阶级的推论形式而已,这不是说前一阶级的推论形式后一阶级根本就不懂。显然,对立的阶级可以懂得彼此对立的推论和推论形式的。显然,对立的推论和推论形式都是客观的事物,并且更重要的它们都各自有它们的规律性。这些都是可认识的。在下一大节里,我们主要地是要讨论不同阶级的推论的必然性和规律性。

三

在本大节里我们主要地提出三点:一是逻辑蕴涵有重言式的必然性;二是推论有阶级的必然性;三是驳资产阶级关于推论的客观主义或推论无必然性论。

关于头一点,大多数的逻辑工作者可能是赞成的。我们还是以"AA→A"或者"如果 MAP 而且 SAM,那么 SAP"为例。这是三段论第一格的逻辑蕴涵。这个逻辑蕴涵是必然地正确的或真实的。通常说三段论的客观基础是类的包含关系,这说法我们也赞成。历史上可能有这样一个理解阶段,现在作如此理解仍然没有错。但是,为了和基本思维规律中头三条打成一片,为了和命题演算中的逻辑定理打成一片,我们可以把这个逻辑蕴涵分析成为有重言式形式结构的逻辑定理。果然如此,这一逻辑蕴涵的客观基础就会比类的包含关系来得更为广泛更为一般。"AA→A"或"如果 MAP 而且 SAM,那么 SAP"是可以归结为命题演算中这样一个三段论定理的:"q→r. p→q. →. p→r"。后一定理是重言式的或者说它的形式结构是重言式的。它是所谓"永真"的。这个"永真"是一定范围之内一定条件之下的"永真",它不是绝对绝对的,是相对绝对的。在形式逻辑范围之内我们还是可以承认它。我们可以证明它是"永真"的,我们也可以用真值表来表示它的"永真"本性。但是,重言式的逻辑定理的必然性不是思维本身之所单独地具有的! 如果我们认为思维本身单独地具有必然性,我们就会陷入先验论。这一点非常之重要。客观基础问题是无法避免的。关于究竟什么是这种重言式逻辑定理的客观基础,不同的意见很多。我个人认为这种定理是有所反映的,而它们所正确地反映的是客观事物形色状态的确实性只有一个这样一条相当根本的客观规律。果然如此,三段论的逻辑蕴涵也正确地反映了这样一条客观规律。重言式逻辑定理有这样的客观必然性。这些定理本身的形式正确性也是建立在它们的真实性上面的,但是,这里所谈的正确性和真实性统一的问题和争论中引用了同样字眼的问题是不同的问题。在这里我们只是着重地表示,重言式逻辑定理的必然性仍然是客观的必然性。

但是,话要说回来,重言式的逻辑定理有它的特性。这个特性就是上面说过的"永真"。这个特性是可以用真值表表示出来的。我们仍以下面这个三段论定理为例:q→r. p→q. →. p→r。这是一个复合命题,它有三个原始命题 p. q. r。这三个原始命题的真假可能有以下八个:pqr, p——q——r, p——qr, ——pq——r, pq——r, p——qr, p——qr, ——p q——r。上面这个三段论定理在这八个可能下都是真的。这句话非常重要。它有下面三方面的意义。一是这八个可能把 p 真 p 假、q 真 q 假、r 真 r 假的可能都包括在里面了。说在这八个可能下都真,也就是说,无论三段论式中的具体命题是真或是假,这个三段论定理总是真的。这是从真假角度说的。其次,说在八个可能下都真,也就是说,无论三段式中的具体的命题所反映的情况如何,这个三段论定理总是真的。这是从客观事实说的。最后,说在这八个可能下都真,也就是说,这个三段论原理分别地承认这八个可能,而分别地承认这八个可能实在等于排中律。这一方面表示这个三段论定理的客观基础和头三条基本思维规律的客观基础一样,另一方面也表示它的必然性也和那三条基本思维规律的必然性一样,就形式结构说,它的必然性是重言式的。我们可以不理会 p. q. r 究竟是真是假,"q→r. p→q. →. p→r"这一定理总是真的。这一逻辑蕴涵有重言式的必然性。

以这种重言式的必然性为标准,推论和逻辑蕴涵不一样,

推论不是这样地必然的。这一点我们要承认。我们要承认
⊨q→r和⊨p→q 并不蕴涵 ⊨p→r。推论不是一个重言式的逻
辑定理。一个人可以断定前件而不断定后件,让雷在 1630 年
就断定了一个蕴涵的前件而没有断定该蕴涵的后件。在日常
生活中也可以找到这样的例子。我们应该承认推论没有逻辑
蕴涵那样的必然性。

但是,承认了上面这一点,是不是就得出结论说推论就根
本不是必然的呢? 我认为在这一点上,我们的答案和资产阶
级的答案是完全对立的。我们的答案是推论虽然没有逻辑蕴
涵那种重言式的必然性,它本身仍是必然的。它的必然性是
另外一种而已。资产阶级的答案是,推论既没有逻辑蕴涵的
必然性,它就不是必然的。这里有根本的分歧。这个分歧不
是偶然的,它本身就是阶级斗争的历史必然性的一部分。

首先让我们研究一下无产阶级的推论。这里的问题不是
重言式的形式结构问题,而是无产阶级的推论这样一种思维
活动的问题。无产阶级的这种活动有没有类型呢? 有没有规
律性呢? 有没有必然性呢? 我认为我们只能有一个答案:无
产阶级的推论是有类型的,有规律性必然性的。这里的必然
性是阶级意识形态的必然性,是认识的必然性,是断定的必然
性,是马克思列宁主义的放诸四海而皆准的普遍真理和革命
实践相结合的必然性,是维护无产阶级根本利益的必然性,是
体现社会发展规律的必然性。这个必然性和重言式的必然性
根本不一样,它不是变化很少的现成的,它是随着变化很大的
历史的前进而发展的,它不是空的公式,不是遇着任何情况都
可以不假思索地去套的。它很复杂,它可以隐蔽在相当多的

582

偶然性当中。这个必然性虽然是阶级的必然性,它也不是随着阶级的产生而存在的,它是和马克思列宁主义分不开的,而马克思列宁主义不是自发的,它是先进的科学理论。要无产阶级能够运用这个理论武器,还得要受到教育和锻炼才行。要马克思列宁主义掌握了无产阶级,无产阶级推论才明显起来。我们经常说无产阶级有无产阶级的逻辑。这个逻辑实在是一个庞大的科学体系。我们要学习它,要进行思想改造,要运用它。愈学习愈改造得好,也愈能运用它。愈学习愈运用它,也就愈能够体会到无产阶级的逻辑的必然性。仍以纸老虎的推论为例。它就是无产阶级逻辑的一个内容或一个组成部分,问题不是这个推论是否合乎形式逻辑的蕴涵,它是合乎逻辑蕴涵的,它的形式或形式结构上的根据就是逻辑蕴涵。问题是这个推论是否必然地被作出。它不只是合乎逻辑蕴涵而已,它完全正确。解放后,通过我们的学习,我们立场的转变,我们认识到这个推论是无产阶级必然地要作出的。当然什么时候作出,什么人首先作出是另一问题。毛主席很早就作出这个推论来,别的人晚些。有些人包括我自己在内,在1950 年,还作不出这个推论来,可是,在 1958 年他们也作出来了。在帝国主义接近灭亡,在无产阶级革命的前夕,无产阶级总是会作出这个推论来的。这样的推论很多。从社会发展规律说,从革命实践说,从无产阶级的观点立场方法说,这一类型的推论是合乎客观规律的,是有必然性的。由此可见,这一类型的推论虽然没有重言式形式结构上的必然性,然而这不妨碍它们之有必然性。事实上这一类型的推论是必然的。

资产阶级的看法和我们的相反。他们硬说逻辑定理是必然的,推论不是。他们只认重言式的必然性。这里有两方面的问题。一方面是否认根据事实或者根据经验或者根据归纳所得到的概括的必然性。当然,他们所说的"事实"或者"经验"不都是客观的事实或经验,因此,他们所说的"归纳"也就不是真正的归纳。即令他们承认这方面概括的必然性,他们所承认的必然性仍然是唯心主义的。何况他们根本就不承认这方面概括的必然性! 之所以他们要否认这个必然性的理由,就是要把整个的科学曲解成为唯心主义的,从而挖掉科学的墙根,使它能够和宗教及其他迷信和平共处。这个反科学的资产阶级哲学趋势已经长期地存在,我们要对它进行不断的斗争。在哲学上这是很重要的斗争。但是,在本文我们只提到它而已,它不是本文的主要问题。

另一面的问题是本文的主要问题。这就是否认推论的必然性。伽罗尔的诡辩,《论"所以"》那篇文章已经提到和批判了,那个诡辩也有两方面。一是带技术性的诡辩,一是带哲学理论性的谬论。前一方面的诡辩,《论"所以"》一文已经批判了,本文不重复。后一方面的谬论就是推论没有必然性。伽罗尔自己没有这样说,可是,他好像是作出一个榜样来表明如果一个人硬是拒绝作出某一推论,我们拿他没有办法。罗素指出这是蕴涵和推论的分别。他说后者是断定了的命题的关系,而伽罗尔说的是后者。他没有否认伽罗尔所说的情况,显然他也就没有否认推论有伽罗尔所说的情况。伽罗尔实在是说推论没有必然性。他的例子正是明显地应该作出推论的例子,可是按照他的说法只要一个人拒绝作出,那也就没有办法了。这谬论背后的"理论"就是推论方面的客观主义。伽罗尔的技术性的诡辩是故意搞出来的,他的客观主义的谬论不是。后者是有代表性的,他只是接受了资产阶级一般的看法而已。

资产阶级的看法是断定没有必然性,推论也没有。关于断定,在第一大节里我们已经说过,资产阶级认为赵有赵的断定,钱有钱的断定,等等。就某一个别的人说,断定可能有典型,例如"这真像王某,他就会作出这样的断定来"。但是,按照他们的说法,一般地说断定是没有规律性没有必然性的。推论也是如此。当某某作出一个推论的时候,他的朋友可能会说"如其人如其人"。但是,按照他们的说法,一般地说,推论也是没有规律性、没有必然性的。当然,他们可以找出"事实上的理由"。他们可以把整个城市的人关于某一问题的看法一一记录下来,并且还作出百分比。结果是各种各色的推论都有。岂不是公说公有理、婆说婆有理吗?"推论"哪有什么必然性呢? 问题是这里所说的"推论"究竟是什么? 在这里我们要说得远一些。资产阶级把自己看作基督教的"上帝"一样。据说"上帝"造人是按照他自己的面貌造出来的。资产阶级看人是按照他自己的面貌去看人的。几百年来,他们已经习惯于以全民,甚至全人类的名义去实现他们自己的阶级意图。他们以他们的自由民主博爱等等为全民的或全人类的自由民主博爱等等。他们已经习惯于这种欺骗,也把这种欺骗引用到推论和推论形式上来,他们把他们自己的推论和推论形式当作全民的或全人类的推论和推论形式。原来他们说的没有必然性的,就是这个虚假的不存在的全民或全人类的共同的推论或推论形式:为什么抓住一个不存在的共同类型的推论或推论形式不放,反而否认不同类型的推论或推论形式所固有的必然性呢? 理由很简单。这里说的实在就是客观主义,而客观主义是资产阶级用来抹杀阶级和阶级斗争的存在,从而掩盖他们自己阶级目的的理论工具。他们要的正是搞出一个不存在的共同类型的推论或推论形式,来掩盖不同阶级的推论的阶级性、规律性和必然性,连他们自己的也包括在内。资产阶级本来就是要维护宗教,反对科学,特别是反对社会科学的。客观主义使他们既可以否认社会发展的规律性,也可以否认他们自己那一阶级的灭亡的必然性。当然客观主义并不是单独地为推论或推论形式而捏造出来的。它是资产阶级唯心主义的世界观的组成部分。但是把客观主义引用到推论和推论形式上去的结果,就是把后者的阶级性规律性和必然性都抹杀了、掩盖了。

我们再来看"⊦A,⊦A,∴⊦A"。把它当作全民的或全人类的推论形式,它当然没有必然性。它不可能有,这种形式本身就是不存在的。但是,如果我们恢复它的本来面目,这就是说恢复它的资产阶级类型,它如何呢? 显然,资产阶级的社会存在也决定他们的意识,他们的经济基础也决定他们的上层建筑。反动派有他们的逻辑,难道资产阶级这一反动派就没有他们的逻辑? 资产阶级显然是有他们的剥削逻辑的,有他们的掠夺逻辑的,有他们的追求最大利润的逻辑的,有他们的侵略逻辑的,有他们的殖民主义逻辑的。他们有他们的生意经。生意而能以"经"称,难道能够没有逻辑? 组成资产阶级逻辑的不能不是同一类型的推论,而这一类型的推论不能不有它的相应的推论形式。这一类型的推论有没有规律性必然性呢？在恢复了资产阶级类型的本来面目之后，"⊢A，⊢A，∴ ⊢A"有没有必然性呢？它是在形式结构上根据逻辑蕴涵而又属于资产阶级类型的推论形式的。它既然是根据"AA→A"这一逻辑蕴涵的，当然是合乎这一形式的。它虽然是合乎这一形式的，然而它本身不是重言式，它没有重言式的必然性。是不是因此就没有必然性了呢？资产阶级的科学性和党性不是统一的，他们的推论经常是虚假的。是不是因此他们的推论形式就没有必然性了呢？对于推论，必然性是就发生或不发生，作出或不作出说的。在这里我们还是要重复一下，推论和蕴涵不一样，推论是活动。这一活动有无必然性的问题，就是这一活动必然地发生或被作出与否的问题。在第二节我们曾举了一个帝国主义贯彻它的侵略政策的例子。这就是美帝国主义在各国建立美军基地的例子。这个推论是偶然的吗？是艾森豪威尔、肯尼迪心血来潮忽然地作出来的吗？显然不是。这是和帝国主义的本性分不开的。它是合乎帝国主义的规律的，这是必然地会发生的。就是没有艾森豪威尔或肯尼迪这样的反动头子，这个推论也还是会被作出来的。当然，它不是我们的推论，对我们说，它不是推论，更不能是什么正确的推论。但是，我们并不能否认它是资产阶级的推论。这个推论没有重言式的必然性，但是，难道它本身所固有的必然性是否认得了的？

我们作一个小结。推论不是逻辑蕴涵。它是断定逻辑蕴涵的前件，把前件转化为前提，并且通过这个断定过渡（即把蕴涵转化为"所以"）到断定该蕴涵的后件，把该后件转化为结论的思维活动。它的主要的组成因素有两个：一是断定，二是过渡,而过渡中的主要因素仍然是断定。断定是表现观点、立场、方法的工具,它是有阶级性的。没有全民的或全人类的一般的断定,也没有一般的共同的断定形式。过渡的情况同样。这两个主要的组成因素既然是有阶级性的,整个的推论活动当然是有阶级性的。各阶级有不同类型的推论,有不同的推论形式。没有全民的或全人类的共同的推论形式。推论没有逻辑蕴涵所有的重言式的形式结构,因此也没有重言式的必然性。各阶级的推论有另一种必然性,它有各不同类型的本性,各不同类型的规律性,也有各不同的类型所固有的必然性。资产阶级利用了他们的客观主义,提出了根本就不存在的全民的或全人类的共同的推论形式来掩盖推论的阶级性,从而也就否认了各阶级的推论的必然性。只有揭露资产阶级的客观主义,正视各阶级的不同类型的推论,才能如实地反映出各阶级推论的必然性。这就是本文的主张。

写到这里,本文的主张已经摊出来了。文章本来就可以结束了。可是,有一个问题,有些同志一定会提出,我们在这里也要表示我们的看法。有人会问:你这里谈的是形式逻辑呢? 是辩证逻辑呢? 还是哲学呢? 坦白地说,我个人对这个问题不太着重。这不是说我没有一个看法。我认为任何东西都有辩证法。我们不能把辩证的东西排除在形式逻辑范围之外。“伊万是人”这一命题就有个别和一般辩证的统一,“S是P”也有个别或特殊和一般的统一。如果我们把辩证的东西排除在形式逻辑范围之外,形式逻辑就会没有任何内容。因此,这些同志提出来问的不是:本文所谈的推论是辩证逻辑呢? 还是哲学呢? 他们问的只是:本文所谈的推论是不是形式逻辑呢？我们认为它是形式逻辑的对象，它是属于形式逻辑这门科学范围之内的。本文提出的不是这一或那一具体的推论，而是推论形式、推论结构。为什么它不是形式逻辑的对象呢？"但是，你自己也承认它不是重言式的形式结构呀！"它确实不是，我们也一而再、再而三地说它不是，但是为什么形式逻辑，特别是普通的形式逻辑，只限于重言式的形式结构呢？果然有这样限制的话，概念怎么办呢？定义怎么办呢？一般的判断怎么办呢？归纳怎么办呢？我认为把普通的形式逻辑限制到重言式的形式结构是说不通的。本文所谈的推论形式是有形式结构的，它是形式逻辑的对象。至于它同时是什么别的东西，那是另一问题，那一问题不在本文范围之内。

在全国逻辑讨论会开幕式上的发言*

盼望好久了的逻辑学工作者的会议开幕了。这是值得我们庆祝的大事。首先让我表示祝贺。

我和逻辑学脱节好久了,对于这门学问的具体情况,我没有多少发言权。兹提出以下两方面的意见。

一、逻辑学没有阶级性。但是用逻辑学的人都有阶级性。写教科书的人是从用逻辑学的人的角度去写书的。对于这一点,我想提出一点建议。近二十年来的教科书只是在举例方面下了一些工夫。我看这是不够的。从教科书着想,我建议提出"典型"来作为一个研究项目。不是现在就包括在教科书里。"典型"显然是一个认识世界中的形式,看来也是处理世界中的形式。它是一个十分重要的形式。它究竟是一个什么样的形式呢?它是否是一形式逻辑中的形式呢?

我建议形式逻辑工作者把典型这一范畴列为一项研究项目。

此外,我希望大家在形式逻辑、数理逻辑、逻辑史和辩证

* 本文于 1978 年 5 月 15 日宣读。后载于《逻辑学文集》,吉林人民出版社 1979 年版。——编者注

逻辑等方面广泛地开展研究,制定出一些新的研究题目。在逻辑教学工作上也要有所改进。

华国锋同志在科学大会上指出,为了实现新时期的总任务,一定要极大地提高整个中华民族的科学文化水平。我体会,这其中也包括提高人们的逻辑思维能力。新时期赋予我们逻辑工作者的使命是十分光荣和艰巨的。让我们团结起来,积极响应华国锋同志的号召,为实现四个现代化作出我们应有的贡献。

二、我们这个会是逻辑工作者的学术讨论会。但是,我们必须首先批判"四人帮"。"四人帮"罪大恶极,他们对逻辑科学也极力摧残,不批判"四人帮"是不行的。

我很小的时候,就受到《幼学琼林》这部书的影响。这部书提到夏桀、商纣和周幽,给我的印象是,他们是中国历史上很大的坏蛋。其实,他们只是身居很高地位的贪污分子或坏分子而已。比起"四人帮"来,他们并不太坏。清乾隆年间确实有一个特别坏的坏人,和珅把当时中国的财富都聚集到他个人家里去了。全国的农民都处于水深火热之中。有人计算过,他比美国的洛克菲勒还要富。这样一个坏人可谓坏矣。他是头等大盗,可是他没有盗取理论,从而搅乱理论;没有盗取是非,从而混淆是非。一句话,他还没有"四人帮"那样坏。

宋振庭同志的文章①说的是"四人帮"这帮家伙的本质,说得好极了。他们不可能不是唯我主义者,他们根本就否认

① 宋振庭:《评"四人帮"的反动世界观》,《哲学研究》1978 年第 3 期。

了客观世界和客观规律的存在。否认这二者的存在，也就否认了客观真理的存在。他们不能不搞阴谋诡计，这是唯我主义的世界观所决定的。

在第二次全国逻辑讨论会
开幕式上的书面发言[*]

这次全国逻辑讨论会是配合四个现代化而召开的,其目标在于最广泛地提高逻辑学的水平,以便广泛地普及到各条战线的具体工作中去。

逻辑工作者应该具有自然科学和工程技术方面的修养。我十几岁的时候,本来想学理工科。那时我想学物理,但是不行呀!我的数学不行,学物理的想法就取消了。这是头一次倒退。我搞逻辑的兴趣是在巴黎大街上和别人辩论时产生的。回国后就教起这门学问来了。头几年很有兴趣,可是不久又碰到了数学,看起来又搞不下去了。这是第二次倒退。解放后,我写过一篇《论所以》的文章。那篇文章思想对头与否是另一个问题,这里不讨论。那样的文章没有再写下去,因为我没有科学史方面的修养。总而言之,我又一次倒退了。数学不好总是个缺点。我同这个缺点"和平共处"了六十多年,这实在不像话。逻辑工作者必须学习两个专业:正业是逻辑学,副业是一门自然科学或工程技术方面的科学。有了这

---

* 1979 年 8 月 23 日宣读。——编者注

两方面的专业,像我以前那样的困难就没有了。

因为"四人帮"的干扰,我们的学习和工作中断了多年。现在我们要把失去的时间抢回来,做些必要的补课,把逻辑教学和科研工作搞得更好。

在阶级产生之后,在共产主义社会 到来以前,真理硬是有阶级性的[*]

一

人是有真假活动的。真假活动是认识活动的一部分。本文不从认识活动说起,因为那会涉及官能、官觉、感觉、感性认识、理性认识等问题。本文的题目既然是真理方面的问题,就只从真假活动开始。现在从一个很小的范围或天地开始,先提出下面四句话:

床前明月光,疑是地上霜,
举头望明月,低头思故乡。

大家知道这是古诗,但是为了避免与本文不相干的讨论,我们只说这里的四句话而已。这四句话形成了一个小天地。在这个小天地里,一定还有许多别的东西,但是我们只提到人、地、明月、明月光和床。就在这个小天地里,这个人就发生

了真假活动。

在上面四句话里，那个人发生了疑问，他疑心床前的明月光是在地上的霜。这个疑问也许只是瞬息间出现而已。尽管如此，仍然有真假的斗争，仍然有实践。它虽然是简单的实践，然而正因为它简单到不假思索的程度，它的背后显然已经有了社会实践的帮助。这个简单的实践也采取了去伪存真的结果。这个结果得到之后，那个人又转向另一活动上去了。

上面是很小范围内的真假活动，也有极大范围内的真假活动。去年我们纪念了伟大的物理学家爱因斯坦。为了证明他的普遍或广义相对论，一些科学家于 1919 年在北非的某个地方要举行一次试验。试验之前的宣传是极其广泛的。哥伦比亚大学中的新旧思想的斗争非常激烈。有些事争论到面红耳赤，有些人甚至扭打起来。这样的斗争不只是发生在那个大学而已。那也是真假活动。那是极大范围的真假活动，也许是世界范围的。

真假活动是广泛地进行的。有没有专业队伍呢？学校与研究机关好像是这一活动的专业队伍似的。其实不是，他们的工作涉及真假的地方是很多的，也确实有相当多的真假活动；但是，他们究竟有他们自己的任务。就场合说，真假活动最多和最激烈的可能是在战场上，或开得好的小组会上；就行业说，无疑是工农方面。他们人数最多；更重要的是他们是在生产斗争最前线上的战士，而在这一斗争中，真假活动是经常进行的。

我们的真理是在几千年里发生、发展、壮大和丰富起来的。现在主要有两部分：一部分是关于自然和工程技术方面的，另一部分是马克思列宁主义毛泽东思想。就现在说，哪一部分是主导呢？无疑，是马克思列宁主义毛泽东思想。理由很简单，它是方向性的真理。

这两部分的真理是紧密地结合着的。这表现在我们的原子弹、氢弹的爆炸和卫星上天。解放前我们的自然科学和工程技术方面的科学本来不强，在解放后的 60 年代，这方面虽有所加强，但是应当承认我们的水平仍然是落后的。在这方面的水平仍然落后的情况下，上述事情仍然发生了。这就震动了全世界。这不能不归功于两部分的真理的紧密合作。两部分真理的合作是极其抽象而又极其准确的陈述。具体到人员上来，就是自然科学工程技术方面的人员和老革命干部的紧密合作。

总起来说，上面说的是我们的真理；是我们在几千年的真假活动，特别是真假斗争中所发生、发展、壮大和丰富起来的。

二

物质与存在的分别，是首先要提出的问题。从本体论着想，它们的统一是主要的，最好是强调它们的统一。但是，从本文的论点着想，我们还是要把它们分开。

我们先谈谈物质。物质是和心灵对立的、矛盾的。在这一对立矛盾中，我们要强调物质是第一性的、根本的，心灵是第二性的。我们可以引用洛克的一句极为简单的话：心灵是思维着的物质。（仅就记忆，没有查书。）

本文不是专门讨论本体论的。但是，我们还是要肯定物质的根本性：物质无所不存，无所不在。

这也涉及普通的形式逻辑里说的外延与内涵问题。正确地反映了物质的概念看来既有最丰富的内涵，又有最广泛的外延。这和一般的概念不一样。

我们从日常生活中的语言习惯谈起。我们现在习惯于用"事物"两个字连在一起表示外在世界的对象。这两个字的秩序看来没有多大意义，有些人，有些地方可能把物摆在前，另外一些人或一些地方相反。多少年来我们已经习惯于把东南西北四个方面中的第一和第三两个字连在一起使用，来表示一些对象，我们着重点在于它们占空间地位，称它们为东西。另一方面，我们也把春夏秋冬四节气中的第一和第三个字连在一起表示时间或寿命，叫作存在的事实，或事情，或事件，或事体，这就是存在的世界。我们所说的真理是存在世界的事情。不是物质世界的东西。

当然，存在世界也是物质世界的一部分。秦皇汉武当他们活着的时候，他们也是物质的东西。但是，我们不把他们当作东西看待，而是当作大人物看待。

我们要强调的是真理是存在方面的事情，不是物质方面的东西。

三

本文不提国内阶级方面的问题。反动的阶级已经不存在了。全国的公民差不多是清一色的人民。尽管反动的阶级已经不存在，这个清一色的人民并不因此就丧失了他们的阶级性。摆在眼前的明显事实是：我们的领导是中国共产党，我们的社会是社会主义社会，我们的国家是无产阶级专政或人民民主专政。这是否认不了的，也是隐瞒不了的。

当然，否认不了是一件事，强调或宣传是另外一件事。我们可能有理由不强调或不宣传我们的阶级性。世界上确实有些人不喜欢谈阶级，或阶级性，或阶级斗争，此类人中外国人可能更多一些。就国内说，人民只是紧张地工作，不去想脱产的阶级斗争看来是好事。

但是，世界观方面的问题就不一样了。这一方面依然要强调，要宣传。尽管全国的公民都是工农兵和他们的知识分子，他们的世界观不一定完全是无产阶级的世界观，甚至完全不是无产阶级的世界观。反动的阶级虽然不复存在，它们的思想意识残余依然大量地存在。端正我们的世界观是经常要进行的。在大部分人的工作中，我们和自然、工程技术、机器设备打交道的时候多了。具体的情况虽是如此，然而，我们仍然是按照我们的世界观去改造世界。因此我们的世界观是仍然要强调要宣传的。

本文先提出下列的定义：真理是人们对客观事物及其规律的正确的反映在思维认识上的内容。这定义的两个重要部分是正确的反映和思维认识的内容。我们在大多数的时候都强调正确的反映这一部分。这本身是正确的。没有正确的反映，也就没有真理。本文可能要在思维认识的内容方面多花一些时间。后者可能不是读者所能同意的。下面我们先把真理和法律摆在一块来谈谈。

本文百分之百地拥护在法律面前人人平等的口号。用古老的文字表达要容易些,这就是王子犯法与庶民同罪。现在我们既没有王子,也没有庶民,直接照抄不大可能。我们有职业分工,在这种分工中,我们有时互为领导与群众。领导与群众不是固定的阶级或阶层。但是,我们仍然可以借用来表达上述思想:领导犯法与群众犯法同罪。

另外一个口号就很难理解:在真理面前,人人平等。真理与法律不是一样的事情。法律是人为的,是立法机关,经法定手续制定出来的。它好似全国公民的章程,表达全国公民的意志,为全国公民所遵守。法律的某些部分甚至全部可能本身就是真理,但是我们遵守这些部分不是因为它们同时是真理,而是因为它们是法律。

法律是人们制定的。真理不是。还有一种制定在这里也要提出,这就是发现和发明的分别。这三个字都是中文的方块字,这两个词,我疑心是从翻译得来的。一个欧洲人发现了或重新发现了美洲新大陆,一个英国人发明了蒸汽机。发明是我们自我所始,创造出来的东西;发现不是。真理不是我们所能创造出来的,它只是可以发现的。

四

在本节,我们讨论客观真理,在下节我们要讨论人有的真理。

客观真理非常之重要。四个字非常简单,其实它们说的就是科学的真理,就是我们正确地反映了客观事物及其规律的真理。这好像没有什么人反对,为什么要强调呢?因为世界上有一种古老而又广泛地为人所接受的真理观，这就是基督教圣经上所说的"太初有道，道与上帝同在，道就是上帝。"圣经不是欧洲人写的，但是它是极其广泛地为欧洲人所信奉的。道本来是人走出来的东西，铺在地面上让人在上面走来走去，便利生产，确实是有用的东西。可是有人要把它送上天。古时候有，说什么天不变，道也不变。这个不变的天和不变的道帮助维持了中国的封建统治两千多年。上天的问题，下面还要提出，本节强调所有的真理都是客观的。

《人民日报》在 1979 年 12 月 25 日登载了毛泽东同志的两个批语。在 1964 年 9 月 25 日的批语中，他说了下面这段话：

"简单地说，就是从群众中来，到群众中去。下决心长期下去蹲点，就能听到群众的呼声，就能从群众的实践中逐步地认识客观真理，变为主观真理，然后再回到实践中去，看是不是行得通。如果行不通，则必须重新向群众的实践请教。"

在同年 10 月 18 日的批语中，毛泽东同志又加了下面这段话：

"所谓认识客观真理，即是人在实践中，反映客观外界的现象和本质，经过渐变和突变成为尚未经过考验的主观真理。要认识这一过程中所得到的主观真理是不是真正反映了客观真理（即规律性），还得回到实践中去，看是不是行得通。"

在上述批语中毛泽东同志都没有在主观真理上停住，他只是把它看成是一个办法，或一个程序，或一个步骤来看待的。别的经典作家把它叫作科学的假设。本文沿用旧名称。

科学的假设在科学的研究中是非常之重要的事情。在假设中,假设者得到了先见之明,有可能,但是还不能说是真的见解,他不能在这上面打住,他想方设法使该假设能够得到检验之实。假设一定要为实验所证实,也就是说为实践所证实,才能终止其为假设,而进入客观真理。

假设的重要不限于它的成功。有的时候它的失败,反而意义更大。据我六十多年前的了解,哥伦布向西行是要到达印度,他失败了,可是他发现了新大陆。

科学的假设是脑力劳动者的一把宝刀,它强迫客观世界认真地回答我们的问题。

五

上面曾提到古人有把真理送上天的。看样子现在也还有。不过有些人不只是把它送上天去,也要把它送到自然界去。他们把真理说成好像是天地日月或者长江大河泰山秦岭似的。这显然是错误的。真理不是靠它本身就可以存在的,它是有主体的,它的主体就是活人。上节强调真理的客观性,本节要强调它的人有性,并且还是活人所有性。

把真理送上天,不行。日、月、星,都不行,它们只是遵守万有引力运行的球体而已。我们是无神论者,不可能又回过头来承担有意志的、作祸福的天。看来我们也不能从人以外的别的动物去找主体。黑猩猩看来是能够运用工具而又有相当组织水平的动物,但是离真理的主体还很远。从前有人说马很聪明,能做加减。能做加减确实了不得,但是,能做加减,只不过是在戏台上能够表演一下而已。别的动物不行,也许有人会想到昆虫，如蜜蜂、蚂蚁之类，它们更不行，它们的行动看来主要是机械的。

在上穷碧落下黄泉，两处茫茫都不见的时候，也许有人会觉得还是干脆省事为妙，说："真理根本用不着什么主体，真理本身就是它的主体。"这个思想似曾相识……在哪里见过！哎呀！要不得！这不就是"道与上帝同在，道就是上帝"吗？原来，绕来绕去，又回到基督教圣经上去了！不行！

我们也干脆一下，索兴假设人类在几分钟之内死光。在这一假设之下，地球外三光仍在；地球上青山依旧，秀水长流。但是，文物虽在，活的文化没有了。科学仪器、图书设备虽然存在，科学没有了，无论是自然科学也好，还是社会科学也好。科学没有了，真理呢？真理也没有了。

写了这个冷酷无情的假设之后，很难过一阵。这个假设会使人不愉快。但是，这是没有办法的，不如此，不能强调真理的人有性，并且严格地说，是活人的所有性。

下面我们还要提出形象思维问题。从形象思维说，真理的人有性非特别强调不可。形象思维离不开感官。人的感官只有人有。人的感觉也只有人有。在我写这个字的时候，脚旁有两只小猫打闹。它们看而见了什么，或听而闻了什么，我无从得到；我的耳目活动的内容，它们也得不到。人的形象思维的人有性是特别明显的。抽象思维的问题就不一样了。如果在别的行星上有别的动物，他们科学发达并且能坐飞机到地球上来。显然，我们无法交流我们的形象思维，但是，通过各自的形象思维，利用各自的语言，来交换各自的抽象思维，我们可以在几月之内，或几年之内，交换各自的科学。了解远方来宾的工作，比起了解已经死了的文字（说的不是我们自己的古文）要容易些，理由就是来宾是活的。

六

本文的真理定义说：真理是人们对客观事物及其规律的正确反映的思维认识内容。思维认识有两种，一种是抽象的思维认识，另一种是形象的思维认识。

关于形象思维我能说的话很少。对我说，它仍然是我的难题。我把这个问题提出来。我喜欢看小说，我曾经认为登峰造极的伟大小说有三部：一是中国的《红楼梦》，二是古日本的某一小说，三是托尔斯泰的《战争与和平》。别的方面就难说了。这三部小说都是所谓真实的小说，真实小说里有真理。这个真理怎样理解呢？我从前曾在《天下》这一英文杂志上写过一篇英文文章，题为《真实小说中的真理》。问题当然没有解决。

我从前把思想中的思与想完全分作两种不同的事情。想象所想的是像，思维所思的是概念、命题、判断和推论等。我不承认想象中有概念。前些时候我的一位青年亲戚为我画了一张晴雯的像，我很喜欢，贴在墙上。一位同志看了说："画的是一个概念。"这句话对我是一个惊雷。概念可画！无论这位青年画家如何"设想"，或如何"构思"，他所画的符合了我对晴雯的某些概念。解放后我听见过也读到过形象思维这个说法，可是我从来没有承认过形象概念。现在我得承认了。

对于晴雯我们只能有形象概念。这就是说我们不能有抽象概念,不能下定义。我们可以把这样的形象概念画出来,或者雕刻出来,或者用语言文字把它描绘出来。在历史上,我们的政权有时为别的民族所掌握,可是,我们的文化从来没有为别的文化所代替。我们的文化在历史上所遗留下来的形象概念是非常之丰富的。

对于日常生活中的东西,我们既可以有形象概念,也可以有抽象概念。例如桌椅床凳。如果你要的是一张饭桌,请人代买,那好办,他可以引用"饭桌"的定义,把它买来。但是,如果你要的是一张黄花梨的宋明样式的桌子,找这样的桌子就得要形象概念了。这和"晴雯"那样的形象概念不一样,世界上还有这样的东西。不过你不能用简单的概念去找到它而已。

我从前搞过形式逻辑方面的工作,也很自然发生形象思维与形式逻辑的关系问题。用绘画或雕刻表示的形象思维,看来没有形式逻辑方面的问题。用语言文字表示出来的形象思维好像特别一些,它好像也避免不了形式逻辑问题。究竟是否如此,看来也可以研究研究。

七

本节讨论一下抽象的思维。本节可能要说些佶屈聱牙的话。抽象思维里首先要提出的就是概念。任何一个客观的个别的具体的事物总是可以从不同的方面加以研究的。我们把我们要加以研究的那个方面叫作侧面,对于一个侧面要研究它,就得主动地进行各种不同的实践,例如改变它的环境看对于它有什么影响,或改变它看对于环境有什么影响,企图抓住它的本质。本质抓住了,对于该侧面我们就得到了我们的抽象概念。

对于形色状态,我们都可以有概念;但是,这些概念没有该事物那样的形色状态。对于红我们可以得到相当于它的概念,可是这个概念不是红的。这好像容易接受;对于"方"我们也有概念,可是这个概念不是方的。这好像难于接受一些。

我们可以把"方"提出来讨论一下。打开一本平面几何的书,我们就可以看见书上印出来的那个"方"。那个"方"是一张画,是作者利用它来使读者理解方的。它不是概念。概念是抽象的,它是画不出来的。概念有某种绝对性,而书上的画没有。我们用那张画的四边的边线来看吧!抽象的线只有长度。画中的线不只是有长度而已,而且有宽窄,有厚薄。显然画中的线是具体的,不是抽象的。画中的线不是绝对的线,画中的方也不是绝对的方。这里说的绝对性是必要的。为了表示这个绝对性的必要,我们利用"相等"这个概念来说明。当然所说的绝对性,也是抽象的绝对性。

抽象的绝对的相等当然是有的。我在昆明的乡下曾听见小孩高声地唱:"七九等于六十三,八九等于七十二,九九等于八十……"这里的等于都是抽象的绝对的相等。

可是把相等这一关系引用到个别的具体的事物上去,它就有它的特点。抽象的绝对的相等是有对称质、有传递质的。可是引用到个别的具体的事物上去,对称质可以保存,例如如果九等于 y,y 也等于九;传递质就会丧失,例如如果 x 等于 y,而且 y 也等于 w,那么 x 也等于 w。可是,重复了几次之后,x

可能不等于 w 了。我们可以用 1, 2, 3, 4 等代表长度差不多的木棍子，头一根一寸长，最后一根可能是一寸半了。不相等了。当然最后一根可能是第一百根，也可能是第一千根。重要的是传递质没有了。

我们有什么办法没有呢？事实上也就是历史上的办法即提高相等的准确性和精细性。在自然科学和工程技术科学突飞猛进的条件下，相等虽然不能成为绝对的，但是比起前此历史上任何时期，其准确性和精细性不知道提高了多少倍。上面曾说过，失去传递质的时候可能是第一百根，或第一千根上，准确性和精细性提高到多少倍之后，传递质在数万根，或十数万根，或数十万根之后，还不丧失。在宏观世界里，我们能做到这种地步，问题可以说是已经解决了。

在宏观世界里，抽象总是个别的具体的事物的某一侧面，不是该事物的综合的复杂的性质和关系质（因关系而得到的质例如哥哥）堆积起来的整体。该整体是个别的具体的。就物理学所研究的对象说，也就是客观的物质的。

我不懂物理学，更不懂微观物理学，但是后者既然已经是哲学斗争的场所，我还是要表示我的看法。我认为微观世界就是自然科学家对宏观世界的客观的物质的事物作了不断的研究、分析、设想、推敲、实验而得出来的结果。对于这一世界的思维认识一定有它的特点，但是，正确的认识之为对客观的事物及其规律的正确的反映这一点并没有改变。当然，微观事物很小，我们看不见，听不出，摸不着，嗅不到。但是，明显得很，它们并不因此就丧失它们的客观性、物质性。我们首先要肯定的就是微观事物是客观的物质事物。

其次,微观事物是分析出来的事物,它们比较地单纯。要在宏观世界找相似的东西,最相似的可能是西药。西药和古时候的中药如生姜红枣不一样。它也比较地近似分析出来的东西。我每天要吃好几粒维生素,也只是吞了它们而已,不至于因吃枣而得到甜,因吃姜而得到辣。

又其次,微观世界像宏观世界一样,也有它的一般与个别。当我们讲微观事物的时候,我们说的是微观事物的类型,当我们做实验的时候,在实验过程中起作用的是这种类型之下的无数的个别的具体的微观事物分子。对这样的微观事物分子有正视与否的问题。

据说从前曾有大近视眼观天的故事:说他看了天之后,结论是:"日月容或有之,星星只是想象之辞而已。"看来有些人把个别的具体的微观事物分子,也就是个别的具体的微观事物看成是"想象之辞而已。"把个别的具体的微观事物,即各类型的不同的分子否定了之后,原来正确的实验就成为有效的行动或手术而已。在实用主义比较地流行的地方,所谓有效的手术是比较容易伸延为手术论的。

手术论不是物理学的学说,它是唯心主义的哲学,是在美国流行的实用主义的继续而已。

以上可以说是旧事重提,但是有些旧事是应该重提的。

八

上面说的是抽象思维,我们把形象思维和抽象思维分开来讲。在具体的思维中,它们是综合在一起的。我年轻的时候,曾经做过一次试验,看小孩能不能懂"一尺之棰,日取其半,万世不竭。"这个小孩4岁已满,不到5岁。她想了之后说"明天还有,……还有……还有……还有。"说了几次还有之后,眼睛睁得大大的,声音提高地说:"老有!老有!老有!"看她的表情,当她说"还有"的时候,她眼珠向上。她是在形象地思维"日取其半。"忽然间,眼睛睁大了说"老有",这就表示她已经突变到抽象思维上去了。

我们既然提到上面这个故事,索兴也提出我们不同意把上述三句话列入诡辩。它们不但不是诡辩,而且宣扬了物质不灭的唯物主义原则,并且还引进了无穷的概念。说它们是诡辩,无非是说取它两三天、三四天就不能再取了。斧砍不行,锯锯不行,刀切也不行了。看来这只是狭隘的事实主义,根本不是什么实事求是的精神。这三句话说的是一个理论问题,它所说的日取其半是理想化了的取,是没有任何糟蹋浪费的取,因此不只是日取其半的取,而且也是日留其半的取。没有日留其半的取与这三句话根本不相干。万世不竭只是说 $1/2, 1/4, 1/8, 1/16$……是无穷的而已。

上面举的那个小孩例子有一个缺点,它本身偏于抽象思维。举另一例吧!我小的时候和我同年的人都崇拜项羽。现在看来,项羽敢于革秦王朝的命,总还不错。但何至崇拜呢?来源中可能有一个是《史记》里的《项羽本纪》。那篇文章就是抽象思维和形象思维裹在一起的很好的例子。

但是,最动人的例子仍然是解放之后的。知识分子思想改造的动员报告是周总理做的。他指出:把民族立场和人民立场作为目标都不够,目标是工人立场。他说,他曾经犯过错误。听到这里,我非常感动,我想其他在场的人也非常感动。我那时已经 50 过头了,我从来没有听见过政治上负最高领导责任的人之一说他犯过错误。他接着说他的错误也把他暴露在上海的大马路(南京路)上。这就是说,他的报告是充满着抽象思维和形象思维的。

九

无论是抽象思维或形象思维,我们都要严格区分内容与对象。二者不分,连真之所以为真都无法表示。特别是在特定场合上,这二者又是互相转化的。先提出抽象思维。在小组讨论会上,一个人批评别人时,他是以别人的思维认识的内容为自己思维认识的对象而批评之。他进行自我批评时,是以自己的某一时期的思维认识的内容为开会时的思维认识的对象而批评之。自我批评可能没有什么多大的问题。

别人的思维认识内容是在别人的头脑里的。但是,这并不产生什么困难。它只是我们所不能感觉得到的而已。它虽然是在头脑里的东西,它仍然是物质性的东西。我们是人死神灭论者。在活人头脑里的东西总是要活动,要表现的。即令一个人要隐瞒他的思维认识内容,他也不见得成功。何况在大多数情况之下,他根本没有这样的要求。他要宣传,要别人同意。这样他的思维认识内容就会穿上它的衣服,它的物质外壳了。有了这个外壳,头脑里的思维认识内容就客观化了,就公开了,就成为别人的思维认识的对象了。

小组是我们这个社会主义社会的最广泛而又最基本的组

织。通过小组讨论,我们可以做到百分之九十以上的人思想见面。思想见面对我们来说是头等重要的事情。不见面,思想怎么能一致呢,思想不一致,行动又怎么能统一呢?我认为"四人帮"的罪大恶极的地方就在于他们破坏健康的思想见面,用以达到他们搅乱理论混淆是非的目的。

回到本题,思想见面也就包括抽象思维和形象思维认识内容的见面。这个内容的见面一定导致内容与对象的互相转化。但是,我们正常工作主要是生产斗争,而在生产斗争中,我们所直接打交道的东西是自然或者机器,或者书,这里当然没有什么转化。研究工作也属于这个范围。如果你是研究泰山的,你的思维认识的内容在你的头脑里,对象在山东;如果你是研究秦始皇的,内容也是在你的头脑里,对象是两千多年前的秦始皇帝。这里也没有什么转化。

十

上面曾提到形象概念,例如这房子里墙上挂的那张晴雯的画像,有人曾经叫它作形象概念。这个名称有好处,它表示画的作者有她的工作"概念"。它和抽象思维中的概念有相似的地位,为了强调这个地位,有时也可以用一用这个名称。

但是,这个"概念"和抽象思维中的概念是根本不一样的东西。抽象思维中的概念是可以按名(名词的名,不是名字的名)得实的东西。上面曾说过你要我去买张四方的桌子,那好办!我只按照四方桌子的定义,不管红黄白黑、木石钢铜,把它买回来,任务已经完成了。可是,假如刘备派一个不认识关羽的青年到大街上去找关羽,说了一大堆的形容词,要他按形容词去找。这个青年人也确实按形容词去找,可是,找回来的人很可能不是关羽。这许多形容词只形容出一个有关羽外貌的人而已。它们不是,也不表示抽象思维那样的概念。

本文不用"形象概念"这个名称,我们回到传统的名称上去。老名称是"意境"。钱松嵒同志在他的《密云水库》那张画上就写了"得此意境"四个字。王国维主张用"境界"两个字,这也不错,我个人还相当喜欢。《辞海》里没有引用这两个字,本文也不用。

中国是意境最丰富的国家,中国文物之多是世界上无比的。文物是什么呢？它就是物质化了的形象思维。从前盛赞的周铜汉瓦、元画晋书,确实无比宝贵,但只是在数量上极小的部分而已。解放后挖掘出土的东西,才真是丰富异常。中国历史如此之长,承平统一,固然可以鼓舞形象思维,板荡中原也可以刺激思维形象。我们以后也不必为任何美术担忧。解敌后,曾有一时期,我对中国的山水画颇有杞忧。这一形式为长期的封建士大夫的意识形态所占领,解放后,总难免鸡肋磨人。在我的房子里,火炉一撤,老朋友画的山水画就挂起来了。哪里知道,就在这样一个范围内,也仍然是"数英雄人物,还看今朝"呢？钱松嵒同志在参观密云水库时把历史的和现在劳动人民的雄心壮志结合起来就得到一个伟大的意境。后来他又把这个意境画了出来成为伟大的山水画。

意境是什么呢？它就是形象思维认识的内容,这个内容也是反映客观事物的,它也有反映是否正确的问题。这个问题就画说,我还提不出什么意见,就小说说,我可以表示一些意见。

《红楼梦》第四十六回后面有一段话，那段话是从贾母生气骂王夫人起一直到凤姐圆场而止，约有好几百字。因为太长了不能全引出来，只能提一提，请读者参看。

我个人对这段文章最为欣赏，认为它是对人情的登峰造极的描绘。它根据各人物的性格，也根据各人的地位和他们的生活，作出了他们的反映和行动。欣赏之余我还曾经摇头摆尾地叹了一声"人情大抵然欤"。

但是，所描绘的究竟是什么呢？是人情吗？人情是有的。所谓人情也就是解放初期的所谓人性。"人性"两个字的根本性重些。所描绘的是人性吗？人性也是有的。这段原文用英文翻译出来，美国人读了可能不懂，至少是 1860 年以后的美国人。我当时把重点摆在人物的性格上，虽然也认识到各人物的不同地位。现在看来，地位是主要的。许多人，包括宝玉在内，之所以不能说话，而探春之所以能说话，都是地位问题。而这个不同的地位，不是人作为一类动物所固有的。它是封建大家庭所产生的；它的性质是封建的，社会的。我们应该承认第四十六回的这一段文字所表示的意境正确地反映了封建大家庭的生活。《红楼梦》是一部真实的小说，这样的小说里是有形象思维的真理的。第四十六回的这一段话也就是这个真理的一部分。

为什么要利用小说来表达形象思维的真理？因为小说里的形象思维是用抽象思维衬托出来的，它不像画画或雕刻那样单纯。就以"妙玉喝茶"为例。头两个字没有抽象意义（原来的抽象意义不相干），喝茶两个字本身又只有抽象意义；但是，没有它们，"妙玉喝茶"的形象就表达不出来。一部小说是一个整体的形象思维体系，如果这个体系正确地反映了一个时代的客观的生活，就是说，正确地反映了客观世界，应该承认这个体系是真实的，或者说，它是形象思维的真理。

我从前的毛病是抹杀了形象思维。这是很严重的错误。在《论真实小说中的真理》一文和在《知识论》那本书里，我都不承认形象思维。在那个时候，我当然也承认"想象"，可是我认为是想象就不是思维，是思维就不是想象。这就把想象排除出思维了，这也就否认了形象思维。否认了形象思维，也就否认了劳动人民的非常之广泛的美术方面的，文学方面的，手工业方面的，甚至在商品中提高质量、花色、品种方面的各种活动了。这实在是非常之严重的错误。

十一

上面两种思维是实在的，经常进行的，不可忽略。根据这种分别，我们也可以把真理分为两种，一种是抽象思维的真理，一种是形象思维的真理。既然已经提到类别，干脆也提到别的分类法。

我个人认为真理可以分为了解世界的和改造世界的。这个分法的好处是既斗争又统一，既一分为二，又合二而一，不理解不能改造，不改造也不能理解。同时，又保存了历史上的连续性，特别是中国哲学史上的连续性。知行难易问题本来就是中国哲学中的古老问题。当然这一分法可能有我没有想到的困难。

另外一个分别法就是自然科学和社会科学。一个自然科学家曾经把我们的社会科学叫作真正的社会科学。这是很有道理的。社会科学四个字所说的不一定是一个内容。我们所承认的社会科学是马克思列宁主义毛泽东思想指导下的社会科学。这也就是这位自然科学家所说的真正的社会科学。

我们坚持对任何客观情况，正确地反映这一情况的抽象思维认识内容只有一个。这里明确地表示说的是抽象的思维认识。以后各节也都是抽象的思维认识。关于形象思维，问题就不同了。

我们同意下面这个观点：自然科学和社会科学是对象不同的科学，但是，它们的所谓真是一样的。这也就是说它们的真都是正确地反映了各自不同的规律。这一点是应该强调的。从前有人曾以为自然科学好像铁面无私，而社会科学总难免仁者见仁，智者见智。这是错误的。我们说的社会科学是真正的社会科学。

上面这一点很重要，但是，由它而产生的结果更为重要。我们不仅继承了我们祖先的自然科学方面的成果，而且也继承了我们祖先社会科学方面的成果。

对于我们祖先的自然科学，我在 1943 年或 1944 年以前一直持虚无态度。当然，那时也好像持之有故，言之成理，其实只是缺乏历史知识而已。至少在 1944 年以后，这个态度得到纠正。解放以前对所谓分门别类的社会科学我也持虚无态度，这就更没有道理了。我国社会科学遗产非常之丰富，社会科学方面所收集保存的材料更是如此。无论是就自然科学还是社会科学的遗产说，中国的无产阶级是得历史独厚的。

但是，历史上曾经占统治地位的统治阶级都各有一套占统治地位的意识形态。我们只承认这种东西一时的存在，不能承认它们是真理。我们的封建时代所有的，为当时士大夫所拥护的所谓"奉天承运""天命有归""受命于天""天不变，道亦不变"等等，都是胡说。当然奴隶社会和资本主义社会情况同样。我们的社会是共产党所领导的、无产阶级专政之下的社会主义社会，我们思想的理论基础是马克思列宁主义毛泽东思想。这个基础既是真理，又是有阶级性的。

在这个理论基础之上的社会科学之有阶级性似乎不必提了。在这个基础之上的自然科学还要论及。自然科学没有阶级性。自然科学的对象，即自然界的规律是没有阶级性的，正确地反映了这些规律的抽象思维认识内容也是没有阶级性的。

但是，这不是说我们思想的理论基础对自然科学是没有影响的。相反，影响很大。自然科学当然离不开自然科学家。在上面论历史上占统治地位的意识形态时，我们提到我们思想的理论基础，在那个场合，这四个字是恰当的。现在的问题既然已经到了自然科学家们，我们不必再提我们思想的理论基础，而只简单地提世界观就行了。自然科学家们也是一个队伍，他们的组织，他们的计划，他们的不同时期的任务、重点、速度、项目等等都是按照他们的世界观来决定的，也就是按照全国一盘棋的需要来决定的。这个局面早已形成了。自然科学家早就不爬行了。不然的话，我们不可能在 20 世纪60 年代就有原子弹的爆炸和卫星上天。不然的话，我们对四化的成功不会有现在这样大的信心。

十二

上面经常提到我们的思维认识内容可以正确地反映思维认识的对象。大家都知道实践是检验认识正确与否的标准。在各种小组讨论时，我们只提实践就够了，因为所了解的仍然是社会实践。本文要强调社会实践。理由很简单，可是特别重要。社会实践既是人的有意识的行为，又本身是物质运动。它不可能是个人主义的。社会实践当然也是许多个人总起来的实践，但是，它是不同个人的共同的实践，不是任何个人的私有实践。私有的实践是个人主义的。曾经风行美国的实用主义的所谓实践就是个人私有的实践。实用主义者的生活并不像他们的哲学。当杜威从他的办公室走到地下车站时，他是一个正常的唯物主义的人。他的哲学在正文里从来没有承认这一点。在这一点上，他不如实在主义者后来又成为马赫主义者的罗素来得坦白；罗素承认过，当他在饭馆吃饭时，他并不只是在那里吃他自己的感觉材料而已。实用主义者可以利用实践这一概念为他的哲学服务，可见实践这一概念不一定就是唯物主义的，不一定就是社会实践，而我们所要强调的正是社会实践。

社会实践好像空气一样，我们天天都在它里面活动。也许正因为如此，我们很容易忘记它的特点。它是有特点的。它有一种敞开性，一种大众性，我们虽然不能直截了当地说它公正，可是，它仍然有一种光天化日之下公道自在人心的品德。正因为如此，作为思维认识正确与否的标准，它不是人人所能运用的工具。搞阴谋诡计的人就不能运用这一工具。他们当然可以扩大他们的集团，推广他们的活动，但是，广大的人民群众看在眼里，记在心里，总会发现这样的集团。最好的例子就是1976年的四五运动。那是伟大的群众运动，也是伟大的人民的社会实践。这个群众不只是暴露了阴谋集团而已，而且提出了战斗的口号："清妖自有后来人。"从那以后，清妖就成为广大人民群众的社会实践了。

回到实践与真理的关系，最好是引用《实践论》最后一段的几句话："通过实践而发现真理，又通过实践而发展真理……实践，认识，再实践，再认识，这种形式，循环往复，以至无穷，而实践和认识之每一循环内容都比较地进行到了高一级的程度。这就是辩证唯物论的全部认识论，这就是辩证唯物论的知行统一观。"显然，这里说的真理与实践都是有阶级性的。

十三

是不是真理从来就有阶级性，并且一直有阶级性呢？当然不是。真理之有阶级性完全是一个相当长的历史时期中的事情。在远古的时候，人们早就得到了初步的科学知识，这就是说早就得到了初步的真理。不能说那时候真理有阶级性。在全世界实现共产主义之后，人们仍然会发现真理，并且比现在还要快得多，可是，那时候，真理也没有阶级性。

现在呢？1980年呢？现在，真理还是有阶级性的，硬是有阶级性的。

坚决批判学术中的
资产阶级唯心论思想[*]

我完全同意周恩来副主席的政治报告,热烈地拥护我们
的一贯的积极地保卫和平的政策。我同中国六亿人民之间的
每一个人一样要求解放台湾。我同意陈叔通副主席的中国人
民政治协商会议第一届全国委员会工作报告。在这一次参加
政治协商会议全国委员会以前,我对中国人民政治协商会议
的工作是了解得不够的,通过小组的初步讨论和大会的报告,
我认识了中国人民政治协商会议的重要性,以后我要努力完
成全国委员会所要求于每个成员的任务。

通过对过渡时期的总任务的学习,我们知道这时期的阶
级斗争是比从前更要广泛、更要尖锐的。社会主义建设是一
个伟大的任务,完成这一任务是愉快的,是全国人民所热烈要
求的,但是也是艰巨的。大陆的解放虽已完成,台湾还待解
放。美帝国主义还在妄图干涉我国的内政,阻挠我国解放台
湾。保卫和平的事业还要我们尽最大的努力。社会主义建设

   * 原刊于《新华社新闻稿》1954 年第 1671 期,原题目为《金岳霖委员的
发言》。本文是作者在中国人民政治协商会议第二届全国委员会第一次全
体会议上的发言。——编者注

事业在党利政府的正确领导下,在全国人民共同努力下已经胜利地开展起来,并已在各方面取得了巨大的成就。但是解放后的发展还有很不平衡的地方。就我个人看来,学术上的建设就还落后于客观上的需要。

我是一个哲学工作者,哲学工作者的任务是宣传马克思列宁主义的哲学,同各种各色的反动的资产阶级哲学作坚决的、无情的斗争。解放后这几年,我们这些受过资产阶级唯心论哲学教育的人,一直都在诚诚恳恳地学习马克思列宁主义,努力改造思想,并且已经取得了不小的成绩,特别是在思想改造的运动中,我们从政治上划清了敌我界限。这是我们思想改造的自我教育过程中一个重大的收获。但是由于我们深受旧的资产阶级唯心论的影响,我们还不能从学术思想上划清无产阶级同资产阶级的界限,我们不但对我们自己周围的一些资产阶级思想感觉不灵,因而不能主动地加以揭露和批判;而且就在我们自己的思想里,也还保持着资产阶级学术思想的潜在势力,新我同旧我常常交替出现,因而旧思想也就不时会冒出头来。俞平伯先生在《红楼梦研究》及其他著作中所表现的胡适派资产阶级唯心论思想的被揭发,才使我们更深刻的认识到:要把我们的旧思想彻底改造过来,我们还必须进一步从学术思想上划清无产阶级同资产阶级的界限;要真正能担负起新中国的一个哲学工作者的任务,我们还必须努力使马克思列宁主义在中国学术界建立起真正领导的地位。但是,要做到这些,我们只有坚决无情地随时同我们自己的以及周围的各种具体的唯心论哲学思想作斗争。不可能设想,不经过马克思列宁主义在各种具体问题上的揭露批判,唯心论思想可以自行消灭；不可能设想，不经过这种种具体的揭发批判的工作，马克思列宁主义哲学的领导地位可以自行树立起来。胡适是近三十年来中国资产阶级思想的最主要的代表人物。因此对胡适反动思想的彻底批判，也就是马克思主义对整个资产阶级唯心论的斗争，它是当前马克思主义者重要的斗争任务。为了祖国的社会主义建设事业，为了更好地成我们哲学工作者在这一伟大事业中所担负起的任务，我们一定要积极参加这一斗争，坚决批判学术中的一切资产阶级唯心论思想，使我们自己能真正地、稳稳地站在马克思列宁主义的立场，运用马克思列宁主义的观点和方法，以提高我们的工作热情和效率。

在党和政府的正确领导下，我同其他哲学工作者一样，有信心有决心为建设社会主义社会而奋斗。

对旧著《逻辑》一书的自我批判[*]

我在解放前曾经写过《逻辑》一书,被列为当时的大学丛书。这本书从头到尾,贯穿着资产阶级的逻辑思想,流传所及,发生过极为有害的影响,我感到有进行彻底自我批判的必要。

关于形式逻辑有两种根本对立的看法。一种是把它看作在辩证唯物主义、历史唯物主义指导之下,因此也是在辩证逻辑指导之下,在具体的思维认识过程中帮助我们得到更正确的思维和认识的工具之一的科学。这是正确的看法。这是把它固有的地位,把它在各种关系与关联中的本来面目如实地反映出来的看法。这个看法正确地肯定了形式逻辑在具体的思维认识过程中所起的帮助作用。在 20 世纪,和这个看法对立的是资产阶级逻辑学家的看法。他们否认了这个具体的帮助作用。他们当中有的是反逻辑的,这些人直接地否认了形式逻辑。席勒就是最好的例,在不同的程度上杜威也是。另外一些人是研究形式逻辑的。但是,他们把它绝对化、无对

---

  * 原刊于《哲学研究》1959 年第 5 期。后收入重印的《逻辑》(三联书店1961 年版),作为"前言"。——编者注

化、形而上学化,使它和具体的思维和认识脱节,从而使它差不多不能够起它固有的作用。罗素是这些人当中突出的代表。这些人在表面上重视形式逻辑,而在实际上他们要取消它的具体作用。

为什么这些人要取消形式逻辑的具体作用呢？就目的说,席勒、杜威、罗素并无二致。百多年来,在英美搞形式逻辑的大都是搞哲学的。他们搞形式逻辑是为他们的唯心主义哲学提供"理论"工具。他们用唯心主义的世界观和认识论来搞形式逻辑,然后又用唯心主义化了的、形而上学化的形式逻辑来推行他们的唯心主义的哲学。席勒和杜威的形式逻辑就是实用主义的形式逻辑,罗素的形式逻辑在早期是柏拉图式的客观唯心论的形式逻辑。这样的形式逻辑对我的影响特别大。我个人从前搞形式逻辑也是为我的唯心主义的世界观和认识论服务的。科学的形式逻辑是不能够达到这个目的的,我非把形式逻辑唯心主义化、形而上学化不可。我从前的唯心主义哲学的反动本质,要在别的文章里揭露和批判,在本文我只提到一下。这是一个方面。另一个方面,资产阶级知识分子是把他们所研究的科学当作他们的专利品看待的。他们是要把他们的专利品神秘化和专业化的。这样一来,科学就成为仅仅是科学家的科学了。资产阶级的逻辑学家更是这样,他们有深一层的要求。形式逻辑是广大的劳动人民日常运用的思想武器。要把这个武器转化为资产阶级逻辑学家的专利品,他们首先就要进行歪曲的工作。歪曲的方法之一就是把形式逻辑的形式成分夸大,使形式逻辑绝对化、无对化、形而上学化、唯心主义化,从而在具体的思维和认识过程中少起作用,或者甚至于不起作用。解放前我就是这样搞形式逻辑的。这个搞法就是资产阶级的搞法。要批判关于形式逻辑的资产阶级学术思想,我们就要彻底地揭露和批判这个搞法。

具体地分析具体的问题是马克思列宁主义的灵魂,这当然也是辩证唯物主义、历史唯物主义的灵魂。马克思列宁主义的哲学和各种各样的唯心主义、形而上学的哲学是完全对立的。在这对立哲学的斗争中,具体地分析具体的问题是非常重要的武器。这个武器在任何工作中都是非常重要的。在科学研究中当然也是。可是,这个武器是和一切以时间、地点、条件为转移这样一个原理原则分不开的。否认这个原则,或者不执行这个原则,也就是否认或不执行具体地分析具体的问题。形式逻辑是可以抽象地研究的,并且是必须抽象地研究的。科学的抽象是避免不了而又不必避免的,它是好事,它能更正确地反映现实。科学的抽象是从实践中来而又回到实践中去的。形式逻辑的抽象公式是从具体的思维认识过程中总结出来而又回到那个具体的过程中去,帮助我们的思维认识使它们能够更正确地反映现实的。形式逻辑中的抽象公式是在具体分析中起有利作用的,它是因时间、地点和别的条件的不同而有不同的内容的。在这里,抽象的公式是相对于一定的时间、一定的地点、一定的条件的。具体的例证,在这里我们暂不提出。脱离任何时间、任何地点和任何条件的抽象公式是悬空的抽象公式。这样的抽象是无对的抽象,是脱离了实际的、非科学的抽象。这就是形而上学的抽象。形式逻辑的抽象公式本来是在具体的思维认识过程中,配合具体的思维认识内容来帮助我们更正确地认识客观事物的。但是上述的形而上学的抽象把这种抽象公式夸大了,使它脱离了任何时间、任何地点、任何具体的条件了,使它无所对了。在有对的情况下,抽象的公式是因条件不同而有不同的具体内容的;在无对的情况下,抽象的公式就无所谓因条件的变化而起内容上的变化这样一种情况了。形而上学的抽象使这种抽象公式成为"纯粹抽象公式"了。这就是说它已经成为死的公式了。它虽然是从思维实践中来,然而它已经成为不能回到实践中去的了。无所对的抽象公式也是任何具体的分析所不能利用的。显然,这样的抽象公式是不能够有具体的内容的。在任何不同的具体条件下,它都是一样的。这也就是说,在任何具体的分析中,它是不起或者不能够起具体的指导作用的。这也就是说,让形式逻辑的抽象公式脱离了任何时间、地点和其他的条件就是剥夺形式逻辑在具体的思维认识过程中所起的科学作用。《逻辑》一书的指导思想就是把形式逻辑形而上学化,使它脱离具体的时间、地点和别的条件,使它在具体的思维认识过程中不起或者少起它所固有的帮助作用,使它不帮助或者少帮助我们的思维认识更正确地反映客观事物。

这个指导思想是贯彻到《逻辑》这本书的各部分的。我们从以下几方面进行批判。

一、关于思维规律方面的批判

在形式逻辑思维规律当中,解放前我只承认前三个规律。我当时认为充足理由律是另外一件事。这个看法本来就是不正确的。原来的理由就是我那时还不能够把它无对化、形而上学化。为了批判的方便起见，我们可以把同一律表示为：如果一个命题是真的，它就是真的；把矛盾律或不矛盾律表示为：一个命题不能既是真的又不是真的；把排中律表示为：一个命题或者是真的或者不是真的。这三个表示中有"如果——则"，有"既——又"，有"或者"。在某种定义下，"如果——则"、"既——又"可以转化为"或者"。果然如此，前两个思维规律都可以表示为和排中律同样形式的同语反复式的"逻辑命题"。强调这个转化是错误的，因为，我们可能利用这个转化来抹杀作为推论方式这三个规律的不同的特点。可是，在现在的批判中，我们还是要利用这个转化。下面我利用排中律的形式来揭露我在解放前是如何使抽象的公式无对化的。为行文方便起见，我要利用甲、乙来表示不同的命题。这样，排中律就可以写成甲或者不甲，乙或者不乙。

假如我们在北京西郊公园。我在一棵树前面停下，说："我没有看见过这样富于画意的槐树。"我的朋友说："这不是槐树。"事实逃不了它是槐树或者不是。可是，这里的"不是"所包括的可能大致说来是：它是杨、是柳、是榆树等等好些可能。根据我的有限的知识，这里的"不是"不包括木棉，不包括茶花，也不包括榕树，等等。如果我的朋友是一个植物学家，包括的可能就更少了。我们走到池子旁边，他指着一个浮在水面上的灰色的东西，说："哪里来的这样大的鸭子！"我说："那不是鸭子"。事实也逃不了"那是鸭子或者不是"。在这里根据当前的现实和已有的知识，"或者不是"包括是鹅，是普通的花鹅，是狮头鹅，等等的可能。假如我们用甲来表示

"那是槐树"，用乙来表示"这是鸭子"，以上有排中律的运用，前者是"甲或者不甲"，后者是"乙或者不乙"。

以上两种不同的情况都引用了排中律。它们确实有共同的形式，或者说它们有一个抽象的公式。但是这个抽象的公式在不同的具体情况下，是有不同的具体内容的。具体的条件划出一个范围：在甲，这个范围是树，在乙，它是水禽。把"是"除外，"不是"所包括的可能是由这些范围内的事实决定的，也是我们对于这些事实的知识的丰富或贫乏而有数目上和种类上的分别的。抽象的公式是共同的，但是具体的内容并不相等。抽象的公式之所以在具体的思维认识过程中起良好的作用，就是因为我们接受了具体的条件。甲实在是代表了一套时间、地点、条件的。乙也是。"是或不是"是不限于甲或乙这样的具体的条件的，但是，它也是不能脱离甲或乙这样的具体的条件的。前者表示有抽象公式的必要，不然用于甲的不能用于乙。后者表示抽象是不能脱离具体的，一般是不能脱离个别的。

我们现在看看脱离了具体条件的"是或者不是"会成为什么东西，它会成为："是槐树……，或者是鸭子……，以至于无穷；不然的话，是杨或者是柳，或者是榆，或者是木棉，或者是茶花，或者是榕树，等等，或者是鹅或者是普通的花鹅或者是狮头鹅，等等，等等，等等，以至于无穷。""不然的话"几个字以前和以后所列举的不重复，我从前所了解的、所主张的"是或不是"是这样的东西。这就是说，"是或者不是"包括整个的宇宙。它实在就是《论道》一书中所说的"式"。解放前在讲堂上我常常闭着眼睛，手向前一指，随便说一声："它或者是桌子或者不是",然后睁开眼睛一看,说:"一点也不错,它不是桌子,方才说的那句话的后一半是真的。因此,'它或者是桌子或者不是'这一句是真的。"闭上眼睛就是表示我不管具体条件的意思。我既然揭露了那时候在讲堂上的言行,也应该揭露那一言行背后的思想情绪。当我这样说、这样做的时候,我是很得意的,我好像是佛菩萨伸着手面对着孙猴子似的,我好像是代表形式逻辑面对着客观事实说,看你怎么样,你总逃不出我的公式。事实好像是没有逃出这个公式似的。我给人的印象是,我指着一个什么而且肯定了它是桌子似的。其实根本没有那回事。我用不着谈桌子,我可以胡思乱想随便说什么都行。显然,我可以不说桌子,而说南瓜、菠菜。其所以如此者,因为我所引用的抽象公式脱离了具体条件便没有具体的内容了。无论你说是什么,那个公式是不因为你说的东西有所改变而改变的,它仍然是本段开始时所说的那个抽象公式。我不只是进行了概念游戏,而且进行了有毒的宣传。

我实在是进行欺骗,实在是歪曲"不"这个概念。在具体的时间、地点、条件下,客观的情况决定了一个范围,而"不"是受那个范围的限制的。我让"不"冲破那个范围,使它成为直贯古今、横切宇宙、无边无际的"不"。这样一来,我就可以在"假命题"的名义下,偷运废话和其他没有意义的句子。我实在是利用闭眼、睁眼这样的举动来进行歪曲概念的欺骗。在闭着眼睛的时候,我手所指的或者是教室的墙,或者教室的窗,或者教室的门。有的时候还指着在窗外旁听的青年。我现在就以最后的情况为例。我闭着眼睛指着一个人,肯定

"它或者是桌子或者不是"。这好像没有什么可批评的,因为
听众一想就会想到我看不见他,因此也就会原谅我。我要的
就是这个原谅。等到我睁开眼睛一看,好像是才发现他原来
是人似的,于是断定"他不是桌子","所以""他或者是桌子或
者不是"是真的,因为这一整句话的后一半是真的。假如我
不闭上眼睛的话,青年人就会感觉到不对头。在我能够看那
个人的情况下,我有什么理由断定"他是桌子"呢？我不是睁
开眼睛说瞎话吗？是的。它是废话,而我要的正是这句废话。
这就使我能够在断定"他不是桌子"的时候,我好像没有说废
话并且还否定了它似的。我既然能够欺骗听众把"他不是桌
子"肯定下来,我也就把"他是桌子"那句废话当作"假命题"
处理了。这就是在假命题的名义下偷运废话。

以上确实是欺骗,但是,这并不表示我没有欺骗自己。我
并不是不自觉地把"不"无穷地推广的。我曾经碰到废话,曾
经认为它是非常困难的问题。我觉得"正义是黄的"这样的
废话是不容易"应付"的。"'地球是圆的'是圆的",这样的
废话好办些。后者可以在形式上肯定它没有意义,少数的例
外似乎可以想些办法来"应付"。前一种何以很难"应付"呢？
当时的想法是认为必须找出形式上的理由来肯定它是废话,
或者用形式上的方式来把它解释成为假命题而不是废话。也
许有人会提出所谓"细致的理论"问题。我也知道对于这样
一个问题是有很烦琐的一套说法的。在这里我们非从原则上
来考虑问题不可。我们究竟是根据客观的事实来研究形式逻
辑呢,还是在形式逻辑范围内想方设法使客观事实就"范"
呢？显然我们只能走第一条路。上面已经说过,在具体的时

间、地点和条件之下，我们所研究的客观事物决定了一个范围，"是或不是"是受那个范围的限制的，超出那个范围，说"是"没有意义，说"不是"也没有意义。客观存在的事实如此，思维实践的事实也是如此。事实摆在面前，我为什么不直截了当地承认这个事实呢？为什么在抽象的公式范围内绕圈子，企图绕过这个事实呢？形而上学的思想方法已经把形式逻辑绝对化了，而把形式逻辑绝对化了之后，我只有在抽象公式范围内进行"研究"了。这确是理由之一。现在检查起来，我们要肯定这个理由是我从前歪曲形式逻辑的理由之一，但是，除此以外，还有别的理由。

上面说的形而上学的思想方法主要的是片面的夸大。但是问题又来了，我为什么只夸大抽象的公式呢？为什么不夸大客观事物所决定的范围呢？为什么不把范围与范围之间的分别夸大呢？为什么反而抹杀它呢？相应于一个范围是形式逻辑教科书早已承认了的论域。抹杀范围就是抹杀论域，抹杀论域实在也就是把资产阶级的客观主义贯彻到逻辑理论上来了。人性论和客观主义是分不开的，它是客观主义的前提，也是客观主义所支持的"理论"。人性论就是靠抹杀论域来维持的。自然的人和社会的人尽管有联系，却是属于两个不同的论域的。不把这两个论域相混的话，我们就不会由人人都有五官七窍直接过渡到人同此心，心同此理。也就不能在阶级社会里维持超阶级的人性论了。社会达尔文主义显然也有抹杀社会和自然两个论域的因素在内。在1957年举行的哲学史讨论会上，我也有抽象地继承"己所不欲，勿施于人"的想法。这个说法还有别的错误的思想，但是混淆论域也是错误因素之一。资产阶级的客观主义和抹杀论域是有密切关系的。

　　在解放前，资产阶级的客观主义虽然支配着我，然而那时候我不是自觉地受那一主义支配的。从自觉这个角度来考虑问题的话，另一要求是有很大的影响的。我为什么要撇开时间、地点和别的具体的条件呢？为什么抹杀论域呢？为什么要把抽象公式绝对化或者说无对化呢？我当时一个自觉的要求是把活的东西变成死的东西。这里说的死活和生物的死活是有分别的。具体的时间、地点和条件是活的。客观事物在不同的时间、不同的地点和不同的条件下是不同的。在这种情况下的抽象公式也是有不同的具体内容的，因此，它是灵活的。我要求把它搞死。这是资产阶级哲学的要求，特别是客观唯心论者的要求。也许有人觉得这是奇怪的。在过去一年以上的时间里，我们经常在摆事实讲道理，而讲道理的时候，唯恐不活；在解放前，我搞哲学唯恐不死。一般地说，资产阶级哲学家是怕活的东西的。活的东西有发展，并且还会向着资产阶级哲学家所不愿意看见的方向上发展。可是，这种求死的要求不是一下子可以看出来的。它经常是在要求完整的借口下来进行的。具体的东西是存在的。它不可能有一种根本就不存在的完整性。具体的东西虽然是不能像几何学所说的“方”那样方，具体的圆的东西也不能像几何学所说的“圆”那样圆，具体的12点钟只是11点59分59秒点9,9,9……这样一个系列上早就打住了的或者超过了的。适当地追求完整性当然不是坏事，并且一般地说，还应该说是好事。但是超过一定程度的话，它就是坏事了。在具体的思维认识过程中追求达不到的完整性已经不是程度的问题,而只是借口而已。在具体的条件下,"是或不是"这样的公式之所以灵活,是因为一方面它是相对于时间、地点和条件的,另一方面它又是不限制到某一时间、某一地点和某些条件的。这也就是说,它既是不同情况下的共同,也是不同情况下的互异。要把后面的互异整齐划一起来,也就是把前面的共同悬空起来(这就是一般脱离了个别),从而把本来是活的东西变成死的东西了。我这个把活的公式变成死公式的要求在当时是自觉的。那时候,我总觉得活的东西是"拖泥带水"的,死的东西才是"干干净净"的。《论道》书中的"太极"就是追求静寂的集中表现:一方面我说它"至真至善至美至如",另一方面,我说它是"几息而数穷"。这实在也就是说不死不寂就不能完整。在哲学上我追求死寂。在逻辑的"理论"上我也就要求把抽象的公式说成是死的无对的了。

形式逻辑中的抽象公式是有对的,是相对于具体的时间、地点和条件的。它是在具体的思维认识过程中帮助我们正确地反映客观现实的。因此,它也是帮助我们具体地分析具体的问题的。思维规律的作用也是这样。它的正确性和真实性是结合着的。现在有一种把正确性和真实性割裂开来的议论。这是不正确的。30年来,形式逻辑学工作者制造了一种把正确性和真实性割裂开来的气氛。这种气氛的形成,我的责任特别大。我就是一个把正确性和真实性割裂开来的人。上面所批判的那种把相对的、有对的、活的抽象公式转变为绝对的、无对的、死的抽象公式就是企图把真实性和正确性割裂开来。思维规律是客观现实的正确的反映,它已在思维实践中证实了亿万次,它是在思维实践中总结出来而又回到实践中行之有效的。它之所以有效,正是因为它正确地反映了客观事实。如果我们忘记了它是从实践中来的话,我们就很容易把抽象的公式看作现成的凝固化了的公式,把它看作好像不是从一大群具体的真实判断中抽出来的。如果我们忘记了这样的公式是从实践中来的,我们也就是忘记了它的来源,它的根据,这也就是忘记了客观物质是第一性的,思维意识是第二性的。形式逻辑的抽象公式的正确性不但不能和真实性割裂开来,而且它的正确性的基础就是它的真实性。

在这里我们要肯定抽象的思维规律的真实性,它是相对于具体的时间、地点和别的条件的。把它说成脱离了具体的时间、地点和条件,就是把它无对化、死寂化,一句话,这也就是把它形而上学化。解放前,我是把形式逻辑的公式形而上学化的。上面所批判的是形而上学化在思维规律上的表现。

二、关于概念方面的批判

概念和判断都是形式逻辑的主要题材,但是在逻辑学和认识论分家的主张下,我把概念和判断根本就撇开不谈了。在《逻辑》一书的第 2 页还有一段骗人的话。一方面我主张逻辑学和认识论分家。这个分家论本身就是不正确的。一般的逻辑是不能和认识论分家,形式逻辑也是和认识论密切地结合着的。概念、判断、推理就是理性认识的组成部分。但是主要的错误不在这一方面,欺骗性也不发生在这一方面。另一方面,我强调逻辑学虽可以和认识论分家,而逻辑不能和知识分家。这就是欺骗之所在。事实上我所做的恰恰就是让形式逻辑和认识分家，而和形式逻辑密切结合着的正是唯心主义的认识论。在思维规律方面我让这些规律脱离了具体的思维认识过程，在概念和判断方面我也是让思维形式与规律和具体的思维认识过程脱节。为了这个目的，我根本就不谈概念，只谈一点点的所谓"名词"；根本就不谈判断，只谈了所谓"命题"。撇开判断与概念，其实也就是使名词和命题脱离具体的时间、地点和别的条件的办法。

概念是很重要的形式，正确地反映客观事物就需要正确的概念。概念正是逻辑所要研究的题目。概念的性质，它的种类，它的形成、发展、转变等等都是应该研究的。我写的《逻辑》一书根本不谈概念。不但不谈概念，就连"名词"也只是谈了一点点就溜过了。这个逃避概念的事实是很显著的，这个事实背后也是有一套想法的。概念本身虽是抽象的，然而它是在具体的认识过程中起着作用的。研究概念总会或多或少和具体的认识过程联系起来。这样一来，形式逻辑的"形式"就有点"拖泥带水"了，就不那么"纯"了。

当时我确实有这个看法。但这个看法也是自欺欺人的。我有一套概念"论"，对概念的想法也是十足地唯心主义的。把这一想法安排到逻辑书里去，是不会使形式逻辑接近思维认识的实际的。"拖泥带水"中的"泥水"不是客观的实际，而是另外的东西。这个另外的东西是什么呢？我当时是把形式逻辑看作单纯地研究命题与命题之间的"必然"的关系的，而那时我认为概念没有这种"必然"性。这个想法本身是荒谬的。存在决定意识，概念是客观事物在我们头脑里的反映，客观的必然性或迟或早必然会反映到我们的头脑里来,而反映到我们头脑里来的也或迟或早会反映出客观的必然性。在这里我要从下面几点提出批判。

我们先从定义谈起。概念是反映客观事物的本质属性的,定义是概念的定义,而正确的定义是正确地反映了客观事物的本质属性的。定义是有真有假的。概念也是。但是在写《逻辑》那本书的时候,我认为概念没有真假,同时我反对罗素所说的自由定义给人以定义有真有假的印象,从而也给人以概念有真有假的印象。其实我的想法不是这样的。我的所谓定义只是名词字汇的定义,而不是概念的定义。我确实反对过所谓自由的定义,但是,我从来没有跳出定义只是名词字汇的定义这样一个想法的范围。就在反对自由定义这样一点上,我也没有否认过在自我作始的符号上我们是可以随便引用符号的。我反对自由的定义,只是认为定义(说的是定义者而不是被定义者)不是随便可以决定的。我当时的这一看法和正确的观点不相干。这和定义是概念的定义这一点不相干,这和正确的定义是客观事物底本质属性的正确反映这一点更不相干。在这一点上,反对自由定义是有相当的欺骗性的。指出这一点还是应该的。

批判的主要对象是关于概念的想法或说法。这个说法是"实在论"的。这就是说它有两面性,也有相当大的欺骗性。上面说过概念是反映客观事物的本质属性的。我受了一部分英国唯心主义者的影响,认为根本就没有所谓本质属性这样一个概念。我当时承认有"客观事物"(其实是感觉上的"所与"),"客观事物"是可以分类的,而一类事物是有它的共同特性的。但是,这个共同的特性并不是现在所了解的本质。这个看法和否认客观世界的必然性是联系在一起的。一类事物虽然有它的共同特点,然而这个共同特点只是"实然"的,不是必然的。这一点非常之重要。自从休谟以来,唯心主义者就一直以否认客观世界的必然性来向科学进攻,来为宗教辩护。从敌人的进攻我们是可以看出和它相对立的辩证唯物主义的原理原则的重要性的。我现在体会到,明确而坚定地肯定客观世界是有必然性的、客观事物是有本质属性的是何等重要的事。违背这些原理原则,无论是从哪一角度或者是在哪一种程度上,都会把我们陷入唯心主义的泥潭。在这一点上,我前些时还认为我从前曾经摇摆过。在《论道》一书里,我不是承认"固然的理"吗? 现在看来是没有摇摆过。我对于概念的看法就是否认客观事物有它的本质属性的,也就是否认客观世界是有必然性的。我当时认为,一类事物的共同点只是实然的情况而已,现象与现象之间没有主从的分别。我从前是一个所谓"实在主义"者。假如你问我:概念有没有客观基础? 我会说当然有。概念是不是客观事物本质属性的反映呢? 我就会说:我不知道什么本质属性。接着我就会宣传唯心主义。下面几点对概念的歪曲要特别提出来批判。

我当时认为概念是接受事物的方式。所说的接受是思想认识上的接受。我强调了成功的接受,系统的接受。但是接受是我们的接受,方式是我们的方式。所谓系统的接受就是把系统的概念当作鱼网子似的,摆在水里去捞就可以捞上鱼来。能够捞上"客观事物"来的就是成功的概念。我们把归纳原则看作接受总则,认为这一原则是先验的,它决不会失败,因为假如我们的概念失败了,我们就放弃原来的概念,根据"客观"的情况制定新的概念来应付新的事物。所谓有"客观基础"就是根据失败的经验,按照客观情况来制定新的概念而已。无论概念成功或失败,归纳原则总是正确的。这一整套的说法真是胡说八道。我们不要被这里所谓的"客观基础"骗了。正确的概念是客观事物的本质属性在我们头脑里的反映,它是和客观的事物——切合的,反映一类事物的本质属性的正确概念是和该类事物切合的。它虽然不是照相式的反映,然而它和被反映的事物是——相应的。相应的集中点就是事物的本质属性。我们辩证唯物主义者所承认的概念是真正客观的,它没有也不可能有约定论因素在内。

我当时的说法是有约定论因素在内的。概念只是我们的接受方式,我们所考虑的问题是有效或无效、成功或失败的问题。请注意,这就不牵扯到相应于一类事物或一类对象的必然同一的或者共同的概念。我当时特别强调下面这一类的概念:1 中国尺,1 英尺,1 公尺,1 码,1 市斤,1 磅,1 公斤;西方人的"50 岁",法律上的"成年",医学上的"成年"等等。这些概念是有特点的,但是这个特点并不能供给我们以歪曲概念的根据。强调了这个特点之后,当然会把它扩大起来,推广开来。就以"人"这样的概念说,我就认为用"无毛两足动物","有理性的动物","盘古的子孙"等等去接受都行。当然我不会否认这些概念的"客观基础",但是我强调的是:它们都是成功的接受方式。这些例子还不能够充分地表示原来看法的荒谬性。我从前经常把我说的接受方式比作图书馆里的目录系统。新书一来目录室就给它编号,这就把新书安排在目录系统里去了。我这里就有一本 1290625 的书。我们可以利用这个数目字在图书馆里找这本书,略查一查之后,图书馆就可以把这本书交给我们,或者告诉我们别人已经借走了。这是一个接受方式。这个数目字也和这本书的内容有些关系,但是难道这个数目字和这本书的本质属性是切合的吗？显然不是。把概念和这样的号码相比,比拟本身就是不伦不类的。这就是有约定论因素的概念论,它是唯心主义的,是和辩证唯物主义对概念的看法对立的。

有约定论因素的概念论当然不只有以上的结果。我把概念看成凝固的单位。这可能费解。我不否认概念是可以分析成许多综合在一起的命题的,而命题是有真假的,整组的命题也是有真假的。但是当时我认为我们在引用一概念时,我们不是把它当作一组命题来引用的。在引用时,概念是一个整体,一个单位;而这个整体,这个单位没有真或假的。荒谬吧？确实如此。我既把概念当作我们的接受方式,它不是任何时候都引用的,有时它是备而不用的。"显然"(唯心主义的显然)在备而不用的状态中,它没有真假。"显然"用而不当也不能怪"概念",例如用茶杯不能洗澡,毛病不在茶杯。没有真假的接受方式怎样能够是概念呢？概念是客观事物的本质属性在我们头脑中的反映。把概念当作我们的接受方式,把概念的真假取消,就是否认概念是反映客观事物的思维形式,就是取消它在思维中的作用,也就是反对辩证唯物主义的反映论。

没有假的"概念",也就不能有什么矛盾的关系。这就是说,我当时否认"人"和"非人"底矛盾。现代的唯心主义者总

是要拐弯的,不拐弯他骗不了人。我否认"人"和"非人"、
"笔"和"非笔"有矛盾关系,并不意味着我否认"我手里拿着
的是笔"和"我手里拿着的是非笔"这两个判断有矛盾的关
系,假如后者等于"我手里拿着的不是笔"的话。这两个判断
互相矛盾我会承认。但是我当时会说:它们是命题呀,它们是
对于我手里拿的那个东西说的呀! 至于"笔"和"非笔"我能
预先知道用在什么东西上去吗? 等等。这是诡辩。我在解放
后的头两三年里还是抱着它不放的。这是一错百错。把概念
当作我们的接受方式,把它和定义或其他解释它的判断割裂
开来,否认它的真假性,不可避免的结果就是否认概念之间可
能有矛盾关系了。

这个有约定因素的概念论是为我当时的客观唯心论服务
的。我当时不只是认为概念无真假无矛盾而已,而且认为概
念是不变的。在这一点上,我又在骗人。骗人的地方在于,我
并不认为概念一般地说是永恒的。一般地把概念当作永恒的
东西看待是骗不了人的。可是,我当时确实认为概念是不变
的。实用主义者认为人人都有一个经验仓库,我的看法和实
用主义者差不多。我认为我们都有一个概念仓库,适用的都
保存下来,不适用都淘汰出去。对于概念,我当时认为我们可
以放弃,可以改变。可是我们改变概念和概念的变不一样。
我当时认为改变后的是另一概念,不是原概念的新阶段,原概
念也仍然是被放弃了的概念。可是,也有永远不放弃的概念,
这实在就是永恒的概念。

这是极端唯心主义的、极端形而上学的概念论。它是见
不得人的。在这里我仍然要暴露它,虽然原来把概念排除在

形式逻辑范围之外并不是因我那时候认为我的概念论是见不得人的。我是要让形式逻辑脱离认识的。我把形式逻辑看作命题之间的"必然"关系。"概念"没有这种"必然"性,概念好像就非排除不可。这只是借口。形式逻辑不只是研究判断与判断之间的必然关系的,概念也不是没有必然性的。上述的想法根本就是说不通的。实在的理由是我要歪曲形式逻辑,使它脱离具体的科学的认识,从而使它能够为我自己唯心主义的世界观和认识论服务。

三、关于命题方面的批判

在原书的第 8 页上,我有一段开宗明义的话:"最大的关键似乎是把逻辑里的命题当作知识论里的判断。判断离不了心理,离不了历史的背景,离不了一时一地的环境。既然如此,则讨论命题的时候,演绎系统之外的问题也就不能不连带提出讨论……谈名词就谈到官觉与感觉,谈命题就谈到判断,愈注重在求知识的实际上的应用,愈不能得抽象的进步,愈注重实质,愈忽略形式,其结果是形式方面的对与不对的问题无形之中变成了真与不真的问题。"这是很露骨的表示。它所表达的思想就是现代资产阶级逻辑学家在理论上的主导思想。大致说来,这个思想在 20 世纪 20 年代的资产阶级的逻辑学里已经取得了主导地位。我的看法和这个主导的思想可能在细节上是不一致的。但是,那是不重要的问题。主要的问题是这个主导的思想是错误的,我的想法也是错误的。下面我要进行详细的批判。

我当时所了解的判断和命题有些什么分别呢？上面引的那一段话已经把重要点提出来了。所谓"一时一地的环境"，就是具体的时间和地点。判断总是在具体的时间和地点进行的。所谓"历史的背景"就是本文说的"别的条件"。判断也就是在具体的条件之下进行的，它总是具体的思维认识过程中的事情，它是在这个具体过程中对于客观事物的反映，这个反映就是它的思维和认识内容，而这个内容又是可以用语言文字表达出来的。我所了解的命题只是这个内容。请注意"只是"两个字。这个内容是不能和其他的条件分开来的。把命题了解为只是这个内容，已经就是把它从它的条件分开来了。照我当时的了解，命题就是脱离了具体条件联系的思维内容。在这样的了解下，命题和判断就成为不同的东西了。当然假如有人问起的话，我还是会承认判断中总是有命题的。但是命题不必在判断中出现，它脱离了判断，也就脱离了具体的时间、地点和别的历史条件，正如上面说的思维规律悬空了一样，命题也是悬空了的。这是非常重要的一点。有了这样一个了解，一系列的错误就会产生。原来的想法也是给这些错误以产生的机会。何以是这样呢？

　　原来引文里还谈到"心理"，说判断离不了"心理"，而我写《逻辑》那本书的时候，是要离开"心理"的。"心理"两个字笼统。它们有什么具体的内容呢？判断是有断定性的，它是在具体条件下起行动指南的作用的，因此，它是有具体条件下的严肃性的。前些时候，我们学习了毛主席《论帝国主义和一切反动派都是纸老虎》这个重要文件。在学习中我们是要根据客观局势、我们的理论水平来检查我们究竟有无思想上的阻碍,来看我们是不是同意毛主席的意见,是不是真正地能够下这一判断:帝国主义和一切反动派都是纸老虎。这个整个的学习是围绕着一个判断来进行的。这个判断是有断定性的。判断者确确实实断定客观情况正是判断所说的那样。这个断定性使得判断者可以和不同意见的人争论得面红耳赤。对于一个没有断定性的命题(命题当然可以有断定性,判断中的命题就是有断定性的)争论到面红耳赤的情况就不会发生。据说"喜玛拉雅是新山"。我不知道搞地质的人对喜玛拉雅有如何的看法,我个人从书本上看了这句话之后,没有断定那个山是新山。对于我来说,那句话所表达的思想内容只是一个命题。假如有人在我的面前不同意这个命题,我们不至于争论,更不至于争论到面红耳赤。判断与命题虽然是经常结合着的,然而又是有分别的,在这一点上分别很大。

其次,我们是不是真正地认识到帝国主义和一切反动派都是纸老虎呢?我们是不是真正地断定了这个命题呢?如果确实断定了的话,这个判断是会起行动的作用的。这个作用从去年 8 月 23 日起就可以看出来。广大的人民根本就没有惊惶失措;相反地,我们反帝国主义的信心和决心日益加强,我们努力工作而同时心境泰然。紧张是工作上的紧张,不是神经上的紧张。通过学习,绝大多数的人也坚定了打败帝国主义的信心。帝国主义和一切反动派都是纸老虎这一英明而伟大的论断,现在不是在中国起行动指南的作用而已,而且在全世界范围内也在开始起这个作用。可是,假如我们只把这个英明正确的论断当作可真可假的命题看待,我们只是研究它、考虑它的话,我们虽然会在最后认识到它的正确性,然而在研究考虑过程中，它是不会起强有力的指导作用的。在起指导作用这一点上，判断和命题是不一样的。

判断既然是行动的指南，我们对于它的态度就应该是严肃认真负责的。判断既然起行动指南的作用，它就给判断者带来了责任。方才说的那个判断固然是英明的、正确的，但是它不只是英明正确而已，下那一判断时是需要无产阶级的英勇气概的。这也就是说，下一判断是一件负责的事。我们的国家领导人下判断是负责的，我们的军队司令员下判断是负责的。不仅大事情如此，小事情也是如此。在任何工作岗位上下判断也是带有责任的。对于一个仅供参考的命题，情况就很不一样了。我们经常说"房谋杜断"。这两个人的具体事实我不知道，但是按字面了解，房玄龄可以说是提出了好些命题，而杜如晦则善于下判断。水浒是大家所熟悉的。吴用和宋江的作用大致说来是不一样的；吴用的作用是提出一些命题来，宋江的作用是作出判断。我们这里不是说宋吴的作用完全不同，当然也就不是说判断和命题完全两样。宋江的判断经常是吴用的命题，尽管如此，它们还是有分别。在现在的资产阶级知识分子当中，有人是经常不下判断的。我就知道有这样一个人。这样的人是要逃避下判断的责任的。可是，他所想到的命题并不少。我自己就有这个毛病。我不常作出判断，对于所想到的命题也就不必太认真负责了。这就为概念游戏开了方便之门。对于判断是不大能够进行游戏的，对于命题，态度和情况就不一样了。可是，这个分别，就正常的具体思维认识说是不太大的。这就是说，分别是有的，可是，在具体的情况下，分别是不大的。我的形而上学的思想方法使我把这个分别夸大了。

不夸大这个分别,《逻辑》一书里的某些说法是提不出来的。把全称肯定或否定说成是有三种不同的命题就是这样一种说法。全称肯定或否定是直言判断,它和假言判断是不同的。我现在认为,直言的全称肯定或否定是直接从归纳获得的判断。归纳是具体的活动,归纳原则、归纳方法都是在这个具体活动中运用的,它们也是这个具体活动中的因素。如果一个人进行这样的活动,他是在具体的思维认识过程中进行的。他所思维的现象、他所要正确地认识的对象就是当前的客观事物。全称肯定或否定既是从归纳获得的,它的主词的所谓也是当前的客观事物。当前的客观事物显然是存在的。全称肯定或否定对所认识对象的存在是没有不同的态度的。肯定它们的存在是完全合乎辩证唯物主义的,同时肯定它们的存在也不是全称肯定或否定的组成部分。当前客观事物的存在不是归纳所要得到的结论,也不是那个具体归纳所提出的问题。那个具体的归纳所提出的问题,是当前存在的客观事物(对象)有没有某一或某些属性,而不是这些事物存在与否。从辩证唯物主义出发,根本就没有后一问题。后一问题的提出就是对全称判断的歪曲。假如在上述场合提出当前的客观事物究竟存在与否,这本身就是偷运哲学唯心论,特别是主观唯心论。所以是主观唯心论,因为这一问题实在是把当前的东西和存在的东西或客观的东西分了家。这一分家正是主观唯心论。这是对全称判断的歪曲。我原来所进行的歪曲不同。我根本没有把具体的归纳考虑进去。我故意抹杀判断,故意单纯地把命题抽出来,故意使命题脱离具体的归纳活动,故意使命题脱离具体的思维认识过程。上面已经指出,在具体的思维认识过程中,全称判断主词的所指所谓就是当前的存在的客观事物。这些事物的存在是肯定的,但是,肯定他们的存在虽然和全称判断有密切的联系,然而并不是全称判断的组成部分或因素。让命题和具体的归纳活动分家,和具体的思维认识过程分家,命题就悬空了,它的主词所指所谓也悬空了,这些所指所谓就是存在也就脱离了当前存在的具体的客观事物而成为"一般的存在"了。上面已经指出,在具体的条件下当前的客观事物的存在是非肯定不可的,这也就是说,在具体的条件下,存在的问题是不应该提出的。可是,脱离了具体条件的命题是不受这些条件的制约的。这就为资产阶级的唯心主义开辟了道路。我所进行的歪曲就是这样的歪曲。

脱离了具体的条件,不受这些条件制约的命题和严肃的认真负责的判断的分别就非常之大。就认真负责的判断说,主要的问题、中心的问题是判断的真实性、正确性。形式逻辑是帮助我们达到这个真实性、正确性的。就认真负责的判断说,当前的客观事物,我们正在研究的对象的存在根本就不是问题。脱离了具体的条件悬空了的命题的情况就完全两样了。它给唯心主义以随心所欲地提出问题的机会。他可以抹杀具体条件下的中心问题,也可以提出具体条件下所不应该提出的问题。我在《逻辑》那本书里不谈判断而谈命题,正是要解除具体条件的制约,正是要使命题成为概念游戏的场所。对 A_n 那样的解释难道是认真地对待全称判断的吗? 它不是。这是不是严肃地对待命题呢? 也不是。作为认真负责的判断的内容,这样的命题也是不能随便解释的。有些命题不是当前判断的内容,例如地球是圆的,2+2＝4,……这些命题虽然不是当前判断的内容,然而它曾经是判断的内容,它们已经成为我们的知识财富。这些命题也是不能够随便解释的。A_n,A_h,A_c 那样的解释只是把 A 当作纯粹的形式来进行概念的游戏而已,根本没有把它们当作全称判断看待。

这并不是说在认真负责的判断里,主词的所指所谓一定是存在的东西。有些东西有主观上产生的来源,没有相应的客观事物,不正确地反映了客观情况。对于这样的东西,我们在思想战线上要进行斗争。在斗争中,这些东西也可能成为认真负责的判断的主词所表示的东西。有些东西是不存在的,没有相应的客观事物,可是,它们正确地反映了客观事物的关系和性质,因此,作为极限、标准、模范,它们又是客观事物在发展过程中或者在精确化的过程中可以愈来愈接近的。这样的不存在的东西也可能成为认真负责的判断的主词所表示的东西。这样的东西虽然不存在,然而对于它们的判断仍然是在具体思维认识过程中出现的。关于这些东西的问题仍然是具体的问题,也仍然需要具体地分析的。恰如其分的、不迟不早的正午 12 点钟是极限也是标准,它不存在,在具体条件下比较接近这个标准的 12 点钟是存在的,而你的表和我的表哪一个接近这个标准些是非常之具体的问题。关于这类不存在的东西的判断,既然是具体条件下的问题,它的一般的形式也是要具体地分析和具体地研究的。大致说来,它不是上面所讨论的全称判断。就上面所讨论的全称判断说,它的主词的所指所谓就是客观的事物,这些事物的存在是肯定的,但是这个肯定不是这些判断的组成部分。

既然如此，A_n 的问题就不简单了。按照原书的说法，A_n 不假设主词存在或不存在。根据前面所说，主词的所指所谓就是当前的存在的东西。在这样的具体条件下，我们怎样又可以不假设主词存在或不存在呢？原书说出了这个看法，它说："……我们的解释是 S（主词）概念之中有 P（宾词）概念，而概念不必有具体的表现。……无论有 S 与否，无论 S 存在与否，如果一个东西是 S，那个东西就是 P……"显然，这个说法把 A 这样的判断当作只是概念与概念的关系而已。判断确实是概念与概念的关系，但是，它只是这样的关系吗？难道它不是对当前的事物有所判断吗？不但它是对当前的事物有所判断，而且它主要的就是这样的判断。科学的概念是客观事物的本质的反映，在 A 这样的判断里，科学的概念还没有十分形成，要推进这些概念科学地形成，我们非得让它紧密地结合着客观的事物不可。不然的话，概念就脱离了它的客观事物的依据了。显然作为归纳活动成果的 A，A_n 是说不通的。作为三段论的 A 怎么样呢？它是否只是概念与概念的关系呢？三段论是有试验性的，它是要受实践的检验的。对某一三段论说，客观的事物可以使我们不得不提出一个反三段论。在这个反三段论中，我们可能发现前提中的某一 A（或 E）判断是错误的。客观事物既然迫使我们提出反三段论来（反三段论用的仍然是三段论），前提中错误的 A（或 E）也不只是概念与概念的关系了。作为只是概念与概念的关系，A_n 歪曲了 A 这一判断形式，它显然是说不通的。

A 是直言判断，A_n 实在是假言判断。直言和假言判断是不同的判断形式,它们是不同的认识阶段上,不同的认识场合上的不同的判断形式。有些客观的事实和规律是既可以用直言判断也可以用假言判断来肯定的。例如"所有的资本主义国家都是要灭亡的",或者"如果一个国家是资本主义的,那么它是要灭亡的",都是可以肯定的。这两个判断形式所肯定的规律是科学地早已证明了的。二者之间可能因场合不同而有所选择。但是它们现在已经不代表不同阶段的认识了。作为不同认识阶段的判断形式,直言判断比较地是概念形成过程中或知识获得过程中还不稳固的阶段,概括性比较多些;假言判断比较地是该过程中概念或知识相对地稳固的阶段,规范性比较多些。概括性多指的是概括当前的成分多些,规范性多指的是规范不当前的成分多些。下面这个故事不知道靠得住否?我是从什么书里看来的也忘记了。这个故事说欧洲原来的天鹅大都是白的,单就多少年的归纳例证说,"所有的天鹅都是白的"作为对当时的概括是有根据的。可是以白色去规范天鹅到了澳洲就行不通了,那里有黑天鹅。有些直言全称判断虽可以改用假言判断的形式来断定,有些不能。一般地把 A 当作假言判断,这就是说当作 A_n,是说不通的。

A_n 还有更荒谬的一层。它不假设主词存在与否,而且只要主词所表示的东西不存在,A_n 就是真的。这不荒谬绝伦吗?在具体的思维认识过程中哪有这样的 A 判断吗?A_n 可以解释为"无论 S 存在与否,S $\overline{P}$ 不存在"。这一解释好像不太荒谬似的。我确实有下面的看法:在英文里,无论有没有19 个字母以上的字,没有这样的动词。这句话显然是有意义的,以某一字典为标准也许还是可以证实的。但是,这完全是另外的问题，这可以说是不相干。问题是 A_n 如何能够作 A 判断的解释，或者说，A_n 如可能作为 A 判断的一种形式。A_n 显然是不能当作 A 看待的。理由很简单，在具体的思维认识过程中，在认真负责的判断中，主词并不是随便写上的，它之所以成为主词是有客观的理由的。在具体的条件下，A 这样的判断决不至于不假设主词存在或不存在，更不能解释成只要主词不存在，它就是真的。

　　A_n 是从罗素那里来的。罗素曾说过这样的话：所有的人都是有死的不是对于人的判断，而是对于宇宙间一切东西的判断。我从前并不是自觉地有这一看法。可是，如果我们把 A 当作 A_n 看，而且由此引申下来，我也应该有这个看法。显然 A_n 是可以解释为"对于任何 x 说，如果 x 是人，x 是有死的"。果然如此的话，A_n 也就是对于宇宙间一切的东西都有所断定了，或者有所云谓了。这也是荒谬的。我们要坚持全称判断是对客观的事物，是把这些事物当作研究的对象，是把它们当作主体而有所判断的。这样的判断是在具体的思维认识中出现的，它虽然是全称的、一般的，然而它是非常之具体的。这样的判断怎么会牵扯到整个的宇宙呢？这不是极端荒谬的形而上学的思想方法在作祟，又是什么呢？不是唯心主义的形而上学的哲学家，哪能由任何具体的问题一跳就跳到整个宇宙上去呢？孙猴子也只是跳十万八千里，而我何以一跳就跳到整个的宇宙上去了呢？这不是概念游戏是什么呢？

　　上面的批判，已经充分地揭露了我不谈判断只谈命题就是让形式逻辑脱离具体的思维认识过程，就是把形式成分夸大，就是把它绝对化、无对化，从而使它不起帮助我们的具体思维认识的作用。在命题方面，我的中心思想和在思维规律方面是一样的。

四、关于推论方面的批判

我在《逻辑》一书中的中心思想是把形式逻辑绝对化、无对化、形而上学化，使它脱离具体的思维认识过程，从而减少它在这个过程中所起的帮助我们更正确地反映客观事物的作用。这个思想是贯彻到整个书的各部分中的。这就是资产阶级的理论脱离实际在逻辑方面的表现。这是有毒的学术思想，是非批判不可的。在上述思维规律和命题两方面我们已经批判了这个思想。但是，这个思想表现得最突出的是在推论方面，在这一方面我所散布的毒素最广泛。现在逻辑界争论的题目之一是正确性和真实性问题。有的主张二者的分家。二者分家是不正确的。从 1926 年起，我一直在散布分家的谬论。分家论在以上两节已经提到，不过没有着重地提出真实性和正确性分家而已。真实性和正确性分家的问题主要地是从推论这一方面提出的。我现在也是在这一方面来批判分家论。

我从前所散布的毒素，是把形式上的对错和实质上的真假分家。这二者是有分别的。直到现在，我还没有看到抹杀这个分别的言论，也没有碰到抹杀这个分家的人。不加分别，在从正确的前提得出错误的结论这样的情况下，我们就不能明确地指出毛病之所在。但是，分别是一件事，分割或分家是另外一件事。正确性一直就是实质上的真和形式上的对结合着的。它们的结合或者说它们的统一无论是在理论上或实践上，无论在抽象的公式上或在实际运用上都是肯定了的。这个肯定是几千年的思维实践所证实了的。既然如此，何以又发生分家论呢？我们一方面要指出错误的来源，另一方面也要一步一步地批判错误的思想。

大家都知道"那么"和"所以"的分别。所谓大家都知道，是说在运用的时候，错误不常发生，有的时候错误也是会发生的。我们现在就从这里说起。大致说来，在一篇文章或一个报告里，头一句话不会冠以"那么"或"所以"的。它们的共同点是在它们出现之前，另外一些话已经说出或写出来了。"那么"之前的话大概是以"假如"、"假使"、"如果"这类的字眼开始的。"所以"出现之前不必有特别的标志。这样的错误是不常有的："如果你的健康恢复了，所以我可以不管了。"至少我好像没有碰到过。在"如果……那么……"里，"如果"之后"那么"之前的话不是一个（或几个）确定了的判断。它可以只是一个（或几个）考虑中的命题，这一或这些命题也许只是指出可能而已。"那么"之后出现的也就不是确定了的判断。这实在也就是说"如果"之后，"那么"之前出现的不是前提，"那么"之后出现的也不是结论。这也就是说"如果……那么……"不是推论。"……所以……"（现在好些人喜欢说"因此"，我觉得还是应该说"所以"）表示推论。"所以"之前出现的是前提，"所以"之后出现的是结论。这是语言习惯，也是思维形式。在日常生活里，这个语言习惯相当凝固。在这个思维形式上的错误也就是不常碰到的了。为了简单起见，我们把"如果……则……"叫作蕴涵（这里可能产生争论,可是我们不理会),把"……所以……"叫作推论。在这里我们开宗明义地指出:无论是蕴涵或是推论,正确性和真实性是统一的。按照上面已经指出的,正确性本来就是实质的真和形式的对的统一性。

可是,它们确实有分别。现在以甲来表示蕴涵,以乙来表示推论。

甲:如果 MAP,(而且)SAM,那么 SAP。

乙:MAP,(而且)SAM,所以 SAP。

甲的正确性不靠 MAP,SAM 和 SAP 是真是假,也不靠我们是否确定了它们是真是假。甲的正确性包含甲的真实性(请注意,这里说的是甲的真实性)是可以证明证实(它是可以用别的判断来证明,也可以用事实来证实的),并且在思维实践中已经亿万次证明证实了的。但是这个正确性不包含 MAP,SAM,SAP 的正确性与真实性。甲说的是,"如果……那么",它没有把前两个命题当作确定了的判断看待,也没有把第三个命题当作确定了的判断看待。前两个命题不是前提,后一个命题也不是结论。甲只肯定了前两个命题和第三个命题的蕴涵或者"如果……则"的关系。它的正确性和它的真实性是统一的,可是,它的正确性和真实性不包含第一第二第三三个命题的正确性与真实性。它有点像直角三角形的 xyz 三边有 $x^2+y^2=z^2$ 情况一样。这个等式是正确的,虽然我们不知道 xyz 代表什么数目。乙公式就不同了。它的正确性和真实性是靠第一第二第三三个判断的正确性与真实性的。在具体的思维认识过程中,根据当时的科学文化技术水平,我们要认真负责地断定了第一第二两个判断,才能够通过"所以"这一个关口来断定第三个判断。我们在以后要根据实践的检验来审查原来的推论错了没有。我们也许会发现我们原来搞错了。果然如此的话，我们只得承认原来的推论是错误的。这就是说原来的推论正确与否不只是它自己的问题，而且是前提正确与否真实与否的问题。假如我们把第一第二第三命题或判断当作组成部分，我们要承认甲的正确性（与真实性）不包含它的组成部分的真实性，乙的正确性（与真实性）包含它的组成部分的真实性。

我们先谈谈推论。推论的正确性一直就是包含它的组成部分的真实性的。整个的推论是具体的思维认识过程中的具体的思维内容，它本身是一个认识，也是一个判断。"所以"不是悬空的，它是根据前提的断定而断定结论的。它是认真负责的，它是认识过程中一个关口。判断者非得认真负责地认识前提，断定了它们的真实性，他才能够肯定"所以"，才能够过渡到结论上去。不然的话，也是不能够肯定"所以"的。"所以"是一个断定关系。它是断定前提和结论的关系，它也是真实性的关系；它是前提的真实性和结论的真实性的关系，它也是客观事实的关系，它是前提所表达的事实和结论所表达的事实的关系。显然，判断者是不能从不真实的命题出发，把它们当作前提而肯定"所以"的。这就是说，在认真负责的思维认识过程中，判断者是不能够从假的命题来进行推论的。他当然可以考虑一些命题，假设它们的真实性，利用蕴涵或者"如果……则"的关系来看看这些命题有些什么可能的结果。果然如此，他利用的是甲那样的东西，而不是乙这样的东西。在具体的思维认识过程中，这种情况是经常发生的。这种情况的发生也就是逻辑,包括形式逻辑的运用,而在这个运用上,也表示逻辑,包括形式逻辑对我们的思维认识是有帮助的。但是,这不是推论,这里没有"所以"的问题。

形式逻辑有没有阶级性,我认为还是应该具体地研究的问题。近两年来,我深深地感觉到社会主义国家人民的言论,特别是正式的文件都是逻辑性强的。资本主义国家里的言论大都没有什么逻辑性。他们报纸上的文章大都是跑野马的东西,看了半天仍然是莫名其妙,有的时候,甚至有妙可名与否都怀疑起来了。上面说过,判断是严肃的、认真负责的。但是,就我们说,所谓严肃、所谓认真负责,除了坚持工人阶级立场之外还有什么意义呢? 我认为是没有别的意义的。我们承认一个"所以"或不承认一个"所以"是严肃的,但是我认为,"所以"本身有时是有阶级内容的。党性是阶级性的集中表现。在"所以"上,就我们说,党性和科学性是统一的。在这里我只是把这个看法提一提而已。主要的问题仍然是在于是否抹杀蕴涵和推论底分别,抹杀上述甲和乙底分别,来使形式的对错和内容的真假分家。

我为什么提到这一点呢? 因为我原来犯的正是这个毛病。我是不是知道甲乙的分别呢? 我是知道的。在《逻辑》那本书的第三部分,每一原理之下都有证明,在证明中,我都写上了"⊢"这个断定的符号。没有这个断定我是不能进行推论的。可是,在那本书别的地方,特别是在逻辑课堂上,我正是犯了在推论上把推论的正确性和它的组成部分的真实性分家的毛病。在课堂上我还特别提出一些荒谬绝伦句子,例如"所有的人都是四方的"作为前提来强调形式的对错和实质的真假的分别,现在检查起来是十分痛心的。我不但是犯了严重的错误,而且是明知故犯的。这个错误的言论是流传得相当广泛的。读我的书的人可能有好几千,听过我的课的青年前前后后也差不多有两千人。他们当中有些固然可以抗拒毒素,有些还会更广泛地传播毒素。在今天,把推论的正确性和它的组成部分的真实性分家,也不仅是个别逻辑工作者的毛病。这是很严重的。上面已经说过,"所以"是不能随便肯定的。杜勒斯之流可能会把反动的命题当作前提,装出得了结论的样子来欺骗劳动人民。难道我们承认他的前提吗?我们既然不承认他的前提,难道我们能够承认他的"所以"吗?不承认他的"所以",难道还跟着他的"逻辑"去承认他的结论吗?这显然是不可能的事。阶级斗争在全世界范围内是激烈的。理论斗争、思想斗争是这个斗争的一部分,在"所以"上有时是有敌我问题的,我们究竟赞成什么,反对什么是要严肃地考虑,认真负责地下判断的。

但是,这个错误我何以又明知故犯呢? 在这里我又要回到中心思想上来。我所发生兴趣的形式逻辑就是绝对化了的、无对化了的、脱离了具体的时间地点条件的形式逻辑。我心目中的形式就是这种没有具体内容而且也不大愿意看见它有具体内容的形式。我的注意力根本就没有摆在具体运用上去,而只是摆在形式的成分上去。有一个时期,我对罗素的《数学原理》那本书提出过这样的批评:他那书里横写出来的原理(说的是该书的开始部分),是形式的,可是它的证明线索或者推论线索,从那本书的每一页的上面到下面的线索,不是形式的。在那里,从一步到另一步之间的推移夹杂着非形

式的成分,这个成分就是读者的了解。读者不了解的话,从上
到下这一条线索的路就不通了。我原来的批评是说罗素没有
能够把这个非形式的成分形式化起来。我当时不只是认为罗
素没有做到这一点,而且也认为任何人都不能做到这一点。
这个非形式的成分,其实就是形式逻辑中活的成分。这个成
分正是具体地联系到具体的思维认识过程中去的东西。这个
东西就是"所以"。"所以"是形式的,不满足一定的形式,我
们是不能肯定"所以"的。为什么又说它是非。形式的呢?
因为推论过程所靠的是具体的"所以",是实实在在正在进行
的"所以"。没有这个实实在在的"所以",从前提到结论的路
是走不通的,尽管我们瞪着眼睛直看着摆在前面的"所以"两
个字,我们还是没有向前多走了一步。形而上学者在这个问
题上碰了一个硬钉子。他不总是要抽象脱离具体、一般脱离
个别吗?在"所以"上他没有法子让抽象脱离具体,一般脱离
个别。没有此时此地正在进行的实在的"所以",这就是说没
有具体的个别的"所以",推论是通不过去的。我认为这是事
实。对于这样一个事实,这里有态度问题。我现在的态度是
欢迎它。知道了这一点,我就有了武器,我可以坚决地不承认
糊涂的、不科学的、违反人民利益的、反动的"所以",和这样
的推论作斗争。可是,当其时的态度不是这样的。我那时认
为这个事实是形式逻辑上的"缺点",最好能克服它。我不能
克服它。所谓不能克服它,就是不能把它完全形式化。我既
然认为它是缺点,而又不能克服它,我就置之不理了。这样一
来,重点就摆在甲那样的公式而不摆在乙那样的公式上去了。
我虽然知道甲乙的分别,然而我经常抹杀了它们的分别。在

课堂上、在黑板上，我常常写了一些不只是假的命题而且是荒谬的句子作为前提，在它们下面写上"所以"，在"所以"下面，又写上一个假命题或荒谬的句子。这就给青年一个印象，好像黑板上写的是一个推论似的。其实"所以"两个字虽然已经写在那里，相当于"所以"的那件具体的事，这就是说推论那样一件事，并没有发生。就在我自己的身上，这件事也没有发生。这不是明知故犯是什么呢？这只能说是明知故犯。但是产生这个结论的原因仍然是那个中心错误思想。

上面我们所批判的是在推论上正确性和真实性分家的说法。我们肯定了在理论上这二者是不能够分家的。用原来的说法，这就是肯定了乙的正确性和它的组成部分的真实性是不能脱离的，前者包含后者。我们现在要研究一下甲那样的公式。我们已经说过甲的正确性不包含它的组成部分的真实性。现在的问题是：这是不是正确性脱离了真实性？我们的看法是甲公式的正确性也没有脱离它的真实性。可是，我们既说甲的正确性不包含它的组成部分的真实性，又说它的正确性没有脱离它的真实性，这好像是有矛盾似的。其实这里没有任何矛盾。我们要研究一下甲究竟是什么样的判断。

甲是一个假言判断，是一个蕴涵或者"如果……则"的判断。这个判断有前件后件。前件是两个命题形式，后件是一个命题或者一个命题形式。这里提到形式，因为重点是摆在形式上的。如果我们用适当的值套进这些形式，我们就有了相当于这样形式的命题了。甲这样一个判断没有断定前件是真的，也没有断定后件是真的。既然如此，也许有人就会问，它怎么是一个判断，并且还是一个正确的判断呢？它之所以是一个判断,是就前件和后件的关系说的;它虽然没有断定前件或者后件,然而它确实断定了前件和后件的关系,而那个关系就是蕴涵或"如果……则"的关系。它说的是如果具有前件形式的命题是真的,那么具有后件形式的命题也是真的。这是一个一般的公式,是肯定一般的形式的关系的公式。它的重点是摆在形式上的。重点虽然摆在形式上,我们仍然不能就认为它忽略了实质。它把实质问题留给具体的思维认识去决定,也可以说留给具体地运用乙的时候去决定。甲明确地说,如果具有前件形式的命题是真的,那么具有后件形式的命题也是真的。前件的真实性是它所要求的条件,在前件的真实性这一条件满足之下,后件的真实性也就可以断定了。但是前件究竟是真是假,甲没有肯定。假如肯定了的话,甲就成为乙了。那样"那么"也就成为"所以"了。甲显然是不能够断定前件的真实性的。具有前件形式的命题不一定是真的,不一定是可以断定的,不一定是可以成为推论的前提的。不肯定前件的真实性并不是忽略了实质。

可是,甲的重点是摆在形式上的。甲说的是如果 MAP,而且 SAM,那么 SAP。如果我们把 SMP 的位置更换成以下位置,例如,如果 PAM,而且 SAM,我们能不能接着说"那么,SAP 呢? 不能。这个不能的道理,学过形式逻辑的都知道,在这里我们就不提出来了。我们把后面这个更换位置提出来的理由只是表示甲这一判断所肯定或断定的重点是命题形式与形式的关系。我们还可以举出别的正确的形式,也可以举出别的错误的形式。在这里我们只是以甲为例而已。甲是可以证明的,并且也是已经证明了的。在这里我们不必谈到证

661

明。问题是它何以又真实。它的真实性也是早已证实了的，并且还是在思维实践中亿万次地证实了的。问题也不是它本身的真实性。问题是它的真实性和它的组成部分的真实性的关系。有的同志会提出：假如第一句话是假的，还有什么如果那么可说呢？这个想法是有道理的。在具体的思维认识过程中，这样的想法是差不多没有的。但是这个形式的正确性和真实性还是要承认的。我们改用一个方式来表达甲的意思：假如第一句话和第二句话都是真的话，我们应不应该承认第三句话呢？显然在那个条件下我们还是应该承认它。虽然如此，我还是同意方才这位同志的意见，摆在眼前的明明是一个假命题，我们何必来它一套"如果那么"呢？这正表示形式逻辑规律的运用是和具体的思维认识以及一时一地的科学水平分不开的。假如我们不知道一个命题是假是真的时候，问题可不同了。我们还没有用乙的条件，我们可能就只用到甲了。我现在就有这样的想法：如果所有的白内障都是可以用中医方法治疗的，而我的左眼的毛病又确实是白内障，那么我的左眼的毛病也是可以用中医方法治疗的。我现在的具体问题是打听打听头一句话是不是真的。第二句话至少西医已经证实了。头一句话果然是真的话，我就可能行动起来。请注意，在方才说的情况下，我还没有用乙的条件，可是我已经运用甲了。就在用甲的时候，我还在打听第一句话究竟是真是假。可见甲的正确性和第一句话的真实性是两件事。甲是正确的，也是真实的，可是，它的正确性和真实性是不靠它的组成部分的真实性的。

哎哟！这岂不是正确性和真实性分家吗？我们已经肯定

662

了就乙形式说,正确性和真实性没有分家。现在要重复一下,就甲这一公式说,正确性和真实性也没有分家。甲所断定的是前后件的关系,它的正确性就是前后件关系的真实性,它没有断定前后件本身的真实性。虽然如此,我们引用甲的时候,我们还是考虑它的组成部分的可能的真实性的。抽象的公式和它的具体的运用也是统一的。不然的话,为什么还在打听一个命题的真实性的时候,我又已经用上了甲呢? 为什么在已经用上了甲的时候,我还在打听第一个命题的真实性呢? 在这里我们要指出,由甲到乙不是一个简单的公式的引用。它是一个思维认识推移过程。我从前不懂得这一点,而这是我从前的错误。我自己的那个例子正表示着这个推移运动。我现在还只是在甲公式那样一个考虑阶段。等到我知道了所有的白内障都可以用中医方式治疗的时候,我可能就行动起来。到了那个时候,我已经由考虑阶段到了下判断的阶段了。由甲到乙这样一个推移本身就是一个具体的思维认识过程,它是一个由比较不确定的思维认识到一个比较确定的思维认识的过程。在这个过程中,甲乙都不只是形式的运用而已,它们的正确性和真实性都是统一的。当然在具体的思维认识过程中,我们不一定是由甲到乙,有的时候是由乙到甲。在研究逻辑的过程中,我们可能是由许多的乙抽出甲来的。

　　推论是我原来那本书的重点之一。那本书里概念和判断我都给撇开了。撇开的理由主要的就是贯彻那个错误的中心思想。推论我没有撇开,我们还可以说它是那本书第一第二两部分的重点。但是,在第三部分我的兴趣又移到横写的一条一条的抽象公式上去了。关于推论还有别的错误,可是,比起正确性和真实性分家这一点，它们可能是次要的。在这篇文章里我们着重地批判这个分家论。

五、关于根本就没有归纳那一部分的批判

原来的书是没有归纳那一部分的。这显然就有学术思想问题。归纳一直是形式逻辑两大部分之一。在具体的思维认识过程中，我们的概念从哪里来呢？判断有什么事实根据呢？推论有什么前提呢？从完整的形式逻辑说，这些都是从归纳来的。归纳是不能撇开的。在课堂上我从前总是讲些归纳，应应景而已。开始的几年还讲得多一点，愈到后来，讲的就愈少了，甚至到五六月间才开始讲一点点归纳。当然我确实没有所谓"心得"，但是对于演绎我也没有，然而我让演绎笼罩着整个的逻辑。理由显然不在这些地方。在本节我们要揭露这一方面的想法，提出批判。

在《逻辑》那本书里我没有正式地提出形式逻辑的定义，非正式地提出是有的。在课堂上我经常提出这样一个说法：逻辑是研究命题与命题之间的必然关系的。这里说命题、说关系，显然是把蕴涵和推论都包括进去了。所说的蕴涵是必然的蕴涵，所说的推论是必然的推论。在原书的第四部分里，我指出逻辑系统要保存的是必然。这个必然的性质是怎样的呢？原书从292页起，讲的就是这个必然。我把整个的逻辑看作是研究必然的科学，而必然又是原书所说的那种必然。用这样一个标准来衡量，归纳就被排除到逻辑范围之外去了。这个看法是错误的。我们在这里还是主要从演绎说起。问题

不是在演绎那一部分,蕴涵是否必然的蕴涵,推论是否必然的推论。就在现在,我还是认为演绎的蕴涵是必然的蕴涵,演绎中的推论是必然的推论。头一个重要的问题是,必然究竟是什么样的必然。简单地说,原书所说的必然是穷尽可能的必然,我现在还是倾向于这个看法。假如我们把这叫作必然的性质的话,我现在仍然认为它的性质就是这样。问题不在这一点上。问题是第一节里所已经提出过的:这个必然是有对的呢? 是无对的呢? 是相对于时间、地点、条件的呢? 是不相对于时间、地点、条件的呢? 正确的看法应该是承认必然的相对性、有对性。相对于时间、地点、条件的必然是具体的必然,它所包含的可能是具体的现实的可能。这样的必然一方面是相对于我们一时一地所达到的科学水平的,另一方面是相对于具体条件之下的客观规律的,这样一个看法之下的必然是客观事物的必然的反映。这样的必然是活的必然,不是死的;是辩证的必然,不是形而上学的必然。不夸大这个必然,不抹杀它的有对性。演绎中的必然,它的必然的蕴涵和必然的推论就不是和归纳所能有的必然对立的。排除归纳的不是科学的必然,而是形而上学的必然。批判了对于必然的这个错误的看法之后,排除归纳的"理由"之一就不存在了。单就《逻辑》那本书没有包含归纳说,主要的问题就是这个必然问题。

关于逻辑的思想是哲学的一部分,关于归纳的思想也是哲学的一部分。在别的场合上,我曾经提到休谟和罗素的关于归纳的言论。我不赞成他们的言论,可是,我还是受了它们的影响。现在初步地用了马克思主义哲学这一思想武器,才发现他们的根本错误是他们否认了客观事物本来有的必然性。他们之所以否认客观事物的必然性,是因为他们都是感觉或官觉上的主观唯心论者,在他们的哲学里,根本就没有事物(这两个字当然他还是引用)。现象是事物的现象。本质是事物的本质。他们既然不承认事物,当然也就不能够有现象和本质的分别,而单从感觉官觉出发,他们就只有现象了。不承认本质,也就是不承认客观事物中本来有的必然性。不承认必然性,归纳是说不通的。我虽然不赞成休谟、罗素的说法,然而我也认为归纳是有严重困难的。很早的时候,我对"自然齐一"的说法就有怀疑。我虽然接触到好些说法,然而这些说法当中没有一个是满意的,说得过去的。后来我根本就不提自然齐一了,只谈归纳原则。可是,对于归纳原则我同样地有困难。大概在 1938 年,我用了唯心主义的方式"解决"了这个困难。这实在是不相干的。在别的场合上,我提出了关于这一方面的批判,在这里我就不重复了。在 1938 年以后,我虽然在主观上"解决"了归纳原则本身的性质问题,然而归纳中的许多问题我仍然没有解决。

　　紧接着上面所提出的必然问题就是归纳推论问题。首先我就要指出我把问题简单化了。简单化本身就是错误的。归纳推论不能用下面的方式代表。但是,这里只提一下而已,批判在后面。在这里我们还是用原来的方式代表归纳:

　　甲 11——乙 11

　　甲 22——乙 22

　　甲 33——乙 33

　　⋮

　　⋮

甲 NN——乙 NN

大概

甲——乙

上面甲 11、乙 11 等代表归纳中的例子,它们是个别的东西,数目字表示不同的时间和地点。N 既表示时间地点,也表示例证的数目。最后的"甲——乙"表示归纳的结论。主要的问题是或然问题,是推论问题。我从前认为这个推论不可能是必然的推论。请注意,这看法不是说对于一个具体的推论,我们会不会发现它不是必然的。这看法不是在归纳中我们犯了错误与否的问题。这个看法是说,在归纳推论中,或然是不能免的,推论本身就不是必然的。这又影响到最后结论中的或然,这就是说甲——乙的情况也是或然的情况。我从前认为,归纳推论不是必然的,归纳方法所得的结论也不是必然的。首先要批判这个说法。

说归纳推论不是必然的,有些什么错误的想法在背后呢?头一点,就是上面说的那个形而上学化了的"必然"。就归纳和演绎之不能脱离时空条件说,它们是一样的。可是,结合的程度很不一样。脱离了具体的时间、地点的演绎还可以骗人,脱离了具体条件的归纳根本就骗不了人。那个形而上学化了的"必然"是不能引用到归纳上去。以那样的"必然"为标准,我们只能说归纳推论不是"必然"的。首先,否定归纳推论的必然性是有错误的标准在里面的。上面已经说过,结合到具体的时间、地点、条件之下的必然,是根据条件不同而有不同的具体内容的必然,是具体的客观事物的具体的必然。以这样的必然作标准来衡量归纳推论,我们是不是同样要否定这个推论的必然性呢？以形而上学化了的必然为标准，归纳推论不可能是必然的。以具体的必然为标准，我们是否坚持它不可能是必然的呢？我觉得我们没有任何理由来坚持它不可能是必然的。这就是说它很可能是必然的。我们应该承认，针对一时一地的具体条件和该时该地的科学水平，正确的归纳推论是必然的。错误的推论当然是另外的问题。推论既然是错误的就不能是必然的。在具体的思维认识中发生错误的来源是很多的，主要的来源是立场、观点、方法方面的。但是，也有形式逻辑方面的。就这一方面的错误说，具体的错误究竟算在演绎账上还是归纳账上是具体的问题。大致说来，归纳要艰巨些，结论难于得到些，自己以为已经得到时也容易犯错误些。在这种情况下，推论当然不是必然的。在演绎方面犯了错误，推论也不是必然的。不以形而上学化了的"必然"做标准的话，我们没有理由认为归纳推论一定就不可能是必然的。

可是，按照上面简单化了的提问题的方式，归纳推论确实不可能是必然的，无论所谓必然是哪一种必然。在这里，我们要开宗明义地表示一下，归纳不只是限于数量的积累的。它的主要问题是研究发现抓着客观事物的本质和规律。在上述问题的提出方式里，最突出的一点就是数量。例证有正有反。反面的例子只要有一个，原来的概括就被推翻。（当然不一定是全面地推翻。反面的例子可能作用很大，可能导致到正确的概括，但是这是另外的问题）。正面的例证对概括是有贡献的，这种例证的数目愈多，好些人认为概括的可能性也就愈大。强调数量就牵扯到形式逻辑的矛盾。所研究的一类事物的总数目是有穷的呢,还是无穷的呢? 如果是无穷的,那么正面例证的数目虽然增加,并不增加概括的可能性。在这一情况下,正反两种可能的例证的比例并没有因正面例证的增加而有不同的估计。如果所研究的那类事物的总数目是有穷的,正面的例证的数目增加确实增加了概括的可能性。但是在这一情况下,例证增加之所以能增加概括的可能性,是因为量已经不是单纯的量而是带质的量,是质量相结合的量。这就是说,正面例证的数目增加同时也是质的进一步的表现。归纳推论从来就不是一个单纯的量的问题。可是,上面问题的提法主要是从量方面提出的,这就歪曲了归纳。这个歪曲了的归纳推论确实不可能是必然的,无论这个必然是具体的必然还是形而上学化了的"必然"。原来肯定归纳推论不可能是必然的,是有两方面的歪曲的,它不只是歪曲了必然而已,而且也是歪曲了归纳推论的。

归纳本来不是限制到数量的,一般的教科书也没单纯搞数量的说法。显然,试验、观察都是归纳的组成部分,这些部分的重点不是数量。所要试验、所要观察的是客观事物的形态、性质、关系、彼此之间的影响作用,等等。就是寻找因果关系的方法,也不是单纯的数量问题。客观事实摆在我们面前,普通教科书的内容也摆在我们面前,何以仍然有人单纯地强调数量呢? 我当其时为什么也强调数量呢? 中心理由是主观唯心论。主观唯心论者像休谟和罗素都是不承认感觉中有事物的。他们在语言中仍然利用"事物"这样的名称,但是,严格地说,他们是没有权利引用这样的字眼的。不承认事物,也就无法分别本质现象和非本质现象。本质现象和非本质现象是就事物说的。对于现象，这些主观唯心论者只能以一种平均主义来对待它们。这是主观唯心论对客观事物的极大的歪曲。有了这样的歪曲，客观事物的固有的必然性，也就被否认掉了。这对于归纳的影响是头等重要的事情，这对于科学也是头等重要的事情，被否认了客观事物的固有的必然性也就是歪曲了科学知识和科学真理的性质。列宁在《唯物主义与经验批判主义》里好些地方都曾经指出过。按照马赫主义的说法，科学知识和宗教"经验"是没有什么重要的分别的。实用主义者更是如此，他们毫无隐蔽地为宗教开门，把宗教也当作好像是有科学的根据似的。这是极其反动的哲学思想，而引用到归纳上去是极其反动的逻辑思想。主观唯心论者根本就不承认客观事物，就在他们所承认的感觉印象或感觉材料中，他们也不承认事物。在 1940 年前，我是比较模糊的，我的出发点也和休谟、罗素的出发点类似，在归纳问题也跟他们走了一大节的路。我那时也认为甲 11——乙 11，甲 22——乙 22，甲 33——乙 33 等等中是没有必然性的，它们既不必然地蕴涵一种概括，而概括出来的东西本身也不是必然的，这就是说，我们既不能必然地得出甲——乙，而甲——乙本身也不是必然的。既然如此，资产阶级的逻辑学家只好利用"例海战术"，只好从例证在数量上的增加来减少概括的或然性。上面已经批判了这个办法。它是走不通的。就我个人说，这个问题是老早就提出来的。坚持走不通的路一定有思想从中作梗，而这个思想就是我当时所有的感觉上的主观唯心论，或它的残余。

在上面，我似乎表示了我的看法和休谟、罗素的看法不完全一样。这当然只是大同中的小异。从唯物主义者看来,问题根本不在无关紧要的小异,而在逻辑理论路线上的大同。这个大同是什么呢？最简单的说法是一句话:事实没有"必然",只有形式逻辑有"必然"。休谟是这样想的,罗素是这样想的,我也是这样想的。休谟没有形式逻辑的教科书,罗素写了两本《数学原理》,可是没有写过什么归纳逻辑。受了这个影响的人,慢慢地把归纳排除在形式逻辑范围之外了。我也跟着把归纳排除在形式逻辑范围之外去了。形式逻辑成为唯一研究"必然"的学问。只有形式逻辑研究"必然",也只有研究"必然"的才是形式逻辑。如果数学是研究"必然"的,数学也是形式逻辑。归纳既然不是研究"必然"的,归纳当然不是形式逻辑。这岂不是荒谬的吗？这当然是荒谬的。但是这个荒谬性要靠辩证唯物主义这个武器才能指出来。当我从前有这个荒谬的想法的时候,我好像还相当"理直气壮"似的。这是可以理解的。支持这个荒谬想法的是整个的资产阶级哲学思想。总的实质就是理论脱离实际,总的追求就是脱离了实际的理论。这个总的哲学支配了关于形式逻辑的理论或学术思想。上面说的那个想法,只是这个总的哲学在形式逻辑上的具体的表现而已。在这里,我们又已经回到了本文开始时所提出的中心思想:把形式逻辑绝对化、无对化、形而上学化,就是让形式逻辑脱离实际。针对这一门科学说,主要的实际就是思维认识的实践,就是具体的思维认识过程中的实际。这门科学是应当起而且也是能够起有利的作用的。我们所要求的作用是在具体的思维认识过程中起帮助的作用,帮助我们更正确地反映客观的世界。资产阶级的逻辑学家研究形式逻辑也是有目的的。他们的目的是减少这个作用,降低这个作用。为科学而科学,为艺术而艺术都有目的,它们都是把劳动人民的武器夺归统治阶级所有,在现在就是夺归资产阶级所有。在理论脱离实际这个思想指导之下,他们夺到自己手中的形式逻辑已经不能够起什么有利的作用了,这就是说,它已经不是什么武器了。但是,那只是他们的事情而已。

对于我们来说,我们是要恢复归纳本来有的地位的。它和演绎都是形式逻辑的组成部分。形式逻辑是帮助我们更正确地反映客观世界的工具之一,它是要在具体的思维认识过程中起有利作用的。演绎是否由一般到个别可能是争论的问题,它可能是由一般到一般,由更一般一些的到比较不太一般一些的,也可能是由一般到个别的。归纳总是由个别到一般。把归纳从形式逻辑中排除出来,也就是把归纳和演绎割裂开来。这一割裂就使得演绎成为无源之水,无本之木。在具体的思维认识过程中,进行演绎是要有认真负责的判断作为前提的,而这样的判断来源之一就是归纳。把归纳和演绎割裂开来也就是斩断演绎前提的来源。在具体的思维认识过程中,演绎和归纳是交织在一起的,是彼此渗透着的。在进行归纳中,经常是有演绎夹杂在一起的,在进行演绎的过程中,也经常是有归纳夹杂在一起的。但是,它们的性质确实不同,我们不能不分别地研究,我们不能不分别地进行科学的抽象。这是一方面。另一方面,我们更要认识到我们所得到的抽象公式是相反相成、相依为命的,它们又是有机地结合着的。没有这样的有机结合,形式逻辑是不能够完整的。不完整的形式逻辑不能够起很大的有利作用。这也就是说,回到具体的思维认识过程中去的时候,不完整的形式逻辑是受不起思维实践的考验的。为了使形式逻辑这门科学完整起见,我们是要恢复归纳本来的地位的。

但是,原来把归纳排除出形式逻辑的范围之外是有学术思想支持的,而这个学术思想又是和某种资产阶级的哲学分不开的。这个支配思想就是上面已经指出过的。形式逻辑是搞"必然"的,归纳不是搞"必然"的,所以归纳不是形式逻辑。就这样,我从前硬把归纳排除到形式逻辑之外去了。我们也已经指出,所谓"必然"是形而上学的"必然",是无所对的"必然",是要不得的绝对化了的"必然"。它是和客观事物的必然、具体的必然分了家的"必然"。关于形式逻辑的这样一种学术思想是从哪里来的呢?上面也已经指出这是从主观唯心主义来的。这实在就是贝克莱、休谟、马赫哲学在形式逻辑"理论"上的表现。逻辑是和哲学缠在一起的。形式逻辑好像是离得远一点似的。其实形式逻辑也是受学术思想的支配,而关于它的学术思想又是受哲学支配的。就我从前的思想说,主观唯心论和客观唯心论的因素都有。上面说的就是明证。可是,也许有人会说,上面说的只是某种哲学而已,这是一种反驳。

我们现在研究一下这个反驳。我的形式逻辑的思想确实有上述的情况。我对于必然的看法可以追述到休谟、罗素,因此也就可以追述到主观唯心论。我歪曲了必然,这是肯定的,但是在歪曲的过程中我也是夸大了形式逻辑的形式部分的。在《逻辑》一书中,我贯彻了把形式成分,把抽象公式成分无对化、绝对化、形而上学化的思想。有这一思想的人并不只是我一个人。在20年代到30年代的十来年中,我是有始作俑者的作用的,因此也是有特别的责任的。但是,一部分搞形式逻辑的人有这样的思想仍然是事实。他们确实不一定都是休谟、罗素式的主观唯心论者。可是,他们的学术思想难道就没有哲学在背后支持吗？我认为,这个形而上学的学术思想就是理论脱离实际的资产阶级哲学在形式逻辑范围内的表现。有这个形而上学的学术思想的,就是为学术而学术的人,这不是追求脱离了实际的理论又是什么呢？这不是资产阶级的理论脱离实际的哲学又是什么呢？这个学术思想是受资产阶级哲学所支配的学术思想,它是资产阶级的学术思想。这是和我们马克思列宁主义的学术思想完全对立的学术思想。这样的学术思想是不能够为社会主义建设服务的。它是要不得的、非批判不可的。我个人在这次批判中深深地体会到,我的根深蒂固的形而上学的思想方法是和理论脱离实际分不开的。我现在深深地认识到,这个理论脱离实际是资产阶级学术界最大的毒素,而在革命队伍中,它是党性不纯的表现。这个思想也就从根本上否认了马克思主义的哲学,它把了解世界和改造世界割裂开来了。了解世界既不是改造世界行动的指南,形而上学的思想方法就逃脱了哲学的严肃的责任,它就有了广大的游戏范围,在了解世界上它也就任意附加、随便附减了。这不是资产阶级的哲学是什么呢？

六、书　后

上面我从五个方面批判了我那本形式逻辑教科书的中心

思想：把形式逻辑绝对化、无对化、形而上学化，使它脱离具体的思维认识过程，使它不起帮助我们得到更正确的思维认识的作用。这个批判，无论从深度和广度说，都是很不够的。我请求旧同事能够提出批判，特别盼望青年同志能够参加，他们有一针见血的好处。

在上面的批判中，我是否抓住了要领呢？就形式逻辑的各部门说，我可能没有抓错，或者没有大错。但是就挖掘根源说，现在这个批判显然有一个根本缺点：我没有提出客观基础问题。现在看来我当时是不承认形式逻辑的客观基础的。这一方面的批判应该是重点之一。这个根本缺点应该克服，这一方面的批判应该补上。但是，由于篇幅的限制，只好留待将来，另找机会进行这一方面的批判。

我把忽略了这个重要问题的思想情况暴露出来。在本文开始时的第三段里，我说："他们（资产阶级的逻辑学家）用唯心主义的世界观和认识论来搞形式逻辑，然后又用唯心主义化了的、形而上学化了的形式逻辑来推行他们的唯心主义的哲学……我个人从前搞形式逻辑也是为我的唯心主义的世界观和认识论服务的。"我当时确实否认了形式逻辑的客观基础，尽管在主观上我绕了极大的弯子来自欺欺人，然而客观的事实我不能不承认。但是，我的这个否认是和我的哲学分不开的。解放前我最初写成的是大学丛书中的《逻辑》，其次是《论道》，最后是《知识论》。这只是时间上的秩序而已。就当时的思想说，我是用《论道》那样的唯心主义的世界观和《知识论》那样的唯心主义的认识论来写《逻辑》这本书的，也是用唯心主义化了的、形而上学化了的形式逻辑来推广我的唯心主义世界观和认识论的。我对于形式逻辑的客观基础的否定是有特点的。这似乎没有大错。

但是，我是否能够跟着上段所引的话，继续地说"……我从前的唯心主义哲学的反动本质要在别的文章里揭露和批判，在本文我只是提到一下"呢？这个想法显然是错误的。特点固然不能忽略，共同点更是不能忽略。各种唯心主义的哲学虽然都有它们的特点，然而更重要的是它们的共同点，它们都是反对辩证唯物主义的。否认形式逻辑的客观基础虽然有不同的否认法，虽然每一否认法都有它的特点，然而它们都有它们的共同点，它们都是反对辩证唯物主义的指导的，都是反对科学的形式逻辑的。本文的批判即令没有大错，也是不彻底的。所批判的错误，就认识上的根源说，是唯心主义的形式逻辑的看法，而这个看法的主要点就是否认形式逻辑的客观基础。我以后要补上这一方面的批判。不在这方面进行批判，形式逻辑是不能够接受辩证唯物主义的指导的。

《论道》一书的总批判[*]

《论道》这本书所推销的哲学是客观唯心论。客观唯心论在历史上一直是为统治阶级服务的。近代的客观唯心论有的是直接为反动的统治服务的,有的则是间接的。间接为反动的统治阶级服务的客观唯心论有很大的欺骗性。它或者厌恶现实世界,或者看不起现实世界,或者否认现实世界的真实性,而把这个真实性像银行拨款似的拨到一个捏造出来的虚伪世界上去。《论道》一书所推销的就是后一类型的客观唯心论。它的主要任务是捏造出一个永恒的宇宙,对于现实世界它没有说多少话。话虽不多,然而根本态度仍然很清楚地表示出来了。为了批判得彻底一些起见,我要把这本书所没有表示的而我曾经有过的想法暴露出来。只有这样,我们才能在空洞的理论背后看出具体的思想内容,也只有这样才能更具体地揭露《论道》一书的阶级本质。可是,这本书的百分之九十九以上的篇幅都是花在制造玄学烟雾上的。它的每一章每一段,甚至每一句都是唯心主义的形而上学的,批判的对

677

象不能不摆在《论道》的正文上。这本书里最主要的东西就是头一章提出的"道"、"式"、"能"。下面先批判"式"，批判"能"，批判"道"，然后提出具体的思想内容来加以批判。

一、"式"的批判

《论道》的第一章就给"式"下了定义："式"是析取的无所不包的可能。冲破玄学烟雾之后，我们可以说"式"就是形而上学地夸大了的歪曲了的排中律所说的两个可能。普通的形式逻辑教科书里说的排中律可以用下面的方式表示："××是甲，或者不是甲。"在具体的思维和认识的过程中，排中律是受时间地点和别的具体条件所限制的。是甲是一个可能，可是不是甲并不是无穷数的除甲外无所不包的可能。假如在长安街我看见一个黄发蓝眼的人，说他是苏联人后忽然怀疑起来说或者不是。这个"不是"所包括的可能不到 80 个。假如你看到一个穿普通蓝制服的而又有着黄脸黑头发的人，你说他是湖南人或者不是，这个"不是"所包括的可能大约少于 30。可是假如我们把时间地点和别的具体的条件都撇开，可能的数目就会是无穷的，并且还是最大的无穷数。我在"式"上玩的把戏正是这个把排中律绝对化的把戏。绝对化之后，"他是湖南人或者不是"就成为荒谬绝伦的东西。这句话里的"他"现在不谈，批判"能"的时候再提出批判。现在只提到"他"也绝对化了。"湖南人"是一个可能，可是"不是湖南人"就不只是包括是四川人或湖北人等等，而且是老虎，狮子等等；桌椅等等，杨柳等等，等等。这显然是荒谬的。我曾批判过罗素,说他从具体的问题出发,一跳就跳到整个的宇宙上去了。这不是只是对罗素的批判而已,这也是对我自己的批判。这个"一跳就跳到整个的宇宙上去"的想法就是形而上学地绝对化的思想方法,这个思想方法不只是荒谬得可笑,而且是丑恶得可恨。这是资产阶级哲学家的头等毒草。这棵毒草是使理论脱离实际的思想工具之一。我在这方面传播了近 30 年的毒草毒害别人,也毒害了自己。在解放了 9 年的今天,我还是不善于考虑具体的问题。

"式"就是形而上学地把排中律所说的可能绝对化了的、析取的无所不包的可能。这个绝对化要一到地进行,才能贯彻到整本书的胡说。在本段我们要揭露关于"可能"的同样的绝对化。我们现在正确地了解的可能是相对于时间地点条件说的。对于具体条件下的现实说,某些情况是可能的。这就是说某些情况在该条件下是可以实现的。也许要现实某一可能,某些另外的条件还缺乏,但是这些另外的条件是可以争取的。总起来说,可能是在具体的条件下可以实现的。在这里具体的条件是头等重要的东西。但是,《论道》书中所说的可能是脱离了具体条件的,是没有时间地点的限制的。因此,也是绝对化了的可能。这样的"可能"非常奇怪也非常荒谬,它是和实际没有任何关系而又"可以现实"的。这应该是不可能。文章就出在"可以现实"这四个字上。("现实"两个字以后再批判。"可以"的意思是没有矛盾的,而所谓矛盾又是同样绝对化了的形式逻辑的矛盾。凡是胡思乱想所能想到的,没有这种形式逻辑矛盾的"概念"都代表一个这样的"可能"。说"代表"的意思一方面表示可能是"客观的",另一方面表示"可能"不是已有的"概念"所能尽的。"概念"底数目，无论怎样胡思乱想，总是有穷的。这种绝对化了的"可能"的数目是无穷的。够了，不说了。这样的"可能"是荒谬的，也是有毒的，因为它是对正确说法的歪曲，在实践中是有危害的。例如前些时我们要破除迷信，推翻条件论，否定亩产量有限论，来提高亩产量。事实上，我们作出了惊人的空前的成绩。这成绩是全世界劳动人民所欢欣鼓舞的。我们能不能容忍一个形而上学的资产阶级的哲学家在推翻条件论的借口下取消任何条件，在否定亩产量有限论的借口下要求亩产量达到只有数学意义的无穷数斤呢？我们能不能容忍他要求"现实"这样荒谬的"可能"呢？显然不能，可是，资产阶级哲学家硬是有这样荒谬的带强烈毒性的思想方法。我从前就有。这难道不需要彻底地批判吗？

"可以现实"四个字中不仅"可以"是脱离了时间地点条件的，而且"现实"也是脱离了时间地点和条件的。谈到现实，正常的人会感觉到它指的是现在的实在。这当然不是资产阶级的形而上学的哲学家所能接受的。《论道》这本书说："可能"的"现实"就是"可能"的有"能"。关于"能"下节就会批判。按照这个说法"现实"就和时间地点条件不相干了，和现在的实在不相干了，它和实践所能证实感官所能感觉得到的东西不相干了。单用定义，或引用"无无能的式"那一"原则"就可以把式的"现实"肯定下来了。"永恒的宇宙"也就出现了。这显然只是概念的游戏而已。概念游戏本身就是应该批判的，但是，《论道》这一整本的书从头到尾都是概念的游戏。单就这一点来批判可能要笼统些。我们现在还是回到可能的"现实"上去。在《论道》的第三章里,所谓"个体"也出现了。现在看:"现实"了和个体化了的"可能"是什么样的东西。它就是资产阶级哲学家们所说的共相。关于共相在二十多年前就有过争论的。冯友兰先生因为主张理先于事,也肯定了共相独立于个体。已故张荫麟先生在哲学上是当时比较先进的。他提出反对的意见,认为共相不能独立于个体。这个意见其实就是一般不能脱离个别,个别也不能脱离一般这个正确的原理。冯先生当时坚持他的错误的思想。我表面上好像是接受了张先生的意见,其实同样地坚持错误的说法。我虽然承认没有任何共相是独立于该共相范围内的所有的个体,然而我用了另外一个名称把独立于个别的一般坚持下来。这就是"可能",为什么冯先生和我都坚持独立于个别的一般呢? 缘故很简单。冯先生要捏造出一个脱离"实际"的"真际",我要捏造出一个脱离了现实世界的永恒宇宙。不让一般和个别脱离,我们所要的虚无缥缈的世界或宇宙是捏造不出来的。《论道》书中所谈的可能就是脱离了个别的一般。这样的脱离就是形而上学的割裂,而这无论用了什么花言巧语都是要批判的。形而上学地割裂一般与个别是有毒的思想方法。至于客观唯心论的阶级根源和五四运动以后在中国的政治作用,以后再提出批判。

所谓"可能"就是脱离了个别的一般,一般地说也是脱离了现实的空架格,没有这样的工具客观唯心论是搞不出来的。但是笼统的"可能"仍然不行。我需要不同类型的"可能"。类型不少,都应批判。但是,为节省篇幅起见,我们在下面集中地批判两种"可能":一是不可以不现实的"可能",一是老是现实的可能。

不可以不现实的可能可以用这样的方式表示:说这样的可能不现实,在绝对化了的形式逻辑上,是矛盾的。"式"就是这样的可能。说式不可以不现实,也就是说现实不可以没有。这样拐一个弯就把一种根本就不存在的"纯存在"肯定下来了。这就是说,我把根本就不存在的,没有血肉的,也没有骨头的架子式的宇宙肯定下来了。我把这个不存在的东西误认为最低限度的"客观"的宇宙。为什么呢? 阶级根源现在不摆出,现在先提出认识上或思想上的根源。在认识论上我是以一个实在论者自居的。这是自欺欺人的手法把自己装饰成为一个唯物主义者。装总要装得像样一些才行,在某些方面我就要以"研究科学"的姿态出现。在同语反复式的"逻辑命题"上,我的解释是它既是先天的,又是有客观基础的。这里说先天类似罗素所说的先验。我们认识这类的命题,承认它们非靠经验不可,但是,它们的正确性我认为既不靠经验也不靠客观的具体事实。我接受了真值函量的分析,把这类的"逻辑命题"(例如绝对化了的前三个思维规律)看作既不能假而又必然地真的命题。不能假不必就是必然地真。我特别强调后者,并且把所以必然地真的基础不归到心,不归到主观世界,而归到现实,归到所谓"客观"世界。这样一来欺骗性就大了。其实我所说的客观基础之所在根本就不是真正的客观世界,不是具体的事物,不是客观世界的一般的规律;而是上面说的那个根本就不存在的"纯存在",那个没有血肉和骨头的架子式的"客观"的宇宙。表面上我好像是说,同语反复式的逻辑命题之所以必然地真,是因为宇宙根本就不可能没有那个"纯存在",事实上我实在是说那个"纯存在"不能没有,因为同语反复式的"逻辑命题"是必然的真的命题。我表面上是根据客观世界来肯定这类逻辑命题的,其实我是根据这类的命题来肯定那个宇宙的。这是十足的唯心论。

可是,为什么要说同语反复式的逻辑命题是先天的呢?尽管我所说的客观基础是假的客观基础,但是,承认了这一点之后,我应该就没有必要再肯定这类命题的先天性了。为什么我还要肯定它的先天性呢? 中心理由是我要把我所捏造出来的"纯存在"的,虽有变动在内然而本身无所谓变动的永恒的宇宙和任何真正的客观世界彻底地分别牙来。从认识的根源说,我所接受的对于同语反复式的逻辑命题的分析,需要上一句话所说的分别。"如果一个命题是真的,那么它是真的",这样的逻辑命题的正确性确实不靠所谓"一个命题"具体地说了什么。我们可以说,同语反复式的逻辑命题对于具体的事实没有肯定什么,也没有否定什么。可是,它又必然地真。从此,我就得出一个错误的结论,认为这类命题的正确性来源于经验不到的"纯存在"和经验得到的具体的事实不相干。它们的正确性的根据,不是具体的事实,而是独立于这类事实的"纯存在",永恒的宇宙。这就是说,这类命题的正确性是不靠具体的事实、也不靠我们对于这类事实的经验的。同时这类命题是彼此四通八达的,一通百通,自成系统的、单靠彼此就可以证明的。这也就是说这类的逻辑命题是"先天"的。显然这整个的说法是荒谬的。同语反复式的逻辑命题,对于具体的事实虽然没有肯定什么,也没有否定什么,然而这不是说它的正确性是能够脱离具体的事实的。事实上它的正确性是在人类历史上，人们的思维实践中亿万次得到了证明，从而被固定了下来的。它的正确性怎样能够脱离具体的事实呢？离开了具体的事实不会有什么宇宙，不可能有什么"纯存在"。以上的想法是形而上学的歪曲，根本就是不辩证的，而是错误的。这个形而上学的想法只是一心一意地要割裂世界而已。

　　上面的谬论是从绝对化了的形式逻辑的看法产生的。所谓不可以不现实的可能就是从这里来的。此外我还有对于归纳原则究竟应该如何理解的问题。我不赞成休谟的说法，也不赞成罗素的说法。他们的共同点是把归纳原则说成是非理性的，我认为这一原则是理性的。我找到了当其时自己认为满意的方法来证明这一原则的正确性不靠经验的内容，所以它是先验的。但是这个正确性要靠经验的继续，因此它又和同语反复式的逻辑命题的正确性不一样，（后者我当时认为是不靠经验的继续）它虽是先验的，然而不是先天的。这说法本身是荒谬的。一般的归纳原则怎么能够和它的具体的运用分开呢？而在具体运用时又如何不靠经验的内容呢？但是当其时我确实有这样一个荒谬的想法。我认为归纳原则的正确性和经验的内容不相干。这个原则是极其灵活的，无论客观的事物如何地发生，经验的内容如何地展开来，归纳原则总是不会被推翻的。它是我当时所谓的接受总则，是一种"逆"来"顺"受的原则。这就是说经验如何地展开，我们在认识上就如何地接受。即令经验的内容是极其反常的，我们仍然有办法去接受它，旧的概念不够的话，我们也可以制定新的概念去接受新的经验内容。反常的内容就我们的盼望说是逆来，但是,只要我们能制定新的概念去认识它,接受它,我们就是顺受。顺来顺受固然是归纳原则,逆来顺受也仍然是归纳原则。这就是说,无论经验的内容是顺是逆,归纳的原则总是正确的。假如说归纳原则的实质是按照客观的情况去认识客观的事物,这当然没有什么错误。可是,为什么把这一实质说成是"先验"的呢? 显然,归纳原则也是在社会实践中,在阶级斗争和生产斗争中不断地证实了的。它的正确性很明显地是要靠经验内容的,它哪里来的"先验"性呢? 当然一个在很长的时期内一直是证实了的原则,在具体的运用的时候我们用不着次次都重复地证实一番,因此在某一具体运用的场合上,我们是可以预先承认归纳原则的正确性的。但是,显然这一情况是和"先验"性不相干的。把归纳原则的正确性说成是脱离了经验内容的这一说法本身就是荒谬的。可是,这只是这个问题的荒谬看法的一部分而已。

休谟曾经把归纳原则说成对现在和以往虽有效,而对于将来是没有保证的。意思是说将来的世界可以推翻它。我在上面的说法中,同时也就肯定了将来的世界无论发生一些什么,都不能够推翻归纳原则。可是,当其时我也有一个关于将来的"困难"。这样的"困难"是假困难,是把哲学当作概念的游戏来搞才产生的。我当时认为:有将来,将来决不至于像休谟说的那样推翻归纳原则,可是,假如没有将来的话,情形就不同了,归纳原则就不正确了。这样的假设只能是从概念游戏中提出来的。但是,我当其时确实有这个想法。因此归纳原则的先验性和同语反复式逻辑命题的先天性就不同了。把形式逻辑绝对化了之后,后者的正确性是无条件的。归纳原则的正确性是有条件的，它的条件是时间不打住，世界不断地变化，经验不断地继续。在这一条件满足的情形下，归纳原则的正确性是可以保证的，此所以我说它有先验性。但是这一条件的满足本身不是"必然"的。所谓"必然"是绝对化了的形式逻辑上的"必然"。这一条件的满足既不是"必然"的，归纳原则的正确性也不是上两段说的那样"先天"的。我当时认为，这个条件的满足虽然在"理论"上（绝对化了的形式逻辑上）不是"必然"的，然而在事实上是"本然"的或"固然"的。这就是说在事实上这一条件是不会不满足的。这也就是说，归纳原则虽然不是"必然的式"，然而它是本然的或"固然"的理。

为什么要绕这么一个圈子呢？归纳原则是多少年来的思维实践所证实了的，归纳这样的工作可以说是进行了好几千年了的。它不应该发生什么问题。问题发生在唯心主义者之间的意见分歧。唯心主义者如休谟把必然性从"客观"世界里偷运走了，把"客观"世界硬说成没有必然性的世界。承认了客观世界有必然性，归纳虽有时成功多些，有时失败多些，然而归纳原则的正确性是没有问题的。把客观世界中本来有的必然性否认掉了，归纳原则也就说不通了。在这一问题上，我从前的办法是巧立烦琐的名目。我把不可以不然的称为"必然"，把它归到同语反复式的逻辑命题身上，把不会不然的称为"固然"或"本然"，把它归到归纳原则和物理化学方面某些原理上。相应于前一方面的"实在"，是不可以不现实的可能的现实；相当于后一方面的"实在"，是老是现实的可能的现实。这当时认为宇宙本来就有这样的"实在"。这样的

"实在"不必是具体的事物,然而具体的事物仍有这样的"实在",也仍是这样的"实在"。这样,我好像是把必然性又请回到客观世界里来了。归纳原则的正确性也好像是保存了。其实把必然性请出来是唯心主义的,请回来也是唯心主义的。我之所以要绕圈子,因为我自己是唯心主义者,我不能不用唯心主义的方式把必然性请回到客观世界里来。必然性请回来了,可是它所回到的世界已经不是客观世界了。快刀斩乱麻之所以能起斩的作用,是因为它不跟乱麻走,假如它跟乱麻走的话,它也无法斩了。我是跟乱麻走的。表面上保存了归纳原则,实际上是取消了客观世界。

无论如何,顺着上述的想法,我在《论道》那本书里肯定了老是现实的可能。这样的可能,在绝对化了的形式逻辑上是可以不现实,而在事实上又不会不现实的。这样的可能是《论道》一书的重要的组成部分。显然,没有这一类的可能《论道》一书从第二章起是无法写下去的。所谓个体、变、动、时间、空间、共相、殊相、理、势、几、数等等,没有老是现实的可能的现实是无法伸引出来,也是无法讨论的。不可以不现实的可能,像式本身那样的可能,是应该批判的,前面已经作了初步的批判。但是,式所包括可能当中有一类就是这里说的老是现实的可能,而这一类更是特别应该批判的。式那样的可能是把形式逻辑绝对化了的结果,是歪曲了和夸大了形式逻辑的结果。可是,当有这样的可能客观唯心论还是捏造不出来的。老是现实的可能是捏造客观唯心论的主要工具。我所主张的客观唯心论,是要捏造出一个脱离了真正的客观世界(具体的有血有肉的我们生活在其中的客观世界)而单纯地在,或单纯地有的宇宙。重点在脱离。至于脱离的方式是次要的问题。这个永恒的宇宙是超乎真正的客观世界之上驾临这个世界呢？寓于这个世界之中,然而能够脱离这个世界呢？还是在这个世界之下,像盘子似的托着这个世界呢？这都是次要的问题。另一方面,这个永恒的宇宙又要像这个真正的客观世界,有点像生理教室或实验室里的骷髅之于人似的。后一方面的条件不满足的话,我不能自欺,也就无法欺人了。（资产阶级哲学家能否自欺,就看他自己认为能否自圆其说）为了能够自欺欺人起见,我要把真正的客观世界里最一般的东西肯定下来,作为永恒宇宙中的永恒的东西。因此,时间、空间、关系、性质、共相、个体、运动、变化等等都肯定了下来作为永恒宇宙中的永恒的项目。肯定它们的工具就是老是现实的可能。

老是现实的可能和这些可能的现实是《论道》书中概念游戏的滚珠轴承。有了它从概念着想,我就可以从一个概念走到另一个概念;从可能的现实着想,我可以从一个可能的现实走到另一个可能的现实。有了它,我也可以用近乎演绎的方式把那个永恒宇宙所需要的东西都伸引出来。但是,单有它,还是不行。我还需要动力。我所捏造出来的永恒宇宙是自己推动自己的。动力的源泉在于"能",而从自己推动自己着想,最主要的一句话就是第一章所说的"能有出入"。显然"能"不能出入于"式"。"无无能的式",也"无无式的能","式"是无内外的,"能"不得不在"式"中。"能"当然也不能出入于老是现实或老不现实的"可能"当中,它只能出入于别的可能。显然,这只是说变化是老是现实的可能。单有动力也还是不行,怎样动呢? 第三章有两句重要的话,"现实并行不悖","现实并行不费"。这两句话就是那个捏造出来的宇宙自己推动自己的"原则"。有了这些唯心主义的概念工具,我就能把永恒宇宙所需要的一些永恒的项目肯定下来。这也就是说,有了这些唯心主义的工具,概念游戏的机器就可以开动了。开动的结果,就是把真正的客观世界里最一般的东西转化为客观唯心论的差不多是演绎出来的永恒宇宙中的永恒项目了。这样一来,客观世界里最一般的东西就同客观世界的具体的血肉割裂开来了。我用不着否认有血有肉的具体的世界,可是事实上它是被否认掉了。在这个永恒的宇宙里,当然会有人,可是它微不足道,关于他的话只有一句。社会当然也会有,可是关于社会的话一句也没有。太阳系总算相当大吧! 它存在时间总算相当长吧! 可是,在《论道》那本书里,它当然是不必提到的,它只是有生有长有成有衰有灭的个体而已。可是,另一方面我又大谈其几、数、运、命。不谈太阳,可是太阳的命运仍然间接地谈到。我究竟是干什么呢? 我有什么目的呢? 不从阶级着想,这个问题是无法解决的。

上面已经说过,可能是脱离了个别的一般。我原来也要把一些概念上的困难都用可能的说法去解决。细节这里不谈。除以上两种可能之外,还有一种是一时现实、另一时又不现实的可能。这类的例子生物史上最多,例如恐龙,人文学史上也不少,例如清朝的花衣。单就数目说,这类可能最多。针对于这种可能的批判要点在于庸俗进化论。在《论道》一书里,我不仅有宇宙的达尔文主义,而且隐含着社会达尔文主义。七·一六说:"有得于时,有失于时,得于时者适,不得者乖。"接着就谈生长成衰灭。显然,这就是物竞天择的学说引用到永恒宇宙中个体的永恒变化上去了。果然如此的话,社会也就受这一原则的支配了。七·一八更清楚地表示了,它说:个体的变动适者生存。这显然是庸俗的进化论。它不适用于可以不现实的和老是现实的可能,也不适用于老不现实的可能。最后一种可能是为时点、空点这类的极限安排的。这类极限的特点是一方面它们不存在,另一方面我们对于它们又有相应的概念。在《论道》这一书里,我用老不现实的可能这一方式把这种极限肯定了下来。这解法本身究竟怎么样,这里不谈。我利用这个解法来捏造所谓"时面"、"空线"这样的老不现实的可能来恢复物理学已经否定了或者至少已经放弃了的绝对的时空。在这一点上,科学已经否定了形而上学,而我竟公然为了形而上学把已经否定了的东西恢复起来,这只是证明了思想上的反动而已。

　　以上四类不同的可能式里都有。批判的重点是在不可以不现实和老是现实这两类的可能上面的。现在我们要把式这一方面的谬论作一次总的批判。总的批判分以下四点。

　　首先要指出的是,式这个整个的说法是形而上学地绝对化了的说法。它牵扯到一个关于形式逻辑的形而上学的"理论"。这个"理论"把同语反复式的逻辑命题绝对化了。上面已经指出,式本身就是排中律的绝对化。排中律的具体运用显然不是绝对的,和具体运用密切地结合着的排中律本身也不是绝对的。排中律所说的可能的数目也不是无穷的。把排中律绝对化了之后,它所说的可能的数目就成为脱离了上下左右、古往今来的无穷的了。式的定义中所牵扯到的可能也是绝对化了的可能。这样的可能,显然不是辩证唯物主义者所肯定在一定时间、一定地点和一定条件之下现实所许可的可能,而成为只是没有形式逻辑矛盾的东西了。而这里所说的形式逻辑是绝对化了的,形式逻辑正确的可能是不能够脱离现实的,这也就是说,它是不能够脱离具体的时空条件的。脱离了现实之后的可能实在是不可能的荒谬绝伦的东西。按照《论道》的说法,共产主义社会不仅现在是一可能,而且在已往的无穷数年中是可能,在将来的无穷数年中也是可能。恐龙曾经存在过,现在早已不存在了,可是按照《论道》的说法,恐龙在它存在之前和存在之后的无穷数年当中它一直是可能。恐龙的定义既然没有绝对化了的形式逻辑的矛盾,它当然就是可能。这样的可能不仅是没有时间的,而且没有地点和其他的条件的,讲古希腊话、穿古希腊衣、塌鼻子的苏格拉底(综合的可能)在今天的广州也仍然是可能。对于可能的这种荒谬绝伦的说法是要彻底地批判的,是应该彻底地搞臭它。

其次,我要指出式是静止的死的东西。好久以前,革命的青年说我的哲学是死的静止的,不是活的变化发展的。我当时不服气。就我个人说,远在三十多年前我的头一个哲学上的难题就是变。后来我经常说,.没有一个哲学家笨到一个程度连变化都否认了。现在想来我自己的哲学就是一个静止的死的哲学。诚然,《论道》这本书的确谈到了变化运动,谈到了儿,谈到了数等等。显然,变的东西虽然变,变作为一个绝对化了的可能无所谓变,动的东西虽然动,动作为一个绝对化了的可能也无所谓动。《论道》一书当然也承认发展,生长成衰灭就是发展,情求尽性,用求得体,故势有所依归;情不尽性,用不得体,故势无已时,都可以说既肯定变化又肯定发展的话。但是,作为可能它们都是无所谓发展变化的。正确的可能是活的。在某一时期、某一地点、某一条件之下的可能,在开始时现实性也许相当地小,在争取条件的过程中这个可能的现实性也许就大起来了,在条件满足的时候,可能已经变为现实了。《论道》书里所谈的可能根本就不是这样的。如果要用比喻的话,式本身就好像是僵化了的可能的展览会。动的 31 路公共汽车在我房子北边东边动,可是绝对化了的"动"这一可能根本就不在任何时间任何地点动,它根本就不在任何时间或空间。绝对化也就是僵化。可能是这样的僵化了东西,式本身也是。《论道》那本书里"无极而太极"可以说是表示发展的,这显然是就式说的。式只是"是"而已。我原先想说它从头到尾只是那样,后来一想,不对,式根本就没有从头到尾的问题。式的僵化比较显明,容易看出,但是这个僵化不限制到式,《论道》这本书所捏造出来的宇宙就是一个僵化了的宇宙。

又其次,我要指出式是从主体割裂开来了的性质和关系的总和(析取的)。性质与关系都是以事物为主体的。没有事物,性质与关系都会悬空起来,所谓皮之不存,毛将焉附。性质与关系之附于事物是具体的,综合的,成为一整体而不可分的。可是,在思想上,在表达思想的语言上,我们不能不分别地反映它们。但是,分别地反映它们并不表示它们在客观事物上是分别地存在的。我桌上有一本书,它是蓝颜色的,背脊上有一行直写的红色的字,书面有一行横写的同样的……

在这里我显然是分开来说,但是在那本书上,分开来说的东西并不是分开来存在的。对于一事物正确地有所云谓,就是该事物真正地有该云谓所表示的性质或关系。(在这里,我需要请读者注意一下:我不只是把形容词和关系词当作云谓词看待,而且把名词如上面那句话里的桌子和书也当作云谓词看待。现在不批判这一点,以后再批判。)一事物真正有某些性质和关系,这些性质和关系是和该事物分不开的。式的说法实在是把所有性质和关系从它们所依附的主体或事物割裂开来,把它们作为可能安排在式里面去了。这就是形而上学的割裂。假如我们借用形式和内容两个范畴来形容这个割裂的话,《论道》一书的办法是除某些特定的形式外把所有其他的形式和它们的内容都割裂开来了。真正的客观世界是丰富多彩的,客观世界的事物是多种多样的,而就任何事物说都是内容和形式密切地结合着的。真正的客观世界是有血有肉而又有骨头的。《论道》一书的办法是把真正客观世界的血肉排除出去。怎样排除出去呢? 把差不多所有的性质和关系都安排在式所包括的可能之中,就是这个排除的方法。式只是要把一般的性质与关系脱离它们的主体,它们所依附的事物而已。现在检查起来,整个式的说法是保留一般排除个别,保留抽象排除具体,保留客观世界的空架子来排除客观世界的血肉和骨头的。

最后,我要指出,式是划出一个名言世界来推销神秘主义的,也可以说划出一个名言世界来推销某种不可知论的。辩证唯物主义是坚持客观世的可认识性的,它彻头彻尾地反对任何形式的不可知论,它也就反对神秘主义,不管它是什么方式表示出来的。《论道》一书是有神秘主义的,表现方式不在式这一方面,但是式也帮助了这个神秘主义。解放后名言世界这几个字不大听见了。显然所谓名言世界是可以名可以言的世界。这个可名可言的世界就是可以思想、可以反映、可以认识的世界。原来引用这个术语的时候,总同时肯定了有不可以名言的世界,式就是把所有能够名言的一切,也就是把所有的名言世界划分出来摆在一边,让出位子来给不可以名不可以言的东西留地位。这个东西叫它作世界也好,叫它作因素也好,总是不可以名言,因此是不可以思议,不可以认识的。这显然就是某种不可知论。名言世界只是世界的一半或一部分。因此感觉、知觉、想象、思维、认识等等,也就限于世界的一半或一部分而已。当然《论道》一书没有说式里面有不可以认识的可能。并且这些可能现实了之后也还是可以认识的。因此,在现实中,具体的个体,一类一类的事物,关系和性质等等都是可以认识的。但是式不是能够独立的,名言世界也不是,它是有条件的。式所代表的名言世界就不是辩证唯物主义所说的那个可认识的世界了,因为这个世界的可认识性是没有止境的。辩证唯物主义只承认尚且不知道的东西,不承认有不可以知道的东西。《论道》一书恰恰就承认了这样的东西。这就是这本书的神秘主义之所在。

二、“能”的批判

“能”就是上面说的那个不可以名言的东西。我是利用它来推销神秘主义和蒙昧主义的。这是根据辩证唯物主义的

694

精神检查出来的结果。我当其时思维过程是有假象的。在讲堂上我不只一次地反对过神秘主义和蒙昧主义。现在看来，这只好说是招牌。我用了这样的招牌来推销神秘主义和蒙昧主义。当然我不承认什么"上帝"、什么"神"。在这些东西上面，我反对神秘主义。但是我用一种追求而又始终追求不着的神气来对待一些问题。这就把这些问题神秘化了。问题之一就是当时在讲堂上常说的客观事物的"倔强"性或"苦强"性。我当时曾经常说，对于客观事物，"你拿它没有办法"，它是那样的，它就是那样的。这不是变不变的问题，它那样变，它就是那样变。其实所谓"倔强"性就是客观性，就是不以人们的意识为转移的性质。另一问题是特别的具体的东西。我用我的形而上学的思想方法对于特殊的具体的东西，我毫无办法。我和这样的东西不能够得到概念上的接触。一接触，它就成为一大堆的"共相"，也就是说一大堆的一般或抽象。它的特殊性和具体性都没有了。当时我非常之羡慕诗人和小说家，他们可以描写特殊、描写具体的东西，而我这个搞哲学的人不行。我装出追求而又追求不着的样子来对待这样的问题，把这样的问题神秘化。神秘化后，我所得出的看法就是：具体的特殊的东西里面有名言所不能尽不能达不能接触到的东西。这是最恶毒的神秘主义，它不是"上帝"、"鬼"、"神"式的，而是挑水砍柴式的。有了这样的神秘主义，对具体的事物特别是在社会的重大问题上就会笨头笨脑起来。这样的神秘主义的思想方法上的错误就是形而上学。具体的特殊的事物本来就是一般和个别统一的。在实践和感觉上它们都是统一的。可是让概念把一般和个别割开来的话，在感觉和实践上本来是统一体的东西在概念上却纷纷散开来了，并且散开来之后，也聚集不拢了。

当时我是承认有特殊的具体的东西的。它决不能只是一大堆的"共相"。它也决不是一散开来就可以化为乌有的。这实在也就是说它有不是"共相"的东西。这也就是说它不只是有名言可以达、可以尽、可以接触到的东西而已。它还有名言范围之外的东西。我把这个叫作"能"。在《论道》书里，一·三部那句话（第三句话）就介绍了"能"，可见它非常之重要。在那句的注解里，我花了很大的力量去表示"能"不是名词的名，不是按名可以得实的名，而是名字的名，像张飞、关羽那样的名。其所以如此，就是表示"能"不属于名言范围之内，它是不可以想象，不可以思维，不可以认识的。这也就是说它是完全神秘的。至于我是"从广义的经验中"得到它的，那只是骗人而已。这样说只是给人以印象，好像经验中本来有"能"似的。其实它是捏造出来的。上面已经表示，"能"是形而上学思想的事物，本身是不合理的。但是，我好像是在追求究竟而追求了好久之后才追求得到的借口下或招牌下把它肯定了下来的。"能"本身虽不在名言范围之内，然而对于它的"有"，它的"在"，我当时认为仍然是有好些话可说的，不过这些话不是命题而已。怪事吧！明明自己肯定了是说不得的东西，仍然还是要去说它，岂不是怪事。神秘主义就是要制造怪事的。《论道》一书肯定了这个怪物"能"，而且对于这个怪物说了好些怪话。

我原来确实是把"能"当作物质或有物质性的东西看待的。这一点我要特别提出批判。物质是独立于我们的意识与感觉而又能为我们所反映出来的存在。这就是说,它是客观的,是独立于我们的意识和感觉而存在的。就意识与感觉说,它是源泉,它是第一性的。但是,它也是能够为我们所反映出来的,这就是说,它是可以认识的。它非常之根本,非常之普遍,可是一点都不神秘。把"能"当作物质或带有物质性的东西看待,就是歪曲物质。这一点首先要指出。可是,当时我确实是把"能"当作物质或有物质性的东西看待的。我当时喜欢这样的话:理不能无气,气不能无理,或形不能无质,质不能无形。我认为这是总结经验的话。请注意"经验"两个字。这就是说事实上它们是真的。但是,我对于这样的话,当时仍然不满,认为它们不是"必然"的,那就是说,我们不能用"纯粹的理论"(就是绝对化了的形式逻辑)来证明它。我要把这样的话解释成为"必然"的"真理"。这就是《论道》书中的"无无能的式,无无式的能"。这在《论道》一书中的概念游戏中是"必然"的。这是唯心主义者极其恶劣的手法。请注意,原来我认为我所喜欢的话是有实际意义的,它们帮助我们了解客观的事物,解释我们的经验。但是,在我把原来的话改变成"无无能的式,无无式的能"之后,这个实际意义取消了。这两句话实在是绝对化了的排申律(不绝对化的排中律是有意义的),而这种绝对化了的排中律是没有实际意义的。这两句话对于有血有肉的客观事物是无所肯定也无所否定的。改变原来的话的目的是取消它们的实际意义。这一点以后还要谈到。方法一方面是让"式"代替理与形,另一方面是让"能"代替气与质。在合理的解释下,气和质都不是绝对的,例如木头可以说是这张桌子的质。"能"是绝对的,木头不是这张桌子的"能"。材料是带物质性的。但是，作为绝对的材料，"能"就歪曲了物质性。物质是可以认识的，世界既根本就没有名言之所不能及的东西，物质当然在名言范围之内。"能"既是名言范围之外的东西，把"能"当作物质看待，也就是把物质当作神秘的东西看待。这是极其重要的一点，是应该着重批判的一点。客观唯心论者所说的客观世界是假的客观世界。《论道》一书从最根本的地方假起，它以假物质代替真物质，使人感觉到它所谈的宇宙是客观的宇宙，其实这只是捏造出来的假客观宇宙。它是假的客观宇宙，重要理由之一就是"能"是假的物质。

当然，《论道》这本书没有正式地把"能"当作物质看待。它确实把"能"当作绝对的完全光溜溜的材料看待的，而所谓绝对的材料，给人以物质的印象而又是对物质的歪曲。但是，绝对的材料，完全光溜溜的材料的说法本身就是形而上学。世界上哪里有什么绝对的材料呢？在上面的例子里，我们说木头是桌子的材料，显然木头不是什么绝对的材料，它也有其他的材料例如某些化合物。就是到了电子、质子、中子等等，也不是绝对的材料。这些东西只是我们在向细微那个方向分析的过程中，根据现有的知识水平而打住我们分析时的事物而已。将来知识推向前进，我们也不会在这些东西上打住。同时，这个分析的过程和材料的问题是两个不同的问题。事物和它的材料有转化问题。在定县我们亲眼看见农民同志用烘土的方式把土变成肥料，在这一过程中土是肥料的材料。可是在深耕之后，等到这个肥料下到田里去了的时候，这个肥料又是那块田里的土的材料了。事物和它的材料的转化过程到处都有。怎么能搞出绝对的材料来呢？不是形而上学的绝对化,绝对的材料是无法肯定的。同时我们要指出,材料不会是光溜溜的。它不会是没有性质和关系的,也不会是名言之所不能及的,这正是形不能离质的道理,也正是这一原则的实际意义。搞出"能"这样一个怪物来正是违背了这一原则。所谓"我曾经喜欢这一原则"是不老实的。我当时的手法实在是用"能"的名义把具体的材料和具体的事物割裂开来,然后又把"能"套进"式"里面去。要了这一手法之后,我就可以道貌岸然地念经似的肯定了"道无无,无无能的式,无无式的能"。为什么要肯定这样一句空空洞洞的话呢？目的正是要取消历史上原来已经承认了的有实际内容的原则。为了达到这个目的,我当时就搞出"能"这一怪物来了。而搞出这一怪物来,正是要推销神秘主义。

我现在一直把"能"叫作怪物,这是不是冤枉了它呢？我认为只要看一看《论道》那本书,就可以看出它的的确确是怪物。它是光溜溜的材料,没有性质和关系的,不能以名词表达而对于它又不能有所云谓的。世界上根本就没有这样的东西。资产阶级的哲学家大都是玄学鬼。包括在这里面的不只是张君劢那样一个人而已,我当时显然也是。"能"是玄想出来的东西。我虽然把它玄想出来,为什么不把它撇开呢？既然是说不得的东西,为什么还要对于它说好些怪话呢？显然它不只是说不得的东西而已,而是在《论道》那本书里要起作用的。在批判"式"的时候,我曾说,我所捏造出来的宇宙是自己推动自己的。这也对。那个宇宙里面有变动有发展,而这些变动和发展不是宇宙之外的任何力量推动的。我所说的宇宙至大无外，当然没有什么外面的力量来推动它，它是自己推动自己的。可是，宇宙之内情况就不同了。它的内部有推动者，并且还是万事万物的推动者。我所捏造出来的宇宙是两头都无穷的，这也就是说，它是无始无终的。尽管如此，这个推动的力量是无时不在推动，无地不在推动。无论当时我在主观上如何想法，在客观上读者总会有这样的问题：这样的一个推动的力量只能是"上帝"吧？而在《论道》一书里，有这个力量的只能是"能"吧？事实上就有一位同事当时就提出"能"就是《论道》书里面的"上帝"。在本节批判"能"的头一段里，我说：我当然不承认什么"上帝"、什么"神"。这话也对。假如当时有人问我相信"上帝鬼神"不，我大概会说我个人不相信。并且当时我说"不"的时候，我还是相当老实的。但是，这只是就固有的"上帝鬼神"来考虑而已。这并不是说我根本就不相信有具备着"上帝鬼神"某些性质的东西。基督教的"上帝"是无所不知无所不能的。我在《论道》那本书里实在给了"能"以无所不能的能力。我虽然说"能"只是一个名字，而不是名词，然而我为什么单挑这个名字呢？为什么我不把这个怪东西真的叫赵大钱二孙三李四呢？我实在是要把"能"说成是有无穷的权力的。我虽然不赞成任何传统的"上帝鬼神"，然而我还是搞出带"上帝"性质的东西来了。一个带"上帝"性质的绝对光溜溜的材料岂不是怪物？一个光溜溜的、没有性质也是头等矛盾吗？

搞出"能"来起"上帝"的作用，当然也就是要它起宗教的作用。所谓起宗教作用就是起神秘主义的蒙昧主义的推销迷信的作用。在一般的科学研究中，我们是会碰到困难问题的，在鼓足干劲,力争上游的今天,我们不知道解决了多少困难问题。真正的困难问题是可以解决的。在形而上学资产阶级哲学家手里的"困难问题",情况就特别了。它们是真正的困难问题吗?有的确实是科学研究中的困难问题,唯心主义的哲学家就利用它们来推销唯心主义的科学理论。不决定原则之所以产生,是认识过程中和实验过程中发生了困难。唯心主义的哲学家就利用了这个困难来推销一种唯心主义的哲学,说自然界本身就是不决定的。这种情况确实是有的。可是也有另一种情况,有些问题并不困难,可是在引用了形而上学的思想方法之后,它们却成为困难。资产阶级的哲学家不仅利用前一种困难来推销唯心主义的哲学,它们还要利用后一种困难推销神秘主义和蒙昧主义。《论道》一书的神秘主义就是用这个方式来推销的。

在哲学史上,有些问题是形而上学的思想方法所不能解决的,而唯物辩证法比较容易解决了的。变与动就是这样的问题。我从前在讲堂上不止一次地讲过这样的话:没有一个哲学家傻到一个程度连运动变化都否认了,变化运动是某一个人在它的经验中都可以亲自经验到的,问题在于这些东西的概念。我当时确实认为变和动在概念上都是有差不多无法克服的困难的。现在检查起来,变化运动本身都不是什么特别困难的问题。形而上学的思想方法给它们增加了困难。运动变化是活的具体的事情,而形而上学的概念是脱离了现实的死的概念。这个脱节在别的事情上还可能不是很清楚的,在运动变化这些事情上就很清楚了。原来逻辑教科书上的二难推论就牵扯到这个问题。那个二难推论说:如果一个东西能动的话,它或者在它所在的地方动,或者在它所不在的地方动;它既不能在它所在的地方动,也不能在它所不在的地方动,所以它不能动。说它不能在它所不在的地方动,理由明显,当然不行。可是,为什么说它不能在它所在的地方动呢?理由也可以说"显明",它一动,就不在它原来的地方了。在这里,所用以形容动的是"在"这样一个静止的概念,"在"的地方,或者不"在"的地方。看一个动的东西,问题显然不同了。你看到的是一个动的东西在它动的地方动。你看到的是动。注意地方的话,也不是原来它待在那里的那个地方。罗素曾把动说成是在不同的时间"占"不同的地方。这显然不行,这只表示一个东西"动了",并没有表示它在"动"。这只是把动作例。就变说,问题同样。

我最早所提到的问题就是变。困难在什么地方呢? 如果一个东西变了,在变之前和变之后它一定不同了。就变了的那一点说,它们是两个东西了,可是两个东西的不同无所谓变。你说不行,原来是那个东西还是一个东西,它有别的方面,在别的方面它还没有变,我们不能把它说成两个根本不同的东西呀。不错,在别的方面它是一个东西,因为在别的方面它没有变。可是,在变了的那一方面,它就不是一个东西了……如此等等。显然我们是可以这样纠缠下去的。因为我当时的想法就是形而上学的。变的问题没有解决,动的问题也没有解决,用同样的思想方法这些问题是无法解决的。在这里,我们就可以看出唯物辩证法的正确性并由此而产生的优越性。辩证法的核心就是万事万物的矛盾的发展。事物的变化就是它的内部的矛盾发展,矛盾的统一和斗争。它既不只是统一的也不单是斗争的,因此它既不是绝对的同,也不是绝对的异。它的统一虽是相对的,它的斗争虽是绝对的,然而它的斗争是统一中的斗争,它的统一也是斗争中的统一,因此它不因统一而为绝对的一,也不因斗争而为绝对的二。动也是矛盾问题。恩格斯就说过动是一个东西既在一个地方同时又不在那个地方。照我现在的看法,这就是达到和离开的矛盾的统一。问题的关键在于我们是不是按照客观的情况去报道它。我们是不是承认客观世界中固有的矛盾。不承认这种矛盾任何问题都解决不了。问题本身就是矛盾。别的问题如此,变化运动这样的问题也是如此,不过在这两个问题上关键表示得清楚一些而已。如果形而上学的思想方法在别的问题上可以蒙混过关的话,而在这两个问题上它一直就没有蒙混过关。今天的问题,也还是这样。像罗素这样一个人也只是运用了一些数学公式把问题弄得更复杂更烦琐,而同时也弄得更混乱而已,要想解决问题是办不到的。

上面已经说,我从前既没有解决变的问题也没有解决动的问题。在《论道》那本书里,我是用变来"解释"动的。变的问题既没有解决,动的问题当然就不能解决,事实上只是把它偷偷地放过去了。我们已经指出,运动变化这样的问题是唯物辩证法的思想方法所已经解决了,而形而上学的思想方法所不能解决的问题。我当时既然没有解决变的问题,我怎么办呢? 一句话,我用资产阶级哲学家所用的办法,利用这个机会来推销神秘主义和蒙昧主义。我承认事实,承认变动,我不是还肯定了个体的变动吗? 因为我是用变来"解释"动的,中心问题在于变。我怎样对待变呢,怎样了解它呢? 在《论道》

第二章里，二·一三那句话已经正式地提出了变，我说它是可能的轮转现实。这不是基本的东西。基本的东西是一·三说的"有能"，一·一六说的"能有出入"。在一·三的注解里，我已经表示"能"是不变的，"可能"也是不变的，"烟变成灰"只是"能"出于"烟"这一可能和入于"灰"这一可能而已。所谓变最基本的看法就是"能有出入"！"能"是名言之外的东西，说不得的东西。可是对于这样的怪东西偏要说怪话。并且"能有出入"是《论道》书中非常之重要的话。显然，没有它，下面的文章就无法写下去。可是，假如《论道》一书有所谓"理论"的话，按照那个"理论"，这句非常之重要的话又是说不得，不可以说的话。我不是搞形式逻辑的吗？这不是天大的形式逻辑的矛盾吗？难道我没察觉到吗？不见得吧！这是要把理性的东西还原为非理性的东西，要把名言的东西还原为非名言的东西。这种还原就是推销神秘主义、蒙昧主义。这就是制造迷信。封建的和资产阶级的哲学家都是喜欢迷信的。我当时念起"能有出入"来，总是怡然自得的。这不是偶然的。封建阶级、资产阶级都是需要迷信的，因为封建和资本主义社会都是要靠迷信来维持的。

《论道》所捏造出来的宇宙是不是有规律的呢？答案是有。我不是说个体的变动理有固然吗？但是就在规律这一问题上，我也是在那里滋长迷信。在我的整个的哲学中，一般是脱离了个别的，因此共相和殊相也是脱节的。了解完全属于一般这一方面，不是属于个别这一方面的，属于共相这一方面的，不是属于殊相这一方面的。上面已经提到过，我从前对于具体的特殊的（我当时所谓特殊也就是个别）东西毫无办法。

我对于小说家非常之佩服。他们可以描写出个别来。我特别佩服诗人，他们可以抓住特殊的一去不复返的情感意识。理由当然是形而上学的思想方法使得我把个别和一般脱节了。但是，这个事实本身又产生了对于具体的特殊的东西的神秘主义。其实这就是形而上学的思想方法使得人不能够思考，也不能够应付具体的问题。具体地分析具体的问题是马克思主义的灵魂，这在建设社会主义的跃进中是何等重要的啊！然而具体地分析具体的问题是和唯物辩证法分不开的。离开了唯物辩证法，具体的问题都会一般化，具体的分析就无法进行了。在规律这一问题上我是一刀两半的。我说个体的变动理有固然，这就是承认变动的规律，这岂不很好吗？但是另一方面我又承认势无必至。势是什么呢？我说殊相的生灭为势。势无必至就是殊相的生灭没有必至。这里不是说殊相是不能理解的。理解它是属于固然的理那一方面，因此是属于共相，属于可能，属于式，属于名言方面的。个体的殊相有名言所不能及的那一方面，这也就是说有"能"那一方面的情形。《论道》一书是承认宇宙的规律的，但是就认识说，就理解思维说，它只承认了一半。《论道》可以说是半个世界的不可知论。推销这个不可知论的工具是"能"和关于"能"的许多话，特别是"能有出入"。

在几与数那一章里，我是十足的算八字先生。在那里好些话是神秘的，例如，个体的变动不为几先不为几后，例如不可测等等。在这里我特别要提出几不测来批判。马克思列宁主义者是着重科学预见的，是要科学预见，也是能得到科学预见的。它之所以能够得到科学的预见，因为他能够认识客观事物的发展规律。他之所以要科学的预见，因为他要促进某些预见的事，避免某些另外预见的事。科学预见是非常之重要的。可是，对于科学预见我也是一刀两半。将来的事数可先知，这好像是肯定了预见。其实，这只是肯定了一半。这只是说，按照必然的道，固然的理，我们可以知道将来会现实的当然的数。这仍然是式方面的事情，是名言范围之内的事情。单就这一点说，这是可以说得过去的。人遇了不治之病的时候，他可以肯定病人在一天之内就会死去。但是这个人是不是在早晨10点40分30秒死去呢？这就困难得多。可是，这是具体的知识不够，回答不了的问题，而不是在原则上根本就不能回答的问题。在《论道》的第七章，我不只是说数可先知，而且说了几不可测。几是什么呢？是"能"之即入即出。数是什么呢？数是"能"之会出会入。会出会入有不能或免的意思。这个不能或免的出入是从已往的现实和已往现实中固然的理那里来的。即出即入情况就不同了。

在这里我要暴露《论道》所没有提出的一些思想。我曾经有过这样的问题：对于将来所要发生的事体我们有没有知识？如有的话，有没有限制？有没有不可以克服的限制？那时的答案是有不可以克服的限制。我当时认为知道一件事体的过程要比那件事体发生的过程来得慢。我也认为认识的过程慢多少要靠那件事体离开现在有多远。离得愈远，认识过程就愈慢。就拿天气预报来说，我当时要知道明天中午有没有大风，我们要知道许许多多已往的事情，并且还要知道从现在起到明天中午所能发生的许许多多的事情。等你知道了这些事情之后，明天中午早已过了，这实在是把当时的某种落后状况说成是认识上的固有的限制。这里牵扯到认识上的方法和技术问题。从这一方面说，以上论点本身就是机械论的，形而上学的。它好像是说要知道在将来某时某地某件事是否会发生，就得知道所有已往的事情似的；好像是说，在所有已往的事情中，没有重点，没有相干与不相干的分别似的；好像是说，将来在某一时某一地可能发生的事情总是无穷地多似的；好像是说，在这样多可能中明确地肯定某一件事会发生总得要特别大的工作量似的；等等。这不是形而上学的思想方法是什么呢？但是认识上的方法和技术问题只是一个方面。另一方面，我实在是相信客观事物的运动变化理虽有固然而势无必至。这就是说，从殊相的生灭着想，客观事物的运动变化本来不是事前就决定了的。假如我们利用旧哲学名词中认识和本体底分别来看这个问题的话，我原来的意思是说认识上的困难，除方法上和技术上的之外，还有本体上势方面的不决定性。本来就没有决定的事情，事先怎么能知道呢？预见工作只是在固然的理方面深入研究，在这一方面我认为我们是可以有先见之明的，但是，就势说我们不能有先见之明。例如明天中午的大风，就理说我们可以根据已有的材料把它肯定下来，但是就势说，大风在 11 时 50 分已经开始，还是在 12 时半才发生我们就无法肯定了。我们无法肯定不只是认识上有缺点而已，而且是因为客观事物就势说本来就不是事先决定了的。为什么预见中认识过程比起事物发展过程来得慢呢！那时候的基本"理由"是"势无必至"，是"几不可测"。这一整套的胡思乱想是典型的形而上学。基本方法就是把"理"和"势"割裂开来，把共相和殊相割裂开来，也就是把一般和个别割裂开来。预见是有困难的,但是是可以克服的。我那时只是用形而上学的思想方法把困难夸大,来推销"势无必至""几不可测"等等的不可知论和神秘主义而已。

在本节批判"能"一开始时,我就提出了当时常讲的客观事物的"倔强"性,当时说的是"你拿他没有办法",接下来我又指出:"其实,所谓'倔强'性就是客观性……"在当时,这个所谓"倔强"性虽然有客观性的意思,然而不只是有客观性的意思。"你拿它没有办法"这句话很重要。那时所说的办法究竟是什么呢? 当时我是在象牙塔里进行概念游戏,在主观上我从来没有变革现实改造世界的要求。所谓办法也者,决不是主观上要求在实践方面起什么变革改造作用。我那时的问题只是"理解"问题,而所谓"理解"就好像是用网子捉蝴蝶似的用概念去抓事实。没有办法就是抓不着它。没有办法也就是不能"理解"。可是,究竟不能"理解"什么呢? 就一般的东西说,我是主张可以"理解"的。用日常生活中的例来说,也许可以把问题搞清楚一些。要休息才能更好地工作,要洗澡才能清洁,要体操才能保持健康等等,是可以理解的。每天要休息多少时候,每星期要洗几次澡,每天要练几次体操……也是可以理解的。可是,此时此地不做别的而去休息,或洗澡,或体操……照我当时看来就很难"理解"了。事实上我从前就是用习惯把这些事固定下来,以免临时作决定而又决定不下来的苦痛。日常生活中的事情是这样,客观事物的发生照我当时的想法,也是这样。根据一棵树底姿态,它迟早总要倒下去,但是,它在这个时候倒下来了,就很难了解了。难道你不知道那时刮大风吗? 我知道呀。可是,为什么在那个时候刮大风呢？问题又来了。显然,形而上学地把一般和个别,抽象和具体,割裂开来之后,能"理解"的只是一般的东西,而具体的东西的具体性和个别性就成为不可"理解"的东西了。这就是说它们成为不可认识的东西了。整个想法就是反对马克思主义的灵魂——具体地分析具体问题的。这样一来,应该研究的分析的正确地认识的具体的问题,都送到神秘主义、蒙昧主义那里去了。

慢点吧！不同的问题确实要用不同的方法对待的。我们马克思主义者坚持资本主义社会一定会灭亡,但是它在 1967 年还是在 1973 年灭亡完全是另外一回事。显然我们不能把必然灭亡这样一件事限制在哪一年发生。这当然正确,可是,这和以上说的没有关系。肯定资本主义社会必然地灭亡是从一般的社会发展规律来提的。资本主义社会究竟在哪一年灭亡要靠现阶段两个阵营力量的对比,东风压倒西风的程度要能够日益增加,也要看资本主义社会的特殊规律起如何的作用等等。这两个问题确实不一样,前者更一般些,后者比较特殊些,虽然它们是密切地结合着的。但是,无论是前者或是后者都没有一般脱离个别的问题,没有一般可以理解,而个别不能理解的问题。即令资本主义社会在 1967 年灭亡的话,这也仍然是可以理解的。必然和偶然的分别也是和上面说的不相干的。必然不限制到一般,偶然也不限制到个别,它们本身都是一般和个别相结合的。上面所批判的是把一般当作可以"理解"的,而个别当作不可以"理解"的,而且通过这个方式把具体的个别的东西的具体性和个别性都送给神秘主义、蒙昧主义那里去了。

总起来说,整个《论道》是充满神秘主义、蒙昧主义的。这些东西是如何搞出来的呢? 一句话,通过"能"这个怪物和关于这个怪物所说的怪话。最主要的怪话就是"能有出入"。"能"好像是淘气而又顽皮的小孩子,没有事做,成天成夜地蹦蹦跳跳地在那里出出进进。蹦跳似乎是小事,其实它是《论道》书里的大事。这本书所捏造出来的宇宙好像是活的,是有运动变化的,是发展的,并且在发展中就整个无外的宇宙说是自己推动自己的。但是推动是什么力量呢? 就是这个说不得的"能",这个莫名其妙的怪物。这就是说,这个宇宙中的活因素的总根源是说不得的,不在名言范围之内的,不可以理解的,因此,也是不可以认识的。客观事物的运动变化发展是最需要科学的研究分析和解释的,因为它们是最容易为迷信所笼罩的。在哲学史上,在唯心主义者手里,它们大都被利用为推销迷信的场所。《论道》一书也不例外。这一办法的总枢纽就是"能有出入"。这一句话把《论道》一书里所有的神秘主义、蒙昧主义的话都说了。第七章里的好些话都是从这一句话伸引出来的。在这里我不一一地重复,连命运都搬出来了。这不是推销迷信是什么呢?

上面我们批判了"式",也批判了"能"。但是,通过"式"和"能"《论道》干了什么呢? 它把可以名言的东西都划归到"式"里面去了,把"不可以名言的东西"(根本没有这样的东西,这一点此处不赘)都划到"能"里面去了;它把所以然划归到"式"里面去了,它把然划归到"能"里面去了;它把"式"和"能"不可分离地结合起来,来统一形式逻辑和客观的宇宙,可是它又把"能"和一般的可能割裂开来,来割裂具体事物的形式与材料。在表面上《论道》克服了一部分英美资产阶级哲学家多年来所提出的空的"理论",其实它把具体事物的具体性和个别性归入不可"理解的范围"去了。它既承认了"式"和"能",它好像既承认了理性主义,又承认了神秘主义,而二者平分秋色;实际上前者是仅有实之名而已的"理论",而后者确实是无理之实的"实际"。赞成科学是《论道》的现象,推销迷信是它的本质。在破除迷信成为首要任务之一的今天,破除《论道》本身的和它所散布的迷信是时候了。但是这里批判的还只是一方面的东西而已。把哲学当作制造出来的成品看待的时候,以上所说的可以说是关于"车间"的话。商品陈列室有些什么呢? 这还要提出批判。

三、"道"的批判

《论道》一书所推销的成品总而言之、统而言之就是"道"。"道"是可以合起来说,也可以分开来说的。合起来说的"道"就是"道"一的"道",分开来说的"道"就是"道"无量的"道"。我们先从"道"一的"道"说起。这个"道"就是宇宙。首先我们要研究一下这个道的性质。它是物质的呢? 不是物质的呢? 这是主要的问题。大约在 1926 年的时候,我在《晨报副刊》上发表了一篇文章说唯物与唯心的分别没有意义。这已经表示了远在那个时候我已经接受了马赫主义,认为唯心与唯物的分别是"形而上学"的,根本不解决"问题"。在《论道》出版之后,有一位先生曾指出它的哲学是客观唯心论。我当时不服气,并且还说过,这样的批评"使人啼笑皆非"。我在那时候当然不会服气。我那时有一整套的思想，包括哲学上的分门别类的看法在内。我自己认为我是一个"实在主义"者。在主观上我所想的"物质"是物体那样的东西，如天地日月山水土木那样的东西，而物体不能概括客观的熹物，例如清华大学。在主观上我当时没有认为"道"是主观的、心灵上的或精神上的东西，并且还认为它是独立于人类而存在的。我不是还表示过人在一定的时候会产生和死亡的吗？但是，这个整套的看法是错误的。在错误的思想支配之下，我当然不服气。"道"真的是独立于人类而存在的吗？我原来虽然这样地想过，然而现在检查起来，那是自欺欺人而已。就拿原来的想法来说，我当作带物质性的东西看待的是"能"，而不是"道"，"道"只是有带物质性的东西在它里面而已。辩证唯物主义者对于唯物主义和唯心主义的界限是非常之明确的。物质不只是空洞地独立于人类而存在，而且对意识和感觉说，它是第一性的，意识感觉思想精神等，都是第二性的。对于冒充物质的东西，我们有一个一针见血的问题。它是第一性的呢？不是第一性的呢？我们从这样一个标准来检查一下，看看"道"究竟是不是物质。

"道是式能"，"道"一的"道"就是宇宙。就事物说，它包括了所有的事物；就规律说，它包括了所有的规律；就运动变化说，它就是大化流行，它是无始无终的宇宙。这样的宇宙当然包括一切，当然要包括人，它那无始无终的过程比人的寿命要长得不能计算，这好像就肯定了它是独立于人类的了。但是，它是不是第一性的呢？除了上面说的以外，它还有什么别的性质呢？在《论道·绪论》中倒数第三段我说每一文化区

都有它的最崇高的概念,最基本的原动力,接着谈到中国人的
"道",说:"不道之道,各家所欲言而不能尽的道,国人对之油
然而生景仰之心的道,万事万物之所不得不由、不得不依、不
得不归的道才是中国思想中最崇高的概念,最基本的原动
力。"《论道》书里所说的"居式由能"的"道"、"无极而太极"
的"道","道一的道"正是绪论里面所说的最崇高的概念,最
基本的原动力。无论如何崇高,"道"是概念! 这是在白纸上
写黑字清清楚楚地写出来了的吧!"道"真的是独立存在的,
它能是概念吗? 它是概念,它能够独立存在吗? 我当然没有
说它是我个人的"道",我死了,它也死了。可是,它又是能够
满足我那种"天地与我并生、万物与我为一"的情感的。它也
不是限制到中国人的,因为通过它我还狂妄地认为我是介绍
希腊精神。假如它只是客观的宇宙的话,它和希腊精神有什
么关系呢? 从《论道》书在某些个别句子说,"道"是可以解释
成为独立于人类的。但是从意识感觉思想认识说,它是不是
第一性的呢? 它既然是最崇高的概念,无论如何地"崇高"
法,它总是概念,因此,总是在意识思想认识精神这方面的吧!
它怎么能够是第一性的呢? 这一标准一针见血。尽管我当时
把"道"说成是宇宙似的,它的性质清清楚楚,它不是独立于
意识思想而存在的。

　　慢点吧!《论道·绪论》中确实说了"道"就是最崇高的
概念。可是,当心我们不要在名词上费太大的力量。"道"并
不只是个人的道,也不只是中国人的道,也不只是人类的道。
事实上作者原来认为"道"对于任何可能的世界都是正确的,
而可能的世界的数目是无穷的。在这样多的可能中,人类是

可能为另外一种动物所代替的,这另一种动物也会得到道,而他所承认的道也仍然是《论道》书里所说的"道"。作者当时虽然用了概念这两个字,然而它并不限于人的心灵。作者当时还是反对把"道"和人的心灵结合在一起的。罗素对于形式逻辑也有类似的看法。作者虽然说"道"是概念那样的话,然而我们不能因此就得出结论说它就是属于人的心灵这一方面的。这是混淆唯物主义和唯心主义的分别的话,这是应该坚决地批判的。列宁在《唯物论与经验批判论》里,不只是批判了主观唯心论而已,他还说:"……如果事情公开地归结于唯我论(……),那就是极其简单的哲学唯心论;如果不用有生命的人的思想、表象、感觉而代之以死的抽象,不属于任何人的思想,不属于任何人的表象,不属于任何人的感觉,一般的思想(绝对理念,宇宙意志等等)作为不确定的"要素"的感觉心理的东西,代替全部物理的自然的以及其他等等,那就是极其复杂的哲学唯心论。"①《论道》书里的"道"显然就是不属于任何人的死的抽象,不属于任何人的概念,它是绝对理念宇宙意志等等同一类的东西,它怎么能够是第一性的东西呢?它怎么能够是真正独立存在的呢?"道"既是绝对理念宇宙意志那一类的东西,《论道》一书的哲学当然就是列宁所说的哲学唯心论。它和别的唯心论可能不同,但是显然那是次要的问题。说了上面所引的话后,列宁继续着说:"在哲学唯心论的变种中,可以有一千种不同的色调,并且总是可以创造出

---

① 列宁:《唯物主义与经验批判主义》,人民出版社 1956 年版,第 273 页。现据英文本改译。

第一千零一种不同的色调来的;而对于这个第一千零一种的小体系(……)的创始者,它与其余的体系的区别也许显得是重大的。从唯物论的观点看来,这些区别是完全不重要的。"①

"道"—的"道"的性质就是上面所说的。它是绝对理念,宇宙意志那一类的东西。性质既然肯定了"道",是不是同时也看作宇宙并不是重要的问题。《论道》一书没有什么外在学说,就这一点说,它的欺骗性来得更大一些。"式"既然无外,道当然也无外,搞出外化来,反而使"道"受到限制,在原有意义上成为空虚的东西。它无外,一切都在"道"内,在内的一切就是"道无量"的"道"。"道一"的性质既如上述,"道无量"的性质也如上述。虽然如此我们还是要分别地批判。《论道》这本书提出四个主要内容。绪论里为行文的方便起见,提到的可能要多些杂些。但从整个的正文着想,主要的内痞还是以下四项:必然的"式"、固然的理、当然的数和适然的几。为什么提出这四项来批判呢?整本书谈到这四项的时候并不太多似的。直接谈论这四项内容的,在表面上确实不多。其所以如此者,因为《论道》要搭起一个最低限度的宇宙架子,它一定要有现实,要有一类一类的事物,一类一类的个体,要有时间和空间,要有变化有运动,要有性质有关系等等。但是,这个架子是空架子,它是既没有血肉也没有骨头的架子。《论道》的问题不是事实上宇宙究竟有些什么的问题,而是

---

① 列宁:《唯物主义与经验批判主义》,人民出版社 1956 年版,第 273 页。现据英文本改译。

"为什么"（这个为什么是形而上学的为什么，要不得的为什么，不是具体条件之下具体的为什么）有这些什么的问题。假萠我们用一般和个别的分别说，这个架子是一般的架子，不是个别的架子，虽然谈到个别，然而是一般的个别；假如用理和实的分别来说，这个架子是理的架子，不是实的架子，"可能"是有"理"之名，而"现实"却无实际之实；假如用所以然和然的分别来说，这个架子是所以然的架子，不是然的架子。这些分别就是形而上学的夸大，本身是要不得的，但是《论道》一书就是用这种形而上学的方式来提问题的。"为什么"有这个最低限度的架子呢？《论道》实在是说有必然的"理由"，有固然的"理由"，有当然的"理由"。《论道》当然也实在是说这个架子就是这些理由的结果，也实在是说这个架子就是这些"理由"。"为什么"最低限度呢？超过这个限度，具体的事物就来了，血肉和骨头都来了。对于这些东西，《论道》一方面既要在宇宙里给它们以地位，而在《论道》这本书又不讨论它们；给它们留地位的就是适然的几，不讨论它们，因为它们只是适然的东西而已。按照《论道》的形而上学的说法，宇宙中最多的东西就是适然的东西，宇宙是充满着适然的。《论道》虽然高谈宇宙，并且认为合起来说的"道"就是宇宙，然而它所论的不是宇宙，而是"道"。其所以如此者，因为它所论的是宇宙的"所以然"，而这就是必然的式，固然的理，当然的数和适然的几。下面我们要分别地进行批判。

必然的"式"所指的不只是第一节所批判的式，它所指的是必然的道理。所谓"理"、"数"、"几"都可以作为道理看待。《论道》所推销的必然式究竟有些什么内容呢？究竟是什么呢？我从前所想的就是形式逻辑和数学的对象。一部分资产阶级的哲学家通过数理逻辑把形式逻辑。（歪曲了的）和纯粹数学统一起来了。在他们心目中这两门科学的性质是一样的。他们有一套错误的看法，认为这两门科学都是纯形式的，都没有具体事物那样的内容。他们当中有的认为这两门科学是自明的，这就是说不需要别的东西的帮助就可以理解的，有的认为它们是先验的，或者是先于经验就可以得到的，或者是不靠经验就可以知道正确性的，或者是约定的，这就是说，像定章程那样定出来的。他们把这两门科学看作是"纯粹"的或"严格"的，可以闭门造车出门合辙的。这两门科学好像是被看成只有内容没有对象似的。这个看法是错误的。新近数学界所批判的公式——理论，理论，理论，就是这个看法的表现。

对于这些看法，我当时大致同意。可是，也有两点我不同意。我不赞成约定论，我那时认为形式逻辑的规律（即同语反复式的逻辑命题）是有"客观基础"的。我用这四个字而又加上引号的意思就是表示我认为这些规律有客观基础，可是，所谓客观基础是假的客观基础。我原来也以为这些规律对于具体的事实无所肯定也无所否定，并且对于任何可能的世界它们都是真的。这样的看法是把它们绝对化了。这本身就是错误的。但是就在绝对化了之后，它们还是要有所对，不能无所对。不然的话，说它们正确没有意义。我当时认为它们实在是肯定了宇宙的根本存在。这个宇宙把无限可能的世界都包括在里面了。所有这样可能的世界的基础或托盘或底子就是宇宙的根本存在，而这就是这里说的必然的"式"。同语反复式的逻辑命题，虽然对于具体的事实说是空的，然而对于这个根本存在，必然的"式"说，它不是空的，它所肯定的正是这个必然的"式"。这个整个的过程是骗人的。它好像是化虚为实，把形式逻辑和实际结合起来了的样子，其实我只是口头上和情感上要"客观基础"而已。我事实上是肯定了这些规律或命题的正确性来肯定这样虚假的根本存在，而不是根据真正的客观存在来肯定这些规律或命题。这里没有化虚为实的问题，只有主观唯心论和某种客观唯心论的分别的问题。主观唯心论者只要求自足的形式逻辑和纯粹的数学而已，我这样的客观唯心论者还要捏造出必然的"式"这样一种根本存在来作为形式逻辑和纯粹数学的"客观基础"。无论是哪一种唯心论都是不正确的。这当然不是说形式逻辑和纯粹数学没有客观的基础，它们肯定是有客观基础的，但是这和《论道》书里的必然的"式"毫不相干。

　　具体的世界里有没有必然的道理、必然的关系或必然的规律呢？当然有，决定地有。那么为什么说我捏造出来了必然的"式"呢？客观事物的和客观事物间的必然性是有时间地点和别的条件的。它就存在于这些具体的情况中，它不能脱离这些具体的情况而单独地存在。把这些具体的条件排除掉，去肯定光溜溜的必然性，就是把本来有的必然性片面地夸大了，绝对化了，而绝对化了的必然性是本来没有的。我们可以单独地肯定必然性。讨论必然性的时候，难免就要这样做，例如本段前两句话。但是我们决不能肯定单独的必然性。这样的必然性在客观世界里是没有的。必然的"式"正是这种不存在的东西。肯定这种不存在的东西就是捏造。"但是

《论道》没有肯定单独的必然的'式'啊!"这显然是错误的。上面已经提到《论道》只是搭空架子而已。就是提到个别的时候,它也是谈一般的个别,它把现实引申了出来,可是所引申出来的是一般的现实,它只谈所以然,根本没有提出任何具体的然。离开然而谈所以然,所谈的还能够不是空的所以然吗? 整本书是要排除具体的事物的。它所提出的必然的"式"正是排除了具体事物的,正是光溜溜的必然的"式"。这是不存在地捏造出来的。以这样必然的"式"来作形式逻辑和纯粹数学的客观基础,当然是假的"客观基础"。有这样的"客观基础"等于没有。这也就是说,除了搞出一种玄学的空气外,必然的"式"的说法和主观唯心论者的看法完全是一样的。

关于固然的理,要提出批判的可能要多些。头一点和上面所批判的一样。固然的理也是脱离了具体的事物的,因此也是悬空的死的抽象或死的一般。它的性质和"道一"的性质并无二致。在本文里,固然的理比原书所包括的要多一些,在这里它也包括了"本然"世界的规律,另一方面它也插入到当然的数。它的中坚部分是物理化学方面的规律。原来肯定固然的理的理由是肯定客观事物间某些规律的普遍有效性,可是,这个普遍有效性是要靠经验(包括试验)来证明的,因此不是"先天"的。这就是说,它和必然的"式"是不一样的。更重要的是它对于客观事物是有所肯定的。其实这是恢复大家所公认的而为一部分人所否认了的客观世界固有的必然性,不过不叫它作"必然"而已。我把"必然"两字限制到"式"那样的东西上,(形式逻辑和数学那样的东西上)这种客观世界固有的普遍有效的规律,我当时就称为固然的理。这是固然的理的其中部分,我们现在还是从这一方面的问题开始。

在固然的理这一问题上,原来一部分的想法可能不是错误的,可是整个的说法还是骗人的。在这里,我又要重新提出归纳原则。归纳原则有两方面的问题,一是上面提出过的,它本身的正确性问题,二是引用归纳方法后所得到的概括的正确性问题。前一问题和后一问题是密切地联系着的。假如归纳原则本身就不正确或者没有根据,归纳就成为无理性的,而由归纳所得出的概括至多只是带或然性的东西而已。按照这个说法,科学也成为无理性的了。我原来只是以"保卫科学"的姿态出现的。我认为归纳原则本身是正确的(如何正确法的说法仍然是不正确的,这在第一节已经提出批判),归纳是有理性的。但是,这只是问题的一部分而已。假如客观世界根本没有必然性,像休谟和罗素所主张。那样,即令归纳正确,用它所得到的概括只能是或然的,不能够是必然的。这里说的或然性是概括本身的或然性,而不是在归纳过程中由所用的方法正确与否而产生的或然性。后一方面的或然性不是本段论点所牵扯的问题。用万有引力来做例吧!归纳原则没有根据的话,万有引力成为无理性的,但是,即令归枘原则有根据,如果客观世界根本就没有必然性的话,万有引力也只能是或然的。在休谟那样的思想支配之下,有些人就设法把万有引力说成是纯理性的演绎出来的规律。1931 年,路易士在讲堂上就曾企图从定义出发,把万有引力规律解释成为近乎同语反复式的命题。这就是主观地想办法给万有引力规律以必然性。我当时是不赞成这种看法的。我认为像万有引力规律那样的自然律是在经验（包括试验）中发现的，而且是普遍有效的，不是或然的。假如我只是在这一点上打住，我的想法不是错误的。但是我没有在这一点上打住。

为什么我把"必然"两个字限制到"式"上去了呢？为什么我把万有引力这样的规律看作固然的理呢？我虽然不同意路易士上述的看法，也不同意把经验中发现的规律当作或然的东西，然而我仍然认为这样的规律和形式逻辑及纯粹数学方面的规律不一样。用《论道》书中或本文的术语说，必然的式和固然的理是不一样的。前者的正确性是先天的。后者的正确性不是。前者是可以闭门造车而出门合辙的（这是错误的），而后者不是。这就是说，我同意一大部分资产阶级学者的看法，认为形式逻辑、纯粹数学和物理化学等不是同一范围之内的科学。这也就是说，我把形式逻辑、纯粹数学和别的具体的科学割裂开来了。具体的科学都是研究客观事物的，所着重研究的侧面虽有不同，在研究中虽有分门别类的研究的必要，然而它们都是不能和客观事物割裂的，因此也是不能够彼此割裂的。当然每一门具体的科学都有它的特点，形式逻辑和数学也各有各的特点。但是，它们的特点根本就不是什么先天的，闭门造车出门合辙的、自足的、无求于外的。肯定这样的特点就是把它们和别的科学割裂开来。这种割裂是错误的。因此，用巧立名目的方式把必然的式和固然的理割裂开来是不正确的。

不但如此，我们还要检查一下看看固然的理的性质。科学所发现的规律总是客观的吧！自然科学所发现的自然律总是客观的吧！把客观规律安排在里面的固然的理总应是客观的吧！《论道》一书也就是这样肯定的。固然的理不是宇宙的固然的理吗？这个宇宙不是有个体吗？个体不是客观的吗？这本书不是肯定了个体的变动理有固然吗？显然固然的理是客观的。从《论道》说，肯定固然的理是客观的并不解决问题。《论道》一书根本就没有真正的客观。固然的理是道的一部分，并且还是重要的组成部分。可是道的性质我们已经检查出来了。它是"最崇高的概念"。固然的理也不能例外。作为概念，它也不能只是这个人或那个人的概念，也不只是人的概念，甚至也不只是将来可能产生的有知识的其他动物的概念，然而它是概念、它是属于思维意识这一方面的。（思维意识也不是这个人或那个人的等等，而是一般的思维意识。）作为抽象，它是脱离具体的抽象，作为一般，它是脱离了个别的一般。严格地说，它本身既然是一般底一般？它也是脱离了一般（具体的自然律，例如万有引力等）的一般。这也就是说固然的理属于绝对理念那样东西的组成部分的东西。把它同时说成是客观的，并不能改变它的唯心主义的本质。

本文提出的固然的理还包括一些所谓"本然世界"的情况。原书并没有包括进去。这就是老是现实的可能的现实。这里包括好些东西连时空也包括在内。《论道》所谈的宇宙不是有些自然科学家所谈的宇宙。它不是有多大年龄的宇宙，不是什么直径有多长的那个宇宙，更不是什么日益膨胀的宇宙。它是至大无外的，无始无终的包罗万象的宇宙。在这样的宇宙里，相对的时空如何安排我是心中无数的。我不懂相对时空的理论,也不懂绝对时空的理论。可是,我当时总觉得,在那样一个宇宙里绝对时空好安排些,同时在那样的宇宙里,没有绝对的时空也"太不像样"。就这样,我把绝对的时空捏造出来了。我也把它搞成时—空。我搞出所谓"时面",这就是没有时间上的间的整个空间;所谓"空线",这就是只有位置而不占空间的整个时间。这两个东西的交叉才是所谓时点—空点。我在这样的架子上搞出绝对的位置来。我不取否认相对的时—空,可是跟着具体的事物的排除,相对的时—空也排除出去了。余下的就是绝对的时—空架子。用形象来表示,它好像是整个的空间就成为无穷数的空线下雨似的从无始下到无终。这是干什么呢? 连自己回想起来都有点莫名其妙! 形而上学的要求就是要得到绝对。为了这一目的,它可以不择手段。连绝对的时空都可以死灰复燃起来! 可是,这样一种时空的存在和它们之间的一些关系,也就是固然的理了。这种捏造出来的东西是固然的吗? 是客观世界所固有的吗? 如果不叫它作固然的理,它是不是本然的理呢? 本然也好,不本然也好,它是理吗?

一部分固然的理就是当然的数。当然的数可以说是运动变化过程中的固然的理。原来想的,生物植物动物方面的规律要多些。主要的是庸俗进化论,虽然说了些保留的话。谈到数的地方主要是第七章。第七章是讲过程的,而这个过程是"数"与"几"组成的。它们也就是时间的内容。七·一六说:"有得于时,有失于时,得于时者适,不得者乖。"七·一八又说:"个体的变动,适者生存。"虽然我没有提优胜劣败,可是这个意思还是有的。在动物界,我原来的看法是杀气腾腾的,不过我没有说而已。我所说的完全是一般的。任何东西都是有生长成衰灭的。想法的主要来源虽然是庸俗进化论,然而也有别的因素。

在这里,我要暴露一下我对于热寂论的看法。这个学说我是从社会科学书中接触到的。我也请教过自然科学家,听他们说,它似乎有道理。我不知道它的根据是些什么,也不知道它是否是一种夸大。但是我同意了这个学说。这本身就不是科学的态度。但是同意了之后,它本就成为我的心目中的固然的理,而对某些事物说,它就成为这些事物的当然的数了。太阳系我认为一定会灭亡的。在那以前人和地球可能早就灭亡了。关于人方面的一些想法,这里不谈。可是,我并没有因此认为宇宙也会灭亡。照我当其时的想法,宇宙是不会灭亡的。我们的太阳系虽然有灭亡的数,因此也有灭亡的命,然而别的太阳系还很多。就是所有的太阳系都灭亡了,别的东西还很多。主要的理由是我所谈的宇宙不是一般自然科学家所说的宇宙,它是无始无终的。生长成衰灭是就一类一类的个体说的。宇宙不属于任何类,它无外,也就无以有别于其他,它不是一个个体。宇宙中的个体是有生长成衰灭的,它们所现实的类也是会灭亡的。但是,不可以不现实和老是现实的可能的现实是没有生长成衰灭的。生长成衰灭作为可能也是老是现实的可能,这也就是说它们不会打住。《论道》这本书所谈的"现实"都是和热寂论不相干的。我当时虽然同意热寂论,然而就《论道》所谈的东西说,热寂论是没有影响的。

热寂论是固然的理和当然的数的内容,显然这些东西的内容不只是热寂论。理和数都要广泛得多。谈到这里,我们最好把数和几联系在一起来批判。几与数都是推销命运这样的迷信的。在建设社会主义当中破除迷信成为首要任务之一的今天,命运这样的思想应该彻底打破,命运这种思想本来就是从前的统治阶级自欺欺人用以束缚劳动人民的,它使我们进退不可趑趄不前,不敢动、不敢作、不敢说,甚至不敢想。我们既然要敢想、敢说、敢动、敢作,就要打破一切迷信,而命运这样的迷信特别要打破。从这一角度来看,数和几的反动性就清楚了,相应于命的就是数,相应于运的就是几。用哲学的语言来高谈数与几,就是在哲学的幌子下做测字先生来推销迷信。特别恶毒的,也就是特别应该指出和批判的是把迷信说成好像是合理的东西似的。单独地讲人的命运,销路不会很广,我还要把命运推广到一切东西上,来企图增加它们的说服力。单用命运这样的说法销路也不会很广,有些人已经不同意这些东西了,我还要把它们和不太流行而又有种神秘味道的数与几结合起来。这样,命运这种迷信就容易推销得多了。这个恶毒的诡计是应该揭露,应该彻底地批判的。关于几的神秘主义,第二节已经着重地批判了。在别的方面,数与几应该批判的地方可能还不少,但是比起制造迷信和推销迷信,特别是命运这样的迷信,别的方面是次要的。

以上是分别地批判必然的式、固然的理、当然的数和适然的几。现在要把它们结合起来进行批判。这些东西都有一个"然"字在里面。这个简单的"然"字非同小可。《论道》一书最大的欺骗就在这里。我原来的想法可能没有现在所批判的这样明确。果然如此的话,这就证明了马克思主义哲学的伟大。这就证明了它是照妖镜。即今天自己不承认他是妖的时候,这把镜子还是可以把他照出原形来。在自我批判中,我们可以学习怎样批判别人,也可以学习怎样估计古人。有些东西一个哲学家本人可能不太清楚,可是在批判中他会清楚起来。我现在提出的问题从前并不是不知道,不过我从前没有把它当作重要的问题看待,因为这个问题背后的思想是当其时自然而然的。现在把这个问题提出来,就觉得非常之奇怪。在正文里面,《论道》就谈到了必然、固然、当然、适然,在注文里,还谈到本然、偶然、或然。可是,注意! 谈到这样多的然之后,究竟提出了什么然呢? 奇怪吧! 一点也没有。《论道》这本书的大部分是抗战时期在南岳和昆明写的。这本书里有抗战没有呢? 有南岳昆明没有,有中国没有呢? 有 20 世纪没有呢? 有社会没有呢? 有社会发展规律没有呢? 方才提到太阳系,我们还可以问有太阳系没有呢? 一句话,有任何具体的事实没有呢? 没有! 就具体的事实说,《论道》简直是一个真空管。一点"然"的影子都没有。可是,搞出那么一大堆的"所以然"来! 并且还分门别类地搞! 一点然的影子都没有,怎么可以谈所以然呢? 这是《论道》整本书欺骗的所在。现在我们有了马克思主义的哲学,这种欺骗是不能够继续下去的,这是要肯定的。

但是,当其时怎样可以欺骗人呢? 形而上学的思想方法是非常之狡猾的。它为自己留下了狡辩的后路。假如一个人当时问我,为什么讲了这许多所以然之后,你一点然都没有讲? 我会说,我怎么没讲! 我讲了很多的然。我不是提出了必然的式吗? 它是必然要现实的,因此现实也是不可以没有的。不但如此,我还提出老是现实的可能,时间空间都有,变化运动都有。讲必然的式也就连带地提出然来,讲老是现实的可能,就表示这些可能老是现实的。这就是说,相当于它们的现实一直是存在着的。原书俱在。不但如此,我还讲了当然的数和适然的几。这些只能原则地提出。具体的几与数是有时间性的。我不是说几与数谓之时吗?这个时是有具体时间内容的时,注解里还提到时势的时。具体的几与数是有许多具体的条件的。我在《论道》那本书当然无法谈到。假如你自己也有形而上学的思想方法的话,你就会点头作了解状。尽管如此,对于一个辩证唯物主义者,这仍然是暴露了我的思想。原来,必然的式、固然的理和当然的数及适然的几,在《论道》这本书里的作用是不同的。前两项是用来推销空洞的现实,并且利用它来搭一个空洞的架子的。同时这个架子里还有空洞的数和空洞的几。不然的话,连它们也不能提出来了。可是,后两项的作用是不同的。它们排除了任何具体的事物,从而保证了这个架子成为真正的空洞架子。《论道》只提出了不可以不现实和老是现实的可能和它们的现实,至于可以现实而不必现实的可能和它们的现实,《论道》根本不谈。这是用《论道》的术语来说的。用现在的话来谈,就是不提具体只提抽象;不提个别,只是一般。不仅"道"这个"最崇高的概念"是死的概念,死的抽象,不是任何人的概念,就是《论道》书中所说的一般也是死的一般,脱离了任何具体事物的一般。这是故意制造出来的局面。不然的话,具体的事物怎么会排除得那么彻底呢?

我们现在描写一下,看看《论道》搞出一个什么样的宇宙。这个宇宙是无始无终的。银河总算是年龄相当大的吧!

可是比起宇宙来,简直无从谈起。时间老是有的,它既无所谓开始,也无所谓打住。也不必打听它的内容,银河形成以前,它已经存在了无穷的时代了,并且银河灭亡之后,它还会无穷地存在下去。它也有空间;这个空间是没有外面的。你到天文馆去看看天体,很大吧! 可是,这个整个天体世界可以摆在这个宇宙里去。宇宙有些什么内容呢? 好像书里并没有提到银河! 确实没有,不是嫌它不够大,而是因为它太具体。不过,《论道》不也提到了个体的变动吗? 谈到生生相承灭灭相继吗? 不错。可是,《论道》并没有提到这个或那个个体,也没有提到这一次变动或那一次变动。"生生"两个字连在一起用,就是不管这个生或那个生,灭灭也同样。宇宙是有运动变化的,并且老有,但是他自己并不运动也不变化。它是有生有灭的,但是它自己并无所谓生,无所谓灭。它是永恒的。"道一的道"当然也就是永恒的了。

搞出这样的道来干什么呢? 在《绪论》里我说:"虽然从理智方面说,我这里所谓道,我可以另立名目,而另立名之后,这本书的思想不受影响;……"这是骗人的。果然不受影响,为什么不另立名目呢? 另立名目不会和别的思想混淆起来,岂不很好! 接着我说:"而从感情方面说,另立名目之后,此新名目之所谓也许就不能动我的心,怡我的情。养我的性。"这是真话。我原来要照顾我的情感。我那时候有什么样的情感呢? 我说:"但生于中国,长于中国,于不知不觉之中(你太客气了一点吧!)也许得到了一点子中国思想(封建的)的意味与顺于此意味的情感。"接着就提到"行道、修道、得道"。可是,怎样行修得呢? 方法是忘记我是人,不要忘记"天地与我并生,万物与我为一"。书上说可以暂时忘记我是人。可是事实是要忘记我是人。这显然有逃出"苦海"的意思,这现在不多说。为什么要求天地与我并生,万物与我为一呢?《绪论》最后说到,实在也是要做到,"万物一齐,就短就长,超形脱象,无人无我,生有自来,死而不已。"这原来是当作非常之高的境界看的! 不要笑! 做到这一点是不是得道了呢? 是不是得道就自在起来了呢? 这是什么情感,什么境界! 且看一看吧! 要超形脱象,就是要还原为"能"那样的怪物。按照那个怪物的说法,我固然可以不死,但是从此以后我就得蹦蹦跳跳出出进进,我固然可以变成老虎狮子的部分,但是也可以变成蚊子臭虫呀!"天地与我并生,万物与我为一"有什么好处呢? 半点都没有。这是经不起分析的、考验的。分析起来,最高的境界只是荒谬的东西而已。然而只是荒谬吗? 不是。事实上我是要把人变成不痛不痒、不知不觉、不想不说、不动不作、不生不死的"圣人"、"神人"的。可是,目的是什么呢?

四、客观主义和人性论的批判

资产阶级的客观主义是否认阶级的存在,抹杀阶级的分别,隐蔽阶级的本质,装出一种超然于阶级之上的样子来为资产阶级服务的。我的客观主义也是属于这个类型的。表面上它有一点点封建的彩色,至少就《论道》来说,它有一点点小封建"味道和顺于这个味道的情感",但是骨子里它是资产阶级的客观主义。它不得不是。旧中国是半殖民地半封建的社会,作为这个社会上层建筑一部分的哲学,不得不带一点点封建的味道。但是它的主要的成分是资产阶级的。我的客观主义也有特点：我是用超社会超人类的方式来起超阶级的作用的。怎样用超社会超人类的方式来为当时的统治阶级和他的反动统治服务，是本节批判的内容。

可是首先我要声明一下，本节的全部材料是《论道》所没有的。在这本书里，只有七·一四一句话，说"自数而言之，人类不至于不现实，自几而言之，现在适然"。下面还有些提到关于知识和意志的话，但所谈的不一定就限制到人的知识和意志。就关于人类和社会的思想说，《论道》没有暴露什么。在本节，我要暴露这一方面的思想。不暴露这一方面的思想，《论道》的目的和作用只能从它的写作时代背景推论出来。暴露这一方面的思想，这个目的和作用就要具体得多。

本文一开始就指出，有一种客观唯心论是间接地为反动的统治阶级服务的，它厌恶现实世界，看不起现实世界或者否认现实世界的真实性，捏造出一个虚伪的世界吸引人到那个世界里去，表面上好像是让现实世界自生自灭，而其实是维持现实世界的。《论道》就是要起这个作用的。作为一个办法，这是一个老办法。有人曾称赞耶稣，说他是犹太人的大政治家，说他发明了不抵抗主义。他要求犹太人把属于天国的交还给天国，把属于恺撒的交还给恺撒。这就是把世界分成两个，其中之一是属于功利的，这就是当时的罗马帝国；另一个是天国。在这个场合上做一件事情起另一件事情的作用，要求进入天堂，就起了服从罗马的作用。办法虽然是老的，然而在不同的时代，在特定的条件之下，它还是有特点的。

我当时看不起社会，这是事实。但是这话需要解释。这里所说的社会是一般的资产阶级社会,包括英美的社会,但是所指的主要的是 1926 年以后一直到解放时为止的中国的社会。我从前是一个旧民主主义者,我把英美的资产阶级的民主主义理想化了,标准化了。我从前是学政治的,对于美国的政治社会方面的丑恶情况知道得不少,很讨厌那里的所谓"民主"。可是那个现实并没有影响旧民主主义的理想和标准。有一个时期对英国的所谓"民主"还抱有幻想。到了英国之后,这个幻想虽不是强烈地然而也是慢慢地消灭了。尽管如此,旧民主主义的理想和标准并没有放弃。只是实际的政治没有,并且后来还认为不可能达到理想的标准而已。我对于英美的社会是不满的,主要的问题是我认为人根本就要不得。这一点以后再提出批判。但是对 1926 年一直到解放时为止的旧中国的社会,态度要强烈得多。我非常讨厌那个社会。我特别讨厌那个社会的"世故"。"世故"和人情是分不开的,但是对于人情我的看法稍微不同一些,至少是就我所谓没有"世故"的几个常来往的朋友说。"世故"包含损人利己;唯利是图;当面一套,背后一套;等等。现在看来,这就是资产阶级的本质。当时我不知道,我的客观主义不但是骗了人,也骗了自己。我特别讨厌国民党人,讨厌点不在于他们的反动性,而在于他们是争利的集团。有人把那个时候形容为一个大粪坑。我也有同样的感觉。

问题是对于那个社会的态度。假如它是一个大粪坑的话,我的态度是挖掉它呢? 填上它呢? 掩鼻而过之呢? 显然都不是。此所以上面我只说讨厌。我没有真正地反对那个社会。那时候已经有光明的先进的反对力量。我真的反对的话,我就会到江西或到延安去。无论当时我脑子里有些什么别的杂七杂八的思想,我仍然意识到能够推翻那个讨厌世界的只有江西和以后的延安。可是江西和延安正是我当时所实在反对的。这就是问题的本质。我虽然讨厌那个社会,然而我既不努力去挖掉它,也不去填掉它,也不只是掩鼻而过之。我的办法是承认那个社会的臭,可是,我指出那是没有办法的。整个社会是几所适然,数所当然的。中国的历史既然是那样的,社会当然也就只能是这样的。不但是中国的社会臭,西方的社会也臭。这也是没有办法的。为什么这个时候特别臭呢?那也只是恰巧碰上了而已。会不会改变呢?会。变好变坏是根本问题吧!不见得,可能好点也可能坏点!听其自然吧!我们还是可以坐而论道的。只有我们能够超形脱象,与天地并生与万物为一,我们才可以离开社会。这是彻底的办法。别的办法是不行的。显然这是维持社会的办法。有些人不参加到坐而论道的圈子里来的话,他们可能在臭不可当的时候会努力推翻那个社会,因而走到光明的道路上去。这一点首先就要指出。

但是,社会是可以超过的吗?可以走出来的吗?有个时期资产阶级的哲学家曾认为社会是民约的结果,是人们定合同似的定出来的。有的并不认为这是事实,而只是利用它作为天赋人权说法的补充。无论如何,好些人是把社会看作好像是附加到人身去的似的。事实上这样的社会从来就是不存在的。有人就有社会,人从来没有离开过社会,劳动一直就是社会劳动,实践一直就是社会实践,生活也一直就是社会生活。社会是没有法子躲过逃过的,是走不出来的。不去理睬它也是不行的。你不理睬它，它还是要理睬你。要改变社会的话，就只有在社会里面去改变它，根本的改变只有革命。除此之外，任何方法都没有。逃躲是骗人的，它只是利用逃躲的名义来让社会按照它原来的方式存在下去而已。20世纪的社会更是如此。无论是隐于市或者隐于野或者隐于象牙塔，都是自欺欺人的办法，都是为既成的统治力量服务的。显然，所谓超社会是和超阶级起同样作用的。它也是客观主义，就《论道》的那个时期说，也是为反动统治服务的。

但是，要超社会为什么要搞出那样一个怪宇宙来呢？为什么要《论道》呢？为什么要把青年引到超形脱像、无人无我、生有自来、死而不已那样一种状态上去呢？我不只是看不起当时的社会，我也看不起当时的人。这一点更基本些。按照当时的想法，社会只是人组成的。社会要不得，根本的原因是人要不得。我所谓人要不得，实在是人类要不得。我好像是站在人类之外，悬在空中来考察这个问题，而考察的结果是人类不够格。首先我们要检查一下，这个不够格的人类是什么样的人。我心目中的人都是损人利己、唯利是图、踩在别人身上往上爬的人，有的赤裸裸地表现这些性质，有的隐藏这些性质，明来一套，暗来一套。现在我们可以提出这样的问题：这些人和人类有什么相干呀？现在我们可以看得很清楚。这样的人就是资产阶级，这些性质就是资产阶级的本质。资产阶级何以和人类联系起来了呢？当其时我提不出这个问题，没有这个问题。我是个客观主义者。资产阶级一直是以全民的名义相号召的，也一直是把资产阶级的阶级性当作"人性"看待的。这个阶级性要不得，对当时的我来说，也就是"人性"要不得。甚至把物竞天择、弱肉强食也归到人身上来了。整个的人类也就要不得了。显然从无产阶级的立场来看问题，问题就会很清楚。但是，那时候我哪能有无产阶级的立场呢？"人性"对于人来说，当时认为是根本的。个别的人很可爱。可是，就是在个别可爱的人面前，我一眼看去仍然看得见那要不得的"人性"似的。这实在是很苦的事情。另一方面，世故很深的人非常之可怕。我自认没有能力应付这样的人，也不愿意去花时间来应付。在那个时候我不只是逃社会而已，我是要逃人的。

在 1932 年，我还错怪了猴子。我当时以为，人不够格可能是人的远亲猴子的原故。猴子确实异乎寻常。但是它只是淘气一些、调皮一些而已，但是一定能说它根本要不得吗？把人的毛病归到它身上去很不公道。当时还有一种幻想，觉得假如人类的近亲不是猴子而是企鹅，岂不很美？这是胡思乱想。这完全是唯心主义的。以后还要提到企鹅。这里先要就这种唯心主义进行批判。现在我们提出要敢想或要大胆地想，并且还说共产主义风格是有敢想这一因素的。这确实如此，不敢想，创造性的措施是提不出来的。但是敢想的想是唯物主义辩证的想，不是主观的胡思乱想。它是在实践中提出问题而又在实践中能够解决问题的想。这里有一个最重要的条件，敢于面对现实正视现实人的毛病，怎么会和猴子企鹅连在一起的呢？这实在表示原来的问题是假的问题，提出来的根本不是要求人家或者要求自己去解决的问题。怪猴子怪对了，解决问题不？怪错了，解决问题不呢？显然都不解决问题。为什么提出这样的问题来呢？最主要的理由是我既知道有问题而又不敢正视面对现实。我像煞有介事地提出假问题来引导人家跟着我的假问题跑,从而把真问题反而撇开了。假问题是唯心主义地提出来的,而提出来之后,它又滋长唯心主义。提问题本身就是科学的,就是辩证唯物主义的。问题就是矛盾。矛盾有特殊性有一般性,有主要有次要,有有利条件,有不利条件,提问题就是暴露矛盾来解决它。问题本来就是在一定的时间地点、一定的条件之下存在的,它挡住去路,不解决它不能前进,解决它才能前进的。假问题是在唯心主义的基础上提出而又用以滋长唯心主义的。哲学史上没有解决而又解散了的问题,我认为都是一些假问题。哲学唯心论是要靠假问题来滋长的。

上面的问题确实是假问题,但是何以怪到猴子呢?何以又联想到企鹅呢?这实在也暴露了我当时的思想,而这个思想和现在的批判并不是不相干的。现在先把猴子和企鹅对比一下吧!猴子是特别精灵的,它眼观四面,耳听八方,它行动敏捷,而就满足要求说,它是相当有办法的。企鹅完全两样。在南冰洋大陆上它没有什么敌对的动物,据说开始和人接触的时候根本就不怕人,它好奇,据说不笨,可是的确浑浑噩噩,行动不灵敏。显然我当时讨厌猴子,喜欢企鹅。假如我们硬要把我所讨厌的人的“世故”和这两种动物联系起来的话,我们只能够联系到猴子身子去,而不能联系到企鹅身上去。企鹅在它的环境下是不需要“世故”的。这就暴露了我当时的思想。我所理想的人不是精灵敏捷,对自己的要求能想办法的人,而是无虞无作、浑浑噩噩、无我无人,根本就没有什么要求的人。更“理想”一点的话,就是上节曾经提到过的不痛不痒、不知不觉、不想不说、不动不作、不生不死的"圣人"和"神人"。这样的人就是逃掉了"人性"的人。为什么要这样的人呢？他可以骂社会，可以鄙视社会，可是，他决不会有什么行动来反对社会，来推翻社会。这就是说，既鄙视它而又维持它。这就是既骂反动的统治，又维持反动的统治。反动的统治者是知道这个作用的。

资产阶级的人性论是最毒的毒草。所谓人性就是资产阶级的阶级性，可是资产阶级把这个阶级性隐瞒起来，他把它认成是人性，他把唯利是图、损人利己、弱肉强食等等说成是天赋的、自然而然的，只要是站立起来、有手有脚、五官齐备、七窍俱全的动物，他就不可避免地有这样的"人性"。这个"人性"论之所以恶毒，一方面，因为它把特定的生产方式之下的特定的阶级的阶级性说成是一般的自然的永恒的"人性"，使得人感觉到无论你赞成也好，反对也好，它是不可以改变的，你拿它没有办法的；另一方面，社会既然是人的社会，资本主义的社会制度经济基础也是一般的，自然的，永恒的。这也就是说，无论你赞成也好，反对也好，资本主义社会是不可以改变的，你拿它没有办法的。杜勒斯之流仍然在骗人，仍然在宣传社会主义社会"必然会垮"，因为社会主义国家剥夺了"自由"，违背了"人性"。他们所说的"自由"就是资产阶级剥削的自由，他们所说的"人性"就是资产阶级的阶级性。在资本主义社会里，有些人是觉悟过来了；可是还有不少的人，如入鲍鱼之市久而不闻其臭。我从前就是一个"人性"论者，《论道》一书背后的思想就是这种"人性"论。我曾经看不起那个"人性"，我也曾经鄙视过那个被反动的统治搞得有如大粪坑

似的半殖民地半封建的社会。但是我的态度是什么呢？现在
检查起来，只是稍微站得远一点而已。我当时只是说事实上
"出世"是不可能的，但是，在意境上、在修养上，我们仍然是
可以不"入世"的。这是什么哲学吧！这是反动的统治最需
要的"理论"，它比摇旗呐喊的言论要有效得多，它可以使不
满那个社会的人在主观上怡然自得，而在客观上恰恰就在那
里维持那个罪恶的社会。

　　人性论不只是毒草而已，它也是对无产阶级和广大的劳
动人民的侮辱。无产阶级是大公无私的。在我们党的正确领
导之下，在工农同志的冲天干劲、无私努力的基础上，全新的
人已经开始出现了。"人人为我，我为人人"的精神已经开始
生根了；敢想敢说敢作的风格已经开始建立起来了；"降龙伏
虎如儿戏，移山倒海看今朝"的气魄，要与太阳比干劲，要与
老天比输赢的志气，已经到处都表现出来了。在整风反右的
基础上，理论已经广泛地掌握了群众，已经变成了空前伟大的
物质力量，主观能动性已经空前地发挥出来了。他们哪里有
资产阶级的"人性"呢？哪里有资产阶级的"世故"呢？对我
们说，"人性"论不是侮辱又是什么呢？现在资产阶级知识分
子感觉到赶不上时代了。一般地说，没有赶上是事实。可
是，也有不努力去赶的，是不是要求改造不够迫切呢？是不
是有思想上的阻碍呢？是不是有"人性"论的残余呢？今天
"人性"论的残余维护着旧的生活方式，而旧的生活方式又
反过来支持"人性"论。有了这种"人性"论的残奈，我们就
无法鼓足干劲，也就不能够力争上游。有了这种"人性"论
的残余，我们就会自外于正在大量出现的全新的人。我们

所反对的是资产阶级的"人性"论。我们当然不否认人性。无产阶级的人性是和无产阶级的阶级性分不开的。这个人性是高贵的、大公无私的。只有无产阶级大公无私的人性，才能带动广大的劳动人民在改造世界中把社会改造成为全新的社会，把自己改造成为全新的人。不彻底批判资产阶级的"人性"论，不彻底地肃清它的残余，我们是无法做全新的人的。

我从前的"人性"论特别严重些，危害性也要特别大些。我从前不是以赞扬资产阶级的"人性"来推销"人性"论的，而是以鄙视这个"人性"来推销"人性"论的。对"人性"的态度虽然不同，然而推销"人性"论这一事实是一样的。可是，态度不同，影响也就不同了。赞扬"人性"的"人性"论，给人的印象是有所为的言论，鄙视"人性"的"人性"论给人的印象是无所为的言论。后者的欺骗性在当时要大一些。这两个看法都是阻碍革命的。前者直接地肯定了没有革命的必要，后者还要多拐一个弯来表示即今革命成功，人也不能由坏变好。维持旧社会是一样的，但是欺骗就不一样了。一般地鄙视"人性"连革命家也就鄙视在里面了。不但他们所要推翻的社会被鄙视了，连他们所要建立的社会也被鄙视了。这也是隐瞒不同社会的不同的本质，笼统地鄙视社会，借鄙视社会之名，来反对建立新社会，维持旧社会。这就是客观主义，虽然这是拐了一个弯的客观主义。我当时的客观主义有人称为大客观主义，因为它是在人类这一问题上的客观主义。有这样名义上的分别也未尝不可，不过这不是从实质上来考虑这一问题的。实质上，以人类的名义来推销客观主义，仍然是为阶级服务的。

  我当时所反对的人性论,也就是反对的客观主义,在《论道》书里是有的,无论是在正文里或者是在《绪论》里。可是,它的主要内容在那本书里我没有暴露。在批判《论道》的时候,这个思想内容是必须暴露的。不暴露出来,《论道》的主要论点的反动性是不容易揭露的。显然不把这个反动的人性论暴露出来,《绪论》有些话的具体意义就不清楚了。为什么在《绪论》我说我可以忘记我是人呢? 为什么我要求天地与我并生、万物与我为一呢? 为什么我要求超形脱象、生有自来、死而不已呢? 我不是一个搞封建哲学的人,也不太喜欢封建哲学。我有适应于一些古老名辞的情感,但上面说的不只是情感或一般的情感而已,它们是作为要求、作为理想、作为意境提出来的。我为什么有这样的要求或理想或意境呢? 把人性论暴露出来之后,问题就清楚了。我鄙视人类,要逃出人类,要超过人类。这显然是自欺欺人的。超过人类,逃出人类有点像出世似的。出世大都是假的。真正的出世就只有自杀,其余的大都只是拐了一个弯的入世方式而已。在正文里我就摆出一副超人类的架子来。七·一三说:“自数而言之,这样的世界不会没有,自几而言之,现在适然。”接着七·一四就说:“自数而言之,人类不至于不现实,自几而言之,现在适然。”我自己好像是悬在空中似的,非常“客观”地考虑“这样的世界”的问题,好像是考虑“人类”的问题似的! 更像是算八字先生正在为宇宙算八字,人类好像还可能是宇宙的灾害似的。这岂不是荒谬到极点吗? 难道我真的超过人类了吗? 已经逃出社会了吗?

当然没有。我根本没有逃出人类，也没有逃出社会。恰恰相反，愈装逃出了人类和社会的样子，愈进入了人类和社会的实际。出世好像是愈远的时候，入世也实在是愈深的时候。这好像是说俏话似的，其实这是阶级矛盾的反映。阶级意识总是要顽强地表现出来的。在阶级斗争还不太激烈的时候，或者还没有冲击到自己的时候，阶级意识可能是潜伏的不太自觉的；但是，当阶级斗争尖锐化了，已经进入到当时的象牙塔了，体现在我身上的阶级意识就强烈地暴露出来了。在1935以前，我只是讨厌国民党人而已，我并不讨厌蒋介石和当时的反动统治，而自己的反动性也不太明显；在1941以后，我讨厌蒋介石和他的反动的统治了，可是同时我也愈露骨地反共反苏了。讨厌旧社会和反对建立起一个在本质上完全不同的新社会同时滋长起来了！奇怪吗？现在看来一点都不奇怪。当时的阶级矛盾尖锐化了，已经进入西南联大的各个部门了。体现在我身上的阶级矛盾也尖锐化了。在一二·一运动开始的时候，讨厌旧社会的那一矛盾面好像还相当强似的，可是，在运动继续地延长下去的时候，反对建立新社会那一矛盾面愈来愈占了上风。在蒋介石谋杀了闻一多先生之后，我的矛盾才慢慢地迂回曲折地又变化起来了。

《论道》一书反映了我在那个时候的矛盾，并且是在思想上解决那个矛盾的方法。它所推销的是这样一种客观唯心论：捏造出一个和现实世界不同的永恒的宇宙，引诱人们，特别是青年们能够生活在现实的世界而又进入那个永恒的宇宙，使得他们既能够鄙视现实的世界而又维持那个现实的世界坐享其"成"，怡然自得地、道貌岸然地在那个世界生活下去。这个捏造出来的宇宙是包罗万象的,它是任何可能的世界的底子,它应有尽有,它当然有运动有变化,可是它自己既不运动也不变化,或者无所谓运动或变化,它是永恒的。这样一个永恒的宇宙被说成是道,而道是"最崇高的概念、最基本的原动力"。这个道包含着必然的式、固然的理、当然的数、适然的几。这个道就是在现实世界里也是可以得、可以修、可以行的。只要能够超形脱象,也就能够"居式由能"。而一·二六说:"居式由能莫不为道。"能够超脱形象居式由能,也就能够与天地并生,与万物为一,这样也就万物一齐孰短孰长了。这在现实世界里也就成为万事平等了。表面上是把挑水砍柴和读书明理看成无所短长的高明境界,实际上是把革命和反革命的大是大非模糊下去,来为资产阶级服务的阶级要求。《论道》一书里有它的认识和认识论的根源的,但是不揭露它的阶级根源,它的本质也就隐蔽起来了。它是在抗战期间国内阶级斗争日益尖锐的过程中捏造出一个永恒的世界,使人们能够既鄙视现实世界又维护那个世界来为当时的统治阶级服务的。在那个时候,它已经是反动的。

在现在,《论道》这一书就更反动了。现在就全世界说,是由资本主义转到社会主义的时代,就中国说是由社会主义建设逐步地进入共产主义的时代。东风已经压倒了西风,但是我们不能因此松劲。在全世界说,阶级斗争空前激烈。我们非在最短期间内富强起来不可。工农同志正在总路线的光辉照耀下,以冲天干劲,一天20年的速度投入了建设的高潮。资产阶级的知识分子非参加到这个高潮中去不可;可是要他们能够鼓足干劲,力争上游,就得彻底地批判资产阶级的思想和学术思想。就资产阶级的知识分子说,鼓足干劲的中心环节是鼓足思想改造的干劲,力争上游的中心环节也是力争思想改造的上游。

了解《实践论》的条件[*]

——自我批评之一

在中国新哲学研究会里讨论《实践论》的时候,我曾经很简单地表示过:要了解《实践论》,我们得有先决条件,而这先决条件中的主要条件,是解放后的社会实践。当时话说得非常简单,现在稍微引申一下。我是一个原来搞旧哲学的人,我这一说法,也是针对于原来搞旧哲学的人而说的。

背了旧哲学的包袱去了解《实践论》是办不到的。原来搞好旧哲学的人,总或多或少地背了旧哲学的包袱。这个包袱只有扔掉一法,对于它,我们不能有别的打算,例如减轻一点或减少一点。如果我们站在旧的哲学范围之内,想方设法以求合乎世界观,例如部分地修改或部分地放弃,我们一定要失败的。我们只有正视新的客观的世界,让社会的实践供给我们一些基本的积极的思想,然后旧的思想习惯才能去掉。本文所提出的看法,也许个人成分特别地多,但是我们相信:这看法还是有它的一般性的。

我个人从前的生活是与社会脱节的生活,思想当然也是

---

* 原刊于《新建设》第 4 卷第 5 期,1951 年 8 月。——编者注

和社会脱节的思想。就我个人说，从前的哲学，只是一种概念的图案，治哲学好像是在摆一种概念的七巧图。如果从前有人说，我只是在游戏而已，我决不会承认，因为我早已跑到形而上学的体系中，已经接受了它的方法和它的标准。我从前常说哲学不在发现真理，而在安排已经发现了的真理。这就是说：它的任务是把基本的概念整理出来，调和起来，把基本概念之间的空白用唯心的、形式主义的、没有实践可能的概念去填补起来，使所有的基本概念成为一套形而上的思想体系。别人的经验我不敢说，我个人从前差不多只在这种体系上用工夫。这样的体系，一方面最好范围广大，另一方面最好结构精密。范围愈广大，遗留在外的基本概念愈少，不能以形而上的方式去应付的问题也就愈来愈少。结构愈精密，壁垒也就越森严，使得有此体系的人在主观上排除与此体系不同的思想的能力也就愈大。这样的体系当然是空中楼阁，但是它的确有门有户，有堂有室有交通道路。我们现在不必问外面的人是否容易进去，我们只问在里面的人是否容易出来。显而易见，如果一个人在这样的体系中活了几十年，他是不容易出来的。在反动的时代，我们可以躲在这样的体系里间接地帮助反动，在进步的时代，这样的体系当然会阻止我们的进步。

十多年前，我是反对辩证唯物论的。当时有布哈林讲辩证唯物论的书。在那本书里，作者反对形式逻辑。我就抓住了这一点，把辩证唯物论拒绝了。那本书也许不好。然而辩证唯物论之有革命性或进步性，我不能够不知道。布哈林用语言与理论这样的工具去反对形式逻辑，这是办不到的事，因为这些工具的使用，已经承认了形式逻辑。我何必为不必担忧的事去担忧呢？我何以只见那本书反对形式逻辑而不注意到辩证唯物论的革命性或进步性呢？现在看来，从前的自觉的说法是表面上的事而已，骨子里的原因是阶级意识和服务于此意识的形而上学的思想体系从中作祟。我不是一个自觉地要维持阶级利益或知识分子的优越感的人，可是不自觉地间接地我仍然是要保存阶级利益或知识分子的优越感的人。我用形而上的思想体系的方式把价值颠倒起来，把无关紧要的概念看成重要的东西，把革命看成不重要的事体。这样一来，自己的理论恰恰可以满足自己当时守旧的态度。思想是有党性的。我当时的思想当然也有。可是，我那时候的确不知道我的思想掩护了我的行为，使我心甘情愿地躲在象牙塔里。我在那个象牙塔里看事实，所谓"事实"也就成为在形而上思想笼罩之下的"事实"了。这岂不是唯心吗？是的，这是十足的唯心。但是，在形式上，我的哲学并不唯心，这是怎样一回事呢？

我从前是一个所谓实在论者。在主观上，在概念的安排上，我的思想的确有相当多、似乎也可以说相当坚强的唯物成分。在文章里、在讲堂上、在哲学讨论会上，我的确坚持了非承认有独立于我们的意识而存在的外物不可。我的确认为不承认这一思想，哲学就说不通。解放后，我曾以此自慰。可是考验不久就来了。在政治课的报告上，我曾报告过唯物论。我发现从前的唯物成分根本不相干；大家所要的，根本不是那样的东西。从前的唯物成分，根本不是辩证唯物论的唯物观点。那种唯物成分只是形而上体系中的一个出发点、一个项目。在概念图案中我虽然看重它，然而在生活中我并没有因此就唯物或实事求是。这个唯物成分并没有减少我的主观主义，在解放的时候，也没有使我很快地接受新思想。它本身是唯心的，它在形而上的思想体系中虽然答复了唯心的形而上的假问题，然而就实际说，就社会的实践说，它不是人们所需要的唯物观点。它是字面上的唯物，它是唯物的幌子，使唯心的人可以继续地唯心下去。前二十多年来的寡头专政与独夫专政难道我没有意识到吗？难道对于那样的东西我连一点感性认识都没有吗？感性认识我的确是有的，但是它只陷我于悲观与玩世。如果我真的有唯物观点，我为什么没有进入理性的认识呢？我既没有进入理性的认识，我那引以自慰的唯物成分根本就不是指导行动的唯物观点。总而言之，整个的形而上的体系是和现时世界脱节的思想，它有没有唯物成分不相干，它有没有辩证成分也不相干，唯心的辩证不辩证，形而上的唯物不唯物。

以上是我个人在解放前的思想情况。这情况不见得太特别。在这里，我说得非常之简单，但是，我盼望读者能够抓住这种思想情况，想一想一个人在这种思想情况之下会不会、能不能够了解《实践论》。假如在解放之前有人拿着 1937 年出版的《实践论》要我研究，我一定会歪曲《实践论》，我一定会根据形而上的方式把它批评得不像样子。我会以知识里手自居，用讽刺的口吻说认识问题不是几千字所能解决的；我会说认识的主要问题在《实践论》里没有提出；我会毫无疑问地说认识与阶级斗争不相干……假如在那时候有人反驳我，说我站在资产阶级的立场说话，我也许会盛气凌人地否认。事实上有一位先生说我是客观唯心论者，我当时曾觉得啼笑皆非，因为我自认为在哲学上和唯心论斗争了二十多年,我怎么会成为唯心论者呢?那时候我不知道实在论的那种唯物成分根本不相干。如果在解放前我看见了《实践论》,我决不会接受它,更不会以实践的标准去了解它。

以上所说的那个想象的情形是很自然的,因为一个形而上的思想体系,一方面是近乎自足的体系,麻雀虽小,五脏齐全。单用抽象的思想去批评它,它可以兵来将挡,水来土掩。另一方面,这样的形而上的思想体系,又是一个僵化了的体系,它没有内在因素可以使它发展成为合乎进步世界的新哲学。原来搞旧哲学的人的思想上的包袱,是非常之重的,要我们闭门思过,那个过是思不出来的。我们的思想改造和任何人的思想改造一样,我们只能够跟着客观的环境的改变而有所改造。我们决不能因为从前曾经搞过哲学,遂以为我们就能够很容易从旧哲学转移到新哲学。事实上,我们的思想包袱重些,我们的努力要大些才行。

北京的解放带来了一个崭新的世界。在这个世界里,我们起先只是观察而已。这个世界经得起观察,耳闻目见的奇迹非常之多,现在也不必一一提到。大致说来,解放军的纪律,无论在乡村或城市,都使我们不得不爱护解放军;共产党的领导使我们不得不心服;政府的作风使我们不得不拥护。观察一些时候之后,我们自己慢慢地忙起来了。我们参加了从前所没有参加过的工作,跟着从前所不认识的人学习从前所没有的工作作风。我们参加政治课,做讲员,做班教员,和同学一起搞思想,让青年人的活泼的尚且没有凝固的思想渗入我们自己的思想中来。在城里开会,在学校里开会,搞土改,办行政,参加全国性的运动:例如抗美援朝,定爱国公约,镇压反革命,以及最近的捐献飞机大炮等等。实践的方面不多,但是实践的本质已经改了,它是旧社会里所得不到的实践。总而言之,客观的环境把我们从个人生活中慢慢地拖出来,送到半集体的生活中去。在这个改变中,书本中所看见的字句,如劳动观点、从群众中来到群众中去、阶级意识、理论与实际的配合……具体的内容都在自己的工作中成为实在的东西。出现得愈多,它们的实在性也就愈大。我们的经验还是太少,也许少得可怜,但是这些经验已经使一些进步的、积极的思想生根。新的思想生根就是旧的、形而上的习惯已经开始被我们放弃。这个舍旧取新的转变,不是凭空的灵感所产生的,不是直觉所顿悟出来的,它是客观环境中的社会实践的结果。没有这样的社会实践,我们不会自动地从形而上的体系中跑出来的。我们不从旧的哲学中跑出来,新的哲学是无法接受的。

我们这一跑,是行动上的跑,这就是说它是实践上的跑。客观的环境所供给我们的社会实践使我们在行动上跑到形而上思想体系范围之外,我们的思想跟着也冲出形而上思想体系的包围。冲出这个包围之后,回头来看形而上的体系,我们会发现形而上就是不科学。这个认识正如《实践论》所说是从实践中来的。我们的工作是摸索,但不是暗中的摸索,它是有领导的,所以也是有理论基础的。虽然它不是暗中摸索,然而它仍是摸索,这就是说,它不是遵守成规的工作,而是发现适合于情况的办法的工作。在这样的工作过程中,我们慢慢接受了新哲学。这个接受也正如《实践论》所说是从实践中来的。

　　放弃旧哲学和接受新哲学,是思想改造中的两端,原来搞旧哲学的人,也会在这两端中间停留些时候,摇摆些时候,甚至于来回跑些时候,这个情形想来是一般的情形,可是原因并不见得一样。我们可能有一个特别的原因,我们会感觉到旧哲学鸡肋磨人,一方面食之无肉,另一方面又弃之有味。恋旧是非常自然的事,我们不能抽象地说它是好事或坏事。问题是如何使对旧哲学的恋旧成为好事。我觉得我们可以把旧哲学家对于哲学体系的信仰的眷恋转变为对于历史上的宝贵材料的眷恋。在下段我要简单地提出这一看法。对与不对我不敢说,但是它既是思想改造过程中的问题。我们来讨论它并求得解决,也有利于《实践论》的了解。

　　辩证唯物论固然要从观点立场与方法来讨论,但从原来搞旧哲学的人着想,也许我们可以集中到新哲学是科学不是形而上的体系这一点来看问题。旧哲学的形而上的成分确有多少的不同,但是一般地说,都是形而上的、反科学的。抓住这一点,我们就可以体会到无论那一哲学体系是否有唯物成分或辩证成分,我们都不能够把那个体系和辩证唯物论相提并论。我们抓住了这一点,加上我们对于阶级立场的初步了解,我们也会在哲学上一边倒,我们会否定旧哲学的体系。可是,否定旧哲学的体系,不是否定旧哲学的一切。反过来,我们可以说,否定了旧哲学体系之后,它才可能成为有用的东西。显而易见,评判了整个的体系之后,我们才能吸收一部分的内容。一所不合用的没有历史价值的房子,我们只能把它拆了,才能利用它原来的木料,它原来的砖,它原来的窗子……这些东西如果摆在原来的房子里，也就跟着原来房子的不合用而不合用，拆了之后，它们才可能适合新的用处。哲学有同样的情形。毛主席、刘副主席的文章里常常有孔孟的话，他们绝不是接受孔孟的哲学，只是在否定了孔孟的哲学以后，引用孔孟所供给的材料而已。我们否定了旧的形而上的体系之后，才能把原来的哲学转变为历史上表现前进因素或后退因素的材料。有的无用了，有的仍然有用。有的材料是宝贵的遗产，对于这样的遗产，我们应该眷恋。

无论如何，解放后的社会实践，在我们的改造过程中供给了我们以了解《实践论》的必要条件。没有这些条件的话，我们不会了解《实践论》。我们分以下三点来讨论。

（一）假如我们保留了形而上的思想包袱，我们根本不会同《实践论》碰头。我们会把认识孤立起来，会发生一串人们在实践中所不会发生、不能发生的问题，例如认识究竟可能与否？如果它不可能，日常生活中的所谓"认识"又是如何的事体呢？如果它是可能的，它又如何可能呢？我们会把认识论看成讨论认识之所以为认识的问题，而不会讨论它的发生与发展。这是一个认识问题的总方式，这个方式就是形而上的方式，它与《实践论》的方式会格格不相入。不根本放弃不正确的方式，是没有法子接受正确的方式的。所谓根本的放弃，不只是寻常的放弃而已，它是以新的觉悟为根据的放弃。这个新的觉悟，就是我们觉悟到形而上的思想体系是反科学的，不正确的，要不得的。没有这个觉悟作基础，所谓放弃可以只是冬天里放弃夏衣，夏天里放弃冬衣而已。可是，这个觉悟只能从实践中得来，没有帮助我们建立这个觉悟的实践，我们无从抓住《实践论》的整个理论，枝节问题不必说了。

　　（二）假如我们保留形而上的思想包袱，我们会以抽象的方式看问题。《实践论》是一篇哲学文章，它是具有一般性的。可是虽然如此，它仍然生动、简单、扼要。其所以如此者，因为这篇文章的分析仍是具体分析。假如我们用抽象的方式去研究这篇文章，我们会把具体的事体例如阶级斗争，从它的具体的内容、具体的条件、具体的联系中抽出来，让它成为一个与实际无关的概念。我们也许会想方设法，给阶级斗争以各种不同的定义，把每一定义的含义罗列出来。罗列愈多，离题愈远，我们会感觉到"不懂"。这只是就阶级斗争这一件事说而已。假如我们把这个方式用到其他的事情上去，我们虽有研究《实践论》的形式，然而不会和《实践论》有任何的接触。我们用抽象的方式去研究《实践论》，我们实在只是要把它拖到形而上的体系里面去而已。我们既然不能把它拖进去，我们当然不能"懂"《实践论》。只有放弃这个方式，才有了解《实践论》的可能。

　　（三）以上是从思想方式着想，用这样的方式去看问题，对于问题的看法，当然会差以千里。《实践论》开始就肯定认识对生产与阶级斗争的依赖关系。这是《实践论》的主要思想之一。这一句话，马上就把实践断定为认识的来源。阶级斗争对于认识何等重要，可是，假如我们仍然保留形而上思想体系的包袱，我们如何能懂得阶级斗争与认识的关系呢？形而上的思想体系虽然在骨子里和任何别的思想一样，它虽然同样代表阶级性，同样有党性，同样参加阶级斗争，然而有形而上包袱的人决不会公开地承认形而上体系的本身就代表阶级,决不会承认它本身就参加了阶级斗争。我个人承认这一点是相当晚的事。我们从前既不承认哲学的任务之一是改造世界,也不会承认改造世界的动力之一的阶级斗争在哲学中的重要地位。不承认这个斗争在哲学中的重要地位,当然不会承认革命在哲学中的重要地位。假如我们一直保留着形而上思想体系的包袱,我们哪里能够了解认识与革命的关系呢?不了解这个关系,怎样能说了解《实践论》呢?《实践论》是中国革命经验的科学总结,是指导革命走向胜利的大道理,这一点抓不住,别的当然不必谈了。辩证唯物论是要改造世界的哲学,辩证唯物论的认识论也是要改造世界的认识论。不接受辩证唯物论是无法了解《实践论》的;不根本放弃形而上的思想,是不会真正接受辩证唯物论的。辩证唯物论,只能在解放后社会实践中去接受,不能关起门想在书本上去接受。书本上的知识当然是重要的。(在这一点,我个人就犯了偏差,我没有念多少新书。)可是,开开门到新的社会里去实践更是重要。

以上(一)(二)(三)只是说,没有解放后的社会实践,我们就不能了解《实践论》。这不是说,有了这样的实践,我们就可以深刻地了解《实践论》。初步了解是可以得到的,深刻的了解,还是要继续地努力才行。在现在谈"了解",当然不是从前形而上的了解、字面上的了解、概念式的了解、或根据概念而作出许多推论的了解。《实践论》的认识既是知行统一了的认识,它所谓了解也是知行统一了的了解。真正的了解《实践论》,要我们能够把《实践论》的道理,作为我们行动的指南。这就是说,要我们能够掌握《实践论》。掌握不是一件容易的事。我个人就没有能够把《实践论》作为行动的指南，我可以把关于武训传的讨论来作例。

武训传讨论的展开，就是重新学习《实践论》的机会。在这个讨论展开之前，我个人就没联系到《实践论》，我那时依然是保持思想上的堕性，旧的不连贯的感想我依然保存着，我没有自动地研究，没有按着新的观点去整理我的感想。这就是说，我停留在感性认识的阶段，没有把我的认识提高到理性阶段。这难道算是充分地了解了《实践论》吗？《实践论》上说"感性与理性二者的性质不同，但又不是互相分离的"。在我写文章的时候，我可以把我对武训传的感性认识提高一些，可是这个提高了些的认识和原来的感性认识没有统一而成很自然的思想。难道这是充分地了解了《实践论》吗？在武训传讨论开始展开的时候，我还以为这问题是一个"小"问题。它怎么"小"呢？是不是我仍然有形而上的标准从中作崇呢？在讨论展开了好久之后，正确的思想不断地在报纸上肯定下来了。我是否有人云亦云的趋势呢？要是我只是人云亦云，难道还能说我充分地了解了《实践论》吗？武训传的讨论已经进行好久了，但是直到现在，我还是没有一个全盘的精密的、感性与理性统一了的，而又正确的看法。就是说，我还不能掌握《实践论》，作为我学习的指南。

综合以上所说，没有解放后的社会实践，没有这个实践中的思想改造，我们是无法了解《实践论》的。有了这点点实践，我们仍然不能充分地了解《实践论》。学习《实践论》，要用《实践论》里所说的道理去学习。我们非"实践，认识，再实践，再认识……循环往复"地学习不可。同时，旧哲学包袱重的人要特别留心到不破不立,不塞不流,在循环往复中,我们要不断地改造。我去年认为假我十年,我可以学好马列主义的哲学。现在看来,还是不够,因为这个哲学是行动的指南,而行动的指南是让理论与实践脱节了几十年或十几年的人所最难学到的。但是涓涓之水可成江河。只要我们能够把一点一滴的体会聚集贯穿起来,我们终会有搞通的一日。

分析我解放以前的思想[*]

我在 19 岁的时候到美国去读书,在五四运动的时候,已经在大学研究院读了两年书。这时,知识分子自高自大的心已经养成了。凭个人的兴趣,我已陷入资产阶级腐朽哲学的泥坑。回国后,我又介绍这一类的形而上的、概念图案式的哲学,并且还努力创造了这一类的个人哲学体系。这样的体系本来是离开现实的:教书是为教书而教书,研究是为研究而研究。按照社会的需要而研究、而教书、而努力的宗旨根本谈不上。一方面在业务上我误人子弟,另一方面我也助长了清华大学那种强调个人兴趣的学风。

我有非常浓厚的纯技术观点,我特别着重抽象的分析方法,也着重训练分析技术。我从前是一个实在论者,就我个人说,我的确坚持实在论中的唯物成分,我的确和唯心论者作了近三十年的斗争。但是,我的注意点并不在唯物与唯心在观点上的分别,并不在唯心论出发点的错误,而只是在唯心论的说不通。我认为一个人有相信唯心论的自由,但是我要指出他的思想说不通,我不管别人的思想方向,只管别人的思想技

＊ 原刊于《人民日报》1951 年 11 月 10 日。——编者注

术,在这一点上我又助长了清华大学的纯技术观点的学风。

因为我根本不愿意问政治,我有一套表面上看来实在是莫名其妙的糊涂思想。我赞成共产主义,可是又反对共产党。在昆明谈到共产党有解放北京的可能时,我表示我愿意接受共产党的领导,可是在北京解放前我又表示动摇。

大约是在 1942 — 1943 年之间,我开始"反对"蒋介石。我那反对只是口头上的反对,不但行动上我没有反对,连文字上的反对都没有。我逃不出一种随随便便的妥协性。在反动政府特别不像样的时候,我有时也有拔剑而起的情绪,但是这情绪维持不了五分钟,五分钟之后,我又回到我那自由散漫的生活中去了。在这一点上,我又助长了清华大学教师不问政治的风气。

我是要抗日的,但是我不认识帝国主义。我所要抗的是日本,我所反对的是日本来占中国的土地、杀中国的人;更反对的是日本人来统治中国。抗日军兴,我和许多知识分子一样觉得松了一口气。但是对于抗日的前途没有信心,所以我总想外国来帮助,尤其是英美。我相信"民主的力量"可以打败君主专制的力量。

因为不懂得帝国主义,我在国际与民族的关系上也有一套糊涂思想。我崇拜英美的政治军事力量,可是我反对他们的政治、军事的侵略,我根本看不起美国的文化,可是我实在早已成为美国文化侵略的工具。我想,我和清华大学许多教师一样是爱国的,但是照我这样的爱法行不行呢?

以上大致说来是我个人在解放前教师生活中的具体的思想情况。这样的思想似乎只是混乱而已,表面上看来似乎毫无一致的地方,似乎根本就没有立场。现在回想一下,这种思想是相当一致的,是有立场的。

我是一个小资产阶级的中派知识分子。就经济地位说,我是属于小资产阶级的,可是同时我又属于知识分子这一阶层。这一阶层在中国很特别。它没有统治阶级的权力,可是它享受一部分统治阶级的利益,它的前身可以是士,也可以是大夫。像我这样的知识分子的主要思想是一种特别的保守主义,一种"骑驴"主义。我个人固然十分想做在我前面骑马的人,但是更不要做在我后面推车的人。我的主要思想是要维持原来的统治。

可是,我的确讨厌法西斯主义,所以我会摇摆于反动与进步之间。我不会彻底反动,也不容易彻底进步。我从前的哲学是理论与实际脱了节的哲学,我反对蒋介石,赞成共产主义。但这个"反对"与"赞成"都只是口头上的反对与赞成,我根本不愿意有政治上的行动。其余的糊涂思想也是有它的一致性的。

在抗日战争时期,我的确是有民族立场的,但是这个立场的内容只是小资产阶级中派知识分子的意识。我的确反对日本人来杀我们中国人、侵占我们的土地,但是我最关心的也连依然是我所怕要失去的社会上的地位、教书的职业、个人自由兴趣的维持。无论如何,我没有从人民的利益着想,根本谈不上人民立场。不然的话,我不至于对抗日没有信心。

在教学上,我只是帮助了清华大学强调个人兴趣,加强了清华大学的纯技术观点,助长了清华大学不问政治的学风。可是我在清华大学教书已经是在五四运动之后,在五四之后的几年中，进步的思想已经生了根，进步力量和反动力量的斗争已经激烈起来。在这样的时代，我所帮助了的学风不能没有阻碍进步的作用。在这时期中，起进步作用的是学生运动，可是对于学生运动我的确毫无积极的帮助。

回想起来，我那一直到解放时的糊涂思想是一致的糊涂思想，是要维持原来社会秩序而产生的东摇西摆的妥协思想。有这样思想的人当然是一个起了阻碍进步作用的人。

清华大学的解放，一个月零几天之后，就要三年了，我的思想确有一些改变，但要不得的思想依然很多，不过在现在这一学习阶段上没有暴露而已。我自己已经发现了一些，但是这显然是不够的，以后还是要小组同仁在学习中继续帮助我发掘，帮助我改造。我是一个倾向于慢慢改的人，但是时机迫切，不能老是慢慢的了。

批判我的唯心论的
资产阶级教学思想[*]

我出身于官僚地主家庭,生活是相当优裕的。我从 19 岁起,在外国住了 11 年,吸收了欧美资产阶级生活方式和享乐思想,我的享乐是多方面的,但是主要的是搞资产阶级腐朽哲学。就是搞概念的游戏,三十年如一日。我之所以把它作为我的主要享乐,是因为我只有在概念的游戏中,才能逍遥游,才能逃出现实社会的限制。这就养成了我的逃避实际、轻视实际和脱离实际的生活方式。可是我究竟是活在实际社会中的,为了维持这种脱离实际的生活方式,我需要某种特权,这又养成了我的特权思想。

自私自利的蜗牛壳

这种生活方式在学校里面就形成了我的蜗牛壳,这蜗牛壳的内容有三方面:

(一)我的资产阶级腐朽哲学。我在学校一直传播烦琐

---

* 原刊于《光明日报》1952 年 4 月 17 日。——编者注

的形而上的唯心论,更着重于传授烦琐的形而上的哲学方法。在清华哲学系就慢慢地取得了领导地位,这样就产生了下面四方面危害人民事业的结果:一、阻碍了辩证唯物论在清华哲学系的发展。有一时期辩证唯物论在清华哲学系是有萌芽的,我当时虽然没有阻止教授与同学去搞辩证唯物论,然而我却用一种烦琐哲学的辩论方式去打击辩证唯物论。因此,扼杀了辩证唯物论在清华哲学系的发展。二、培养了只作概念游戏,不关心政治,甚至于反动的人。例如殷福生就是我所供给所培养的一个反动分子,他现在在台湾为蒋匪帮服务。我也有资产阶级天才教育观点,例如沈有鼎先生在概念游戏方面有特别的能力,我就只看见他的这一方面,他受了我的毒素,一直到现在还严重地脱离实际。三、宣传逻辑上的纯技术观点。我教逻辑二十多年,班上人数很多,当时我只从形式主义观点去讲授逻辑,例如我只着重推论的对错,不注意前提的真假。天才教育观点在这一方面使我特别地捧王浩,他现在仍然留在美国大学里,为美帝国主义服务。四、滋长了清华哲学系的宗派主义,我着重烦琐的概念分析方法,与烦琐哲学系统的创造,并认为这就是哲学最重要的方面。当时认为在这方面,清华哲学系最好,这种宗派主义是阻碍院系调整的因素之一。

（二）我的"超政治"、"超阶级"、"超世俗"、"超人间"的腐朽人生观。解放前我不了解劳动创造人类的世界这一个真理,误以为人类是渺小的,人类的历史只是大化流行中的一个小片段。因之,我自以为看不起世俗,自以为轻视人间世俗,自以为是超政治、超阶级。有了这种腐朽的人生观,我就轻视事务。所以,我要求我个人的事务越少越好,对一般事情都采取无可无不可的态度。解放后,我担任了行政工作,以这种态度去处理行政,就产生昏头昏脑的官僚主义。我是一个校务委员,可是在校务委员会议上,除一次外,我从来没有表示过意见,也确实没有意见。我是文学院院长,可是院长办公室我只去过一次,文学院院长事务很少,即是这很少的事务,我都没有做到。例如《清华学报》的复刊,院系间的联系,有时我甚至于忘记我是文学院院长。当我担任哲学系系主任时,对于系内事务,完全听其自流。例如对于系内人事处理,总是不了了之。

(三)特权思想。要维持我的生活方式,我需要特权,我也意识到这种需要,事实上我也享受了这种清华的特权,因而也形成了我的特权思想,使我成为清华特权分子之一。我虽然享受特权,却不愿意负起特权的责任。解放前在哲学系内我享受了领导的特权,而不愿作系主任。在清华,我也享受了特权,而我却没有负任何行政责任。

以上三点就是我的蜗牛壳的内容。我的壳可大可小,我个人是一个壳,哲学系是一个壳,清华大学也是一个壳;其中我个人的壳是核心,一般的事体大都与我个人的壳是不相干的,对于这些事体我是无可无不可的。但当有些事体与我的壳的利益发生冲突的时候,我就要钻出来斗争了。例如,清华营建系主任梁思成先生的儿子转系问题,他没有满月的时候,我就认识他。他想从历史系转到营建系,我主观上认为他是适宜于学建筑的,当时,教务处对转系有严格的规定,因我对他有私心,便利用我的特权,为他活动,产生了一系列的严重错误。这就是与我个人的壳冲突的一个例证。在哲学系课改问题上，我以后还要提到，我现在只提到我对课改有抗拒。我所以有抗拒，就是由于我要维护清华哲学系那个壳。在院系调整上，1950年，当院系调整问题提出后，我就反对，我的最大的壳就是清华大学。宗派主义、本位主义与资产阶级教育思想支配了我的行动，产生了极严重的后果，如果院系调整在1950年能够实行，就清华说现在就已经多培养了五六千干部，就全国说，数目更大。对人民建设事宜，造成不可弥补的损失。现在想来，我万分痛恨我自己。

我的政治态度

我的蜗牛壳存在的经济社会基础，就是资本主义社会制度。为了保护我的壳，我在政治上就拥护旧民主制度。我一直是一个个人自由主义者，我的一切政治态度都根据于这个观点。直到最近我才了解所谓旧民主就是资产阶级的专政，所谓个人自由，就是资产阶级剥削劳动人民压迫劳苦人民的"自由"。但是，过去由于我接受了个人自由主义使我在行动上发生了许多罪过的行为。

对于美帝国主义的态度：由于我在美国留学多年，受了资产阶级教育很深的毒害，认识了很多美国人，常同他们来往，我有极深的亲美思想，使我不能认识美帝国主义一百年来对中国的侵略，使我自己做了美帝国主义文化侵略的工具而不自知。对于日本帝国主义的二十条，我曾大哭一场，但是对于中美商约，我却漠然置之。在日本帝国主义进兵济南，阻碍北伐时,我万分愤慨;在"九一八",与以后卢沟桥事变时,我曾坚决主张抗战。然而当美军在中国各地横行时,我却熟视无睹。1943年美国国务院请中国一些教授去美国,我也是其中之一。我曾在美国国务院,要求美国政府压迫蒋匪,实行民主,我的亲美思想竟使我丧失了民族立场。

对苏联的态度:我以旧民主主义的观点去看苏联,我一直歪曲、诬蔑苏联,直到解放时为止,我还认为苏联根本不允许个人"自由"。我认为十月革命与以后的清党都过"火"。还认为苏联通过各国共产党来干涉各国内政。这些思想都是极端错误的,而且反动。主要的错误,还是由于我认为苏联没有个人"自由"。当时我不了解十月革命是历史上划时代的最伟大的事件,我只根据个人自由主义亲美思想,去敌视苏联。解放后,我才慢慢地认识了真正的自由,是掌握社会发展规律去变革现实的积极的自由。认识了真正的自由之后,我才改变我对苏联的态度。

对学运的态度:在我的教学生活中,有很多次的学生运动。我对学运的态度十之八九是消极的,两面性的。一方面我"讨厌"蒋匪的国民党,另一方面我又反对中国共产党。我说"讨厌"蒋匪的国民党,因为我说不上积极的反对。在1943年我动身到美国之前,为了领取护照,我还到了重庆的训练团,受了五天的"训",并且还写了一篇一二百字的文章表示地方官能到中央来参观也有好处。这是一种可耻的行为。但是我的确讨厌蒋匪和他的国民党,这是不重要的一面。主要的方面是我反对中国共产党。这种两面性在一二·一运动中表示得最明显。当运动开始时,我曾追随当时的进步人士赞助运动,后来消极起来,最后我又赞成复课。其所以为此者,实在是因为我反对中国共产党。在运动结束不久之后,我同张奚若先生吵架,我曾声色俱厉地指着他说:"中国都是你这样的人搞坏的。中国丧失了'自由'之后,不知道多少年才能恢复。"说时还流泪。

从以上三方面看来,我的政治态度是不能容忍的。我年轻的时候,曾经因怕瓜分中国而要救国,何以后来变成这样一个人哩? 在这里我要控诉美帝国主义,它通过教会学校,即清华学校和留美时所受的教育,使我成为美帝国主义文化侵略的工具,使我丧失民族立场,使我敌友不分,使我做出危害人民的事体。

我思想的转变

对解放军与共产党初步的认识:解放军的奇迹,使我衷心佩服,它的军纪之好是空前的,它爱护人民,更是我所意想不到的。在解放初期,使我最感动的是我们的家庭服务员刘妈的儿子的故事。她的儿子在城内工厂做事,有犯规的行为,当时借住该厂的解放军对他进行教育,没有达到预期的效果,于是两个解放军同志就到刘妈家,请她进城去,教导她的儿子,后来请刘妈吃饭,并护送她回家。这样的军队,我认为是历史上以前所没有的。在 1949 年的春天,我很幸运地听了城内很多报告,报告人都是党的高级干部,他们的态度都是老实诚恳的,他们说得出就做得到。他们还有一个特点,就是他们以党的高级干部的地位,竟能在群众面前公开承认他们自己过去所犯的错误。这样的党,我认为也是中国从前所没有的。但是这种认识只是初步的感情的认识而已,这是任何中国人都能认识到的。

我哲学思想的转变:大致说来,可以分为三个时期。第一个时期,我没有把革命的实际同马克思列宁主义联系起来,我虽然对党与解放军有初步的认识,然而,我并不因此就接受辩证唯物论与历史唯物论。当艾思奇同志到清华讲演时,我还同他辩论。从1949年三四月起,我在城内参加了许多次哲学交流会,在那个时候,我有两个错误的看法:一个是把辩证唯物论与旧哲学等量齐观,以为党的同志,不熟悉旧哲学,我还想在会上把旧哲学介绍给他们;另一个错误是我认为辩证唯物论与历史唯物论不够系统化,我想用一套烦琐的分析方法,加以整理。我之所以如此狂妄,是因为我还是停留在旧哲学的基础上去看辩证唯物论。在第一次课改,我是以这种错误思想去参加的。结果在学校的课程等于没有改革。这就阻止了哲学系的前进。

第二个时期,是1950年第二次课改时起到1951年春天。开始的时候,我已经承认了辩证唯物论的领导地位,上面所说的那两个错误,这时已经克服。我认为辩证唯物论,是一条贯穿各种学问的红绳子,我抽象地承认它的重要性,但是我的兴趣,只在它所贯穿的各种学问中的哲学那一部门而已。这还是以旧哲学去抗拒新哲学。根据这种错误的看法,结合清华哲学系当时具体的情形,我就主张将清华哲学系分为三组,即哲学史组、逻辑组、艺术史组。这还是换汤不换药的办法。有课改之名,无课改之实。这又一次阻止了清华哲学系的前进。

在 1951 年春天，我在城内学习《实践论》，这时，我思想上有个近乎突变的转变。在这以前，每星期天我都进城参加中国哲学会的学习，近乎两年，两年中点点滴滴的心得，结合到《实践论》的学习，使我认识到辩证唯物论与旧哲学本质上是不同的。旧哲学是形而上的，根本是反科学的，而辩证唯物论是科学的哲学，它硬是真理。在 1951 年课改中，我认识到哲学系的任务基本上就是训练马克思列宁主义的宣传员。这次课改是比较彻底的。但是我对辩证唯物论的认识还是概念式的认识，这种认识在清华哲学系内产生了下面严重的后果。

　　唯心论与资产阶级教育思想在哲学系的危害性。

　　唯心论与资产阶级教育思想在清华哲学系占统治的地位，我就是这种腐朽思想的突出的代表。解放后直到现在为止，这种情形仍无多大变动。这就产生了严重的损失。主要的缺点是我们政治水平不够，理论与实际脱节。具体的表现是这样：

　　以概念分析的方式去讲马克思列宁主义，这实在就是以唯心的形而上的方式去讲授马克思列宁主义。例如在讲授辩证唯物论时或在课堂讨论时，我们就在概念上分析"必然与偶然"、"相对真理与绝对真理"，在这样的分析中，我们只是在概念上兜圈子，兜来兜去，使同学越来越弄不清楚。以这种方式去讲马克思列宁主义，其结果是歪曲了马克思列宁主义。马克思列宁主义本来是具体的、战斗的、行动的指南，而在我们手里却变成了没有生气的、抽象的、概念的堆积。

　　同学们在这种唯心论的资产阶级教学思想影响下，一部分同学就掉进唯心论的泥坑里去了。一位叫李学勤的同学就是一个突出的例子。他是 1951 年考进来的同学,不到半年,他已经啃王阳明、熊十力的佛学和回教的哲学了。看别人所没有看过的书,借别人没有借过的书。有些同学则感到学不到有用的东西,就要转系。1949 年的 13 个同学中,调走转走的有 9 位,现在只余下 4 位。1950 年的 7 位同学转出 4 位,1951 年的 8 位同学,还有两位要转系。

在教学上的另一表现,是教条地理论灌输,不解决同学的思想问题。辩证唯物论本来在全校的政治课里也有,所以在这门课里我就以补充的方式来讲课,以为政治课是解决思想问题的,而系里的辩证唯物论则是解决理论问题的。我就是这样唯心地把思想问题和理论问题割裂开来,使同学摸不着内容。

马克思列宁主义本来是解决实际问题的,但是在我们手里,它根本不解决同学的思想问题。1950 年毕业的同学有 3 个,一位姓唐的同学考进了哲学系的研究所,可是他身在哲学系,心在算学系。一位姓周的同学毕业之后,又考入了北京大学物理系,从前的学习等于白费。一位叫水泗誉的同学毕业之后,本来考入清华哲学研究所,但他又考入北京大学化学系。这种情形是多么严重。这三位同学都有思想问题,而我和本系教师都没有及时解决。今年一年级 8 个同学中有两位要转系,转系问题在本系如此严重,而我们不能及时发现,更谈不到及时解决。原因就是我们自身带着满身细菌,无法发现,更无法解决。

资产阶级的教学方式,使师生根本上没有联系。我只是上课时去讲书而已,讲完之后,同学听懂了没有我根本不管,有没有问题,我也无从知道。课堂讨论,我有时就没有参加,同学的生活、思想、健康我都不关心。对于同学的学习我和本系的教师或多或少都持自由主义的态度，一切都凭同学自己去努力。例如有一位同学一个星期竟念 70 个小时的书，而我们却不知道，知道了也不关怀，不注意。

哲学系的任务，基本上是培养宣传马克思列宁主义的干部，可是在系内资产阶级的唯心哲学和教学作风仍然占着统治的地位，这就使任务不能完成，造成了上面所说的严重的损失。哲学系的教师是要负责的。他们之所以脱离政治，脱离实际，也是因为他们都受了我的影响。我的责任特别重大。

教师学习与“三反”运动时期

上面曾说过，我在 1951 年春天，曾认识到马克思列宁主义是科学，是真理。但是我这个认识是抽象的、概念式的。在京津教师学习和“三反”运动之前，我不但没有把马克思列宁主义联系到一般的实际，连我个人这一个实际我都没有联系到。我虽然参加了许多校内校外工作，但是，这些工作对我没有起很深刻的影响，直到教师学习开始，我才初步地联系我自己这一个实际，批判了我的旧民主个人自由主义的思想，初步端正了我对苏联、对美帝国主义的看法。但是，我并没有认识到我自己过去思想的面貌。直到“三反”运动，我才开始认识了我自己过去的面貌和我身上所背的自私自利的蜗牛壳。我在思想上是有病的人，从 1951 年，春夏之交起，我是要求做人民教师的。但是我一直没有做好，我不但没有做好人民教师，而且我还犯了严重的错误。我的主要毛病是什么呢？经过大家的帮助和我自己初步的分析,我认为:形成我这种自私自利蜗牛壳的主导思想,就是追求个人自由的、没落的资产阶级极端腐朽的享乐主义思想。这种思想在我哲学方面的表现,就是搞极端抽象的、毫无实践意义的概念游戏。在我的人生观方面的表现,就是"超政治"、"超阶级"、"超世俗"、"超人间"腐朽的看法。在学校的实际生活中,就表现了我的维持享乐的生活方式和自私自利的蜗牛壳的特权思想。我这种思想是剥削阶级的思想,是剥削阶级中"股东式"和"后台老板式"的剥削思想。这种思想,在过去使我脱离现实社会,使我就在解放后还看不见人民,这就是我的毛病。我现在要打碎我的蜗牛壳,肃清多年来支配我生活的资产阶级腐朽思想。

决 心

一个热爱新中国的人,一定认识到新中国是人民翻了身的中国,是人民站起来了的中国。新中国有4万万7千万人民,我是4万万7千万人民中的一个。新中国是为4万万7千万中国人民谋福利的,也是为全世界人民谋福利的。我不愿意只参观革命,也不愿意只参观人民的建设事业。我要参加这个光荣的伟大的事业,不但一二十岁的人要参加,三四十岁的人要参加,五六十岁和七八十岁的人也要参加。我快六十了,我从前是对不住人民的人,是有罪过的人,从现在起,我要做一个新人,要做一个名副其实的人民教师。我要努力学习,努力工作,一年不成,两年;两年不成,三年;甚至于五年十年。只要我不断地努力,我一定会成功的。

我热爱祖国[*]

今年的校庆和往年的大不一样,它的意义特别大。我们现在正在伟大的爱国运动中,我们的举动都要有益于爱国运动。

爱国是要有相当的政治水平的。一般地说以前清华的人的政治意识是模糊的。我个人年轻的时候相当地爱国,到了中年反消极起来,如果一个人对着我问我爱国不爱国,我也许要理直气壮地同他吵起架来。可是当我碰到实在看不过眼的事体,我也许会说:"中国人就是这样……"一方面要爱国,一方面又看不起中国人。国究竟还爱不爱呢? 在这种情形下,我们就会不自觉地、消极地把门关起来,搞搞"清白",搞"独善其身"。我们既遗世,世当然也不会顺着时代带我们前进。

我们的祖国一直是可爱的,但是因为我们的政治水平不够,我们的思想搞乱了。我们把蒋介石夺取了政权之后的国内状态当作我们的祖国。蒋介石把中国搞成污泥,搞成粪坑,我们也就只看见污泥,只看见粪坑。我们要爱国,可是无从爱起,因为在那种情况下,国根本就不可爱。园子里老一点的人

---

[*] 原刊于《人民清华》第 13 期,1951 年 5 月 1 日。——编者注

也许还记得"中国不亡是无天理"的谬论。

解放后我们才觉悟到蒋介石夺取了政权之后的情况是压迫、蹂躏、残害祖国的独裁专政。不但我们不能爱它，不应该爱它，而且是我们所要打倒所要推翻的。要推翻它，打倒它，要革它的命，我们才能积极地爱国，真正地爱国。革了命的祖国是翻了身的祖国，翻了身的祖国一下子就显出它的光辉伟大。

跟着祖国的翻身，清华也翻了身。在校庆的时候，我们要想到革新。我们要把从前的缺点扫除干净。我认为我们的主要任务之一是提高政治觉悟。为达到此目的，我们要把政治作为我们的主要业务去学习。

我对苏联的看法的转变[*]

我从前一直歪曲了苏联,诬蔑了苏联。

因为我出国很早,留学的时期很长。我从前差不多是一个英美式的人。我崇拜英美式的知识分子,把旧民主的个人自由主义一直视为天经地义。我认为它是人与人之间的社会关系上的主导思想。个人自由本身就是目的,不是达到别的目的的手段。因为我认为旧民主的政治只是保护个人的自由的,所以我一直是拥护旧民主制度的。我虽然曾经意识到英美的经济上的不平等是要不得的东西,然而我认为只要我们运用"民主"的方式去解决这一问题,这一问题总是会解决的。民族上的不平等也是要不得的,但是这一问题的解决要靠民族自决,他人不能干涉。各民族内部的封建势力终久是会被推翻的,世界是终久要走向"大同"的。

以这样的思想去看苏联,我当然歪曲苏联,诬蔑苏联。直到解放时为止,我认为:(一)苏联根本不允许个人自由;(二)十月革命与以后的清党都过火;(三)苏联通过各国的共产党干涉各国的内政。(二)(三)两点虽然重要,然而就我个

---

* 原刊于《中苏友好》1952 年第 3 期。——编者注

人说，它们不如第一点来得基本。（二）（三）两点都是从前所谓"政治"范围内的事体。当其时我当然自以为是"超政治"的人。在那时苏联虽不合乎我的改良主义及民族自决主义的要求，然而直接属于"政治"范围内的事体不是我所着重的事体。我所着重的是个人自由。我既认为苏联根本不允许个人自由，苏联当然就要不得。主要的错误是旧民主的个人自由主义。这一思想使我敌视苏联，根本上谈不到虚心地去认识苏联。

解放后我的确有了些思想上的改造，但是这种改造大部分是限于"哲学"范围之内的。我的确想用马列主义去砍旧哲学，我自己所相信的实在主义大体上是砍掉了。可是我没有自觉地去砍那些支配我个人行动的思想。两三年来我也觉得个人自由主义要不得，但是在这一次教师学习之前，我没有觉悟到旧民主式的个人自由是典型的资产阶级的思想，这一思想阻止了我前进，它使我戴上了有颜色的眼镜，它使我敌友不分。在今天不肃清这样的思想是完全不行的。

在18世纪，资产阶级的个人自由主义这一思想是起了若干进步作用的。不然的话不至于有"不自由毋宁死"的口号。可是，在封建势力被推翻、资产阶级上了台之后，资产阶级在各方面就逐渐腐化反动了。所谓旧民主就是资产阶级专政。这一点看清楚了之后，个人自由主义的内容也就暴露出来了。所谓个人自由就是使用财产的自由，剥削的自由，在经济上压迫劳动人民的自由。所谓选举自由、言论自由、出版自由等等都不相干。选来选去，说来说去，写来写去，还是资产阶级的代表在那里发号施令。形式上有自由，事实上除资产阶级外没有自由。就广大的劳动人民说,自由只是形式而已,没有内容。没有内容的自由当然成了欺骗劳动人民的东西。硬把一些不相干的内容塞进自由这一形式里去,就产生了假的自由。就有向后退走两千英里而一次不回头的自由,就有爬上电线杆上去结婚的自由,就有从星期六起不停留地跳舞一直跳到星期日的自由……这样腐朽的堕落的自由都是麻痹阶级斗争,自觉地或不自觉地为资产阶级服务的自由。

解放后的实践使我意识到新民主主义的自由才是真正的自由。它是掌握规律去变革现实的自由,它与正确的认识是统一的。它是在有领导、有计划、有步骤的总的方针下共同努力的自由。它是积极的自由、有丰富内容的自由、一心一意向着共同的目标而前进的自由。在新民主主义社会向上发展的过程中,国家的责任,人人都有一份;国家的成绩也人人都有一份。在有领导的工作中,只要工作做得相当好,没有人的精力是白费的,没有人感觉到无聊,没有人感觉到与社会的发展不相干。只要我们经常进行批评与自我批评,我们会改善我们的工作方法,提高我们的工作效率,因此也会增加我们的自由。我们的自由是向上发展的。现在所有的自由只是开端而已。但是就是这样的开端已经使我们感觉到自由内容的积极与丰富。在这一次的“三反”运动中,这一点已经是清清楚楚地摆在我们的面前了。除了共产党所领导的国家外,没有任何国家能够这样地发动群众,依靠群众,相信群众把贪污、浪费、官僚主义一一暴露出来。也没有任何其他的国家能够让司机工人充分地批评部长,让学校的工友去批评校长,让商号的店员去批评老板。这样的有内容的、有领导的、积极的、真正的自由是资产阶级专政的社会里所梦想不到的。

我对于自由的看法的转变也就是我对于苏联的看法的转变。新民主主义的与社会主义的国家都是以马克思列宁主义为行动的指南的国家，都是工人阶级领导的国家。在新民主主义的中国有这样丰富内容的自由，在社会主义的苏联当然有同样丰富内容的自由。说苏联没有自由只是诬蔑而已，歪曲而已。在这一点上我的思想有改变，在其余两点上我的思想当然也跟着而有所改变。

苏联是不是干涉别国的内政呢？马克思列宁主义是科学，共产党当然是以马克思列宁主义为行动的指南的。各国共产党的宇宙观是一致的，从而对于问题的看法当然也是一致的。因此，各国共产党的政治活动当然有不约而同、不谋而合的地方。各国的自然科学家，在同样的试验室中，针对于同样的问题，得到同样的结果；我们并不以此为怪，并不因此就认为苏联的自然科学家干涉各国的自然科学。何以把各国共产党的活动就认为是苏联干涉别国的政治呢？何以根据很自然的同就推论苏联在暗中的"约"，根据合就推论到苏联在暗中的"谋"呢？显而易见这是资产阶级的恶意的造谣，故意的诬蔑。苏联只是拥护真理而已，哪有干涉别国内政的举动呢？

十月革命是不是"过火"呢？这完全是不要革命的人的看法。要革命的人，当然就要认识到阶级斗争不能不激烈。阶级斗争怎能不激烈呢？资产阶级的斗争难道不残酷吗？美帝国主义在朝鲜的屠杀、轰炸、活埋、奸淫，及其他种种野兽式的暴行难道是仁慈吗？在与英国作家威尔斯谈话中斯大林说："共产党人并不把暴力方法理想化。可是他们，共产党人不愿被突然袭击，他们不期待旧制度自行坍台，他们看到旧制度是在用暴力保卫自己，因此共产党人向工人阶级说，准备以武力回答武力。革命是以暴力改变旧社会制度的事，参加革命的人决不会怕人说"过火"而放弃革命，只有根本反对革命的人才提出"过火"问题去反对革命。

以上是从消极方面说话，可是，有了以上的转变，积极的看法也就不同了。十月革命是世界历史上划时代的最伟大的事体。它实现了人类的最崇高的理想，从此以后，世界各国都要不断地走向一条道路上去，而这一条道路就是消灭人剥削人与人压迫人的制度。苏联早走上这条道路了，我们中国也向这条道路上前进。中苏两国人民的友好是阶级的友好，是广大劳动人民的友好，是保卫世界和平的伙伴的友好，也是人民民主阵营中成员的友好。一个中国人只要他是热爱新民主主义社会的，就不会不热爱苏联。一个中国人只要他是诚心爱戴伟大的毛主席的，就不会不爱戴伟大的列宁和斯大林。只要一个中国人看见斯大林的相片，不会不看见正在创造新世界的整亿的，包括中国人民在内的劳动人民；只要他看见莫斯科的照片，不会不看见和平民主阵营的首都。

更好地学习斯大林同志的
学说和工作精神*

去年 3 月 5 日,当斯大林同志逝世的不幸消息传来以后,我像丧失了父母的孩子一样,悲痛万分。我似乎觉得我们是坐在一只飘浮于汪洋大海的船上,一旦失去了舵手,便无所适从。当我在脑子里浮现出斯大林同志伟大的、慈祥的影像时,我回想起我在解放前,由于受了资产阶级的反动宣传,而对斯大林同志曾经抱有不正确的看法,尤其感到悔恨不已。

感谢党和政府的领导和教育,在我们为了悼念斯大林同志逝世而进行的学习中,加强了我对斯大林同志的事业一定会继续贯彻和发扬光大的信心,我于是变得坚强起来了。一年以来,当我工作的时候,我常常觉得斯大林同志站在我的身旁,亲切地指导着我,督促着我。我对斯大林同志逝世的沉痛,变成了我工作上的动力。

我们国家的过渡时期总路线,已经在去年秋季明确地提出来了,当此斯大林同志逝世一周年纪念的今天,我更深刻地体会到学习斯大林同志的学说与工作精神的重大意义。我们

---

* 原刊于《北京大学校刊》第 11 期,1954 年 3 月 4 日。——编者注

的祖国目前正处在社会主义改造即社会主义革命的阶段,这是一个比新民主主义革命更为深刻、更为广泛的革命,它包含着极复杂极尖锐的斗争。在这场斗争中,不但外国帝国主义和国内已被打倒的阶级必然企图利用每一个机会来破坏我们的革命事业,就是那些将被消灭的阶级也决不会毫无反抗的,甚至于一些参加过新民主主义革命的人们,如果对社会主义前途认识不足或缺乏坚强的信心,也必然会对我们国家总路线总任务的贯彻执行,起着阻挠作用。斯大林同志曾经以他的睿智和英勇的精神,与党内外敌人进行了坚决无情的斗争,才终于领导了苏联共产党和苏联人民把他和伟大的列宁在十月革命时期共同缔造的世界上第一个社会主义国家,建成了光辉灿烂的社会主义社会。我们的党和国家,目前也正处在建设社会主义社会的时期,虽然由于苏联的帮助和国内外各种历史条件的不同,我们所遭遇的困难,比起苏联来,一定会少一些,然而斗争的基本性质,是和当时的苏联一样的。在纪念斯大林同志逝世周年的今天,我们更要加紧学习斯大林同志的学说以及在他和苏联共产党领导下的苏联人民为建成社会主义而进行斗争的经验,加强团结,提高警惕,为战胜国内外敌人的任何破坏阴谋,保证我们社会主义建设的伟大事业,亦即为完成斯大林同志所遗留下的伟大事业而奋斗。中国共产党四中全会所通过的关于《增强党的团结的决议》中指出:"党的团结,工人阶级的团结,劳动人民的团结,全国人民的团结,是革命胜利的基本保证。"我们必须以坚决执行党的这一伟大号召来纪念斯大林同志。

我的工作是学习和宣传马克思列宁主义。当此斯大林同志逝世周年纪念之日,我愿意重申我自己的决心,更进一步靠拢党,在党和毛主席的领导下,在总路线的照耀下,加倍努力,学习斯大林同志的学说和他的工作精神,全心全意为我们的社会主义建设事业而努力。

我怎样学习马克思列宁主义 *

在"三反"运动后期的思想改造运动中,旧知识分子基本上解决了一个问题:在政治上分清了敌、友、我。这就要求我们更好地为人民服务。但是我们拿什么东西来为人民服务呢? 这个问题对不同的旧知识分子是不完全一样的,对社会科学工作者问题要严重一些。在社会科学中,政治经济学和哲学工作者问题又更大一些。这就产生了"国家前途无限光明,个人前途十分暗淡"、"有材料而无观点"、"连材料都没有"等一类想法。我是一个哲学工作者,两年前,我也存在"连材料都没有"的问题。我从前搞的是资产阶级的唯心哲学,它的观点和方法都是反动的。它和化学家所掌握的化学、物理学家所掌握的物理学、历史学家所掌握的历史事实都不能相比,甚至和哲学史家所掌握的哲学史资料也不一样。所以当时我觉得我什么材料也不掌握。

在批判资产阶级唯心主义的工作展开以后,我的看法改变了。旧知识分子是愿意学习马克思列宁主义的,但是在学习过程中会碰到很多困难,这些困难因科学部门不同、个人方

---

* 原刊于《北京日报》1956 年 2 月 29 日。——编者注

向不同而有所差别。但是，我认为这只是程度上的差别，而不是性质上的差别。如果我们认真地学习马克思列宁主义，那么上面所说的"材料"问题就不是什么问题。所以根本的问题还是学习态度和学习方法的问题。

学习马克思列宁主义应该抱着虚心的、从头学起的态度，要系统地、彻底地去学习。马克思列宁主义是完整的科学，是"放之四海而皆准的真理"，我们必须抓住它的精神实质才能把它贯彻到任何角落去。如果简单地把它只当作"工具"，要用什么就学什么，那是学不好的，用它的时候也会犯错误。有一位同志抱着后面一种态度去学习，他只学习和他的业务直接有关的那一部分，虽然他很努力，花的时间也不少，但是效果不大。这是用字典的态度。字典可以这样用，马克思列宁主义可不能这样学。这样学，表面上是把它和业务相结合，实质上是把它和业务割裂了。

过去，我也有类似的毛病。我没有系统地让马克思列宁主义和我从前所搞的资产阶级哲学相接触。我把旧的东西摆着不动，就不可能运用马克思列宁主义的观点对它们作出任何结论来，这些旧东西当然就不是"材料"了。在批判资产阶级唯心哲学的过程中，我才慢慢地觉得我掌握了一些材料。资产阶级哲学对一部分旧哲学工作者的影响是很深的，要旧哲学工作者把自己原来相信的主义转变为用马克思列宁主义的观点进行研究、批判的材料，是需要下一番工夫的。例如一个康德主义者决不是一个康德专家，只有研究康德哲学的马克思列宁主义者才能是康德专家。显然，一个康德主义者不一定知道康德哲学究竟是怎么回事，他不一定知道它的时代性、阶级根源、历史作用,以及政治任务等。不知道这些,怎么能够成为新时代所要求于他的康德专家呢?但是如果一个康德主义者能够把自己改造成为马克思列宁主义者,他也就能够把自己转变为真正的康德专家。又例如我自己,从前也看过一些关于实用主义的书籍,但是我从来就不知道实用主义究竟是怎么一回事,甚至连它是主观唯心主义我都不知道。经过批判,我才了解了实用主义的本质,也知道了它为什么会有那样的经验论和认识论了。对于从前所知道的零零碎碎的东西,也能够比较有条理地安排了。因此我感觉到我有些"材料"了。所以旧知识分子能不能成为真正的专家,就要看他能不能把自己所掌握的旧东西拿到马克思列宁主义的光辉照耀下来估计、研究、批判。事实是我们批判得愈彻底,我们掌握的旧东西就愈是材料。问题是抱着旧东西不放呢,还是把这些东西全部摆出来晒太阳呢?答案只有一个:全部旧东西非得晒太阳不可。

学习方法也很重要。既然要学习,就一定要读书,这一点很要紧。但是单单读书是不够的,还要讨论、批评和自我批评。在批评和自我批评当中,会碰到不少阻碍,主要的阻碍我认为是社会遗留下来的假"尊严"。我们不反对尊严,但是我们非得克服封建主义社会和资本主义社会的假"尊严"不可。因为有这样"尊严"的人不愿自我批评,也不愿批评别人,这就使得真正的讨论难于展开,集体智慧难于发挥。解放前,我也有我的不可"犯"的"尊严",我的"尊严"的范围虽不那么广,但是在"哲学"上我很顽固,只承认不同的意见,不太容易承认错误。要我在大庭广众中公开地承认自己的错误是很困难的。这是我的个人主义在作祟。中国科学院的讨论会给我们树立了榜样。先进的哲学工作者艾思奇、胡绳、孙定国等同志彼此提出批评，而又乐于接受批评。他们的尊严并未因此减少。我参加了这样的讨论会，受到很大的教育。我想应该向他们学习，首先我要有接受批评的勇气，要培养这个勇气就要实践，我就提出论文请大家讨论。我硬着头皮去参加了讨论会。在会上，我对个人的考虑逐渐少了，我的注意力慢慢地集中到论文上，"金岳霖"和我的关系同平时就不太一样了。讨论前，我也知道论文有毛病，但是我没有想到毛病那么多、那么大。可是，尽管毛病那么多、那么大，同志们并没有因此看不起我。我也没有垂头丧气。相反地，我觉得我和同志们在一块儿打了一个大胜仗。

要学习，书非读不可，讨论、批评和自我批评也非进行不可。讨论，既可促使我们多读书，也培养了我们批评和自我批评的习惯。有了这样的习惯，我们就可以很好地发挥集体作用，提高科学水平。我国的知识分子既少，水平又不高。要赶上社会主义建设的需要，我们就非大大地努力不可。毛主席已经提出了迅速赶上世界科学先进水平的号召，我相信我们是可以赶上的，但是像过去那样摇摇摆摆地前进是不行的。

我们要提高警惕[*]

　　人民日报第一批材料已经充分地证明了胡风和他的集团的问题不单是文艺理论问题;第二批材料证明了他们是反党、反人民、反革命的集团;第三批材料证明了他们的骨干分子是以文艺为幌子的蒋匪特务。现在全国人民要求镇压他们,粉碎他们,肃清他们。我认为这完全是正确的。

　　暗藏的反革命分子的存在是无可怀疑的了。我们要提高警惕。问题是如何提高呢?我认为唯一切实可行的方法,依然是认真地学习马克思列宁主义。有了这一武器,我们的眼才能快,耳才能灵,鼻才能尖;有了这一武器,我们才能准确地发现问题,例如杨献珍同志一下子就抓住了胡风文章何以难懂的缘故。我们要读书,但是我们的学习不单是读书。整风是反革命分子所害怕的,我们就要经常地整风,通过整风我们可以端正我们的态度,也可以发现敌人。批判资产阶级的思想是反革命分子所害怕的,我们就要继续我们正在进行的对资产阶级思想的批判,通过这样的批判,我们可以提高自己,帮助同志,发现敌人。

＊　原刊于《北京大学校刊》第 45 期,1955 年 6 月 25 日。——编者注

同时,端正我们的态度,提高我们的水平,可以使敌人无隙可乘。反革命分子是蚊子,是苍蝇。我们有个人英雄主义、自由主义、宗派主义,他们就嗡嗡地飞来了。我们的弱点和毛病都是他们进攻的阵地、桥梁。要阻止他们的进攻,就要求我们自己立于不败之地。这只有认真地学习马克思列宁主义才能办到。

批判梁漱溟的直觉主义 *

　　梁漱溟先生说,他不是哲学家,也不是学问家,他是有思想的人;或者说,他是一个有思想又且本着他的思想而行动的人;如其说他是一个思想家,同时又是一个社会改造运动者,那就十分恭维了。① 梁漱溟先生是以思想自豪的,同时他自己认为他是本着他的思想而行动的人。他的思想和行动,直到1949年《中国文化要义》出版的时候,都是反马克思列宁主义的。

　　梁先生在政治协商会议第二届全国委员会第二次全体会上的发言是值得我们欢迎的。他承认了他在阶级问题上的错误,他表示了自从党领导建国以来,伟大的成就鼓舞了他,他要跟大家一起前进,梁先生的思想改造从此一定会很顺利地进行。但他的哲学思想曾经长期地而且大量地流行过,它的残余也还没有肃清,本文着重批判梁漱溟的直觉主义。

　　从前我也认为梁漱溟不是一个哲学家。那时候我也是唯心论者。我只是单从概念系统去看哲学。单从这一角度去看

---

　　* 　原刊于《哲学研究》1956年第2期。现略作删节。——编者注
　　① 　梁漱溟:《中国文化要义》,路明书店1949年版,"自序"第4—5页。

哲学,梁漱溟的哲学的确很难成家。我既然认为他的哲学不能成家,在那时候我也就认为他没有哲学了。他的哲学有唯识论,也有王阳明、贝克莱、叔本华、倭铿、柏格森、罗素、杜威等的哲学。但是,在那时,我认为这些东西是很难搞在一块的。初步地学习了马克思列宁主义哲学之后,我才知道哲学不只是有它的思想根源,十分重要的是它有阶级根源。从阶级根源着想,梁漱溟的哲学不但是杂烩,而且必然地是杂烩。这一哲学的形成时期是帝国主义时代伟大的十月革命之后的时期,地点是半殖民地半封建的旧中国。梁漱溟所代表的是死期即到而又作垂死挣扎的封建地主阶级。梁漱溟的哲学就是垂死挣扎中的封建地主阶级的杂烩哲学。

一、梁漱溟的世界观和认识论

　　思想方法和世界观是分不开的。本文依然要提出梁漱溟的世界观。他的世界观是主观唯心论的、唯我论的。这一点虽然有好些人提出过,我们还是要重复地说,因为它是非常重要的。梁漱溟的唯心的世界观是有它的特点的。这些特点有的同志已经提到,有些论点我们在这里就不重复了,有的我们要着重地提出。在下面我们提出两点:一是梁漱溟的主观唯心论的世界观是无中生有、随心任意创造的世界观;二是他的认识论是无中生有、随心任意创造的认识论。

　　梁漱溟唯我的随心任意创造性是少有的。马克思主义者要恰如其分地承认创造性,现在我们要鼓励创造性的科学研究,但是我们所说的是唯物主义的实事求是的创造性。在日

金岳霖全集

第四卷（下）

常工作中我们也要创造条件,而创造条件是要有客观基础的,不是无中生有的。梁漱溟所要求的创造则是无中生有的。我们先看他所说的"宇宙",这只是个人的"宇宙"。他说:"各有各自的宇宙——我宇宙与他宇宙非一抑此宇宙即是他——他与宇宙非二。"①按照梁漱溟的说法,"我"就是"宇宙",但是"宇宙"究竟是如何的东西呢? 梁漱溟说:"尽宇宙是一生活,只是生活,初无宇宙。"②我们要问生活是如何的东西呢? 他说"生活"是"事"的相续。"事"又是什么呢? 照梁漱溟的说法,"一问一答即唯识家所谓一'见分'一'相分',是为一'事'。一'事',一'事'又一'事'……如是涌出不已是为相续"③"事"是问出来的。"事"这样的相续涌出不已是"因为我们问之不已"④。这就是说"问"是原因,"事"是结果;不"问"就没有"事"了。梁漱溟继续说:"一问即有一答。"⑤读者中也许会有人说:"这岂不很好吗? 我们马克思主义者是要提问题的。"是的,我们要大力地搞科学研究,科学研究当然要牵扯到提问题。但是我们是向客观世界问,而最后的答案也是客观世界的答案。梁漱溟的"问答"不是我们的问答。他的"问"是产生"事"的问,他的答是"自己所为的答"⑥。在这一点上梁漱溟说了一句老实话。梁漱溟既然是唯我论者,他当然没有独立于他的意识之外的材料作为答案的根据。但

---

① 梁漱溟:《东西文化及其哲学》,第48页。
② 梁漱溟:《东西文化及其哲学》,第48页。
③ 梁漱溟:《东西文化及其哲学》,第48—49页。
④ 梁漱溟:《东西文化及其哲学》,第48—49页。
⑤ 梁漱溟:《东西文化及其哲学》,第48—49页。
⑥ 梁漱溟:《东西文化及其哲学》,第48—49页。

是问题不只是这样而已。他也没有与"他""为二"的——这就是说，不独立，可是和他自己仍有些分别的——材料作为他答案的根据。因此，"自问自答"就是自我创造。这创造是极端随心任意的，因为它是无中生有，它是不受任何材料的限制的。

梁漱溟先生也许会说这是欲加之罪，他何尝随心创造呢？在上面那些话说完之后，隔着几页他就提出各种不同的障碍。他还承认有绝对不能满足的东西啊！可是，请注意我们的问题是唯物论和唯心论的问题，不是有无障碍的问题。有障碍并不因此唯物。梁漱溟思想改造的障碍好些年来决不是客观世界，而是他的唯我的思想。障碍他的就是唯心主义本身。梁漱溟在他的书里面所提到的障碍很显然地都在"一问一答"中，都在"事"中，都在"宇宙"中，而"宇宙"就是"他"。这就是说他的障碍是"他"自己的障碍。梁漱溟确实说过："他心（别人的心）在我的宇宙范围之外。"但是假如这"在外"是独立于"我"的意识而存在的意思，梁漱溟没有权利说这样的话。以后我们还要提到这一点，在这里请注意"物质"、"科学"这样的字也经常在梁漱溟书中出现，但是无论它们是什么，它们不是我们所说的物质和科学。梁漱溟的"一问一答"就是"自问自答"，而这就是心问心答，而这也就是随心创造。梁漱溟之所以特别欣赏柏格森的理由之一也就在这随心创造上。

梁漱溟自称是"本着他的思想而行动的人"。这是危害性特别大的行动，不管思想正确与否就本着它去行动，从辩证唯物主义者看来，这简直是罪恶。垂死的封建地主和土皇帝的残酷行动就是这样的行动。这样行动的思想根据就是随心创造、任意胡为的世界观，这也是垂死的封建地主和土皇帝的世界观。有这样世界观的人根本不要理性，不要科学。梁漱溟是只顾思想不顾正确与否的人。他虽然因为时代的关系，在他的书里面也常常有"科学"两个字，但是他对科学毫无兴趣。他虽然也有认识论，然而他的认识论是反科学的认识论。他的世界观是随心创造的世界观。他的认识论也是随心创造的认识论。关于随心创造，此后还要提到。

梁漱溟的认识论，限于《东西文化及其哲学》这本书里的，在第四章，主要点是现量或感觉论和直觉论。他的现量或感觉论有骗人的东西。他给人的印象是他在"感觉"或"现量"方面是相当客观的。在论"现量"或"感觉"时，梁漱溟说它有两个条件：第一是有影有质，第二是影要如其质。这好像是说我们看见布的白时，白是我们的影像；"布有使我们生白的影像之能力"，这能力是质或本质。要影如其质，似乎是要求我们要有正确的感性认识似的。这就给人以一点点子唯物论的印象。梁漱溟在提出"现量"或"感觉"这一段里的确是这样说的。可是在该书上他不但说，"你眼识所现的红白属你，我眼识所现的红白属我"；而且说，"就是本质也非客观存在而是随人不同的"。在该书稍前一点的地方梁漱溟说得更针对于我们的问题一些。他说："影像之后尚有本质，则常人所指为客观的物质世界也，但其实不然。"接着他就讲阿赖耶识，这是所谓绝对的本体的心，捏造出这个绝对的本体的心来就否定了客观的独立存在的本质了。梁漱溟既根本不承认这客观的世界，无论他在字面上如何谈"物质"、谈"科学"、谈

"障碍"、谈"他心"或"他心"背后的本质都不相干,因为这都是八识变的。"及至得到大解放,无求即无问,什么本质影像也就没了"①,随着八识而来的就是"非心非物,非一非多,乃至非有非无,乃至本体这句话就不对"②的境地。就客观世界说,这是捏造出来的(古人有无此说不相干)。梁漱溟捏造出这样的境地做什么呢? 目的只有一个,这就是随心创造,因为这样的境地是什么都没有了的境地。我们不要受"影如其质"这样的话所骗,这是第一点。

　　梁漱溟的感觉论不是感性认识的理论。辩证唯物主义者在认识论上是反映论者,无论就感性认识或理性认识说都是这样。感性认识是通过感官活动去反映客观世界的认识。客观事物作用于我们的感官使我们在感觉上得到客观事物的反映。正确的感性认识就是正确地反映了客观事物的感性认识。它是认识的大门,是非常之重要的。梁漱溟所谈的"现量"或"感觉"根本不是认识。在这里我们不提出他所说的"特殊的现量"。他开始时所谈的"现量"或"感觉"就不是认识。他说:"感觉时并不晓得什么是茶味或白色,只有由味觉或视觉所得到茶或白色的感觉而无茶味或白色所含的意义;——知茶味或白色之意另为一种作用——所以'现量'的作用只是单纯的感觉。"③这是没有意义没有语言没有思想的"感觉",在飞鸟当前时只看见鸟不看见飞的感觉,这是捏造出来的,根本不能存在的感觉,它不能存在的理由下节再提

①　梁漱溟:《东西文化及其哲学》,第85、86页。
②　梁漱溟:《东西文化及其哲学》,第87页。
③　梁漱溟:《东西文化及其哲学》,第70页。

出。这里要着重的是这样的"感觉"或"现量"当然不能是认识的源泉。梁漱溟所谈的根本不是认识,虽然他有时也引用了"认识"这两字。梁漱溟这个人当然有感性认识,但是他在论"现量"或"感觉"时所论的不是感性认识。他的认识论是既没有客观的基础也没有感性认识的认识论。这是我们要注意的第二点。

梁漱溟的概念论是彻头彻尾地唯心的。辩证唯物主义认为理性认识是重要的,它更正确地更全面地反映客观世界及其规律。科学的概念是客观事物本质属性的反映,所以也是重要的。之所以重要是因为比起感性认识来,它是客观事物底更忠实更全面的反映。可是它是以物质为第一性的。梁漱溟所说的"概念"完全是主观的。他的"比量"本来就是"独影境"的,本来就没有"质"的,这也就是说本来就没有客观基础问题的。此外,他的"概念"也没有感觉认识作为基础。他的"概念"是完全悬空的。梁漱溟先生也许会摇头,他在《东西文化及其哲学》的第71页上的确说过,喝过多少次茶之后进行综简分合而成"茶"这一概念。但是"喝过多少次茶"在认识论上是什么呢?我们不知道。它不是上面所说的"现量"。我们不能从"茶现量"上去进行综简分合,因为事实上没有"茶现量",我们不能从不存在的"茶现量"去综简分合。梁漱溟自己也知道,所以他说:"现量是无分别,无所得的;……如是从头一次见黑无所得,则累若干次仍无所得,这时间比量智岂非无从施其简综的作用?"①"喝过多少次茶"而知道茶味

---

① 梁漱溟:《东西文化及其哲学》,第71—72页。

好像应该是感性认识,但是它也不是。感性认识是无须乎直觉来虚构"意味"、"精神"、"趣势"等等就能够上升飞跃而为理性认识的。如果"喝过几次茶"是"累若干次"那样的事情再加上直觉的虚构,它显然不是感性认识。梁漱溟所说的"概念"确是独影境的,完全是悬空的、虚构的,根本就没有任何客观根据,也没有感性认识的基础。

　　本文强调梁漱溟在世界观和认识论上都是无中生有,随心创造。也许有人会说,这是所有的唯心论者的共同点,为什么特别强调呢? 唯心论者确实是或多或少地无中生有,随意制造。但是他们之间是有程度上的分别的。贝克莱、休谟、马赫一直到现在的罗素、卡尔纳普都是主观唯心论者,都不承认有独立于我们的意识而存在的客观物质世界。这是这种主观唯心论的共同点,也是它的主要点。但是这班人都承认感觉材料是与料,不是人们所能任意构造的。他们认为看树时所看见的是绿,摸石头时所触到的是硬,吃苦瓜时所尝到的是苦;这些都是与料,都是人们所不能也无须构造的。但是他们不承认在看见绿时也看见了树,触到硬时也触到石头,尝到苦时也尝到苦瓜。这当然是胡说。这些东西都是客观物质世界中的实体。唯心论者否认了它们,然后在感觉与料上构造出"树"、"石头"、"苦瓜"来,这是非常之荒谬的。这实在是抬高意识,把它加入到万事万物的构造因素中去,使本来没有意识这一因素在其中的也就成为有意识在其中的东西了。这样的构造确是无中生有的制造,随意的制造。但是按照这个说法,原料仍然不是人们制造出来的。梁漱溟就不同了。他所说的"感觉"或"现量"是化有为无的工具。照他的说法,就是飞鸟当前,在"八识"前只有鸟,没有飞;而在"八识"后,不但没有飞,鸟也没有了。"八识"就是把这个存在的丰富的世界"化"为上面已经提到过的"非一非多,非心非物,非有非无,乃至本体这句话就不能说"的"世界"。梁漱溟的唯心主义是不承认任何与料或者任何原料的。按照他的理论,一切的一切都是无中生有,随心任意地创造出来的。这一点是应该强调的。

我们现在可以作一小结。梁漱溟的世界观是唯我的随心创造的世界观,他的认识论是没有客观根据没有感性认识,因此也是随心创造的认识论。他是以他自己的思想自豪的,并且是本着他的思想而行动的人。他的思想是从哪里来的呢?他的思想不能不是随心创造的思想。问题是他用什么工具呢?梁漱溟虽然已经欺骗不了多少人,然而自欺的本领特别大。他如何自欺呢?客观世界是否认不了的,感性认识也是否认不了的。梁漱溟也不得不承认"喝过多少次茶"之后,可以综简分合。他的办法是歪曲感性认识。他虚构出根本就不存在的"现量"或"感觉"来作"标准",按照这个标准来否认实在的感性认识,说它不够"标准"。① 然后再用直觉来歪曲这不合"标准"的、可是实在的感性认识。这样他就可以随心所欲地去"思想",并且也随心所欲地本着他的"思想"去行动。下面我们要批判梁漱溟的思想方法。但是这个思想方法是和直觉分不开的,因此我们先要提出直觉主义来批判。

---

① 梁漱溟:《东西文化及其哲学》,第83页。

二、揭露并批判梁漱溟的直觉主义

上面所批判的认识论没有提到梁漱溟的直觉主义。这个直觉主义是他的主观唯心主义世界观和认识论的重要组成部分。直觉主义所推崇的是"直觉"。首先我们要肯定辩证唯物主义者并不否认相当直接的敏锐的认识。这种认识是生活实践中，科学研究中所常有的，它的内容和它发生的条件都是唯物主义的。它虽然有经验积累中所得到的敏锐性，然而它的本质并不是脱离感性或理性认识的，因此它不是神秘的。这样的认识不是梁漱溟所推崇的"直觉"。他所推崇的"直觉"是如何的货色以后会提出。现在所要肯定的是辩证唯物主义者虽然承认直接的敏锐的认识，从来就没有夸大这种认识的作用，也没有什么直觉主义，而且是和梁漱溟的直觉主义以及任何直觉主义对立的；因为直觉主义是唯心主义、僧侣主义、宗教迷信的继续，是神秘主义在认识论上的主张。

直觉主义的前身是神秘主义，而在西欧神秘主义是和基督教的迷信分不开的。基督教有所谓直接启示的说法。按照这个说法，教徒在和"上帝"打交道时可以得到"上帝"的直接启示。主要点在于"上帝"所启示的东西不是日常经验中所能得到的。这样一来，利于宗教的迷信就可以用"上帝"亲自许可的名义来在社会上取维护宗教的作用。直接启示的特点有三个。一个特点，直接启示是在不正常的生活状态中进行的。这种不止常的生活大都以"独特的经验"方式表现出来。詹姆斯的《各种各样的宗教经验》一书中就有许多这类"独特经验"的记录。另一特点,直接启示是无法从感性或理性认识中得到的。这个特点可以说是上一特点被安排在认识过程中的结果。这就是说,"独特"在认识论上的意义就是不受感性或理性认识规律的支配。第三个特点,直接启示是"上帝"直接给人的,它所启示的有无限权威。这种直接启示的说法在古时候是好些人所能接受的,但是在科学日益发达,常识日益丰富的近代,这个说法就不能广泛地欺骗人了。要保存直接启示的实质,就非用另外的说法不可。

直觉主义就是上帝启示那样的说教披上了新衣服的主张而已,它把近代说不出口的东西丢掉了,例如人们和"上帝"直接打交道,"独特的经验"。但是它保存了两个主要特征:一个是"直觉"所能得到的是正常的感性或理性认识所得不到的;另一个是"直觉"所得到的要比正常的感性或理性认识所能得到的"高明"得多。这仍然是神秘主义,不过它把"神秘"成分从上帝和人打直接交道这一点上移植到"直觉"上来了。"直觉"虽然被说成是人的"直觉",然而直觉主义者总还是要把它说成是神秘的东西。其实它没有任何神秘。假如我们认为它有神秘,我们就上了直觉主义者的当。在下面我们要分析梁漱溟的直觉主义,看他所说的"直觉"究竟是什么,它有什么功能,起什么作用。梁漱溟的直觉主义虽然有特点,然而仍和别的直觉主义者一样主张"直觉"有特别的能力,它能够得到感性或理性认识所得不到的东西。

上节对认识论的批判着重地提出两点:一是它否认了客观世界,二是它否认了感性认识。在那里我们没有提出直觉主义,因为这需要专节来批判。梁漱溟否认感性认识是通过歪曲来否认的。他的主要歪曲办法是以虚构的"感觉"或"现量"去代替感性认识，并且以"感觉"或"现量"为标准去否认感性认识之为认识。梁漱溟的"概念"本来就是独影境的，本来就是悬空的。只要感性认识被歪曲被否认，他就可以让"直觉"包办认识的一切。"直觉"是什么呢？梁漱溟只说了一半的话，他自己说的有两点：一、它是带影境的，二、它是认识"感觉"所没有的"意味、精神、趋势"的工具。一好像给人以具备客观因素的印象，二又给"直觉"以无中生有的能力。另一半的话梁漱溟没有说。他虽然没有说，然而他仍不得不认识他的直觉主义的实质，他的"直觉"是包办认识使他随心任意去思想的工具。

　　梁漱溟的思想是完全随心任意的。他的"宇宙"是"生活"，而"生活"是"无尽的意欲"①。他的意欲特别强，他的思想虽然混乱到极点，然而他的目的是清楚的。他的思想完全以意欲为方向，所引用的工具就是"直觉"。"直觉"的主要作用是任意加减。② 但是对于什么东西"直觉"起任意加减的作用呢？我们的答案是对感性和理性认识，意欲所要求的，感性或理性认识所不能供给的，梁漱溟都让"直觉"根据意欲去加；意欲所不要的，感性或理性认识所有的，梁漱溟也让"直觉"根据意欲去减。这样一来，所认识的都是意欲所要求的。读者也许会说：这岂不是赤裸裸的主观主义吗？这太简单了吧！"直觉"的本质就是这样，没有什么神秘。就梁漱溟的直

① 梁漱溟：《东西文化及其哲学》，第24页。
② 梁漱溟：《东西文化及其哲学》，第73页。

觉主义说,它给人以神秘印象的东西是它的烦琐的"理论"。要让"直觉"起这里所说的作用,就要下面所说的烦琐的"理论"。这个"理论"的主要点就在"感觉"或"现量"上。

关于梁漱溟的"感觉"或"现量"论,我们要提出以下三点:一是指出它的任务,二是揭露并批判它的实质,三是揭露并批判它达到目的的方法。

梁漱溟的烦琐理论的集中点就在他的"感觉"或"现量"论。这一"理论"是有它的任务的。梁漱溟的目的是无中生有随心任意地创造。但是要能够畅畅快快地无中生有就要先把本来的有化成无。承认这个丰富的存在的世界就得按照它的规律去了解它,就得要求实事求是。这样一来,梁漱溟就不能够无中生有随心任意地去创造了。无中生有的条件就是要先化有为无,要先把无创造出来。显然,现实的世界不是"无",并且它还会阻碍无中生有的企图。头一步就是要把现实的世界化为乌有。感觉是客观事物作用于感官的影响,感性认识是认识现实世界的大门。在感性认识上去化有为无是最简便。梁漱溟的"感觉"或"现量"论就是化有为无的工具。化有为无就是这个"理论"的任务。这一任务的执行就为"直觉"创造了无中生有的条件。

梁漱溟的"感觉"或"现量"论的任务既如上所述,它的实质也就容易被揭露出来,它的实质就是化有为无的方式。这个实质是隐蔽的,梁漱溟用了很厚一层烟雾去掩盖它。他自己也或许飘飘然云游在这层烟雾之中而不自觉。把这层烟雾拨开,我们就可以简单地批判这个荒谬的"理论"。化有为无和化动为静是相互为用的。大致说来,化有为无有以下两个

801

方式：一个方式是先承认事物时刻变化的事实，然后说就在瞬息时间的事物也仍然是即生即死的过程。这似乎很好，但是，接着问题就来了。接着肯定的是这个即生即死的过程是没有事物那样的质的规定性的（这一点非作专题批判不可。承认这一点，辩证法有被歪曲成诡辩的可能。我个人在20年前抗拒辩证法，主要地是因为我的阶级意识在推动我，但是也是因为当时所提出的辩证法是诡辩）。要有那样规定性的东西，只有在无间的刹那方有。可是，在无间的刹那事物非生非死，就静动说，它也非动非静。照这个说法，飞鸟当前，它不能飞。有鸟这样规定性的东西在无间的刹那方有，而在无间的刹那它不能飞，因为飞需要时间。另一个方式是把飞鸟飞的时间分析成达不到的极限的时点，一串的时点；把飞的距离分析成达不到的极限的空点，一串的空点；把鸟安排在相应的时点空点上，飞鸟也就无所谓飞了。这两个烦琐的方式都是不正确的。空点时点（无间的刹那同样）都只是极限，都是达不到的，不存在的。存在的空间（有间的）不能分成（不是分析）无间的空点；存在的时间（有间的）不能分成（不是分析）无间时点，在无间的空点—时点上也根本不能有存在的具体的感觉。梁漱溟所说的"感觉"或"现量"是不存在的，虚构的。有是不能化为无的。无论唯心主义者如何想方设法，化有为无都是不能成功的。但是，梁漱溟的"感觉"或"现量"论正是化有为无的荒谬的"理论"。通过这一"理论"他就认为："眼前的人和山河大地都没有了"①。

① 梁漱溟：《东西文化及其哲学》，第84页。

我们现在要看看梁漱溟如何达到他的目的。他搞出这样的"感觉"或"现量"是为了歪曲认识,首先是感性认识。这在梁漱溟的哲学中是非常之重要的。他是人,他当然有感性认识。他的感性认识正确成分有多少是另一问题,但是在他的生活中他有感性认识这一点是无法否认的。可是事实上梁漱溟确实是否认了感性认识。他的办法就是以虚构的不存在的"感觉"为标准来否认存在的感性认识之为认识。看见过多少次黑之后,人们是可以得到黑的意义的。可是以他的"感觉"为标准,梁漱溟说他得不到黑的意义。喝过多少次茶之后,人们是可以得到茶的意义的,可是以他的"感觉"为标准,梁漱溟说他得不到茶的意义。① 这显然只是瞪着眼说瞎话。但是梁漱溟为什么要说这样的瞎话呢?因为他要把感性认识所能得到的黑的意义和茶的意义都算在"直觉"的账上。同志们,请不要太注意黑的意义和茶的意义。问题是这一类的东西感性认识供给呢?还是不供给呢?梁漱溟说它不供给,供给它们的是"直觉"。如果我们太着重"黑"和"茶",我们就会上当。不要以为黑的意义和茶的味道无关紧要,就以为它们的来源也无关紧要。果然如此,我们也许会让梁漱溟把感性认识中所有的意味、精神、趋势都划归"直觉"之所供给。承认这一点,"直觉"就代替了感性认识。它就可以替梁漱溟随心任意地供给"意味、精神、趋势"了。有了这一工具,梁漱溟要的东西,他的"直觉"可以替他加;不要的东西,他的"直觉"也可以替他减。在正常的感性认识中,梁漱溟是可以认

---

① 梁漱溟:《东西文化及其哲学》,第72页。

识到自己是一个平凡的人的。他可以认识到,在兵荒马乱中,他是可能牺牲他的生命的。但是他目空一切,舍我其谁,自高自大到一个程度,使得他"直觉"到他不能死的"趋势","直觉"到他一死"天地将为之变色"的"意味"。显然,这种无中生有的"趋势"和"意味"都是他的意欲使他"直觉"出来的,都是感性认识所没有的。梁漱溟的直觉主义又有什么神秘呢?

直觉对于理性认识起同样的作用,梁漱溟说:"又直觉可分为两种,一是附于感觉的,一是附于理智的。……若如读诗文所得妙味,其妙味初不附于墨字之上,而附于理解命意之上。于是必借附于理智之直觉而后能得之。"①这就是说,诗文的"妙味"是理智所得不到的,只有"直觉"方能得到。理性认识是从感性认识飞跃发展出来的。梁漱溟既歪曲了感性认识,当然就会歪曲理性认识。在感性认识中,他既让意欲通过"直觉"无中生有地产生"意味、精神、趋势"来,在理性认识中他也会让意欲通过"直觉"无中生有地搞出一套"理论"来。他自己的"理论"是他的"直觉"搞出来的,对于别人的理论他如何办呢? 他的办法仍然是让意欲通过"直觉"来歪曲别人的理论。这是必然的。因为对别人的理论的看法、态度、等等,仍然是他自己的认识。虽然如此,对别人理论的歪曲仍有它的特点。我们仍需要揭露,进行批判。

对别人理论的歪曲是任意加减,任意取舍,但是这些都可以集中到梁漱溟对概念的要求上来批判。他对概念的要求也

---

① 梁漱溟:《东西文化及其哲学》,第 74 页。

就是他对理论的要求。他对概念有什么要求呢？一句话，他要求概念含糊不清。他所说的"概念"本来就是悬空的、独影境的，这已经是对概念的歪曲。这种歪曲对梁漱溟说还不够，唯心主义者并不都要求不明确的概念，只是唯心的概念常常是不明确的而已。梁漱溟要求不明确的概念，这对于他是非常方便的。但是他这个要求本身也是不很明确的，他说："我们要认识这个抽象的意味或倾向，完全要直觉去体会玩味方能得到"，理智是得不到的，"理智所制成之概念皆明确固定的，而此则活动浑融也"①。梁漱溟把明确和固定裹在一道并不是偶然的。在谈柏格森时他说："所以讲形而上学要用流动观念不要用明晰固定的概念。"②他把明确和固定混淆起来，使人得到印象是他既反对固定的概念，也就不能不反对明确的概念。固定和明确不是一回事。概念不能太固定，可是不能不明确。概念是要反映客观事物的本质属性的，客观事物既在不断的运动变化中，概念要灵活才能正确地反映不断地运动变化着的事物。我们不能让它凝固，让它僵化。但是概念不能不明确，不明确，它如何能正确地反映客观事物的本质属性呢？不明确，思想如何交流，本人如何一致，别人如何懂呢？概念不明确就会失去概念的本质。事实上，梁漱溟就是要取消概念的本质，他要维持他自己所说的"概念"。他所说的"概念"是悬空的、独影境的、不明确的。这就是说，在组织因素上是他可以任意加减、任意取舍、任意歪曲的。这就是

---

① 梁漱溟：《东西文化及其哲学》，第 116 页。
② 梁漱溟：《东西文化及其哲学》，第 79 页。

直觉主义在概念上的作用,也就是它在理论上的作用,这又有什么神秘呢?

总之,梁漱溟的直觉主义是有它的特点的,以上揭露了这个特点并加以批判。但是他的直觉主义也和别的直觉主义一样是有本节开始时所提出的两个共同的特征的:一是直觉能够得到感性或理性认识所得不到的东西的,二是所得到的要比感性或理性认识所能得到的"高明"得多。所谓"高明"就是可以任意创造自己的"理论",也可以任意歪曲别人的理论。在下节我们要提出具体的例子来。

三、批判反理性的直觉主义的具体思想

梁漱溟是唯心主义者,他一定要歪曲马克思主义。他的思想的本质和他对马克思主义的歪曲好些同志已经批判过了。批判的角度是不同的。有些同志作了全面的批判,有些就不同的方面进行批判。本文也是从一个方面进行批判,批判的重点在直觉主义。梁漱溟是直觉主义者,他歪曲马克思主义的方法仍然有他的特点。这个特点是一方面他的思想特别混乱,另一方面是这个混乱的思想有它的总线索。这个总线索,一方面是用马克思主义的词句来歪曲马克思主义,另一方面是用他自己所有的词句来捏造反动的封建主义的"理论"。这就是说在历史上一方面梁漱溟化有为无,另一方面又从无中生有。在前一方面,他装出承认历史唯物主义的样子,可是不承认中国历史是按照一般的社会发展规律发展的。他认为封建社会早已解体了,秦汉以来阶级早已不存在了,中

央集权的"天下"不像国家,这就是用马克思主义的词句来歪曲马克思主义。另一方面,这一歪曲也为梁漱溟的积极主张创造了条件。这一歪曲把秦汉以来两千年的中国历史歪曲成为毫无历史唯物主义内容的空白点,来让他捏造他的"伦理本位职业分途"的"理论"。这两方面构成一个中心思想,这个中心思想是反对十月革命一声炮响所送来的马克思主义,说它无的放矢,从根本上否认中国新民主主义革命的对象。这个中心思想背后的中心要求是维持垂死的封建主义。

大家知道,一般和特殊是不能割裂的,一般不能脱离特殊;特殊也不能够脱离一般。梁漱溟好像是承认社会发展的一般的规律的,可是他着重地提出中国历史的特点。中国历史当然是有它的许多特点的,长期封建就是这些特点之一,这些特点是要科学地研究的。但是承认这些特点是一件事,借此否认中国历史遵循一般的规律是另外一件事。梁漱溟正是利用中国的特殊点来否认中国的一般的。这是他歪曲革命理论的出发点。问题是他这一歪曲是不是一简单的错误呢? 不是的,梁漱溟并不是一致地否认一般的或一致地只承认特殊的。在谈家庭的时候,他举的例是秦、瑞士和苏联的家庭来谈的。秦是封建主义的社会,瑞士是资本主义的社会,苏联是社会主义的社会,这些本质不同的社会的家庭是各有它的特点的,可是在这里梁漱溟就不管这些特点了。他只谈一般,因为他所着重宣传的是资产阶级对苏联的污蔑,说苏联曾经废除了家庭。① 这就证明了梁漱溟对于一般与特殊是根据他的要

① 参见梁漱溟:《中国文化要义》,路明书店 1949 年版,第 33—34 页。

求而有所取舍的。一般有利于他的要求,他就取一般而舍特殊,特殊有利于他的要求,他就取特殊而舍一般。在中国社会发展史上,梁漱溟不只是犯了错误而已,而是有意地歪曲。

社会发展规律在中国怎样地特别呢? 有什么特点使得梁漱溟"有悟于其理,而不概执为规律"①呢? 头一点就是关于封建的歪曲。马克思列宁主义没有把封建了解为只是在政治上非中央集权的、分散的、诸侯的统治,在经济上世袭的贵族领主对农奴的压迫和剥削。地主在中国早已产生,地主的统治是封建的统治,地主的剥削是封建的剥削。抗战前中国农村的基本情况是地主、富农占农村人口百分之八到十,占有的土地是百分之七十到八十。雇农、贫农、中农占农村人口百分之九十,他们所占有的土地只是百分之二十到三十。地主残酷地剥削农民,而农民终年劳动不得温饱。梁漱溟不顾这样的基本事实,硬把封建限制到没有中央集权的诸侯分散的统治,贵族领主对农奴的压迫和剥削。这就是对封建主义这一概念进行直觉主义式的任意加减,使得他能够得出秦汉以前封建制度已经解体这样一个结论。也许有人以为梁漱溟所用的"封建"两字是好些老先生惯用的,他是不是习惯于这一用法,而犯了误解别人的毛病呢? 当然不是。五四以来,反封建的口号早已提出,难道当时的口号可以误解为反对姬周诸侯分治的制度吗? 这是不可能的。这是故意的歪曲,以便进行下面的一步一步的歪曲的。他得到的是什么呢? 秦汉以前虽有阶级,然而秦汉以后,封建解体,封建的阶级已经不存在了。

---

① 梁漱溟:《中国文化要义》,路明书店 1949 年版,第 159 页。

资本主义还没有来,所以资本主义的阶级还没有产生。因此在秦汉以来的中国,阶级已经不存在了。

梁漱溟反对马克思列宁主义是集中在阶级这一学说的。他在这一点上花的力量最多,所进行的歪曲也特别厉害。"阶级"这一概念是明确的,列宁曾下了经典的定义。他说:"所谓各个阶级就是在历史上一定的社会生产体系中所处的地位不同,对生产资料的关系(这个关系大部分都是在法律上明文规定了的)不同,在社会劳动组织中所起的作用不同,因而领得自己所支配的那份社会财富的方式和多寡各不相同的几个巨大集团。所谓各个阶级,就是由于彼此在一定的社会经济结构中所处地位不同,而有某一集团能占得另一集团劳动的各个集团。"①阶级是有以下的特征的:它是和一定的历史时期的生产体系联系着的,它是和生产资料的所有制联系着的,它是在生产中占不同地位的不同的集团,它是因地位不同而有某一集团能占得另一集团的劳动的各个集团。列宁这个定义科学地说明了阶级是什么,要反对阶级和阶级斗争这一学说,就要从反对这个明确的概念开始吧!梁漱溟不用这个堂堂正正的反对法,他的方法是运用他的"直觉"把一个明确的概念这里加一点那里减一点,使得它成为有利于梁漱溟的要求的糊里糊涂的概念。

梁漱溟好像是承认了生产资料的所有制是阶级存在的要点,但是他着重讨论的是贫富的悬殊,是"不患寡而患不均",是"土地自由买卖,人人得而有之",是"土地集中垄断之情形

① 《列宁文选》两卷集,第2卷,人民出版社1954年版,第592页。

不著"。这些都是好些同志已经批判了的,我们在这里不重复。剥削者确实愈来愈富,被剥削者确实愈来愈贫,但是贫富的悬殊和生产资料所有制仍然是不同的事体,以彼代此就是歪曲。梁漱溟似乎也承认阶级是在生产中占不同的地位的不同集团,例如他说阶级的"构成是在经济上"。但是他所着重讨论的是劳心劳力的问题。劳动人民确实劳力,并且他们的劳动被剥削者所占有。但是剥削者并不一定劳心,现代的寄生虫资产阶级根本就无所事事。他给读者的印象是劳动人民没有心思,在文化上不起作用的人。这是对劳动人民的污蔑的、反动的唯心史观,这又是对阶级学说的歪曲。梁漱溟好像承认阶级是在生产上占不同地位的不同的集团,例如他谈到"土地掌握在一部分人手里,而另一部分人任耕作之劳"①。但是他所着重讨论的是婚媾、是遗产、是世袭,而他的讨论是从个人出发的,例如"一地千年百易主,十年高下与人同"②。集体当然不能脱离个人,但是它不就是个人。张三这一地主的子孙可能变为农民,地主这一阶级并不因此就变为农民了。在这一系列的歪曲上,梁漱溟是相信他的"直觉"的。他所"直觉"到的"阶级"是什么呢?

梁漱溟所"直觉"出来的"阶级"是造物所安排的贫富悬殊的,以劳力者役于人使劳心者能够役人为目的的,靠世袭、遗产、不通婚媾来维持的,靠迷信成见来促成严峻分别的人。在梁漱溟的讨论中,他所用的虽然是"阶级"两个字,然而他

① 梁漱溟:《中国文化要义》,路明书店1949年版,第155页。
② 梁漱溟:《中国文化要义》,路明书店1949年版,第164页。

所想的是秦汉以前的贵族领主和农奴。他引用了孟子的话,捏造了造物的安排来为贵族领主和农奴底存在制造唯心史观的意义。他说:"老实说,有眼光的人早就看出,自有人群那一天起,造物即在向着此一目的而前进;这原是从有生物那一天起,造物即在为着人类心灵之开辟而前进之继续。但没有造物主出面发言,人们又不自觉,谁能平均支配,让每一个人都有其一部分空闲呢? 其结果便落在一社会中一部分人偏劳,一部分人悠闲了。"①这是十足的唯心的"阶级"观。这是利用"阶级"两字来污蔑马克思主义阶级学说。但是梁漱溟为什么把阶级限制到贵族领主和农奴呢? 这在他的思想总线索中起什么作用呢? 在这里我们要指出他的歪曲的目标:他要我们跟着他一样把封建制度限制到秦汉以前,要我们跟着他得出他所要得出的结论。秦汉以来阶级早就不存在了,这一"结论"根本不是结论,它是梁漱溟的"直觉"所捏造出来的,它根本就不是事实。

但是,在这个捏造出来的"结论"上,梁漱溟就进一步歪曲马克思列宁主义。他说秦汉以来的中国社会"不像国家"。他不肯定地说国家根本就不存在了,因为有皇帝有政府有官僚等等,他只说中国"不像国家"。在这里他又似乎承认了马克思主义的国家学说,说国家"构成于阶级统治"。② 但是他既然已经否认了秦汉以后阶级的存在,事实上他只是不承认这两千年来的地主统治机器是国家而已。在这里和在别的地

① 梁漱溟:《中国文化要义》,路明书店 1949 年版,第 157 页。
② 梁漱溟:《中国文化要义》,路明书店 1949 年版,第 172、184 页。

方一样,梁漱溟也提出了好些不甚相干的题目来讨论,例如天下、家庭、团体、个人的对比;在这些问题上他根据"不认定"的原则,让他的概念"活动浑融",使我们不容易确定他究竟说了些什么。我们不必研究他在这些问题上的思想。在肯定了中国"不像国家"之后,他歪曲马克思主义的思想上的段落已经达到了。

到此为止,梁漱溟思想的总线索达到了什么段落呢?他已经捏造出一个中国历史上马克思列宁主义的空白点,他把秦汉以来两千年中国历史中的历史唯物主义的内容排除掉了。在这个时期内,按照梁漱溟的说法,中国是一个非封建主义的、非资本主义的、阶级不存在的、不像国家的"天下"。这个松懈散漫的"天下"为梁漱溟的复古主义的胡思乱想创造了条件。在这个"天下"里,代替历史唯物主义内容的、为地主统治维持安宁与秩序的是什么呢? 这就是他的"伦理本位"、"职业分途"。这是莫名其妙的东西。我们当然不反对中国人有伦理关系,有职业,但是我们反对以"伦理本位"和"职业分途"来代替阶级统治和阶级斗争。可是,这些东西是梁漱溟所特别宝贵的,因为它们帮助他歌颂中国历史的地主统治。这一统治的残酷压迫、残酷剥削、黑暗腐败,梁漱溟都视而不见,凭着他的"直觉",利用他的毛笔一扫而空。代替的是一些不存在的"美德",例如"无为而治"、"讲情谊而不争权利"、不"集个人之有余"求"补众人之不足"、"行行出状元"、"天才的试验场品行的甄别地"……

"伦理本位"、"职业分途"底原因是什么呢? 照梁漱溟的说法,主要的原因是中国人的特点。中国人是"由内到外"

的、"从理到事"的、"由心到物"的。总起来说就是"文化早熟"、"理性早启"。读者一看就知道这是唯心主义,但是梁漱溟的唯心主义是有它的特点的,特点就在"理性"。"理性"是"贯乎道德礼俗教化"的东西。[①] 但是它究竟是什么呢? 汤用彤、任继愈两先生已经指出"理性"就是"直觉"。在 1949 年梁漱溟已经不用那容易引起反感的"直觉"两个字,而代之以"理性"两个字,以便于用理性的名义来宣传反理性的"理论"。这一点戳穿之后,我们要看一看在社会关系上梁漱溟"直觉"出了什么东西来。"伦理本位"、"职业分途"背后的精神是"安分知足",[②]这被称为"中国文明的大异彩"[③]。这是胡说。中华民族有光荣的革命传统。只有不顾精华只取糟粕的人才提出"个人安于所遇","彼此调和妥协"。这个"调和妥协"是有"理论"上的根据的,它的根据就是"宇宙间实没有……不调和的事物"[④]。这个弥漫着整个宇宙的"调和"只有"直觉"才能得到。在《东西文化及其哲学》那本书里,从第116 页起的几十页里,梁漱溟提出了"直觉"所能得到的许许多多的东西,此中占首要地位的就是"调和"。"调和的"实际意义是什么呢? 它就是要广大的劳动人民安分守己,与人无争,随感而应,随遇而安。这就是说无论地主统治阶级如何逆来,农民和其他的劳动人民都得顺受。这就是梁漱溟所"直觉"出来的封建地主的哲学,这就是要劳动人民在残酷压迫

---

① 参见梁漱溟:《中国文化要义》,路明书店 1949 年版,第 213 页。
② 梁漱溟:《中国文化要义》,路明书店 1949 年版,第 225—226 页。
③ 梁漱溟:《中国文化要义》,路明书店 1949 年版,第 221 页。
④ 梁漱溟:《东西文化及其哲学》,第 118 页。

残酷剥削之下"听天由命"的哲学,这不是为封建地主服务又是什么呢? 原来梁漱溟否认秦汉以来的封建社会,正是为了隐蔽他为封建地主服务而已。

在上节我们批判了梁漱溟的直觉主义,在本节我们又批判了他的直觉主义的具体的思想。这个具体的思想虽有线索,然而每一步都是反理性的。反理性就是直觉主义的本质。梁漱溟自己说:"我们行为动作,实际上都是直觉支配我们的。理智支配他不动;一边自己要用理智,一边自己实不听他,临时直觉叫我们往哪边去,我们就往哪边去。"① 这里说的只是他自己,但是他要把自己的情况普遍化,连孔子也包括在内,硬说孔子是不讲理的。② 梁漱溟的"理论"也是不讲理的,虽然如此,它还是有它的中心思想。这个中心思想就是本节所提出的:他用中国历史不遵循社会发展的一般规律,封建早已解体,秦汉以来阶级不存在这样的方式来捏造一个毫无历史唯物主义内容的中国历史和中国社会,以便捏造"伦理本位"、"职业分途",进而污蔑人民,把封建的糟粕说成是中国人的"理性早启",来维持封建主义社会,反对马克思列宁主义,反对革命。这个中心思想或要求是不能够从对客观世界的认识所能得到的,不是正确理论的结论,只是不合理的要求。梁漱溟是着重意欲冲动的,不以理论见长的,他也就用"直觉"这样东西来为不合理的要求作不合理的辩护。

① 梁漱溟:《东西文化及其哲学》,第124页。
② 参见梁漱溟:《东西文化及其哲学》,第124页。

四、梁漱溟思想混乱的根源

　　五四以前的情况是帝国主义在中国的势力日益加强。帝国主义奴役和掠夺中国人民的方式是通过中国的封建势力来进行的。它一方面威逼利诱中国的封建统治阶级,另一方面它又维持这一统治阶级。由于中国人民的反抗,主要的是由于义和团的起义,武装的瓜分方式已经改变成为划分势力范围的方式。这一方式比较地更便利于文化思想上的进攻。辛亥以后,旧民主主义革命虽然失败,然而资产阶级思想更是大量地倾销到中国来了,中学(封建)为体,西学(资本主义)为用的看法已经在辛亥革命前后十几年中转变成为西学为体了。封建统治的上层建筑已经动摇了。但是在五四以前,这个上层建筑还可以像没落的地主那样撑撑门面。辜鸿铭那样的人还可以讲讲封建的排场,摆着不屑和资产阶级思想合流的架子,但是外强中干、途穷日暮的情况已经明白地显示出来了。

　　"五四"、"六三"以后,尤其是中国共产党成立以后,马克思主义不但到了中国,而且在广大的劳动人民和年轻的知识分子中间传播开来了。旧中国的知识分子面对着这样一个波涛汹涌的思想潮流,当然又怕,又要抵抗的。抵抗的办法就是合流。在旧知识分子中间,资产阶级思想在五四以前已经占了优势,五四以后就资产阶级的知识分子说,合流的需要还不容易看出来。他们曾向封建地主阶级知识分子进攻,丁文江向张君劢进攻,号称"科学"向玄学进攻,这其实是唯心主义的内部斗争,属于统治阶级中资产阶级从封建地主阶级手里夺取思想上的领导权的范围。玄学派的参加者大都是当时的旧研究系分子。旧研究系的特点是维持固有的封建势力,依靠固有的封建势力,把自己的作用限制到做诸葛亮,摇羽毛扇(丁文江当时还没有加入研究系,虽然他不久以后也加入了)。但是并不是所有的封建地主阶级的知识分子都出来应战。梁漱溟的思想是属于封建主义玄学派的思想体系的。在他的书里经常有引自梁启超、张东荪的言论,引自胡汝麟、蒋百里的言论也有。但是梁漱溟没有参加"科"玄论战。

原来梁漱溟已经意识到马克思列宁主义的威力,他所要的是资产阶级和封建地主的哲学合流。他自己说:"然则我是他们的障碍物了! 我是障碍他们思想革新运动的了! 这我如何当得起? 这岂是我愿意的? 这令我很难过。我不觉得我反对他们的运动! 我不觉得我是他们的敌人,他们是我的敌人。我是没有敌人的。我不看见现在思想不同的几派,如陈,如胡有那一派是与我相冲突的,相阻碍的。他们觉得我是敌人,我却没有这种意思。在这时候,天下肯干的人都是好朋友! 我们都是一伙子! 此刻天下只有两种人:一种是积极努力的,一种是苟偷卑劣只想抢便宜的。苟偷卑劣抢便宜的弥满中国,我们同胡适之、陈独秀都是难得遇着的好朋友呀! 我觉得你们所作的都对,都是好极的,你们在前努力,我来吆喝厉声鼓励你们! 因为你们要领导着大家走的路难道不是我愿领大家走的么?"①这个"大家走的路"是什么呢? 就是帝国

---

① 梁漱溟:《答胡评东西文化及其哲学》,第19—20页。

主义的路。梁漱溟是本着他的思想去行动的人,他不能学辜鸿铭那样坐在象牙塔里摆封建主人的臭架子,他要的是,在思想上,资产阶级和封建地主阶级两股思想合流。

在大革命后,两股思想的合流问题已经解决了。这一问题的解决是和这一时期的两个特点分不开的。一是中国殖民地化又进了一步,帝国主义的文化侵略更深入了。一直在形成的资产阶级思想的优势已经相当地巩固了,反动思想的主流已经是资产阶级的思想了。另一特点是蒋介石这个大军阀把许多小军阀打垮之后,反动统治在回光反照中搞出了一个表面上看来比较稳定的局面。这个时期的哲学工作者比较从容不迫地走上了资产阶级和封建地主哲学合流的道路上来了。表面上的理由是取人之长,补己之短,舍人之短,存己之长,这是自欺欺人的话。列宁在《什么是人民之友》那本书里批评空想主义者说:他们"不能不生存和活动于其中的社会关系并不是由四面八方采纳来的要素构成的"①。现实社会的思想需要也不是我们可以用取长补短的方式抽象地采取或拒绝的。以上只是表面上的说法而已。骨子里的事实就是在半封建半殖民地的旧社会里为反动统治服务的哲学家,不得不把封建地主和资产阶级的哲学拼凑在一块来反对马克思列宁主义。这个拼凑中的主流虽是资产阶级哲学,然而也不能不沾上一点封建哲学的边。全盘西化是难于接受的。就我个人说,我当时所推销的是资产阶级的客观唯心论,尽管如此,我还是把"无极"、"太极"、"道"、"理"、"几"、"数"这些旧名

---

① 《列宁全集》第1卷,1955年版,第169页。

词都用上了。

梁漱溟的拼凑时期也有它的特点。从五四到1927年中国社会的大动荡开始明显地摆在各阶级各阶层面前了，撼摇社会的大动力已经开始起显著的作用了。封建地主已经感觉到死亡的时候快到了，他们已经泡在水里了，并且就当其时北京这样一个大都市的封建势力说，这水还是大江旁边小角落里的死水。漂在上面的是一些半殖民地半封建社会的渣滓。为封建地主服务的梁漱溟只得乱抓一阵，不管所抓的是什么，树枝也好，死动物也好，洋铁罐头也好，他所要的是救出封建地主来而已。他要得急，所以也抓得乱。他的"直觉"就是乱抓的工具。他把唯识论、王阳明、贝克莱、叔本华、倭铿、柏格森、罗素、杜威的哲学都抓在一起。他的思想特别纷乱，他的哲学是大杂烩。但是从阶级根源说，他的哲学是在半殖民地半封建社会里为帝国主义服务的、看见死期即到在作垂死挣扎中乱抓一阵的封建地主阶级的哲学。

现在半殖民地半封建的社会已经不存在了，封建地主阶级已经是历史上的陈迹了。人民民主革命的胜利，社会主义建设中不断的胜利，就是人民对任何反动派的清楚明白的答案。世界上没有任何力量能够改变这一答案。这是当前的伟大的客观现实。但是反动的思想残余还是有的。为了这一伟大的现实，为了帮助我们的建设，我们要粉碎五四以来所有的反动思想。梁漱溟先生在思想上虽然有了一些转变，然而梁漱溟思想仍然是要批判的。

反对恢复资产阶级的社会科学*

　　无产阶级社会科学的特点在于它的党性和它的科学性是
密切地相结合着的。它的党性导致它的科学性,它的科学性
也加强和充实它的党性。只有无产阶级才敢正视社会的发
展,只有正视社会的发展才能科学地反映社会发展的规律,只
有科学地反映了社会发展的基本规律,才能有真正的具体部
门的社会科学。不敢正视或不愿意正视社会发展规律的阶级
是不能够有真正的社会科学的。右派分子所要恢复的资产阶
级的社会科学不是真正的社会科学。尽管资产阶级的社会科
学家们掌握了一些原始材料,也确实有些知识,也反映一些事
实,但他们的社会科学仍然不是真正的科学。它们根本不能
反映社会发展的基本规律。

　　无产阶级的社会科学公开地承认它是有党性的。资产阶
级的社会科学是不是也有党性呢? 它当然有,而且表现的形
式相当地多,不过它掩盖了它的党性而已。它好像只有"科
学"性似的。资产阶级的社会科学家怎样把它伪装为科学
呢? 贯串着整个资产阶级社会科学的是它的客观主义。客观

---

　　* 原刊于《人民日报》1957 年 9 月 9 日。——编者注

主义和客观的观点完全是两回事。我们决不能把它们混淆起来。客观的观点是实事求是的观点，是唯物主义的观点，它是我们所要坚持的。客观主义是掩盖立场的党性。资产阶级的社会科学家们虽然进行着阶级斗争，然而他们不承认对抗的阶级，不承认阶级斗争，不承认阶级立场。对于他们，人们被说成好像是没有阶级立场似的。资本主义社会是资产阶级所统治的社会。这个好像没有立场的立场是谁的立场呢？在资产阶级统治下，在和资产阶级作尖锐斗争的时候，超然的不要立场的立场就是为资产阶级服务的，因为它使劳动人民的敌我界限不满，斗争软弱。客观主义就是这个装着没有立场而实质上是为资产阶级服务的立场。资本主义社会里的社会科学家们当中有些也许是不自觉地为资产阶级服务，尽管如此，他们的作用和影响仍然一样。在解放后的中国，旧知识分子中的社会科学家们是知道资产阶级的社会科学有客观主义这样的党性的。恢复资产阶级的社会科学就是恢复资产阶级在社会科学中的党性。

另一方面是资产阶级社会科学的假科学性。这也是和它的党性分不开的。资产阶级的学者为什么一直能够把假科学当作真科学贩卖呢？他们一直把客观主义冒充为客观的观点。上面已经指出客观主义不是客观的观点，它不能导致真正的科学，它实在是反科学的。它是和唯心主义，特别是主观唯心主义分不开的。后者可以说是前者的理论基础。如果你问一个资产阶级社会科学家他的结论的根据是什么？他会说是研究和讨论。因为这种问题的阶级本质被客观主义隐蔽起来了，资产阶级的政治学家就能在这种问题上大绕其圈子，张三一本书,李四一本书,好像很自由地研究和讨论下去,其实他们的作用只是混淆大是大非来迷失劳动人民的方向,麻痹劳动人民的斗争意志而已。这样的政治学是科学吗?

所谓社会科学包括好些门具体的科学。每一部门都要反映一个领域的具体的发展规律才能成为科学。任何社会科学都不能脱离社会发展的基本规律。各部门的规律是和这些基本规律密切地结合着的。历史唯物主义就是阐明社会发展的基本规律的科学,否认这一门科学就给具体部门的社会科学挖了科学的墙根。资产阶级的社会科学根本就不承认历史唯物主义,根本就不承认社会发展的基本规律,因此,它们都不能够成为具体的科学。它们都是假科学。这是不是否定得太多了呢?我认为一点都不过分。前面所说的政治学就是很好的例子,请注意这里否定的是资产阶级社会科学的科学性。资产阶级的学者们有时也有类似的否定,这和我们这里所说的毫无共同之处。他们的理由和我们的完全两样,他们认为社会发展不能有科学,这是引用到社会上的不可知论,这是反动的理论。我们只否定资产阶级社会科学之为科学,我们从来就没有否定无产阶级社会科学之为科学。不但如此,我们还要强调无产阶级社会科学的党性,它的科学性,它的重要性,要研究它、丰富它来为社会主义建设服务。

上面指出资产阶级社会科学的党性和假科学性。这并不意味着它没有材料或对于社会现象不供给我们以任何知识。它有一些材料,对于社会现象也供给我们一些些知识。这一点我们一直肯定,但是这个肯定并不简单。资产阶级的社会科学究竟有些什么材料和知识是一个很复杂的问题。有原始材料,也有加了工的材料。材料一经加工就有党性渗入到材料里面去了。这样的材料本身就有正确与否的问题。对于社会科学这样的材占很大的比重。因此资产阶级社会科学的"材料"有很大一部分是有资产阶级的党性的。这样的"材料"根本就不是材料,它本身既不正确,根据它得来的"结论"也就不可能是正确的。费孝通的"重访江村"中是有他的所谓"材料"的。经过周叔莲、李孚同、张思焉三位同志在本年第十五期的《新观察》上的揭露,我们可以说他是根据"结论"去找"材料"的。不能对比,而又硬对比起来的数目字能代表材料吗?把1936年的和1956年的平均收入当作同样的平均收入看待,不管1936年平均收入中的阶级内容,是科学的方法吗?引用了这种方法后的所谓"平均收入"是材料吗?"重访江村"这一调查中的所谓"材料"是插入了"乡土工业"这个总"结论"的"材料"。这就是说它是有资产阶级党性渗入到里面去了的被歪曲了的东西。总而言之,资产阶级社会科学的"材料"绝大部分是有资产阶级的党性的。对于这样的"材料"我们要作马克思列宁主义的科学的加工,才能看出它究竟有没有材料在里面。对于这样的"材料"我们只能进行彻底的批判,不能全盘地接受。

我们肯定资产阶级的社会科学也供给我们关于社会现象的知识。但是资产阶级社会科学家所要贩卖的"知识"并不简单。掌握材料就是有知识,但是"材料"既然有问题,"知识"也就有问题。知识不只是掌握材料而已,是从材料中得出结论。资产阶级社会科学家得出一些什么"结论"呢?他们有什么"知识"呢?费孝通在成都时说:"知识分子最关心的是事实"。如果再问的话,他们中间有些人就会说所谓"事实"就是个人的直接经验,而直接经验就是感官经验。他们当然不会满足于他们自己的直接经验,他们也要引用赵钱孙李等的直接经验,并且还要作统计,但是最后的答案仍然是各个人的个人直接经验。我亲自这样地问过,也亲自得到过这样的答案。答案只在这一点上打住,他们的哲学就是巴克莱、休谟式的主观唯心主义。另外一些人就不同了,他们会在"事实"上打住。如果你再问的话,他们会说:那是哲学问题,那是你们哲学家的事,不是我们社会科学家的事。在所谓"事实"上打住,不作唯物主义的说明,仍然是客观主义,这只是把客观主义贯彻到唯物和唯心这样的基本观点上去了。这仍然是唯心主义。任何人都有世界观。不是辩证唯物主义的世界观掌握了他,就是各种各色的唯心主义或形而上学掌握了。他不理睬世界观就是不接受辩证唯物主义。同时这也是接受了唯心主义或者形而上学的世界观。资产阶级的社会科学和形而上学的思想方法是同样地分不开的。结果是资产阶级的社会科学家分辨不出事物的现象和本质、事物的偶然和必然的联系;他们中间有些人会搞出许多数字来,可以得出某些现象的平均率,也可以引用或然率来表示某些趋势;但是,他们不能发现社会发展的基本规律。既然连这个主要的东西都得不到,资产阶级的社会科学怎么能够成为科学呢?

我从前搞过资产阶级的政治学。课上的不少,书念的也很多。书大都是大部头的书,看起来可怕,但其中无物。资产阶级的政治学家不敢正视社会的发展,也不敢正视政治。虽然他们自己都参加激烈的阶级斗争,然而他们不敢承认阶级斗争。因此,他们也不敢承认国家是统治阶级的统治机器。这一点不承认,问题也就不能科学地提出,更不能科学地解决了。问题的讨论也就成为骗人的事情。权力与自由就是这样的问题之一,它被说成是统治者和被统治者的关系问题,好像是政府的权力愈大,"人民"的自由愈少,反过来"人民"的自由愈多,政府的权力愈小或权力的范围愈窄。其实,这是资产阶级中不同集团或不同阶层的矛盾。它和被统治阶级根本不相干。无产阶级和广大的劳动人民没有自由,资产阶级的政权也没有限制。所谓主权也是这样的问题。关于主权的各种各样的问题也有各种各样的讨论,而这些讨论也是骗人的。其实在资本主义国家里,主权就是资产阶级专政的无限制的权力。资产阶级的政治学差不多都是这种问题的研究,他们的知识如何被人估价,是否被人赏识和尊重,这对知识分子说来是比什么都重要的问题,如果对一个知识分子估价不足,那是最受不了的。照他说,领导上对知识分子的"知识"没有给予应有的估价。真的没有吗? 胡绳同志在他的发言中已经揭露了费孝通本人的典型的"知识"了。我们也可以看看李景汉的"知识";"合作社不自由。这个不自由的含义是可以体会而难以言传的……例如有的社员需要搞点家庭副业,说不定会招来批评、干涉,甚至被扣上自私自利和自发的帽子……有点儿富裕钱的社员往往被动员'自觉自愿'投了资,可是,有的却在背地里嘟囔着"。"人们认为过去把人当牛马是不对的,而今天有时却把人当拖拉机用……"这是什么呢? 这是为反动阶级服务的谎话。这些"知识"是反科学反人民反社会主义的。我再举一个例:"……美国在私有财产制度下,产生两种不同的收入,一为劳务收入,一为财产收入。美国的劳务收入两端距离是不大的,例如美国制造业工人中年工资2308元,美国杜邦化学公司经理年薪175000元。除去所得税剩下48251元。美国劳务收入的距离大约二二十倍之间……假如美国只有劳务收入,美国的社会可以说是很平等的。"这是煞有介事的荒谬绝伦的东西,是吴景超在解放前的"科学知识"。费孝通对这样"知识"的本质在解放后的今天应该是知道的。尽管如此,他还是要贩卖这样的"知识",为什么呢?

费孝通说:资产阶级的生产资料是看得见摸得着的,可以摊出来的,因此是可以限制可以利用的……一句话,应付它是有办法的。旧知识分子的"知识"就不同了,它藏在头脑里,看不见摸不着,自己不拿出来,别人是没有办法的。这就是说不买不行。原来他是要使"知识"生"利"的。这不只是狭隘的个人的"利"。他本人的作品在英美已经有了市场。这个"利"是反动的资产阶级的"利"。向我们推销这样的"知识"的"利"有以下三方面:一是散布毒素,二是网罗落后的知识分子来进行"政治"活动,三是企图根据这样的"知识"来制定"政策"。恢复资产阶级的社会科学就是要资本主义复辟。

在解放后的人民中国,在倒向社会主义的中国,在马克思列宁主义指导之下来建设社会主义的中国,在共产党领导之下已经得到了伟大成绩的中国,我们不要资产阶级的社会科学,我们不要客观主义,不要假科学,不要反动的"知识"。我们要向社会主义共产主义前进,不要回到半封建半殖民地的旧中国去。

费孝通要"解决"些什么"问题"呢*

　　右派分子费孝通在争鸣月刊座谈会上说:"……但是资产阶级要用它(资产阶般社会科学)来解决它社会里的问题,虽则它不能解决这种社会里的基本矛盾,但也不是什么问题也解决不了。"这是费孝通要恢复资产阶极社会科学的理由之一。他认为我们对待资产阶级社会科学的态度不正确,好像我们认为它任何"问题"都不能解决似的。我们从来没有作过这样的肯定。资产阶级的社会科学当然是能够解决一些"问题"。但是我们还是要研究一下它究竟解决了谁的"问题",什么"问题"。就我们的问题说,我认为它确实不解决任何问题。不但如此,而且它会混淆问题,扩大问题,捏造事实,混淆是非,把小问题转变为大问题。

　　费孝通当然知道问题就是矛盾。在上述引文中,他提到"问题"的时候已经提到了矛盾。人民内部是有矛盾的。矛盾被揭露之后,在马克思列宁主义的指导下,在党的具体领导下,我们是会有科学的调查研究的,因此,是会解决这些矛盾的。这是右派分子所最不甘心的,他们就怕这类的矛盾得到

---

* 原刊于《争鸣》1957 年第 9 期,1957 年 10 月。——编者注

正确的解决。他们的"问题"就是要阻止这类矛盾的解决。人民内部的矛盾是非对抗性的。这种矛盾是可以自觉地加以调节和解决的。右派分子恰恰相反，他们要的是扩大矛盾加深矛盾，他们煽动、吹胀、拉拢、利用落后的一面，企图使落后的克服先进的。这是我们的立场和我们的社会现实的根本矛盾，也就是他们的根本"问题"。但是，这显然不是我们的问题。

　　资产阶级的社会科学当然是可以解决一些资产阶段的"问题"的，不然的话，资产阶级要培养那些所谓社会科学家干吗呢？在这一点上费孝通似乎还过分了一些。资产阶级社会科学虽然不能解决资本主义社会里的基本矛盾，然而在不同的阶段上它掩盖了或者誓时缓和了某些矛盾。上层建筑基本上是符合于经济基础的要求的。它当然是能解决一些"问题"的。这一点马克思主义者不但不否认而且是明确地肯定的。费孝通要人们相信马克思主义者认为资产阶级的社会科学毫不解决"问题"。这是没有的事。难道我们说过在资本主义社会里，"工业和平"，"独立工会运动"，"社会里一部分人要终身受雇于资本家"，"近来社会不安大概由于都市化工人的骚动"……的资产阶级社会学主张或结构毫不解决资产阶级的"问题"吗？有些"问题"是资产阶级社会科学所能解决的，因为关于这些问题的主张对劳动人民起一定的迷惑作用，从而暂时缓和劳动人民与资产阶级之间的矛盾。有些连费孝通自己也认为它不能解决，例如资本主义社会里的基本矛盾。他自己的"乡土工业"这样一个主张确实没有解决蒋介石的，当其时的地主和他自己的"问题"，这是因为我们在卅年革命斗争中解决了我们的问题。对于我们这一个问题的解决,资产阶级社会科学确实只有阻碍没有帮助。这是历史事实,这是抹杀不了的。但是,尽管如此,我们没有一般的否认资产阶级社会科学能够解决一些资产阶段的"问题"。

为什么费孝通在座谈会上要坚持我们根本没有否认的东西呢? 他要把他的"问题"偷运到人民内部里来,当作人民内部的问题提出。在"关于社会学说几句话"里费孝通早已提出了一大堆的东西作为问题,例如,党与非党的共事合作关系、人民内部的政治关系、人民代表大会制的运用、民主党派的互相监督、人民民主专政;知识分子的思想、人事的使用安排和管理;两性的关系,恋爱、婚姻、夫妇;养老、儿童、人口等等。这些东西费孝通都把它们当作"问题"提出。这些东西都笼笼统统地是问题吗? 对资产阶级和无产阶级是同样的问题吗? 这些东西当中有些是中国人民所建立的新制度,对于我们的新制度,立场不同的分别更是明显。对人民民主专政我们的问题是如何保卫它,而右派分子的"问题"是如何破环它。二者之间有共同点吗? 对于人民代表大会制的运用,人民的问题是如何加强它,使它和实际更好地结合起来,右派分子的"问题"是削弱它,搞两院制、让他们有政治设计院。右派分子和我们有同样的问题吗? 我们不必多举例了。总而言之,一般地说对于这些东西,不同的立场就有不同的问题。

上面已经说过我们的问题是要矛盾的先进一面克服矛盾的落后一面。右派分子和我们完全对立。他们的"问题"是要加强和扩大矛盾的落后一面来阻挠先进的一面。我们是要解决矛盾的,右派分子要扩大矛盾加深矛盾。这样的活动是不能公开地简单地进行的,只能隐蔽地迂回曲折地进行。我们现在具体地研究一下费孝通在"重访江村"中提出一个什么"问题",他如何"解决"这个"问题"并且通过所谓解决方式又提出了什么"问题"。

费孝通提出了"新中国农民生活"的"问题"。农民是有生活的问题的。他们的生活有待提高,他们的任务是提高农业生产,他们的收入是要靠提高农业生产才能提高,因此他们的生活低,提高是要靠农业生产的提高的。费孝通装出实事求是的样子到开弦弓村去进行"社会调查"。开弦弓村农业增产的数目字清楚地表明了在 1956 年农业产量比解放后的几年高,比解放前的几年更高,与解放前收成最高的 1936 年相比,1956 年的产量也增加了。这就说在党领导他们合作化这一正确领导之下通过农民辛勤地劳动,他们的收入增加了,生活提高了。这也就是说农民的问题已经开始得到解决并且还要继续得到解决。假如费孝通的"问题"是农民的问题,开弦弓村的材料已经供给他以确切的答案。

这个确切的答案对于费孝通没有什么影响。这是难怪的事。费孝通是善于利用假招牌运私货的。原来他正式提出的虽然是"农民"的"问题",然而他心目中的"问题"根本就不是农民的问题。他在"重访江村"中问道:"为什么农业增产了 60%,而还是有人感觉到日子没有 21 年前好过呢?"这些"感觉到日子没有 21 年前好过的"人究竟是谁呢? 是贫雇农吗? 在 21 年前,在地主的残酷压迫和剥削之下,他们过的是牛马的生活,而按照周叔莲的计算,他们在 1956 年的收入比 1936 年增加了 40%。"感觉到日子没有 21 年前好过的人"决不是贫雇农,是中农吗?按照周同志的计算,在同一时期内,他们的收入也增加了20%。"感觉到日子没有21年前好过的人"也决不是中农。费孝通所说的"农民"究竟是谁呢?

当然,我们不能满足于已有的成绩。农民同志的生活虽然已经提高,然而还是要继续提高才行。这也就是说农民同志要提高他们的积极性。显然这个积极性只能是围绕着农业增产的积极性,而不是什么别的东西。费孝通也要发挥"农民"的"积极"性。但是什么样的"积极"性呢?他虽然也提到养羊养猪养兔的事,然而这些都只是陪衬而已。他所要的是丝厂和商业贩运。这两方面的活动是1936年所有的,1956年所没有的。这两方面的活动都不是耕种,所以不是农业活动。这两方面的活动可能增加收入,但毫无疑问改变了收入的性质,它们所带来是利润。显然费孝通所要发挥的"积极"性不是围绕着农业增产的积极性,而是寻求利润的积极性。这种积极性好像是牛头不对马嘴,但是,这把"问题"搞清楚了一些。费孝通心目中的"农民"不是中农和贫雇农,而是他在21年前主张转化为资产阶级的地主或富农。原来"感觉到日子没有21年前好过"的人是地主和富农。原来他所提出"农民生活的嗣题"是这些人的生活问题。他所主张的解决办法是在农村中恢复资本主义。

农民同志虽然有些还没有解决的问题,然而费孝通提出的根本不是他们的问题,他只是假借农民的名义把自己的"问题"提出来而已。费孝通的"问题"是挑担农民和党的关系,要农民起来反抗党,反抗政府。在"重访江村"中他说:"我也向老乡提出:这是大家的事,要大家出主意。他们回答说：现在出不来了，这个也做不得，那个也不准做。原来他们熟悉的是过去的老办法。比如说做丝吧！现在不行了。……再比如，很多老乡还怀念利用农闲摇船只去贩运，现在又不成了。……要他们自己出主意对不上头。好像什么事都有个'上头'在管，于是出了问题也不免要'上头'来解决了。"费孝通在这里把农民描写成为闷着一肚子不平的气，受着"上头"压迫，不自由，积极性无从发挥的人。这不是挑拨煽动农民来反抗党反抗致府是什么呢？这不是反社会主义是什么呢？

费孝通是要解决问题的吗？问题就是矛盾。费孝通要的不是解决矛盾。而是加深矛盾、扩大矛盾，甚至于无中生有地捏造矛盾。他只是在问题和解决"问题"的招牌下进行反党反人民反社会主义活动而已。假如有人还以为费孝通和其他的右派知识分子在搞学术研究的话，现在应该清醒过来了。他们搞的不是学术研究，而是致治阴谋。

这个政治阴谋是右派分子向我们进攻的一部分。这个进攻是全面的各方面都有配合。哲学界也有。我是一个哲学工作者，我再指出下面两点。一、有些人认为哲学界没有右派分子，这只是一种错觉。哲学界的右派分子有的已经在报纸上提过名，有的没有。有的对其他右派分子的言论鼓掌拍手，有的痛恨《人民日报》6月8日以后的一系列的反右派的社论。有的是在大会斗争过，有的是小会上斗争过的。有右派思想或右倾情绪的人并不少。在哲学界我们也要进行严肃的彻底的斗争。

其次，我也要指出，右派分子在哲学界的进攻和在其他方面的进攻是有共同点的。他们却是以反对教条主义为借口来进行修正主义的宣传,来偷运资产阶级唯心主义的哲学。教条主义是应该反对的。但是右派分子所反对的是教条主义吗? 不是的,他们只是以反对教条主义为幌子而已,实际上他们所反对的就是马克思列宁主义。他们知道公开地明目张胆地反对马克思列宁主义是不行的,所以他们借口反对教条主义的名义来偷运私货。在这一点上他们和费孝通所用的是同一的公式。私货的名目是不一样的。就在哲学范围内也有着重点的不同。有的强调资产阶级的民主,赞美它,要我们补民主的课,有的干脆要资产阶级唯心主义的哲学复辟。尽管如此,他们的目的是同一的,就是反对马克思列宁主义。

马克思列宁主义是在斗争中产生的,在斗争中成长的,也要在斗争中发展。它是右派知识分子进攻的中心点。我们要起来战斗,我们要反攻,为了捍卫建设社会主义的思想武器,目前的反右派斗争,不获全胜,我们是不会收兵的。

关于"成品"——小题大做吗 *

　　从 6 月 8 日算起到现在已经五个月了,在这五个月中,反右派的斗争已经深入到一个程度使得小题大做的说法在现在,一般地说,已经没有什么市场了。但是,就右派分子的个别言论说,提出批判是否小题大做可能仍然是成问题的。有些言论表面上看来似乎关系不大,其实关系非常之大。有些言论使人感觉到莫名其"妙",因此,就以为无"妙"可名,其实它们是有"妙"可名的。章伯钧关于"成品"的言论就是这样的东西。他说:"国务院开会常常是拿出成品要我们表示意见,这样形式主义的会是可以少开的。"他好像是说国务院拿出的是"成品","成品"是不能讨论的,讨论"成品"是形式主义的。他好像只是要求国务院提出问题,拿出材料,让各个人呱啦呱啦地表示意见而已。这似乎只是自由主义的作风,似乎只是旧思想残余而已,似乎关系不大。

　　事实是不是这样呢?章伯钧要的是不是简单的呱啦呱啦的讨论而已呢? 假如他的目的只是这样的话,他为什么要进

＊ 原刊于《争鸣》1957 年第 11 期,1957 年 11 月。——编者注

行恶毒的歪曲事实的宣传呢？

事实是：国务院没有拿出过右派分子所说的"成品"。党和政府的工作方式是从群众中来，到群众中去，集中起来贯彻下去的方式，拿出来的文件是集中了群众意见的文件。就以宪法草案这样一个重要的文件做例吧！草案提出之前已经容纳了好些人的意见。在提出的过程中又在广大的群众中间征求意见。我个人就参加过几个星期的讨论，也提出过个人的意见。参加讨论后不久就听说北京的市民总共提出了九十几万条意见，上海提出的意见听说还要多些。归纳分类后共有多少条意见我不知道。在这以后，又花了很多的时间去集中修改，等到提到全国人民代表大会的时候，这个文件已经是历史上最广泛地讨论过了的文件。当其时我们都感觉到这是历史上空前的盛举，都认识到它是人民政权无比优越的生动的实列。难道右派分子没有参加过宪法草案的讨论吗？他们是参加了的。在他们参加讨论的时候，宪法草案是政府的"成品"吗？显然不是。说右派分子没有参加讨论是谎，在他们参加讨论的时候，说宪法草案是政府拿出来的"成品"也是谎。政府提出别的文件的过程和提出宪法草案的过程是一样的，它们都是集中了群众的意见的过程，而文件也都是集中了群众意见的文件。不同点只是时间的长短和群众范围的大小不同而已。政府所提出的文件，在提出过程中不是"成品"，在集中后，在法定手续完成前，它们也不是"成品"。政府没有提出过不许讨论的"成品"。说国务院拿出来的是"成品"只是歪曲事实的恶毒宣传。

右派分子为什么要进行这样一个恶毒的宣传呢？他们当

然是要散布毒素的。但是为的只是要呱啦呱啦吵吵闹闹的、莫衷一是的讨论吗？他们反对任何的"成品"吗？只要是"成品"，他们就反对吗？不是的,恰恰相反,右派分子千方百计地要求制造"成品"。吴景超说:"自从'长期共存、互相监督'的方针提出之后,民主党派的责任更加重大了。民主党派必面对于国家大事,不管是国内或国际的,向我们的领导党提出建议,作为领导党决定政策的参考……"这个所谓"建议"和民主党派从前所反映的意见是不同的。这个"建议"是"成品"。何以见得呢？吴景超接着说:"但是,过去民主党派在向党提供意见时,还缺乏充分的调查与研究,对于集中民主党派内部群众智慧的工作（着重点是引者加的）,也做得不够,这就使得民主党派所提出的建筑还不能达到适当的质量水准。"为了提高水平,吴景超建议在民主党派里面成立政策研究委员会进行调查研完,然后把结果提出作为建议。对于这样的建议,赵一明作注解,他说:"会议中（民盟的工作会议）出现了要参加国家决策的思想,如吴景超曾向章罗建议今后应组织盟内专家学者研究一些政策性的东西,好提出成套的意见。"这样的成套的意见不是"成品"是什么呢？右派分子不但不反对"成品"反而要制造"成品"。显然,他们要的不是章伯钧所说的呱啦呱啦而已。

这就莫名其"妙"了。右派分子究竟反对什么呢？政府没有提出过"成品",他们不能够反对根本就不存在的事情。他们自己要提出"成品",所以他们也不能够反对任何"成品"。右派分子的言论显然有不通的地方。只要我们真的认识到右派分子的反动目的,这些不通的地方就都通了。他们所提出的根本不是什么"成品"问题。他们所反对的只是在制定政策法令的过程中中国共产党所进行的集中与贯彻的做法。他们所反对的就是这个再重要也没有的事情。吴景超说："过去民主党派提意见时，……对于集中民主党派内部群众智慧的工作也做得不够……"显然是吴景超所着重的是各民主党派，特别是民盟，要各自集中他们内部群众的智慧。这是很显明的。所要集中的"智慧"是民主党派内部"群众"的"智慧"，而这是要民主党派自己来集中才行的。就民盟说，吴景超所要求的是民盟自己集中民盟内部"群众"的"智慧"来向党提出"成品"式的建议。至于"群众"是什么，"智慧"是什么，以后再谈，这是不是过分了一些呢？右派分子可能会说：我们只要求自己集中内部"群众"的"智慧"，这只是说我们非做这一工作不可，至于别的人是不是同时也做这一工作是完全另外一回事，我们并没有排斥领导党同时也作集中各民主党派成员"群众智慧"的工作呀！这是诡辩。章罗联盟不是坚持民盟中央要有垂直领导吗？这个所谓垂直领导是章罗联盟政治阴谋的一个重要的环节，它是反党反人民反社会主义的办法。我们现在说的只是"集中"民盟内部"群众智慧"这一点。就这一点说，所谓垂直领导不只是自己做集中这一工作而已，而且是不让别人来做这一工作。不但不让盟外人来做这一工作，而且是不让基层组织来做这一工作。问题显然是集中后的成品是谁的"成品"。右派分子所坚持的是他们自己提出他们的"成品"。他们的"成品"是不让别人来参加制定工作的，也是不能够让别人来参加制定工作的。这一点我们以后还要谈到。到此为止，我们只是说，右派分子所反对的根本不是"成品"问题,他们所反对的是在制定政策法令的过程中,我们的党所进行的集中与贯彻的作用,他们要求自己起这样的作用,并且要求提出他们自己起了这个作用的"成品"来。他们所要求的,和他们所反对的现在应该很清楚了。

但是,为什么右派分子反对我们的党来集中和贯彻人民群众的意见呢?我们要分析一下这个集中和贯彻群众的意见究竟是什么样的事情。我们党的集中与贯彻是有原理原则、有路线、有方向、有长远目标,有计划、有步骤的集中与贯彻。仍以制定宪法为例吧!参加讨论的群众那么多,提出的意见那么杂。哪些意见应该采纳呢?哪些不应该采纳呢?怎样修改呢?我的体会是标准只有一个,而这是靠宪法的性质来决定的。1954 年所通过的宪法是建设社会主义的宪法,是过渡时期的宪法,是谁战胜谁的宪法,是马克思列宁主义和中国过渡时期革命实践相结合的宪法。显然,在制定宪法的过程中,集中和贯彻就是领导,就是致治领导、思想领导。这个集中和贯彻的工作,除了以马克思列宁主义武装了自己的中国共产党外,有谁能做呢?对于坚决地要走社会主义道路的人,答案是再清楚也没有的。只有我们的党才能做这个集中与贯彻的工作。显然,在制定宪法过程中的集中与贯彻就是在宪法这个问题上的领导。反对我们的党来集中与贯彻就是反对我们的党的领导。这当然不是什么小问题,这当然不是什么呱啦呱啦的问题。

右派分子一方面反对我们的党的集中与贯彻,另一方面要求他们自己来集中与贯彻。吴景超不是说过他要加强集中民主党派内部"群众智慧"的工作吗？这里提到"群众"只是骗人而已。"群众"，使我们想到人民群众、进步的群众。对于这样的群众，右派分子根本没有兴趣。他们所要拉拢的是落后的群众来为他们摇旗呐喊。但是，从制定"成品"说，他们也不要什么群众。在这一点上，赵一明要老实些。他说吴景超要的是"组织盟内专家学者研究一些政策性的东西好提出成套的意见"。这些专家学者是谁呢？还不就是费孝通、吴景超、陈振汉……原来吴景超所说的"群众"就是这些右派骨干分子，所谓"智慧"就是他们的"智慧"。他们的"智慧"是什么类型的东西呢？把他们的"智慧"集中起来的"成品"又是什么类型的"成品"呢？在现在问题的实质已经非常之清楚了。右派分子的"智慧"是资产阶级社会科学的"知识"，他们的"成品"式的建议是资产阶级社会科学的"主张"。这些都是旧货。要推销这样的旧货，也要恢复生产这些旧货的车间。显然，右派分子非提出恢复资产阶级的社会科学不可。吴景超所要求的"调查""研究"和"集中"都是资产阶级社会科学的"调查""研究"与"集中"。不恢复资产阶级的社会科学，右派分子的"智慧"是无法"集中"的，"主张"也是无法提出的。

到此为止，根据以上的分折，反对国务院拿出"成品"就很不简单，它就是反对在制定政策法令中我们的党所进行的集中与贯彻，它就是要求右派分子自己来"调查""研究"，来"集中""智慧"，来和我们的党对抗。这就是两条道路的斗争。这就是走社会主义的道路呢，还是走资本主义的道路呢？这样一个根本问题上的斗争。反对国务院拿出"成品"不是什么小问题,不是什么争取有呱啦呱啦机会的小问题。它是一个阶级斗争,你死我活的大问题。

右派分子还是会向我们进攻的。硬的态度不行,他们就会用软的,特别是像吴景超这样一个右派分子。他们会装出天真学者的样子来做些假检讨,他们会强调他们的主观愿望如何"良善",他们如何要求发挥自己的"积极"性,他们只是提出一些建议来供党和政府"参考"而已,并没有要斗争。吴景超本人就说过:"民主党派必须对国家大事,不管是国内的还是国际的,向我们的领导提出建议,作为领导党决定政策的参考……"参考这个概念确实牵扯到以下两个方面:一方面是提出参考建议的人是有带硬性的主张的;但是,另一方面进行参考的人在参考之后,可以决定它究竟完全采纳还是部分地采纳,还是完全不采纳。参考好像就不是斗争了。我们稍微研究一下右派分子所说的"参考"。参考是要有共同点的。右派分子和我们走的是完全相反、完全对立的道路。我们根本就没有共同点,怎样能够参考呢? 所谓"参考"只能是骗人的。其实,"参考"只是右派分子所习惯了的"官话",私下里他们并不隐瞒。罗隆基要他的党徒"大胆争持","绝对不要让步",要"以组织对组织","以集体对集体"。在这种情况下,"参考"的性质就非常之清楚了。右派分子的"建议",他们的"主张",他们的"成套的意见",一句话他们的"成品"是要"大胆争持"的,是"绝对不能让步"的,是"组织对组织"的"建议",是"集体对集体"的主张。这哪能是参考呢? 这是致哀的美顿书!

反对国务院拿出"成品"并不是什么孤立的小问题,它不是什么要呱啦呱啦地发表一些不相干的意见而已。它是右派分子反动纲领的缩影，他们是反共、反人民、反社会主义的最简单的公式。

如何贯彻和掌握"百家争鸣"问题[*]

关于百家争鸣，我听了好些意见。大家都一致地拥护它，都认为没有它学术研究不能活跃起来，研究计划也就很难实现。对争鸣的目的和标准也没有什么不同的意见。但是，对如何贯彻和掌握还是有些不同的意见。

如何贯彻和掌握得有分寸的问题，主要是在放收之间。平原走马，普通总以为易放难收，可是跳高跳远有时又易收难放。有些同志着重在放，认为我们不宜提出太多的清规戒律；有的着重在收，认为我们不能毫无限制。

总的说来，我觉得我们还是应该比较地偏重放。第一，解放以来，我们一直着重在收。这是很自然的。这个时期的重点是在学习。就马列主义说，我们都是小学生，一点基本知识都没有。如果一开始就害怕教条主义，可能根本就学不会。可是，经过七年来的现在，收的理由已经不存在了，收的事实依然存在。并且确实产生了教条主义。为了克服教条主义，使学术研究活跃起来，我觉得我们不能不放。不放，争鸣不大容易展开。

---

[*] 原刊于《哲学研究》1956 年第 3 期。——编者注

第二,百家争鸣是要推动科学研究的,不只是官厅水库开闸而已。水库里有水,开闸的问题比较简单。科学研究的情况可不是这样。有些同志对科学研究中的存货估计似乎过高。我觉得存货非常之少。一年前曾听说有人把已经写好的文章锁到箱子里去。这怕是极个别的。问题不只是发表,而且是在研究。不在这两方面都大力地放他一下,科学研究就很难推动起来。

　　第三,就我所接触到的思想情况说,现在的问题是难放,将来也不至于有难收的问题。好些同志确实害怕强烈的集中的批判,有的连日常的批评也感觉难受,有的甚至连提意见都会引起情绪上不那么安的结果。这样的思想不对头,但是,它并不因此就不存在。为了解除思想上的顾虑我们非放不可。在放的过程中,我觉得两个不同的方面应该分别清楚。争鸣不能没有批评和自我批评。有健康的批评和自我批评才能推动科学研究,这是一方面。另一方面,我们确实要保证不至于"大鸣则大扣"、"小鸣则小扣"(扣是扣帽子)来阻碍健康的批评和自我批评。我们要在提倡后者的时候避免前者。这是在每一个人的实践中都应该贯彻的。

　　破、立是分不开的,放、收也是。分寸问题在不同的部门是不同的。前一时期的哲学工作在破的方面似乎比较着重在放,在立的方面似乎比较地着重在收。今后是不是要改变一下呢?在批判资产阶级唯心主义工作中,我们是有缺点的,科学性不够强。但是,我觉得现在还不宜于要求过高,这一工作还展开得不够广泛。但是,在研究哲学中的现实问题方面,我们从前确实收得太紧了些。我觉得适当地放松一下的时候已经到了。

在学术思想战线上加强东风[*]

我觉得我们不仅要批判国内资产阶级的哲学和一般资产阶级的学术思想,而且要批判国外的。

现在是东风压倒西风的时代。东风无疑是主流。这是全世界的劳动人民所欢欣鼓舞的。但是,有的时候,还有一些微弱的对流。有的地方,西风的风力还有一二级,甚至三四级。在伟大的莫斯科宣言之后,1956 年那样规模的对流可能不会再有了。可是天涯海角的歪风邪气所在皆是。这些我们也不能不理,果然不理的话,它们也可能变为逆流。

南斯拉夫的修正主义是应该批判的,从今年五月间起,我们一直在批判它,今后我们还要着重地批判它。这个修正主义的危害性特别大。这不是从它的"理论"本身着想。就社会主义阵营的人民说,我们已经认识到这个"理论"只是毒草而已。南斯拉夫的修正主义者也知道社会主义阵营里已经差不多没有他们的市场了。可是,他们有国家机器和近代宣传工具为他们服务,比起旧的修正主义者来,他们的危害性要大得多。他们可以把毒素继续散布出去。我们也不能不继续批

---

* 原刊于《哲学研究》1958 年第 7 期。——编者注

845

判。同时除恶务尽，批判是要彻底才行的。为了彻底地、干净地、全面地消毒起见，继续批判修正主义是完全必要的。

资本主义国家里的改良主义都是为资产阶级服务的。在英国，改良主义的传统是相当久远的，现在它的影响仍然广泛。它虽然没有披着马克思主义的外农，然而它披上了"社会主义"的外衣，因此它的欺骗性也是相当大的。有一位白发苍苍的哲学教授曾对我说："你说中国革命的成功又一次证明了马克思主义哲学是真理，我不同意。我们（指英国人）也进行了社会主义革命，也建立了社会主义社会。可是我们并没有接受马克思主义的哲学"。（意思是这样，原来的字句可能有出入，下同）在座的学生当中只有一个出来反驳他说："英国根本就没有进行社会主义革命。英国社会仍然是赤裸裸的资本主义社会，我们就根本谈不上马克思主义哲学这一点上是否得到了证明的问题。"这个青年人没有否认马克思主义是真理，他只是指出证明问题和老教授说的不相干而已。在大学里有这种看法的人并不多。就我们所接触到的人说，包括一些工人在内，这种改良主义是相当流行的。显然，这也是应该批判的。

在意大利、在英国、在瑞士都有一种旨在离间中苏关系的思想。这种思想我在 1954 年已经接触到了。但是，在那时我没有认识到它是广泛地流传着的。现在看来，那时候的估计是错误的。资产阶级学者当中好些人会恭维中国的革命，会承认并且会赞扬革命的成绩。有些是诚实的，另外一就别有用心地恭维中国的哲学和文学的传统，中国人在几千年来所得到的修养……其实他们要我们同意的是：俄国的革命是马克思主义的,和俄国的传统不大相干。中国的革命是中国哲学、文学和文化传统的结果。中苏的情况根本不同。他们应该分别对待,而我们中苏之间也没有团结的必要。这种思想的表现形式是多种多样的。有的恭维孔夫子,有的欣赏中国的艺术,有的甚至于在毛主席身上做文章。有一个意大利的天主教神父问我:"我(他)有一个很简单的问题。毛主席的文章你们念起来很亲切呢? 还是有外来的、生疏的味道呢? 意思是马克思主义的思想在中国是不能够亲切的。我当时就指出这个问题一点也不简单,可是我还是可以很简单地答复:毛主席的文章是马克思列宁主义和中国革命的实践密切地结合着的,它是马克思主义的,同时我们念起来也感觉到非常之亲切。这里说的主要是今年五月以前的情况。在我们严肃地批判了南斯拉夫修正主义之后,这种思想可能会减少一些。可是它既然曾经那么广泛地流传过,我们仍有说明和批判的必要。

我曾问过一个德国的老存在主义者,欧洲哲学的总趋势是什么。他说经院哲学已经没有力量了,在现实生活中已经不起作用了。在会场上的讨论中,在报纸杂志上,起作用的是马克思主义和天主教哲学。这个说法是有一些道理的。但是,他自己是一个资产阶级的哲学家,他隐瞒了资产阶级经院哲学的客观主义本身就是为资产阶级服务的。现在的资产阶级的经院哲学我认为也是应该批判的。

意大利的资产阶级经院哲学主要的是天主教哲学。多年来的情况如此,现在仍然如此。在学校里(意大利哲学课程不限于大学,经院哲学的作用可能比别的地方来得广泛)曾经有一段黑格尔主义相当流行的时期,这个时期现在已经过去了。逻辑实证主义有抬头的趋势,特别是在比较进步的人士当中。它流传得多广,估计不一。在大学里原先是有几位辩证唯物主义者进行教学和研究的。去年就死去一个。他是不是最后一个我不敢说。年轻的马克思主义者大都直接从事于政治工作。哲学上短兵相接的时期可能还没有到来。显然这一工作要有人做才行。

瑞士的经院哲学情况不大容易说有什么总的趋势。好几个哲学家告诉我说瑞士没有什么本地的哲学趋势。德法的趋势瑞士都有。有一点值得我们注意。瑞士这个工业国家,生活是靠工业品的出口来维持的。因此,技术和自然科学很发达。哲学家们注意自然科学中的哲学问题并不是偶然的。有的是从天主教的角度来搞这些问题的。他们把自己装扮成为和唯心主义作斗争的人。他们反对海森堡的测不准原则,坚持自然律的决定性;可是,最后又把这种决定性归到“上帝”身上去了。另外一些人是在鼓吹唯心的辩证法。他们也搞自然科学,他们强调“实践”,强调“辩证法”,可是他们特别强调“实践”的创造性。他们认为在科学的研究中,人类不只是创造了科学,而且也创造了客观的世界。这一学派的人数可能不多,据和我谈话的人说,法国和比国都有搞这种唯心辩证法的人。这一学派是相当恶毒的。他们企图把辩证法从唯物主义分开来。这种要挖我们的墙根的企图虽然是办不到的,然而仍是应该批判。

英国的资产阶级经院哲学仍然是贝克莱、休谟、马赫哲学的继续。这当然不是英国的经院哲学家们所能同意的。照他们看来,50年来的哲学变化是非常之大的,罗素打败了布莱德列(英国的黑格尔主义者,不属于主观唯心论派),穆尔打败了罗素,维特根斯坦打败了穆尔。现在在维特根斯坦总的影响下进行语言分析的哲学。牛津和剑桥已经统一了。剑桥曾经打败过牛津,牛津也打败过剑桥。英国的经院哲学中心现在在牛津。按照他们的说法,哲学好像是和世界观、人生观没有关系似的。这当然是骗人的。他们一步也没有离开过资产阶级唯心主义形而上学的世界观和个人为中心的人生观。这是毫无问题的。问题是这个世界观和人生观在1958年具体的思想特点是什么呢? 除了颓唐和腐朽的气息外,反映当前生活的具体思想,在和哲学家们的谈话和对论中是很难发现的。在这点上,文学把哲学具体化了。有些文学作品暴露了在资产阶级即将灭亡,大英帝国日益解体的情况下,英国的资产阶级知识分子有一种无路可走的沉闷和暴躁。可是,他们放不下架子,从前的世家虽然早已成为现在的破落户,然而解放前"北京人"的思想仍然支配着他们。一般的资产阶级知识分子是这佯,资产阶级的哲学家也是这样。他们在概念游戏中所隐蔽的正是这个极其灰色的人生观。他们也放不下架子,仍然作垂死的挣扎,仍然搞贝克莱、休谟、马赫的哲学,不过搞得更加复杂更加烦琐而已。这也显然是应该批判的。

最后我要提到一点。我们和国外的资产阶级哲学家的接触会越来越多。从1956年起,年年都有。资产阶级的哲学和马克思主义的哲学是完全对立的。对立的哲学家聚在一起,必然有争论。争论是好事情。真理是愈辩愈明的。马克思主义的哲学本来就是在战斗中长成的,也只能在战斗中才能发

展。我们不能认为真理既然在我们这一边，我们就平安无事
了。现实的问题既然不断发生，破立的工作也就有不断进行
的必要。争论是好事情，但是，要有准备。为了做好准备工
作。我们不仅要批判已往的资产阶级哲学，也要批判当前的
资产阶级哲学！不仅要批制国内的资严阶级哲学而且要批判
国外的资产阶极哲学。

　　批判资产阶级的哲学和一般的学术思想都是为社会主义
建设服务的。去年的"反右"派斗争在政治和思想战线上帮
助我们创造了跃进的条件。现在思想战线上的斗争并没有打
住。要国内的资产阶级知识分子能够鼓足干劲、力争上游，非
进行思想改造不可，他们的学术思想非受到彻底的批判不可。
批判的重点当然是在国内。但是，思想战线上的工作是多种
多样的。天涯海角的歪风邪气我们不能置之不理。对国外的
资产阶级哲学我们也是要批判的。

晚年的回忆 *

老朋友姜丕之要我写回忆录,说过几次,我都没有同意。理由是我认为我的工作限于抽象的理论方面,没有发生过什么特别的事情,没有什么可忆的。这句话也对也不对。与我同时代的人作古的多。我的生活同时代分不开,也就是同一些新老朋友分不开。接触到的还是有东西可以同大家一起回忆回忆。

一

同毛主席吃饭

我同毛主席一共吃过四次饭。第一次是在怀仁堂晚会上,时间是 1957 年。他大概已经知道我是湖南人,坐下来,他

---

* 金岳霖晚年在老朋友的建议下,撰写回忆录,每天想到什么写什么,少则几十字,多则几百字,从 1981 年到 1983 年断断续续写了 100 个片断,5万多字。内容涉及与他交往密切的老朋友,个人经历和治学活动,以及生活情趣等等。为了内容的连续性和完整性,经刘培育整理,将回忆录分成三部分 49 节,并对个别文字做了订正。本文标题、每个段落的提要文字和注释也是整理者加的。《清华琐忆》是单篇文章,原刊于《清华校友通讯》复刊第5 期,1982 年 4 月,现也编入《晚年的回忆》。特此说明。——编者注

就给我几只辣椒（好像特别为他预备的）。这一次最突出的事，是一年轻小伙子跑来抱住了毛主席。毛主席在他背上轻轻地拍个不停，这时主席饭也不能吃。后来有人（可能是青年的朋友）把那一青年请回去了。这件事充分表明人民的领袖和人民是没有任何隔阂的。1957年还有两次午饭，都是在反右派斗争中开的小会。看来毛主席是在亲自参加一方面反章罗①，一方面团结知识分子的工作。

最后一次是在1959年之后，在"文化大革命"之前。这一次可以说是湖南同乡的聚餐。在座的主要客人是章士钊和程潜两位老人。程先生话不多，章先生话很多。章先生还给了主席两三张纸条子，不知道写的是什么。在谈话中提到苏联，章先生说"西邻责言勿理也"，或"勿顾也"，或"非礼也"。我听了之后愣了一下，没有说什么。他们都是乡先辈，我不想多说话。散后，在归途车子里想到章先生那句话不是可以对"东里子产润色之"么？当其时若想到了，说出来，主席一定会大笑起来。可惜我想得不够快，失去了当面作对联的机会。

听说毛主席是不让人为他祝寿的。我们朋友之间有几个人商量商量认为这只是不让大家公开地祝寿，我们几个朋友私自聚集起来，庆祝庆祝未尝不可。这事就交由我办。②

在这以前，梁任公曾为他的老师康有为祝寿。寿联中有上联的后两句"入此岁来年七十矣"，下联中有"亲受业者盖三千焉"。我想这个调调可以利用。我就主张联文如下："以

---

① "章罗"即章伯钧与罗隆基。
② 此事时为1963年。

一身系中国兴亡,入此岁来年七十矣。"下联是:"行大道于环
球变革,欣受业者近卅亿焉。"叔存(邓以蛰)起先没有说什
么,大概有点不满。后来我也想到"年"字硬邦邦的,是不是
可以改为"已七十矣",叔存高兴了,看来他有同样的看法。
叔存写了两副,一是用楷书写的,另一副是用他的特长篆字写
的。定稿是:

> 以一身系中国兴亡,入此岁来已七十矣;
>
> 行大道于环球变革,欣受业者近卅亿焉。

向周总理学立场

前一时期的领导同志当中,对我这一年龄层的知识分子
来说,交往最多、对我们影响最大的是周总理。早在 1949 年,
我们就经常在北京饭店看见他,听他讲话。头一个印象就是
共产党员也仍然干干净净,整整齐齐,而谈吐又斯斯文文。总
的印象是非常之特别,又非常之平常。这些只是小的接触
而已。

大的接触是知识分子思想改造的动员报告。周总理在这
个报告中讲的是立场问题。先讲民族立场,从革命的要求说,
光有民族立场是不够的,我们要进入人民立场。从彻底的革
命说,人民立场仍不够,要进入工人阶级立场。他说他犯过错
误,他的错误把他暴露在上海的大马路上。他的报告可能有
两个多钟头。对听众说,这个报告是一个突出的经验。听众
好些都是 50 过头的人,我就是。我从来没有听见过有周总理
这样地位高的人在大庭广众中承认自己犯过错误。对我们这

些人来说这是了不起的大事。

接着思想改造运动，或称洗澡运动，就展开来了。我做了一个自我检查报告，满以为我在民族立场上毫无问题。我的话是有根据的。在日本占领北京之前，我有一次碰见钱稻孙，他那时是清华的图书馆馆长。我表示非抗日不可。他说万万抗不得，抗，不只是亡国，还要灭种。我很想打他，可是受了"不能打"这一教训的影响，没有打。我说了之后，听众反驳说：我们想的是，蒋介石让美国船在长江自由航行，你一句反对话都没有说。我不得不承认在这一点上，我确实丧失了民族立场。群众的眼睛是雪亮的。

周总理曾说过光有民族立场不够，最后要有工人阶级立场。这完全正确。立场、观点、方法应该是同样重要的，但是在某种特别情况下，立场显得根本。1948 年 12 月间的北京就处于这样一个特别的时期。在这一时期，一些人就离开。离开的人当中年纪大的不多，刘崇鋐先生可以算是年纪大的。走的大都是中年人，并且是容易到美国去谋生的。有一对年轻夫妇，从美国到清华只有几天，马上又回美国去了。这一事实表现得清楚无比，民族立场留不住这些人，阶级立场却能够使他们离开祖国。

一叶凋零，深秋将至，季节如此，风尚亦然。在上述时期以前，青年人就唱起下面这句话来了："北大老，师大穷，清华燕京可进攻。"事实是北大和师大都是中国味重，本地味重；清华、燕京洋味重。重洋轻中，早已成为风尚。

不但青年学生有此风尚，居民有时也暴露这一风尚。我自己没有看见，据说春节时有人在西交民巷住宅的大门口贴上门联:"望洋兴叹,与鬼为邻"。这里虽说"与鬼为邻",可是仍"望洋兴叹"。

　　文章歪到"洋"上面去了。我们还是回到立场上来吧!在"文化大革命"初期,有一天一同事来问学部①一派的头头关于对待大领导的看法问题。这位同事第一就提出总理,那个头头说:"总理么……总理么……"连"么"了几声。这位同事又问:"林彪呢?"那个头头很快就回答:"他行"。我听了之后马上贴出一张大字报,拥护总理。我从总理学立场,连拥护总理的立场都没有,那怎么行?

艾思奇同志是最好的榜样

　　解放后的头一年多的样子,我接触最多的是艾思奇同志。我非常之喜欢他,也非常之佩服他。他到清华讲演时,前一时期对形式逻辑的成见看来还没有取消。我是主持讲演会的。他骂了形式逻辑一两句话之后,就讲辩证唯物主义。讲完之后,我和他边走边说话。我说你骂了形式逻辑之后,所说的话完全合乎形式逻辑,没一点错误。他说:"有那样的怪事。"张奚若在我的旁边,扯我的衣服,我也没有打住。我是在找错的思想指导下听讲的。他的讲演确实逻辑性很强。

　　院系调整以后,全国的哲学系都集中到北京大学来了。讲辩证唯物主义和历史唯物主义这一课的,开头也就是艾思奇同志。哲学系全系师生都特别欢迎他。很可能讲了相当长的一段时期。这实在是一个最好的安排。理论不是短期内可

---

　　①　学部是中国科学院哲学社会科学部的简称。

以改造的。主要的是榜样。艾思奇同志是最好的榜样。他实事求是、公正、和蔼可亲，好像根本没有一丝一毫的先进于马列的感觉，而这也就是当其时最需要的。

我当时就做了下面的对联：

少奇同志，思奇同志；
湖南一人，云南一人。

章士钊的几句话满有意思

有一次我在午门碰见章士钊先生，哪一年我可不记得了。这一次简单的几句话，满有意思。我说你只比我大 13 岁，可是，我曾经把你看作大人物，背过你的文章。那篇文章开头几句是"为政有本，其本在容。何以为容？曰，不好同恶异……"他说："这很简单。我比你大 13 岁，但是，在你一岁的时候，我比你大 13 倍。你 15 岁的时候，我已经 28 了，正是写文章的时候。要是我一直比你大 13 倍，那还得了，那我已经成为明朝的人了。"这道理的确很简单。

梁思成、林徽音①是我最亲密的朋友

我虽然是光棍，我的朋友都是成家的。沈从文先生从前喜欢用"打发日子"四个字来形容生活，现在不用了。可见现在的生活早已不是打发日子了。但是，这里所回忆的生活很

---

① 　林徽音是林徽因的原名，为避免与当时另一作家林微音混淆，林徽音于 1935 年改名为林徽因。金岳霖与林徽因是亲密的朋友，他一直称她"徽音"。

多是打发日子的生活。我当时的生活,到了下半天也是打发
日子的生活。梁思成、林徽音的生活就从来不是打发日子的
生活,对于他们,日子总是不够用的。

　　梁思成、林徽音是我最亲密的朋友。从 1932 年到 1937
年夏,我们住在北总布胡同,他们住前院,大院;我住后院,小
院。前后院都是单门独户。20 世纪 30 年代,一些朋友每个
星期六有集会,这些集会都是在我的小院里进行的。因为我
是单身汉,我那时吃洋菜。除了请了一个拉东洋车的外,还请
了一个西式厨师。"星期六碰头会"吃的咖啡冰激凌、喝的咖
啡都是我的厨师按我要求的浓度做出来的。除早饭在我自己
家吃外,我的中饭、晚饭大都搬到前院和梁家一起吃。这样的
生活维持到"七七事变"为止。抗战以后,一有机会,我就住
在他们家。他们在四川时,我去他们家不止一次。有一次我
的休息年是在他们的李庄家过的。抗战胜利后,他们住在新
林院时,我仍然同住,后来他们搬到胜因院,我才分开。我现
在的家庭仍然是梁金同居。① 只不过是我虽仍无后,而从诚
已失先,这一情况不同而已。

　　在 30 年代,一天早晨,我正在书房研究什么,忽然听见天
空中有个男低音声音叫"老金"。我赶快跑出院子去看。梁
思成夫妇都在他们正房的屋顶上。我早知道思成是"梁上君
子"。可是,看见他们在不太结实的屋顶上,总觉得不妥当。
我说你们给我赶快下来,他们大笑了一阵,不久也就下来了。

────────

　　①　1974 年 3 月,梁思成之子梁从诚一家搬到北京东城干面胡同,与金
岳霖同住。

爱与喜欢是两种不同的感情或感觉。这二者经常是统一的。不统一的时候也不少，就人说可能还非常之多。爱，说的是父母、夫妇、姐妹、兄弟之间比较自然的感情，他们彼此之间也许很喜欢。果然如此的话，那他们既是亲戚又是朋友。我和我的二哥与六哥就是这样。喜欢，说的是朋友之间的喜悦，它是朋友之间的感情。我的生活差不多完全是朋友之间的生活。我差不多不到长沙去，到上海去有一两次住在二哥家里，但主要是在徐家或张家，他们是徐志摩的亲戚。我至少是从1914年起就脱离了亲戚的生活，进入了朋友的生活，直到现在仍然如此。1932年到1937年我同梁家住在北总布胡同，我同梁从诫现在住在一起，也就是北总布胡同的继续。

最老的朋友是张奚若

我的最老的朋友是张奚若。我在1914年就碰见他，不过那时只是碰见而已。认识他是在1917的下半年开始的，那时我转入了纽约的哥伦比亚大学。他一直在哥大学政治。从1917下半年起我们是同学，就西方的政治思想史说，我们也是同班。他无意取学位，但是写了一篇很好的《主权论沿革》。

张奚若家没有什么大矛盾，可是有长期的小摩擦。他同杨景任的结合是新式的结合。他有过旧式的结合。所谓旧式的结合是把彼此不认识的双方经媒人说合成婚。张奚若的头一次结婚是怎样的，我不知道。杨景任在苏格兰大学毕业，他们是在苏格兰结婚的。结婚后，到了巴黎，我才看见他们。这个结合是自由式的。张奚若头脑里想的可能是两个人都是知识分子。他发现杨景任不是"知识分子",假如所谓知识分子是用知识去办大事,像他自己那样。杨景任不是他那样的知识分子,她是英美人所说的 womanly woman,女式女子,这实在是封建社会遗留下来的社会性。要看她这一方面的性格,最好是听她同萧叔玉太太的谈话,两人都争分夺秒地谈,由赵钱孙李到黄闷鸡到红烧肉。杨景任这一方面的性格虽然突出,然而她总是支持张奚若的。从昆明搬家回北京一事,由她一人承担,显然是勇于负责的事。

张奚若这个人,王蒂澂女士(周培源夫人)曾说过:"完全是四方的"。我同意这个说法。四方形的角很尖,碰上了角,当然是很不好受的。可是,这个四方形的四边是非常之广泛,又非常之和蔼可亲的。同时,他既是一个外洋留学生,又是一个保存了中国风格的学者。他的文章确实太少了。我只知道一篇《主权论沿革》,登在《政治学报》月刊或季刊上。这个刊物也只出了一期。据我的记忆,经手这件事的是奚若的夫人,前不久才去世的杨景任女士。那时候她在上海读书。以后没有多久,她也到苏格兰去念书去了。

张奚若的主要点是民主革命,至少开头是这样。他曾同我说过:"孙中山的演说,你听着听着就跟着他走下去了。"这大概是在上海的时候。那时候,胡适也在上海,懂得一些英文,可能帮助过张奚若学英文,胡适一直说张奚若是他的学生,而张奚若并不承认。他的英文也不是从胡适那里学的,同盟会中帮助他英文的人可能不少。

他是作为革命青年到美国去的,同去的人有王夏将军。他确实得到扎实的书本知识,但是忽略了和美国人,特别是美

859

国家庭交朋友,有些事情,他未免就用家乡的老办法去办。例如要裁缝给他做一身新衣服(美国的低收入的人不缝衣服,买衣服),裁缝做的不合身,他要裁缝改,裁缝也不改。奚若同我到店里之后,裁缝仍不肯改。我说:"找我们的律师去。"旁边有一个人听了就说:"哪里不合身? 让我看看。"他看了之后说:"这确实应该改,也容易改。"问题在于"我们的律师"。这表示中国学生是有法律顾问的,不只是临时找律师而已。

从那个时候起,奚若认为我是一个"有办法"的人。这样一个"认为"维持了相当长的时期。到了昆明之后,才打住了。

有一天傍晚,约六点钟光景,年轻小伙子唐二哥来了。这里说的是昆明。他说他早就到了西南联大广场,张伯伯已经在那里讲演。他站在那里听。他说张伯伯要求蒋介石辞职。这是我离开上海之后,头一条好消息。我可惭愧不堪,我不知道奚若要做政治上如此重要的一步。真是对不起朋友。后来我要唐二哥到奚若家里去了几次。我很高兴唐二哥得到了大后方的政治气氛。

30 年代中期,送张奚若回西安,我写了一篇游戏文章:

> 敬启者,朝邑亦农公奚若先生不日云游关内,同人等忝列门墙,泽润于"三点之教"者①十礼拜于兹矣。虽鹦

---

① 张奚若讲话总喜欢说:"我要讲三点……"金先生拿他开玩笑,戏称他为"三点之教"者。

鼠饮河不过满腹,而醍醐灌顶泽及终身,幸师道之有承,勿高飞而远引,望长安于日下,怅离别于来兹。不有酬觞之私,无以答饮水思源之意;若无欢送之集,何以表崇德报恩之心。兹择于星期六下午四时假座湖南饭店开欢送大会,凡我同门,届时惠临为盼

　　门生杨景任;

　　再门生陶孟和沈性仁,梁思成林徽音,陈岱荪,邓叔存,金岳霖启。

我和钱端升家经常来往

钱端升先生也是我多年的老朋友了。不过他同我是否常见面是要分阶段的。他有时是北大的,有时是清华的,有时又是南京中央大学的。我到南京开《哲学评论》会,就住在他家。那时他在中央大学教书。在西南联大时,他是属于北大的,我们又在一块了。

西南联大时,梁家和钱家都住在昆明东北郊的龙头村。我先住在梁家,梁家走后,住在钱家。幸而是住在钱家。1943年美国开始约请大学教授到美国去讲学或休息。我有一个幻想,想请在美国发了大财的湖南同乡李国钦先生捐10万美金帮西南联大买补药(即现在的维生素),所以我要到美国去。那时候到美国去是要通过许多关卡的,钱先生也大力地帮助了我过关卡。也许因为我就住在他家,我从来没有谢过他,只得在回忆中谢谢他。

李国钦先生是我年轻时有些来往的朋友,并不是交情很深的。到美国去找他捐10万美金的大款,本来就是异想天开

的事。可是,到纽约后,我仍然去找了他。他只笑了一笑说:
"哪里能有这样的事。"他还是客客气气请我到他的乡间别墅
去吃了一次饭。以后我也没有再看见他。可能他早已作古,
不然一定也会回国观光的。

钱端升和陈公蕙在结婚酝酿过程中出了一点小岔子,陈
公蕙突然到天津去了。钱端升请求梁思成开汽车追。汽车中
除梁恩成、林徽音外,也有我。还好,到天津后,陈公蕙还在天
津。陈钱和好了。他们俩一同到上海去结婚了。汽车回来时
我还参观了梁思成早已发现的古寺观音阁。这个寺的建筑物
规模宏大美观,不愧为古建筑师的伟大的作品。不怪梁思成
那么热爱它。

在西南联大时期,钱梁两家都在昆明东北乡下盖了房子,
房子当然非常简便,木头架子竹片墙壁。目的只是不逃警报
而已。男女分工是女的做饭,男的倒马桶。我无事可做,有时
也旁听一些倒马桶的精义。女的做饭的成绩惊人。林徽音本
来是不进厨房的人。有一次在几个欧亚航空公司的人跑警报
到龙头村时,林徽音炒了一盘荸荠和鸡丁,或者是菱角和鸡
丁。只有鸡是自己家里的,新成分一定是跑警报的人带来的。
这盘菜非常之好吃,尽管它是临时凑合起来的。

做饭的成绩特别好的是陈公蕙。她是能够做大件菜的。
新近住医院时还吃了她的红烧鱼。她做的白斩鸡非常之好
吃,把鸡在香油姜丁里蘸一下,味道就特别好了。她还告诉过
我,到市场上买母鸡,应该注意些什么。我还是不能照办。我
年轻时虽然买过养着玩的大黑狼山鸡,从来没有买过预备吃
的鸡。公蕙的特别小品是她的煮鸡蛋。煮出来的鸡蛋,就蛋

白说,有似豆腐脑;就蛋黄说,它既不是液体,因为它不流,也不完全是固体,因为它不硬,看着是一个小红球,吃起来,其味之美,无与伦比。

上面谈的是副食品,主食也有很讲究的。张奚若家有时可以吃到绿面条。这东西是美味。面条是绿色的,里面有菠菜汁,面揉得很紧,煮的时间也不长,因此吃起来有嚼头,要用牙齿咬着吃,吃起来配上一两大勺肉末,味道美得很。

对周培源王蒂澂要同时写

我的时代已经进入通家时代。所谓朋友,十之八九是男女都是朋友。对于好些朋友,我是分别回忆的。对周培源、王蒂澂要同时写。王蒂澂女士是吉林人,在与天人的斗争中,锻炼出相当突出的机智与灵活。周先生是很好的物理学家,在清华他很快就当上了行政人员,我想好些人觉得可惜。王女士不只是觉得可惜而已。她知道周先生不笨,学问很好。但是,是不是太傻了一点呢?王本人是否真有此思想我不知道,我认为她有。根据这一看法,我就解释说,这不是傻,是急公好义。学校有要紧事,总是周公出来办理,他总是从保护学校出来办的,这是出于公,不是私。王蒂澂知道有人有此看法,也就不太当心了。

陈岱荪是非常能办事的知识分子

哲学所从前有一位青年同事曾大声地说:"我发现知识分子不能办事。"我没有多少知识,可是,早已被安排在知识分子之内,而我又什么事情都不能办,证实了他的话。但是,还是要承认有非常之能办事的知识分子。陈岱孙先生就是这样一个。

我最早认识他是我们都住在清华学务处的时候。梅校长①南下，委托他代理校事。有一天我发现我没有手纸了，只好向他求救。给他的条子文如下：

> 伏以台端坐镇，校长无北顾之忧，留守得人，同事感追随之便。兹有求者：我没有黄草纸了，请赐一张，交由刘顺带到厕所，鄙人到那里坐殿去也。

陈先生不久搬到北院 7 号同叶企荪先生同居。他们虽单身，可是有条件办伙食。张奚若同我都在那里包饭，这样我们也有了一个落脚点。这个办法维持了相当长的时间，可能在"七七事变"以前一个时期才解散了。

陈岱孙先生也是星期六我家碰头会成员之一。认识了这样长久的老朋友，他能办事，并且能办大事，我连一点影子都没有，怪事，

到了抗战快要胜利的时候，我们五个人住在昆明北门街唐家家庭戏园的后楼上。这五个人是朱自清、李继侗、陈岱孙、陈福田、金岳霖。那时虽有教学，很少科研，经常吵吵闹闹。对陈岱孙先生，我可以说更熟了；但是，我仍然不知道他能办事。可是梅校长知道，他知道陈岱孙先生能办事，所以在大家回到清华园以前，他派陈先生回北京做恢复清华园的麻

---

① 指梅贻琦。

烦工作。清华校园受到日帝军队的破坏,糟踏得不像样。教员的宿舍成为养马房子。陈岱荪先生居然在短期内把清华校园收拾到原先一样,重办大学。这就说明,真的知识分子是可以做工作的,可以办事的。陈岱荪是能够办事的知识分子。

陈寅恪的学问确实渊博得很

陈寅恪先生,我在纽约见过,没有谈什么。后来到柏林,见过好几次。看样子,他也是怕冷的。我问他是如何御寒的,他说他有件貂皮背心,冬天里从来不脱。他告诉我说,前一天有一件很特别的事,一个荷兰人找他,来了之后又不说话,坐了好一会才说"孔夫子是一个伟大的人物"。陈先生连忙说"Ja,ja,ja"。这位先生站起来敬个礼,然后就离开了。

寅恪先生的学问我不懂,看来确实渊博得很。有一天我到他那里去,有一个学生来找他,问一个材料。他说,你到图书馆去借某一本书,翻到某一页,那一页的页底有一个注,注里把所有你需要的材料都列举出来了,你把它抄下,按照线索去找其余的材料。寅恪先生记忆力之强,确实少见。

我有好几次利用了"东西、春秋"四个字在中文里的特别用法。这不是我自己想出来的,是寅恪先生教给我的。当然他教时,材料丰富得多,涉及宋朝语言方面的历史。我对于历史没有什么兴趣,历史上重要的东西反而忘记了。

抗战时,他不在昆明的时候多。有一段时期他也来了,当然也碰上了日本帝国主义的轰炸。离郊区不远的地方,有些人在院子里挖了一个坑,上面盖上一块很厚的木板,人则进入坑内。寅格看来也是喜欢作对联的,他作了"见机而作,入土为安"的对联。不久以后，他好像是到英国去了一次。

寅恪先生不只是学问渊博而已，而且也是坚持正义、勇于斗争的人。清华那时有一个研究院，研究中国的古史。院里主要人有王国维、梁启超、陈寅恪。也有一位年轻人，叫李济之。前些时他还在台湾，现在是否也已作古，我不知道。看来当时校长曹云祥对梁启超有不正确的看法或想法，或不久要执行的办法。陈寅恪知道了，在一次教授会上，表示他站在梁启超一边，反对曹云祥。他当面要求曹云祥辞职，曹不久也辞职了。好像外交部派校长的办法不久也改了。

解放后，寅恪先生在广州中山大学教书。郭老①曾去拜访过他。郭老回到北京后，我曾问他谈了些什么学术问题，郭老说，谈了李白，也谈了巴尔喀什湖。这在当时一定有相当重要的意义，我不知道而已，也不好问。无论如何，两个国故方面的权威学者终于会见了，这是最好不过的事体。

郭老还把他们凑出来的对联给我，对联并不好。郭老扯了一张纸写了出来给我，我摆在裤子后面小口袋里。有一次得胃溃疡，换衣裤进医院，就此丢失了。

陶孟和为人所钦佩

上面提到过的星期六碰头会中的成员之一是陶孟和先生，他是我的老朋友，后来在四川李庄同我发生了矛盾。但是，那是个人之间的小事，作为有大影响的知识分子，他是为当时的人所钦佩，也是应该为后世的人所纪念的。从他的家

---

① 郭老即郭沫若。

庭着想,他是可以当蒋介石朝的大官的,可是他没有。(我有一次在南京,疑心他要做南京的官了,因为他住的地方真是讲究得很。可等待了好久,他仍然没有做南京的大官,我疑心错了。)他的思想偏左,不是旧民主主义者,也不是共产党人。他的政治思想可能最近社会民主,但是也没有这方面的活动。

陶孟和在北京长住在北新桥,他的电话是东局 56 号,房子号码不记得了。这所房子很特别,南北两头是房子,中间是一个大花园。主要的花可能是海棠丁香。北屋是中国式的,南屋是北京特有的早期西式的房子,它本身似乎没有什么可取的地方。但是整个房子的布局很特别,我觉得应该保存,也可以用此来纪念陶先生。

陶孟和也是介绍我在北京吃西餐的人。那时候,有不少的人在前门外京汉路终点站(简称西站)吃西餐。孟和领我到那里吃过饭,那里的西餐似乎还可以。另有大的西餐馆,似乎叫撷英番茶馆,菜只是中菜西吃而已,似乎无此必要。

我去黄子通家看画

我在清华教书不是一三五的课,就是二四六的课。我总是头一天晚上就到了学校。一三五居多。遇到这样的时候,我有一段时间总是到燕京大学去找黄子通先生。我们虽然都是教哲学的,然而谈的不是哲学。他有些中国山水画,其中有一张谢时臣的。他自己最得意的是董其昌。我喜欢的是谢时臣,有机会就要去看看它。因此我同黄先生也成了朋友。

可是,黄先生同燕京大学的权威们打了一架,走了,到湖南大学去了。在燕京接替他的是张东荪。

张东荪帮助我加入民盟

我同张东荪的关系，一部分是好的，另一部分是不愉快的。先说不愉快的部分。殷福生①是当时要学逻辑的青年，写信给我要学这门学问。我问张东荪，有什么青年人可以做的事，得点钱过过日子。他说那好办。我就让殷福生到北京来了。来了之后，张东荪说没有事给殷做。我只好维持殷的生活。多少时候，现在忘了。

另一件对我来说是极好的事。我加入民盟是张东荪安排或帮助安排的。以后我会有一段讲民盟帮助思想改造的特别作用。对我来说，那是极其有益，也是极其愉快的。这我应该感谢他。

这个人是一个"玩政治"的。这里所谓"政治"和我们现在所了解的政治完全是两件事。"玩政治"究竟是怎样玩的，我也说不清楚，也不必知道。看来，在不同实力地位之间，观情察势，狠抓机会等等是"玩政治"的特点。林宰平先生曾同我说过："东荪太爱变了，并且变动得很快。"

林宰平是一个儒者

林宰平先生是一个了不起的中国读书人，我认为他是我唯一遇见的儒者或儒人。他非常之和蔼可亲，我虽然见过他严峻，可从来没有见过他恶言厉色。他对《哲学评论》的帮助可大了。这个评论要靠自己的言论过日子是不可能的。宰平

---

① 殷福生 20 世纪 40 年代末到台湾后更名为殷海光，任台湾大学教授，1969 年去世。

先生背后有尚志学社基金。维持《哲学评论》的存在主要靠宰平先生。

我的《论道》那本书印出后,石沉大海。唯一表示意见的是宰平先生。他不赞成,认为中国哲学不是旧瓶,更无须洋酒,更不是一个形式逻辑体系。他自己当然没有说,可是按照他的生活看待,他仍然是极力要成为一个新时代的儒家。

《哲学评论》时代,他一直是鼓励我的写作的。我一直也以他为长者看待。他过世时,我曾私作以下挽联:

攻读鹆形,空添马齿;

虀齏鹤翅,有愧羊公。

能用与否,不敢自信,也未写出送出。

邓叔存是我朋友中最雅的

邓叔存先生也是星期六碰头会的参加者。他参加的方式和张奚若、梁思成、陶孟和的方式不同,这三家都是男女一起参加的,邓先生只是单独地参加而已。原因是他家仍然维持了男女分别活动的原则。星期六碰头会谈话的内容,除每次开始时有一小段时候谈谈政治情况外,主要的是谈美术,有时邓先生还拿一两张山水画来。他不只是欣赏美术而已,而且是美术家。他的字可写得好,特别是篆体字,也能画。在一篇哲学论文里,我说"火炉一撤,老朋友的画就挂上了",这里说的画就是叔存先生的画。

叔存是我们朋友中最雅的。雅作为一个性质,有点像颜色一样,是很容易直接感受到的。例如"红",就我个人说,我就是喜欢,特别是枣红、赭红。雅有和颜色类似的直接呈现的特点,一下子就抓住了。可是,雅的本质是什么,我们大都不知道,我个人就是不知道。愈追本质,我愈糊涂。

"红"那样的问题,自然科学家解决了它的本质问题。"雅"的问题,他们大概不会过问。这个问题看来还是要靠社会科学方面的或文学艺术方面的先生们来解决。

叔存去世了。我曾作挽联如下:

霜露葭苍,宛在澄波千顷水;
屋深月满,依稀薛荔百年人。

但是没有写出,更没有送出。

黄子卿嗜好历史

黄子卿先生不久前过世了。我失去老友很悲哀。他的身世我不太清楚,只知道他和我有类似的情况。我原籍浙江,老家在湖南做官,说话仍带湖南音,他可能比我更厉害一点。他原籍广东梅县,可是说一口的湖南话。在我们住在唐家家庭戏园后楼的时候,他到楼上来谈话的时候特别多,谈的常常是秦皇汉武,特别是汉武。对秦皇,可能只是佩服他统一中国有大功,得到车同轨、书同文的局面。对汉武则有点崇拜英雄的味道。他好像曾说过汉武时中国版图同清康熙全盛时期的同样大。这可不是一句容易说的话。这涉及古地理学。显然,他下了许多工夫才得出这一结论来。我好像不大容易同意这一论点,也没有理由反对这一论点。无论如何,历史是子卿先生的嗜好,不是他的职业。

祖宗留给我们的宝贵遗产中有车同轨、书同文这样的好事。车同轨可能是整个的好事,书同文应该说是一半好事,另一半是字,而字不同音。从前看见药铺里挂着油漆得很讲究的木匾,上面刻着"屈成士……"这匾我就不懂了。经解释后才知道这是广东人用广东音翻译过来的译音写出来的匾。书虽同文,字音不同,仍有隔阂。有些笑话,并不是各省的人都能懂的。

我不大懂胡适

我认识的人不多,当中有些还是应该研究研究。胡适就是其中之一,我不大懂他。我想,他总是一个有很多中国历史知识的人,不然的话,他不可能在那时候的北大教中国哲学史。顾颉刚和傅斯年这样的学生,都是不大容易应付的。

这位先生我确实不懂。我认识他很早的时候,有一天他来找我,具体的事忘了。我们谈到 necessary 时,他说:"根本就没有什么必需的或必然的事要做"。我说:"这才怪,有事实上的必然,有心理上的必然,有理论上的必然……"我确实认为他一定有毛病。他是搞哲学的呀!

还有一次,是在我写了那篇《论手术论》之后。谈到我的文章,他说他不懂抽象的东西。这也是怪事。他是哲学史教授呀!

哲学中本来是有世界观和人生观的。我回想起来胡适是有人生观,可是,没有什么世界观的。看来对于宇宙、时空、无极、太极……这样一些问题,他根本不去想;看来他头脑里也没有本体论、认识论或知识论方面的问题。他的哲学仅仅是人生哲学。对这个哲学的评价不是我的回忆问题。

按照我的记忆,胡绳同志告诉我说,他和毛主席曾谈到世界观和人生观的问题。毛主席说对资产阶级,这二者是有分别的。对无产阶级,情况不同。无产阶级从自在的阶级转变为自为的阶级以后,世界观就是它的人生观,它没有独立于革命的世界观和人生观了。这是很重要的指导思想。现在也仍然是。

1944 年,赵元任、杨步伟、饶树人同我都在纽约胡适家里,讨论胡适到哈佛大学去讲学的事。赵主张胡租住一所有设备并可找临时厨师的房子,为期 3 个月。胡适说 3 个月不到。赵说,那就找一个人顶替房子。我说,这样一个人不好找。赵问为什么?我说,一个人总要替自己打算一番。赵说:"替自己打算为什么不行"。我说:"他大概会认为太……"说到这里,我作难说姿态。赵追问"太"什么?我说,"太伊于胡底了呀!"我们 4 个人都大笑。赵特别笑得利害,说好得很,完全是临时想出来的。胡适没有笑。

在国外留学,写中国题目论文的始作俑者很可能是胡适。他写的博士论文好像是《在中国的逻辑发展史》①。在论文考

---

① 胡适的博士论文题目是《中国古代哲学方法之进化史》。1922 年由上海亚东图书馆刊行的英文本底稿的标题是 *The Development of the Logical Method in Ancient China*,并有中文标题《先秦名学史》。1983 年上海学林出版社以《先秦名学史》书名出版了中译文本。

试中,学校还请了一位懂中国历史的,不属于哲学系的学者参加。[①] 这位学者碰巧是懂天文的,他问胡适:"中国历史记载是在什么时候开始准确的?"胡适答不出来。那位考官先生说:"《诗经》上的记载'十月之交,朔日辛卯,日有食之',是正确的记载,从天文学上已经得到了证实。"这个情节是我听来的,不是胡适告诉我的。虽然如此,我认为很可能是真的。

二

我的老家庭是洋务派的官僚家庭

我的老家庭是清朝后期的洋务派的官僚家庭。父亲是浙江人,在湖南做小官,可能是一个知府级的官。他官虽小,可是后台有人。不然不会到黑龙江省穆河去当金矿局的总办。在总办任上,他被抓到俄国的圣彼得堡,后来很快就回到了长沙。

他培养他大儿子的办法完全是传统的,走入学、乡试、会试、廷试的路。可是,大哥只走到举人这一阶段就打住了,死了。父亲要他自立,他就到外县去当家庭教师先生,不久死于任所。二哥呢?父亲把他送到上海圣约翰大学去读书。这是明显的转变。更突出的是,父亲把我的三哥送到黑龙江北岸的海兰泡、显然是要三哥去学些工程技术性的东西的。父亲变成十足的洋务派了。

---

① 这位学者可能是 Frederich Hirth 夏德教授。

四五两个哥哥可能是我的母亲去安排他们的前途的。这我不清楚了。

虽然我的母亲、舅舅、舅母都是湖南人，我可不能因此就成为湖南人。辛亥革命之后，以中山先生为首的政府很快就颁布了一部法律，内中有一条说在什么地方生长的就是什么地方的人。按照这个标准，我是湖南人是毫无问题的。

封建制度之下的兄弟不能成为朋友。六个年纪比我大的哥哥当然都不可能是我的朋友。这也就是说，年纪相差最小的哥哥，六哥也不能成为朋友。六哥比我只大几岁，淘气的时候也让我参加，在雅礼学校读书的时候也是同学。尽管如此，我们不是朋友。他比我大，管我。1913 年，他在当时北京东城外的二闸淹死了。事实上，在这一年我已经是独立于封建家庭的人了。

我生在有被瓜分恐惧的时代

清末有两个由南到北的政治运动：一是改良的，一是革命的。后来改良的失败了，革命的成功了。有一个文化移动早就发生，可是清末时加速了。这个移动是由东向西的，很可能是由于长江水运加速而文化移动也加快了。加上武汉的影响，湖南成为一个朝气蓬勃的地区。这时湖南人的雄心壮志是了不起的。

我们房子的西边就是玉皇坪广场。在这个广场上经常有学生结队做体操，同时也唱歌。头一首歌是："学友们，大家起来，唱个歌儿听，十万军人，狠狠狠，好把乾坤整。"下面还多得很。更有甚焉者，有人唱："中国若是古希腊，湖南定是斯巴达;中国若是德意志,湖南定是普鲁士;若谓中国即将亡,除非湖南人尽死。"

余生也晚,没有赶上上面说的朝气蓬勃的时代,反而进入了有瓜分恐惧的时代。这时,湖南是在对英日的恐惧之中。航运交通差不多完全为英日"火轮船"所垄断。我的大哥和二哥的分别,最好地反映了时代的分别。大哥是清朝的"举人",二哥是上海圣约翰大学的毕业生。二哥是经常要坐轮船到上海去的。可是那时候轮船都是洋行所有的,不是英国的就是日本的。英国的船公司叫怡和公司,船停的地方叫怡和码头。日本的船公司的名字我记不得了。大概二哥坐的主要是英国船。这时候,就产生了对英日瓜分的恐惧。中国已经被瓜分成为各国的势力范围。湖南和长江下游都属于英日范围,云南是法国的势力范围。德国和山东好像是以后的事。

我的小学和中学

那时候,学校和教育好像还不是一个势力范围。学校是私立的。我小的时候进的是私立的明德学堂,是胡子靖胡九先生办的。他办这个学堂很吃力,很费工夫。胡先生花自己的钱可能就不少,但是,总还是要靠捐款,有的时候学生也参加捐款工作。我就参加了欢迎大官僚袁海观的会。据说那一次袁海观就捐了一万块钱。

胡先生有时也浪费。他盖了一座三层木头架子的楼房。我们这些小学生要到三楼去上课。那个楼房有点摇摆,后来只得放弃。可是,在那个楼上可以看见英国和日本的火轮船。

上面有一句话,"学校和教育好像不是一个势力范围"。

这句话当然是有文章的。学校和教育当然也是一个势力范围。而美国人就到湖南来占领这个势力范围,在中国的雅礼大学(以后改称为雅礼学校)就在这里开了张,校址是在坡子街。学校有圆柱大厅住房,好几进,并有楼房的旧住宅。人多一些的体育运动要到湘江中的水陆洲去。跑百米最快的是周琦。监督当然是美国人,他住在偏院的楼房上。还有一位美国教员住在住房最后一进的后楼上。医生不住在坡子街,住在南正街。这3个美国人在那个时候就这样在学校教育范围内建立了一个阵地。建立这个阵地是美国一个大学的事,是民间的事。从法律上说,似乎应作这样的理解。这个阵地的教会或宗教气味很重。但是办学校总是好事不是坏事;是花钱的事,不是赚钱的事。有一次监督要回美国去,李昶同学写了一篇长诗送行,最后两句是:"何时玉脤兮□□临乎敝邑,欢迎而歌兮响震乎千山之穴。"显然这不是开火轮船赚钱所能办到的。

在清华学堂读书

学校教育这一势力范围的占领是头等重要的大事。头一点要强调,它的对象是青年,不是老年人。老年人就是争取到了也没有用。要占领的是青年的什么呢? 意志、情感、思想,或者两个字"灵魂"。古人对于这两个字是有某种迷信的,这里的意义只是前三者的代名词而已。前三者非常之重要,占领了它也就是占领了整个的人。这也就是说,这一势力范围的占领制造了许多黄脸黑头发而又有中国国籍的美国人。当然这只是极其初步的美国人,单靠在中国办学校也只能做到这一点。

后来,美国政府也加入了这个势力范围的占领。这可能是老罗斯福,长岛(纽约东边的长岛)的罗斯福,不是纽约州黑德笙公园的福兰克林·罗斯福。老罗是一个冲锋陷阵的角色,在古巴打过仗,在非洲打过猎。可是有武也有文。很可能在他的直接或间接影响之下,美国退回赔款①,办留美预备学校。清华的最初历史就是这样一个预备学校(那时候叫学堂)。外交部设立了留美学务办事处,以该部的左丞(或右丞)周自齐为督办,学部(当时的教育部)的范源濂为总办兼学堂监督,外交部的唐国安为会办兼学堂副监督。入学考试由周自齐"点名",到的学生站在广场,唱到学生名字时,相应的学生就高声喊"到"。周自齐就在那个学生的名字上用银珠红点一下,如此,他就"正式"入场了。

重要的东西是头一场考试:国文、算学、英文。英文我觉得不怕;算学靠运气,怕的是国文。我在湖南考过留美预备的中等科。湖南的国文题目是《"士先器识而后文艺"论》。我不知道这是唐朝裴行俭的话,落选。北京考场的国文题目是《人有不为而后可以有为义》,这就好办。算学的运气好,题目极难,考生大都做错,我当然也做不出,题目是一位顾先生出的。我考取了。第二场考试的题目很多,可是,显然不重要。头一场考试第一的是侯德榜。此公后来学化学,在天津工作,解放后仍在天津工作,并且还随团体到外国去过。

那时候清华学堂的伙食(即现在称之为饭菜的那东西)

---

① 这里说的赔款即"庚子赔款"。

糟得很,四大碗、四大盘全是肉。外省来的学生吃不惯,富裕一些的学生不吃,等学监走后炒鸡子(鸡子即蛋,那时不叫"蛋")。我讲实话,还受到批评。一天,长沙雅礼中学的美国人胡美来参观。学堂的监督已经是周贻春。胡美问我伙食吃得来吧? 我说"不好,吃不来"。胡走后,周贻春还狠狠地批评了我。这一段说的事要晚一些,可我说不清晚多少。范源濂做监督的时间不长,他很快就成为大人物了,成为南北和谈中的使者了。

提起范先生,使我想到一件很特别的事。这就是地方话的问题。在清末民初,方言问题相当大。一般地说,福建人或广东人学北京话学得最好。发音相近的反而成绩差些。从前曾有流行的话,说"天不怕,地不怕,只怕山东人说北京话"。也有成绩不高而自负的人。范先生说一口的湖南长沙话,可是他对我说:"我们没有这个问题,我们说一口的北京话。"

我到清华教书不久,有一次开学典礼是教务长郑桐荪先生主持的。用现在的话说,"报告"是他做的。礼毕,我们走在一块,他问我听得清楚否? 我说:"清楚,虽然你说的是上海话。"他大惊:"啊! 我还有口音呀!"这句话仍然是用上海口音说的。

在清华没有多久,南方革命了。清华的学生走光了。我是高等科的最后一个。学校不开饭了,我非走不可。做事情不考虑时机也是怪事。我把辫子剪掉了。我到税务学堂我六哥处。进城要经过庆亲王府,大门外的兵盯着我看,但是也没有管我。到了城里,才知道税务学校没有停办。六哥留京,我应回湖南去。路费怎么办呢? 想法子,找长沙郡馆。我们这些人就聚集在街旁一块空地上,派 3 个代表去找郡馆负责人。后来知道他是湖南的小京官郑沅。我的六哥是 3 个代表之一。不久六哥就回来了,说:"他们要我回来,时间可能要长一些,只好耐心等。"等了好久之后,那两个人还不回来。我们又要六哥去找那两个人。六哥跑了回来说,那两个人走了,钱也拿走了。看来六哥同我都是既容易欺以其方,又容易枉以非其道的那时候的知识分子。

那时候,非常之乱。我只知道离北京的乱,没有经验过由南回北京的乱。离北京时乱得出奇。从北京到天津的途中,我同一群马在一个露天的车厢里,彼此相安无事。海船上只开两次饭,饿得难受,只好每次吃两份,吃了一份之后马上就从另一门进去,再吃一份。从上海沿长江而上,在城陵矶下船。下船就吓坏了,岸边挂了一个人头。无论如何很快就到了家。那时候,我家已乡居,打听消息不好办。不久后,有一消息说:"孙大总统南京坐殿。"这样,我也进了城。在城里碰见雅礼同学张逸。他肩上挂了一条红绸长条,说"巡逻巡逻"。不久我又回到清华。可是,北京是什么样的北京,我说不清,只能说一点,北京仍然是清朝的。一个证据是,我在高等科食堂前看见了孙宝琦,他是外交部的大官,可能是尚书,也可能已改成"大臣",特点是他穿了一身英国官员的礼服。

回到清华之后,情况和上次完全两样了。英国来的教员很多,他们差不多全是年龄不大的美国大学毕业生。他们都住在东北角的小房子里,除了教课外,当然教我们学习美国人的生活方式。后者,特别是星期六晚上的会。在这些会上很多次是学生用英文辩论,或者用英文进行演说竞赛。

美国人占领了教育这个势力范围,而又能使中国人不感觉到它是占领。甚至本来是美国替中国培养知识分子的事,到了"美籍华人"时代,也可以说已经变成了中国替美国培养知识分子的事了。也许有人会说:"不对,他们的知识分子是在美国得到的,不是从中国带去的。"不错,就知识的来源说,确实如此。但是,知识分子的头等重要问题是为谁服务的问题。就阶级说,问题是清清楚楚摆着的。有些美国人听见"阶级"两个字就不高兴。"不摆阶级吧!"就这一或那一听讲受教的人说,他们也不是姓赵钱孙李的人,而是 Dick 或 Hasse。显然,现在的美籍华人是中国替美国培养的知识分子。这就是说,他们是美国的知识分子,我们从优招待是应该的。

到美国留学

1913 年我六哥的死,对我是很大的打击。他在我的兄弟中是最好的朋友。1914 年我到美国去了。到美国费城后不久,我就幸运地住到古德瑞利西(Goodrich)家里。她家那时只有她这老太太和她的女儿,丈夫曾经在一家保险公司供职,早已过世。女儿是大学毕业生,比我大 10 岁,有对象在纽约。这家的房子是 3 层小楼,底层大房间是客厅,二楼临街的一间好房子租给学生,已住有人,我住三楼一间小房子。老太太对我可以说很优待,总说我远离父母,可怜。我也待她像母亲一样。我从 1914 年秋到 1917 年夏天毕业,都住在她家。我那时以为她们与政治不相干,其实那是错误的,她们只是不玩政治而已。她们常接待的朋友有两家。一家是一位律师,也是怪律师,他教我们唱歌,我现在还记得他教我们唱的一首歌。另一家也是母女俩,住得很近,差不多完全是那一家来做客,古德家从来不到那一家去。女儿一来就唱歌。我能装模作样地哼一哼的美国歌,除校歌外都是从她那里学来的。1915年没有什么特别,过去了。1916年袁世凯要做皇帝,我坐在古德家临街走廊上大哭了一阵,没有告诉她们。1917年夏天我毕业了,暑假没有完我就转学到纽约哥伦比亚大学去进研究院了。到了1918年,古德全家搬到芝加哥去了。古德老太太不久也去世了。

她们这一家是有特点的,这也就是说她们是有一般性的。她们有文化,可是,不是文化人;她们有相当多的知识,可是不是要推动知识前进的知识分子;她们没有多少钱,租房子给学生,可以帮助零用,可是她们也不靠房租过日子;她们没有势力,老太太娘家的侄子只是市政府的小职员,不是官。美国参战后,女儿和一个临时的海军军官结了婚,生了几个男女。看来这个新家庭和旧家庭差不多。

那时候的美国,这样的家庭何止千万,所谓白领子奴隶就是这种家庭的人。他们可能在工厂工作,可是他们不是直接参加体力劳动的、穿着很厚的兰布裤子行动快速的工人,而是慢条斯里的普通人。这样的家庭是那时民主美国的背脊骨。他们没有他们自己的领袖,在近代最接近于他们的总统可能是第一次世界大战期间的总统威尔逊。这位总统在当选前是一个大学校长,在华盛顿衣冠楚楚的人当中难免有些土头土脑,后来他到欧洲去当美国的议和代表,比较起来差不多就成为乡下人了。但是,在代表中曾有人想到要把世界变成一个对民主人民没有危险的世界,可能正是他。当然他失败了,他可能不只是失败了,而且自以为成功了。这就不只是可笑,也可悲了。

由学商业转而学政治

但是,话还是要说回来。我到美国去,开头学的商业。①这玩意儿引不起兴趣,转而学政治。

到了哥伦比亚大学,②我着重选了两门课,一门是比亚德的美国宪法,一门是邓玲的政治学说史。前者不是简单地讲宪法的,而是讲宪法的经济理解。这门课不为学校的权势所容,教授也只得辞职。我对政治学说史发生了最大的兴趣。后来我的博士论文就是在邓玲老先生指导之下写的。这位先生的头光得可以照人,嘴唇上两片白胡子往上翘,出门时戴一顶园顶硬壳礼帽(久矣乎不存在了),冬天里在讲台上、在办分室里都戴一顶中国式的瓜皮帽子。出门上街时,冬天里总是穿一件 chesterfield 式的外套,夏天里他也穿一套黑衣服。喜欢讲笑话。张奚若和我都在他的班上。老朋友张奚若可以说是不写文章的,可是在那时候,他却写了《主权论沿革》一文,刊在上海印的《政治评论》上。我认为主权论仍应该强调,我们的宪法里应该有主权论内容。中华人民共和国是有主权的,台湾没有。台湾一直被美国的海军空军包围着,无法行使我们的主权。

① 1914 年到美国,先在宾夕法尼亚大学学习,1917 年获学士学位。
② 1917—1920 年在哥伦比亚大学念书。1918 年获硕士学位,1920 年获博士学位。

毕业后,转入学习政治思想。我的博士论文就是写英国一位政治思想家的政治思想①(那时我反对写中国题目,因为导师无法指导)。在1918年到1920年这一段时间之后,我就没有离开过抽象思想。这一习惯形成之后,我虽然是一个活的具体的人,我的思想大都不能在活的、具体的事上停留多少时候。这仍然是基本事实。

上面我曾提到我反对留美学生在写博士论文时写中国题目。尤其不要用英文写古老的中国古文格式文章。有一位先生用英文翻译了"闵予小子,不知天高地厚……"教师说:"我也不知道天高地厚,你要知道那个干什么!"这里说的是七十多年前的事,现在这类的事想来没有了。

在1918或1919年哥伦比亚大学也起了变化。Charles Beard 和 James Robinson 不满学校的陈旧办法,在市中心设立了一所研究社会的新学校。这个学校请了三位英国人来讲学。第一位是最年轻的,已经在哈佛大学讲学的拉斯基。他可能比张奚若还小一岁。可是,张奚若非常之佩服他。第二位是从英国请来的瓦拉斯(Graham Wallas),费边运动中心人物之一。我觉得这个人非常之可亲。看来这些英国学者和美国学者不一样。他们的希腊文似乎是家常便饭。最后来讲学的是拉斯基的老师巴克(Ernest Barker),这为我们"3个人"以后到英国去,打下了基础。

这里说的"3个人",除张奚若和我之外,加了一个徐志

---

① 博士论文的题目是《T.H.格林的政治学说》(*The Political Theory of Thomas Hill Green*)。

摩。他和我们很不一样，头一点是阔。我只有60美元一月，张大概也差不多，徐是富家子弟。他来不久，就买了一套72块美金的衣服。不久裤子不整了。他不知从哪儿借来了熨斗，熨裤子时和别人争论，把裤子熨焦了一大块，只得另买一条灰色裤子。

资产阶级学者费力研究的三门学科

社会科学方面有三门学科是资产阶级学者花了相当多的时间和精力去研究的。一是经济学，一是政治学，一是社会学。

我没有学过经济学，唯一靠了一点边的是上了一位有名的经济学家所讲的课。可是，这位教师所讲的那门课碰巧又不是经济学，而是英国农民史。他所着重讲的是烟囱。我在英国的时候也正是凯恩斯出风头的时候，可是，我不认识他。他好像写了一本小册子叫做《和平（第一次大战之后的和平）的经济后果》。罗素说："凯恩斯本人就是和平的经济后果，他本人已经成为富人。"

这门学问最像自然科学那样的科学。它确实发现了一些规律。随时运用也能得出一些结论。其余两门都赶不上。

政治学，我在美国读书的时代就叫做政治科学。其实它离科学甚远。可是，它收集了大量的关于政府的材料，因此也大量地集中了这方面的知识。那时候有一个很特别的情况：最好的一本关于美国政府和政治的书是James Bryo写的，而他是英国人；关于英国政府和政治的最好的书是Lowell写的，而他是美国人。

　　我的印象是社会学最坏。教我的教授是当时鼎鼎大名的
Gidings。在一次讲演中,他大骂了俄国革命,可是大大地恭维
了列宁。他说:"列宁行,列宁是贵族。"这真是胡说! 他认为
社会就是同类的自觉。英国的斯宾塞尔也是一个社会学家。
此人专搞老生常谈,连篇累牍,书写的很多,可是毫无真正建
树。据我的记忆,他的坟离马克思墓很近,现在去瞻仰马克思
的墓的人,早已忘记了或者根本不知道曾经有斯宾塞尔这样
一个人存在过。

　　当然,社会学和别的学科一样总是有几本好书的。我的
印象 William Grahan Sumner 的一本书就是好书。书名我忘
记了。

　　在英法两国曾出现一种学说,叫社约论。持此论的人有
霍布斯、洛克,而主要的人是卢梭。看来这是一些极端的个人
主义者,根据形而上学的思想方法提出来的关于社会起源的
学说。对于它,马克思主义可能早就得出科学的结论,不过我
不知道而已。在这里我之所以提到者,因为我们这里还是有
喜欢它的人。从前有一位马君武先生,他就喜欢这一学说的
人。我看见他的时候,他的年纪已经相当大了。张奚若也是
比较喜欢卢梭的。我有时还听见他朗诵卢梭书里头一句话:
"人生出来是自由的,但是无论在什么地方,他又是用铁链子
锁起来了的"(可能译得不妥)。

到英国后我进入了哲学

　　在英国我也有以老师相待的人。一位是瓦拉斯,我在美
国听过他的讲。他住在伦敦,找起来很方便。看来英国人不

大喜欢别人到他家去,他要我找他的地方是他的俱乐部。他那时候喜欢谈心理与政治。看来他谈的时候多,既没有发表文章,更没有写成书。他读书还是相当勤的,每年暑假他都要读一次希腊文的柏拉图的《共和国》。

另一位是巴克,我也是在纽约听过他的讲。他本来是在牛津大学教书的,我到伦敦的时候,他已经是伦敦大学国王学院之长。他是柏拉图、亚里士多德英美欧洲闻名的专家学者。要他做院长,可惜。1958 年,我又有机会到英国去,在剑桥看见了他。我说我有机会就要拜访老师。他已经是 80 岁以上的人,一个人孤独地住在一间小房子里。他见了我大流眼泪。无儿无女,也没有人理他,日子是不好打发的。在资本主义社会里,不及时作古,无论有无儿女,日子总是不好过的。儿女总是要摆脱父母的。

到英国后,我的思想也有大的转变。我读了休谟的书。英国人一向尊称他为头号怀疑论者。碰巧那两三个月我不住在伦敦市中心,没有逛街的毛病。就这样我比较集中地读了我想读的书,从此我进入了哲学。这是在对逻辑发生兴趣之前的事情。我说"从此进入了哲学",是说我摆脱了政治学或政治思想史学的意思。显然,我找瓦拉斯的时候,我还没有摆脱政治学说思想。到了读休谟的时候,政治思想史已经不是我致力的方向了。脱离政治学说史,也就是离开伦敦大学的经济学院。① 但是,走牛津的道路呢还是走剑桥的道路呢?

---

① 1922 年金岳霖在伦敦大学听讲。

回国后我教逻辑

有一次,有一个美国姑娘①同张奚若和我在法国巴黎圣米歇大街上边走边争论。哪一年的事我忘了。② 他们都说彼此不通,他们好像都提到逻辑,我也参加了争论。但是,我可不知道逻辑是什么。他们好像也不大清楚。

可是,不久同逻辑干上了。回到北京以后,赵元任本来在清华大学教逻辑,不教了,要我代替,就这样,我教起逻辑来了。我也只好边教边学。1931 年,我又有机会到美国留学一年,我就到哈佛大学的谢非先生③那里学逻辑。我告诉他说,我教过逻辑,可是没有学过。他大笑了一阵。这时怀特海也在哈佛大学教书。这样,我这个本来同牛津思想关系多一些的人变成与剑桥思想多一些的人了。(怀特海本人不是剑桥大学的,可是罗素和穆尔④都是。)无论如何,我走上了比较着重在分析的哲学了。

清 华 琐 忆

清华很早就是以科学为重点的。五四时候是这样,我回到清华教书后,也是这样。我所谈的是综合性的,多科性的,像现在北大一样的历史上的清华大学。

对自然的各方面,或工程技术的各方面,清华的教学与科

---

① "美国姑娘"即秦丽莲小姐。此人于 1925 年底同金岳霖一起到中国,曾先后在北京艺专和青岛大学教书。1934 年回美国。

② 时间为 1926 年。

③ 谢非即 H. M. Sheffer。

④ 穆尔即 G. E.Moore。

研的成就都是相当高的,有时可能是国内先进水平的。在这一方面,我能说的话很少。我要特别提到的是当时为"政治科学"服务的政治系。

政治系的教授有两人,变动少,时间长。一是浦薛凤先生,一是王化成先生。后来加入的有张奚若和有时在有时又不在的钱端升。有一天物理教授吴政之(他对清华是兼有教研之外的功劳的)说了一句极特别的话:"怪事,清华的政治系好像不懂政治。"这句话指的是浦、王两先生。吴先生大概没有意识到流行于美国的"政治科学",而同时又认识许多国民党的中级干部和他们的斗争。吴先生之所长正是浦、王二先生之所短,而他们之所长又是吴先生之没有意识到的事。

应当承认,由于阶级意识的限制,真正的社会科学是当时这方面在校的先生们所得不到的。社会科学虽然得不到,社会方面的学科还是保存了。

我不记得教授大会是怎么开始流行起来的。我记得一两次我参加过的教授会。有一次是在科学馆大楼召开的。那时候师生已经有对立思想,可是感情没有破裂。朱自清、张奚若同我是看门的。有好几个同学要进来,可是我们都拒绝了。讨论什么事,我不记得了。第二天还要开。我答应了张奚若,我要去。可是第二天他找我时,我不愿去了。我在逻辑方面或晢学方面碰到了困难。他很生气,只得一个人去了。看来从那时起师生意见开始对立起来了。

可是对立的时候不长。学生的意见是进步的。同时,先生家里的小成员也开始长大了。梁思成那时不在清华教书。在城里他同我是分居前后院的。他有位内弟,姓林,我们都称他为三爷，我的印象，他是到北京来预备考清华的。有一天中饭、晚饭林三爷都没有回来。约晚上九点钟时，梁思成接电话要他去领回学生一名。三爷被领回来了，他的计划也改变了。进了空军，后来在保卫成都的空战中壮烈地牺牲了。

上面说的已经是"一二·九"运动了。看来这时清华已经不只是在科学，而且也是在五四时所说的民主方面成长起来了。

长沙临时大学本身不值得谈，我还是要提到，因为它是西南联大的出发点。我是单身汉，我最富，我是从香港、海防、河内到昆明的。（在昆明几年之后我又穷考第一，现在仍在北大的温德第二。）另外有些人是坐公共汽车经广西那条路到昆明的。可是大部分的师生是徒步经贵州走到昆明的。走路的人，因为要特别预备，可能是最后出发的。看来闻一多先生是唯一卷裤脚穿长袍走路的教师。他们可能是人数最多的学习党的长征的一群师生。

我没有在长沙送他们，可是我当然参加了在昆明迎接他们的人群。最引人注目的就是满脸胡子的闻一多先生。

走路的师生到了以后，西南联大可以开学了。

西南联大是各种斗争最激烈的场所。我是一个落后分子。斗争情况我没有全面的了解，根本谈不上。我只是跟着大家的进步，也得到一点进步。我记得离昆明的时候，我在会计处碰到黄子卿先生。他问我，回到北京后，共产党来了，怎么办？我说："接受他们的领导，他们不是洋人，不是侵略者。"黄先生说："达。"听我的口气，他可能已知道我只是"知命"而已，没有更多的热心。事实也恰是这样。

回到北京，不久果然解放了。张奚若忙得不可开交，梁思成、林徽音先生是参加了美术设计工作，后来又参加了市政工作，也忙得不亦乐乎。我不只是闲着，而且好像是局外人。

理由很简单。解放前一些人士一直是骂形式逻辑的。这件事当然不好办。骂可以，可是要骂得言之成理，又要引用形式逻辑。因此骂也只得乱骂一阵。

可是乱骂的事在解放后并没有广泛地发生。有一次在怀仁堂，我见到毛主席。有人介绍之后，他说你搞的那一套还是有用的。这，我可放心了。我也就跟着大伙前进了。

我参加了《哲学评论》的工作

我在北京或北平也参加了《哲学评论》的工作。我当然写了些形式逻辑或哲学的文章。形式逻辑的文章可能多些。

但是，哲学文章也有。主要是关于休谟的文章。"休谟"这两个字不是我英文念错了，而是故意的。有些英国人称休谟为特级怀疑家。"休谟"两字的用意是他把所有的谟都怀疑掉了。英国的哲学家通常是把霍布斯、洛克和休谟连在一起谈的，因为他们都涉及社约论。这就把培根排除出去了。这3人中洛克的知识论或理性论是最有体系的。但是，他的影响不限于哲学，主要是政治。休谟的影响反而最大。康德曾说过休谟使他（康德）从教条主义的酣睡中惊醒过来。

那时候，我对于休谟是有兴趣的，我还开了休谟的课，主要是读书。有一个学生，后来曾在政法学院的曾秉钧先生。我们经常是以推敲的方式读书，这对我的益处也是很大的。

参加《哲学评论》的人有冯友兰，有我，以后有贺麟。但是,特别重要的两位先生是瞿菊农和林宰平。具体的事情,主要是瞿先生去办的。钱是尚志学社①提供的,而这就靠林先生。这里说具体的事情,其实就是一大堆琐琐碎碎的事情。不知道瞿先生是如何处理的。这使我非常之感激。他是学教育的,对哲学很有兴趣。不知是在这以前还是以后,他参加过定县乡村工作。抗战以后,我就没有看见过他了。

《哲学评论》是在北京出版的,在北洋军阀时代没有出什么问题,可是后来问题发生了。南京要我们去开会。瞿林都没有去。那时候贺麟(自昭)和沈有鼎先生都回国了,都预备去开会。我们的安排是冯友兰为理事,贺自昭为秘书,同南京的人打交道。我的任务是坐在沈有鼎先生的旁边,阻止他发言。南京的人出来讲话的是陈大齐先生。他原来是北京大学的校长或教务长,这时是南京的大官,可能是考试院的副院长。他说了什么我没有听见。沈先生果然有两三次要发言,都是我把他的衣服抓住,阻止了他发言。在这里我借回忆的机会向他道歉。为什么有这个安排的必要,我不太同意,可我还是执行了。

这件事有机会应同贺、冯两先生谈谈。他们碰了什么伤脑筋的事,我不知道,要他们自己写才行。

我只写了三本书

我要谈谈我的书。我只写了三本书,比较满意的是《论道》。花工夫最多的是《知识论》,写得最糟的是大学《逻辑》。

① 尚志学社是当时以梁启超为首的宪法研究会的一个附属组织。

后面这本书中介绍一个逻辑系统那部分简直全是错误，我也没有花工夫去改正我的错误。我的学生殷福生先生曾系统地作了更正，也不知道他的改正正确与否，竟以不了了之。理由是我错误地认为我既没有数学才能，形式逻辑就搞不下去了。这里说的只是介绍一个逻辑系统那一部分。

花时间最长、灾难最多的是《知识论》那本书。这本书我在昆明就已经写成。那时候日帝飞机经常来轰炸，我只好把稿子带着跑警报，到了北边山上，我就坐在稿子上。那一次轰炸的时间长，天也快黑了，警报解除后我站起来就走，稿子就摆在山上了，等我记起回去，已经不见了，只好再写。一本六七十万字的书不是可以记住的，所谓再写只可能是从头到尾写新的。这个工作在1948年12月的某一天（可能是12或14日）写成了，寄给商务印书馆了。这时书局也就不忙了，因为北京已经在解放的前夕了。

《论道》是我比较满意的书。当然也是形而上学最突出的书。直到写这本书的时候，甚至写了相当一部分的时候，我才下决心把"间"和"时"分开来提。现在用"时间"两个字表示分割了的时间，用"时"一个字表示洪流的流。要很好地利用时间这一对象，我看我们非分开来讨论不可。时间非分割开来不可，不然用处不大。无论是就分、秒、点说，还是就年、月、日说。例如1982年，它一来就置当不移，不属于它的挤也挤不进去，属于它的逃也逃不出来。可是，好些重大的事情，可以安排在这一年里，使它们得到历史上的确切的位置。

但是，《论道》那本书的重点仍然是时流。这表示在那几句话："能之即出即入谓之几。""能之会出会入谓之数。""几与数谓之时。"这就使我回到无极而太极中的宇宙洪流上去了。

说说我的客厅

这里要说说湖南饭店。所谓湖南饭店就是我的客厅，也就是我的活动场所，写作除外。房子长方形，北边八架书架子。我那时候是有书的人，书并且相当多，主要是英文的。院子很小，但是还是有养花的余地。七七事变时，我还有一棵姚黄，种在一个八人才抬得起的特制的木盆里。一个光棍住在那样几间房子里，应该说是很舒服的。如果说的是白天，那几间房子确实舒服。到了晚上，特别是上床后，问题就不同了。只要灯一灭，纸糊的顶棚上就好像万马奔腾起来，小耗子就开始它们的运动会了。好在那时候我正在壮年，床上一倒，几分钟之后就睡着了。

30年代，我们一些朋友每到星期六有个聚会，称为"星六聚会"。碰头时，我们总要问问张奚若和陶孟和关于政治的情况，那也只是南京方面人事上的安排而已，对那个安排，我们的兴趣也不大。我虽然是搞哲学的，但从来不谈哲学，谈得多的是建筑和字画，特别是山水画。有的时候邓叔存先生还带一两幅画来供我们欣赏。就这一方面说，"星期六集团"也是一个学习集团，起了业余教育的作用。

我不知道洪昇先生在哪一年翻译了（*Oscar Wilde* 的 *Lady Windermere's Fan*）。我猜想他有困难。Lady 这个字怎么办呢？中文里没有相应的字。我想洪先生虽然多才多艺，也没有想出好办法，只好用"少奶奶"这个名称应付应付而已。

在 30 年代里，有人写了一篇文章，题目是《少奶奶的客厅》。这样一来可真是把英国乡居富人的社交情况形容出来了。英国的乡居富人请客时，大吃其牛肉，吃完之后，男的进入他们的雪茄烟和 Whisky 酒的房子里去了，女的则进入她们的客厅去聊天。她们当中虽然也有老太太，但总还是以少奶奶为主。这篇文章确实有这一好处。但是它也有别的意思，这个别的意思好像是 30 年代的中国少奶奶们似的有一种"不知亡国恨"的毛病。

这就把问题搞得复杂了。"国"很不简单。当其时的中国就有两个不同的国，一个以江西为根据地，一个以南京为首都。少奶奶究竟是谁呢？我有客厅，并且每个星期六有集会。湖南饭店就是我的客厅，我的活动场所。很明显批判的对象就是我。不过批判者没有掌握具体的情况，没有打听清楚我是什么样的人，以为星期六的社会活动一定像教会人士那样以女性为表面中心，因此我的客厅主人一定是少奶奶。哪里知道我这个客厅的主人是一个单身的男子汉呢？

我会忘记自己的姓名

在 30 年代，我头一次发现我会忘记我的姓名。有一次我打电话给陶孟和（东局 56），他的服务员问"您那儿"，我忘了，答不出来，我说不管它，请陶先生说话就行了。我不好意思说我忘了。可是那位服务员说"不行"。我请求两三次，还是不行。我只好求教于王喜，他是给我拉东洋车的。他说："我不知道。"我说："你没有听见人说过？"他说："只听见人家叫金博士。"一个"金"字就提醒我了。

有人告诉我说,潘梓年在重庆的某一签名场合上,恍然起来了,也记不得自己的名字了。旁边的人说他姓潘。可是,他还是想不起来,并且问"阿里个潘呀?"这就是说,说一个字还是不够。

解放前也有思想工作

解放前也有思想工作,那时候不叫思想工作,叫"劝劝"。吴雨僧先生有一时期在报纸上发表了他的爱情诗,其中有"吴宓苦爱毛彦文,九洲四海共惊闻"。有一个饭团的同事觉得这很不对头,要我去劝劝他。我不知道为什么要我去,现在想来,更不知道我为什么就去了。我对他说:"你的诗如何我们不懂。但是,内容是你的爱情,并涉及到毛彦文,这就不是公开发表的事情。这是私事情。私事情是不应该在报纸上宣传的。我们天天早晨上厕所,可是,我们并不为此而宣传"。这下他生气了。他说:"我的爱情不是上厕所。"我说:"我没有说它是上厕所,我说的是私事不应该宣传。"

现在我觉得我的话确实不妥当。我同张奚若的来往中,有几次他当面批评我,说我的话不伦不类。我没有理会。现在看来,他批评我的情况,就如我同吴先生的对话一样,把爱情和上厕所说到一块,虽然都是私事情,确实不伦不类。

回忆看来是有益的事情。不回忆的话,我不至于发现上面的错误。

我坐办公室办公,而"公"不来

解放后调整到北大。周培源先生说要我做北大的哲学系主任,我说我不干,还说艾思奇摆在那里,不去找他,反而来找我。周培源说:"要你做,你就得做。"我就做起系主任来了。不久就有人当面大骂我一顿。这样的事,在旧社会不是开除他,就是我辞职。在新社会怎么办呢? 不知道。结果他不走,我也不辞。事也办不了,更谈不上办好办坏。

到哲学所不久①,我就听见汝信同志说:"知识分子不能办事。"我那时候是同意他的观点的,我自己就是不能办事。到清华,我比冯友兰先生早,可是,管行政事情的是冯先生,我办不了事。解放以前,学校的官我没有做过,唯一例外是我做过一次评议员。

到了哲学所,另一副所长张镛说我应该坐办公室办公。我不知"公"是如何办的,可是办公室我总可以坐。我恭而敬之地坐在办公室,坐了整个上午,而"公"不来,根本没有人找我,我只是浪费了一个早晨而已。

这以后没有多久,哲学所的同志作出决议,解除我的行政职务。② 显然,他们也发现我不能办事。如果我是一个知识分子的话,我这个知识分子确实不能办事。

我到哲学所后,曾听见同事讨论级别问题,我没有考虑过这个问题。哲学所的领导小组曾解除我的行政工作,封我为一级研究员。我想一级研究员当然是高级干部。无论如何我认为我是高级干部。可是,一次在首都医院住院,他们把我安排在一间前后都是玻璃通明透亮的大房间。我是怕光的,带

---

① 金岳霖是 1955 年调到哲学所的。
② 据查,哲学所没有作出过解除金岳霖行政职务的决定,只是决定他不必天天到所坐班了。

眼罩子带了几十年的人住在那样一间房子真是苦事。要单间房,. 首都医院不能照办,据说是因为我不是高级干部。后来我住到邮电医院去了。病好出院我向梁从诫提及此事,他说我根本不是高级干部。我看他的话是有根据的。这样,我这个自以为是高级干部的人才知道我根本不是高级干部。

我接受了革命的哲学

在政治上,我追随毛主席接受了革命的哲学,实际上是接受了历史唯物主义。现在仍然如此。在宇宙观方面(也可以说世界观,不过不局限于人的社会而已),我仍然是实在主义者。解放后,我有一篇实在主义的文章,即《思维规律的客观基础》。① 我的实在主义是从早期的罗素、穆尔那里来的。这两位先生都在维特根斯坦的影响下变成了马赫主义者。罗素还著书立说(《物质的分析》、《心灵的分析》)宣传马赫主义。穆尔没有著书立说,但是他上维特根斯坦的课,曾同我一道听讲。看来他们都放弃了实在主义。现在世界上还有没有实在主义和实在主义者,我不知道。

我那篇文章是实在主义的文章。文章发表后如石沉大海。只有钱钟书先生作了口头上的反对,但是他没有写文章,我也不能反驳。我还是要谢谢他,至少他读了我那篇文章,并且还反对。至于平日搞逻辑学的人,没有人赞成,也没有人反对。也许他们认为这篇论文是一篇哲学论文。但是它总仍然

---

① 即《客观事物的确实性和形式逻辑的头三条基本思维规律》,发表在《哲学研究》1962 年第 5 期上。

是一篇逻辑论文。昨天我有机会看见倪鼎夫同志，我问他，他说我当时说那篇文章是唯物主义的。想起来了，那时说实在主义没有人懂，说唯物主义也没有大错，列宁曾说过实在主义是害臊的唯物主义。尽管如此，那篇文章应该是受到讨论的。它既没有受到讨论，我就难免大失所望。

我写的文章比较得意的有三篇：一篇是解放前写的《论手术论》①。写后有点担心，因为批判的对象好像是叶企孙先生的老师。后来知道他并不在乎。有两篇是解放后写的，一篇是对实用主义的批判，在什么刊物上发表的，忘记了（不是《新建设》，就是《人民日报》。② 得意点是找到了杜威在他的论达尔文文集中某一页的页底注中直截了当地反对物质存在的赤裸裸的表示。另一篇就是上面提到那篇论思维规律的客观基础的文章。

有生之年已经到了88岁，比较得意的文章只有三篇，并且在这里也只是老王卖瓜。

解放后，《人民日报》又重新发表了毛主席的《实践论》。我读了之后很高兴，写了一篇学习实践论的文章，很可能刊登在《新建设》杂志上。③ 我的文章提到了学习新思想的涓涓之水可成江河，《新建设》把"涓涓之水"印成"渭渭之水"。本是小事情，可是，我仍然生气。

---

① 此文发表在《清华学报》第 11 卷第 1 期，1936 年 1 月。

② 此文为《批判实用主义者杜威的世界观》，发表在《哲学研究》1955 年第 2 期上。

③ 即《了解〈实践论〉的条件——自我批评之一》，发表在《新建设》第 4 卷第 5 期，1951 年 8 月。

提起《实践论》，我又想起钱钟书先生。英译处要我多负一点英译责任，我碰到"吃一堑长一智"，不知道如何办才好。我向钱先生请教。他马上翻译成：A fall into the pit，a gain in your wit.这真是再好也没有了。

我是一个"辩证的矛盾"

对于政治，我是一个"辩证的矛盾"。我是党员，可是，是一个不好的党员；我是民盟盟员，可是，是一个不好的盟员；我是政治协商会议的委员，可是，是一个不好的委员。我一方面对政治毫无兴趣，另一方面对政治的兴趣非常之大。

我接受了一些英美学者对共产党、对斯大林的态度。1943 年我在华盛顿碰见了罗素。我说："现在打起来了，我们一定胜利，对局势你总满意了吧！"他头向西翘，撅嘴东指，说："他在那里，有什么办法！"我当然知道"他"是谁，我那时候也有类似的想法。

解放后，我们这些旧知识分子发生过这样的问题。我们质问艾思奇同志："毛主席到莫斯科，斯大林为什么去迎接？"头一天艾思奇同志说他不知道，他可以打听打听。第二天上课时，他回答说："斯大林去了，可是没有接上。"问题是我们为什么有这样的问题？理由很简单。我们同罗素的分别只是民族上的分别而已，在阶级立场上，我们同他完全是一样的。

可是到了 1953 年，思想改造（或洗澡）运动之后，并且是在院系调整之后，我们的思想改了。无论如何，我们不恨斯大林，也不恨共产党了。我还加入了盟，也入了党。

人是要有自知之明的。这是多么美妙的品质呀！可惜这品质不是经常有的，更不是老有的。有时它会悄悄地离开你而你不知道。用我们现在已经习惯的语言说，我这个人根本没有改造世界的要求，只有要了解世界、理解世界的要求。我基本上没有拥护旧世界的要求，也没有打破旧世界的要求。中国共产党和毛主席等领导同志的努力打破了那个旧世界，我非常之拥护，并且愈学习愈拥护。但是在我自己的头脑里，我仍然只是在了解世界上绕圈子。请注意，在最后这句话里"世界"两个字说的实在就是宇宙。

上述这样一个人，最好不加入党，不加入盟。我有时有这个看法，认为这是自知之明。我这个搞抽象思维的人，确实不宜于搞政治。在解放前，我没有搞过什么政治，那时我似乎有自知之明。我在解放后是不是失去了这个自知之明呢？解放后，绝大多数的人都心明眼亮起来了，难道我反而糊涂了？我也没有变成糊涂人。事实是既有政治，也有"政治"。解放前如此，解放后仍然如此。不过，解放后的"政治"不叫"政治"，而近来叫做"开后门"了。

现在，再回顾一下解放前在我家开的星期六下午的碰头会吧！如果那时候你说我们在搞政治，我们会否认。我们确实不搞"政治"。有一次我们碰头时，张伯苓的弟弟张彭春来了。他坐了很久。过后不久，他成了驻南美一个国家的中国大使。我很不高兴，不知道他利用了我们的碰头会否。（想来不会，没有什么可利用的。）但是我们是不是不搞政治呢？显然也不是。我们那时候都反对共产党。很明显，我们不搞"政治"，可是我们搞政治。

解放后，我们花大工夫、长时间学习政治，端正政治态度。

我这样的人有条件争取入盟入党,难道我可以不争取吗? 不错,我是一个搞抽象思维的人,但是,我终究是一个活的、具体的人。这一点如果我不承认,怎么说得上有自知之明呢? 根据这一点我就争取入盟、入党了。

民盟对我有过很好的帮助

我虽然不是好的民主同盟的盟员,可民盟对我的思想改造有过很好的帮助。这里说的不只是 1957 年的反右斗争。该斗争在现在似乎已经认定是一个错误。尽管如此,这不等于说参加到这一斗争里去的人也一定得不到益处。我看我就得益匪浅。政治斗争,我从前也参加过,都是在别人后面跟着行动。有一次,我曾一马当先自动地行动起来,地点就在罗隆基家里,主题是学术自由。在会上,我主张采用京剧办法,进行学术亮相,亮相之后进行讨论。

这样一次在罗家的小会,怎样变成为一场主要在民盟举行的反章、罗联盟的斗争,我不清楚。无论如何,以后的斗争面广了,参加的人多了。起先,有一部分的斗争是在沈老家里进行的,后来改了。这一斗争维持了多少时候,我也不知道,也忘了。以后我参加了小型的座谈会。一次是晚上举行的,主要是朱光潜先生同我进行了关于道德问题的争论,彼此都得到益处。这次讨论的地点已经是民盟现在的所在地,只不过是在最后一进的大房间而已。

老朋友黄子通先生也同我争论过,他好像认为我不应该公私不分。可是具体的是什么公私,我不记得了。

但是,民盟对我的帮助主要不在这些特别的场合上,而是在经常的小组讨论会上。这种小组讨论会或学习会实在好得很。它是先进带后进的。史良同志就在这一组，萨空了同志有时也参加，胡愈之同志不在，他可能到别的组去了。这种小组会可能一直开到"文化大革命"为止。

尽管如此，我不是好盟员。民盟的内部工作，我从来没有参加过，民盟作为统战党派之一的工作，我也没有参加过。

下面我要谈谈我在民盟学习的愉快日子。首先，我认为民盟现在在"四化"建设中所起的作用，或所尽的功能，或所负的责任都是头等重要的。针对知识分子来说，九三学社是自然科学家的民主党派，而民盟是社会科学家的民主党派。这两类科学的不同产生了它们的工作者的两样。当然，这里说的不同点不能绝对化。自然科学工作者所研究的对象除少数科学（如医学）外都是自然，对象问题大都不会成为政治问题。社会科学的对象问题本身就可能成为政治问题。无论如何，民主党派的主要工作是政治思想工作。这是非常之重要的工作。"文化大革命"之后，这一方面的工作打住了。我极力主张恢复起来。我认为，我从前的民盟生活无论是在民盟中央或本所都是愉快的，有益的。我也要承认，我没有充分地利用当时的优越条件，批评别人的意见多了些，自我批评少了些。我主张知识分子成堆的地方都要恢复他们的民主党派。我估计这对我这样的人的思想改造会有莫大的好处。

提起思想改造，特别是老知识分子的思想改造，应该用学习小组的政治学习讨论会的方式进行，不能让他们独自学习。所谓"自学"，实实在在就会成为不学。我就是这样因年老体弱而打住了学习会的人。会特别重要，无会或早或晚总要成为不学。在不断地不学中,已经有了思想改造开端的人就会回到老的思想上去,而就我说,这也就是回到资产阶级知识分子那里去。新近有一个很好的例证,哲学所所长和党组书记到家来看我,我不假思索地向所长要钱,我说"我要钱"。然后我说,大学《逻辑》我不要钱,《论道》那本书我也不要钱,可是《知识论》那本书我要钱。所长还替我解释一下说"是要稿费"。"稿费"这两个字好听一些,其为钱只是一也而已的那个东西。在这个对话中,我又躺在资产阶级知识分子窝里去了。这一次的爆发是在哲学所负责同志面前的爆发,平时的爆发一定就更多了。前不久,我曾向一位帮工同志"小桃"拍桌子。我后来向她赔了不是,但是桌子我仍然拍了。思想不纯到了我的程度可能是很少的。

我没能成为公而忘私的共产党人

我是党员,可是,很明显,我没有能够把自己锻炼成为革命者所能既敬且爱公而忘私的共产党人。在这里,我也无法谈自然法则式的、因果关系式的原因与后果,只能谈缘因与现在的结局。我的基本情况是,我的生活方式没有多大的改变。从饱暖方面说,我的饮食衣着没有多少改变。我的日常饮食,几十年来都是一荤一素。衣服在冬天仍穿满清时的长袍。曾有人在王府井善意地批评过我,说"老先生呀!现在不要再穿你的长袍了。"可我仍然没有改。我特别怕冷。(解放前有时西装革履,现在很少了。我有很厚很暖的外套,真正的西式外套无法穿在棉皮袍上)。工作与睡眠的生活,改变也不大,只是后来的工作时间要长些。我从前下午是不工作的。说的是不工作，不是不看书。（夏天常常打网球。）改变大的是应酬与交通。我从前虽没有汽车，可是汽车是常坐的。应酬场合上喝酒经常过多，解放后我曾多次承认过"要是不解放，我可能早死了"。这说的主要是喝酒。

我的生活一直是优越的，即令是在昆明，也仍然如此。在昆明有一个时期我的工资是最少的，温德先生①"考"第二。但是，我们不是最穷苦的，因为我们都是单身汉。温德先生能够同我们共甘苦，应该得到我们的衷心的表扬。

我的肉体和上面说的各方面的生活构成我这个人的物质基础。这样一个物质基础的思想是不是能够彻底改造呢？从因果关系说，应该承认是可能，但也只是可能而已；从事态因缘说，大概不会。简单地说，我这样一个人虽然可以成为好的共产党员，然而大概不会。

上面说的理由同样使我不能成为好的政治协商委员。

日本法西斯抬头是世界大事

日本法西斯的抬头是世界大事。里根上台就是一个美帝国主义反动势力的反动表现，英阿战争也是英帝国主义和殖民主义的继续。这些都继苏联之后各国霸权主义的重新抬头。他们不反对苏联的霸权主义，反而重复各自的霸权主权。要美国变成进步的国家，确实不容易。但是，要里根这样的反动派维持很长的一个时期也不太容易。英帝也不能老是称霸下去。（他们自己的想法当然不同。不久前里根

---

① 北京大学英国文学教授 William Robert Winter。

还到英国同女王及首相庆祝一番。）日本的法西斯有根深蒂固的基础。它抬头，问题就严重得多，特别是对中国和东南亚国家。

对这个问题，总会有办法，我们一向主张和平，宣传和平。除这一内容外，我认为我们应该加上反对军国主义，反对法西斯主义，反对这二者的复辟。后一内容，也应持之以恒。

三

我喜欢作对联

小的时候，大人（主要是几个哥哥）经常讲对联。我也学了背对联。背的多半是曹丕的。到北京后，也喜欢作对联，特别喜欢把朋友们的名字嵌入对联。有时也因此得罪人。

梁思成、林徽音和我抗战前在北京住前后院，每天来往非常之多。我作了下面这一对联："梁上君子，林下美人"。思成听了很高兴，说："我就是要做'梁上君子'，不然我怎么能打开一条新的研究道路，岂不还是纸上谈兵吗？"林徽音的反应很不一样，她说："真讨厌，什么美人不美人，好像一个女人没有什么事可做似的，我还有好些事要做呢！"我鼓掌赞成。

我也给老朋友兼同事吴景超和龚业雅夫妇作了对联。上联是："以雅为业龚业雅非诚雅者"；下联是："维超是景吴景超岂真超哉"。这里上联不只是拼凑而已，也表示我当时的意见。

这就追忆到唐擘黄先生同我的讨论。30年代相当早的时候，唐先生同我从晚8点开始讨论"雅"这一概念，一直讨论至午夜两点钟以后。我们得出的结论只是这东西不能求，雅是愈求愈得不到的东西。不知道唐先生还记得否？

以上说的对联只是口头上说说而已。不只是口头上说说的有三次。一是送沈性仁女士的："性如竹影疏中日，仁是蓝香静处风。"另一是送清华建筑系青年讲师的："修到梅花成眷属，不劳松菊待归人。"第三次是私下里庆祝毛主席生日的。前面已经提过。

好了，我又想到过去的一副对联。太平军革命失败之后，曾左①手下的武官也发财致富了。自项羽刘邦带头后，衣锦总是要还乡的。这些还乡的武官都成为乡下的大地主。这也就产生了一些专门敲竹杠的落第文人。这些文人自备抬着走的轿子，他们到了地主家，抬轿的人就走了，地主就得招待他们。有一个自称为流落在湖南的湖北江夏的文人，到了一个大地主家，抬轿的人走了，他就坐在轿子里，要求会见主人。主人见了他之后提出上联说："四水江第一，四时夏第二，先生来江夏，还算第一，还算第二？"那位敲竹杠（现在记起来了，那时叫"打秋风"）先生对曰："三教儒在前，三才人在后，游士本儒人，亦不在前，亦不在后。"

英文也可以作对联。张奚若和我是好朋友、老朋友，但是有的时候也吵架。有一次话不投机，争论起来了。我说他真是"full of pride and prejudice"，他马上回答说：你才真是"devoid of sense and sensibility"。这两句话，我只喜欢"P and P"。

---

① "曾左"即曾国藩、左宗棠。

我喜欢中国的山水画

我喜欢中国的山水画,其余的虫鱼鸟兽(齐蝦除外)等我都不喜欢。我欣赏以大观小的原则。在画上执行这个原则就是怎样留空白的问题。我认为这是布局中最大的问题。还有一些其他的问题,因为比起来次要就不必提了。解放后,我担心山水画后继无人了。哪里知道这完全是杞人忧天。我认为,解放的时间虽不长,然而伟大的山水画已经画出来了。前些时我欣赏钱松苗先生的《密云水库》,最近我认为陈微先生的《蜀江烟雨》更是伟大。直到现在,我天天都要看看这张画。说的是报纸上剪下来的照片。尽管是报纸上剪下来的纸片,然而我看时仍然是最大的喜悦。这些时候天天如此,真是百看不厌。

留空白不是简单的事。在能者手里有非常之灵巧的办法。《人民日报》上印出戴慧文先生的木刻《晴雪》。我谈的是照片,不是木刻本身。照片就是一张印出来的画。作为一张画,它也有空白问题。奇怪的是它堆满了画,可是我看了又看,并不感觉到挤。黑白两颜色虽然是接连的,然而从观看者的感觉说,两山相隔至少也有几十里路。真是不画空间或不刻空间自有空间了,多灵呀!

报纸上登了一些无山的水乡画,我剪下了两张。一张只有房子没有人,另一张有许多人在工作。头一张水乡画给人的印象很特别,我一想就想到那是地主的水乡。地主早已不存在了,可是我想到的仍然是地主的水乡。不但是地主的水乡,而且想到黄公望、黄鹤山樵、倪云林、沈石田、文徵明等,这又给我很大的愉快的感觉。尽管如此,这个水乡仍然是死的,水是死水。

另一张完全不一样,在水上或水旁的是劳动人民或小资产阶级,他们都在工作。这张水乡画充满了紧张气氛,画里的人都在劳动,他们当然也都是活泼泼地生活着。这张水乡画是活的画,水乡是活的水乡,水也是活的。

在报纸上我也剪下了一张可以说是完全宁静的画。画面是一湖水,远处有山,水上有两只渔船。这张画宁静得很,似乎可以听见下雨的声音。印象是"千山鸟飞绝,万径人踪灭"的味道。

我还剪下来黄树文先生画的《湖岩春色》。这张画给我的印象是,它完全忠实于它的对象。它是用笔墨把肇庆的风景画出来。从前对于人物有所谓"画影",(不知是否此两字?)我的父亲曾照过相,可是,他死后我母亲曾请人画了一张他半身官服的像。这张画是忠实于父亲的形象的。我的印象是黄树文先生的《湖岩春色》画的是肇庆的风景。不知对否,但是我的印象是这样的。从前有副对联说:"春水船如天上坐,秋山人在画中行"。看了黄先生的画,我也在画中行了。

在站立和走路都不方便之后,我没有努力克服困难,政治活动参加的越来越少,思想也越来越落后了。在这种情况下,参观画展这样的事情也就提不到日程上来了。

在艺术方面,中国对世界文化的最大贡献之一,就是山水画。古人论山水画,确实有许多玄学。我认为,这许多玄学与山水画都不相干。这不是说山水画没有哲学背景或根源,这个背景或根源就是天地与我并生,万物与我为一。这个哲学有弊,也有利。弊很大,克服天地的能力小了。但是这个哲学也有有利的一面,它没有要求人自外于他自己的小天地(天性),也不要求人自外于广大的天。"松下问童子,言师采药去,只在此山中,云深不知处。"这位童子对于他所在的山何等放心,何等亲切呀!比这更好的例子一定很多,不过我读的诗极少,想不出更好的例子而已。

我个人对山水画也是有偏爱的,来源主要是邓叔存先生。他收藏的画非常之多,山水画尤其多。我一有机会就到他家看山水画。故宫也有好些本印出来的古画,我也有,现在遗失了。邓先生懂山水画,如请教的话,他也乐于讲解。看来中国山水画和西洋的山川风景画不一样。它没有西洋画的"角度"或"侧面",它有的是"以大观小"。叔存先生送给我一张他自临朱德润的山水画,这张画就是很好的以大观小的例子。我在夏天仍然挂着它。他讲南宗、北宗,自己倾向南宗,喜欢用笔的中锋,喜欢写画,不喜欢画画。他对画有这样的要求,我也跟着有这样的要求。这是就画本身说的。

从前时代的山水画主要是文人画,从前的文人士大夫属于地主阶级,山水画也就是地主的画。山水画的中心问题是意境。地主画的意境总应该是地主的意境吧!这里看来有一个哲学问题。我没有很好地思考过这个问题。我的初步看法是,一张画可能有两方面的意境,画者的意境和看画者的意境,二者完全符合恐怕很少。我们最好用钱松喦先生的最近的伟大的作品为例。

上面既然提到钱松喦先生,我要借此机会表达我的敬意。我头一次看见他的画的印品,是在人民画报上,画的是密云水库。我看了那张画,也就看见了劳动人民的伟大建设,既有长城,也有帆船乘风远去,既古老而又崭新,高兴极了。可是那张画远远比不上最近为了庆祝党的十二届代表大会而画的《山欢水笑》。我认为,这张画不是中国山水画的最高峰,也是顶峰之一。当中国的劳动人民举国同欢的时候,山山水水也沸腾起来了。这就是这张画的伟大意境。仅仅有了伟大的意境当然还不够,还要看画得怎样,执行得怎样。钱先生的执行也是头等的,也应该说是伟大的。先讲笔墨吧!钱先生没有把大块的墨汁涂在纸上,看来整张画是用笔的中锋写出来的。画中的空白怎样处理的呢?它既是空白,又是画,好些画家都能够这样用空白,钱先生所留的空白是水蒸气似的泡沫的飞扬。瀑布的声音虽大,若没有泡沫的飞扬,欢腾的气氛仍然得不到。声音靠瀑布,声势靠所留的空白。空白的意义和作用就和画家普通所留的空白大不一样了。最后,还要提一提那几只鹿。鹿在古时一直象征君民和睦。现在当然没有什么君民了。但是最高层的领导和最低层的干部,比起古时候要配合得多、密切得多的共同奋斗,才能得到预期的结果。说了上面一大堆的话,只表示我的学习而已。

现在提一提作者的意境和看者的意境问题。一张山水画是一件客观事物,它对作者和看者说是一样的。但是,意境可不一定,它很可能完全不一样。画与意境的关系有点像语言与思想的关系,不过一般地说,除文学作品之外,要复杂得多。画者的意境看者可能得到,也可能得不到;不能得到时,仍然有看者自己的意境。作者的意境因画已经画出,好像已经摆出来了,推动他画的动机也已经实现了,他没有什么话要说。

看者不同,他没有画,可是他有意境。看者之间,可能因意境的不同而引起意见的不同,也可能因意见的不同而发展为争论。显然,这是好事。这很可能引起画家的努力,使山水画来它一个百花齐放、百家争鸣的新局面,这样中国山水画就得到复兴。

我对活着的古物兴趣很大

对于古物,一般地说我的兴趣非常之小。对于古人,有些我有很大的兴趣,包括汉武、汉光武和唐太宗,对武将的兴趣可能大于对文人。对孔子一点兴趣也没有。可是对于现在还活着的个体古物,兴趣很大。我说的是树,不是活的火山那样的东西。

头一类我注意的古树是银果树。北京有一棵相当大的银果树,在潭柘寺。现在到潭柘寺去很容易,可惜我不能去看它了。想来它仍然健康地存在。另一棵在山东莒县,有照片。据说还有一棵在日照,没有看见过照片。南方有没有同样大的,不清楚。

中国最古最大的树在台湾,它是红桧树。照《辞海》的条文说,它的尺寸如下:高 58 米,直径 6.05 米(按直径计算,身周应为 22 米)这确是庞然大物,年龄在三千年以上。在孔子活着的时代,它已经是古树了。就现有知识说,它是中国最古最大的树。

湖北的神农架有很古的树,有些也是很大的,例如铁杉树。有一棵高 46 米,直径 3.38 米。这也就很大了。这种树在湖北还不少。别的地方多不多,不清楚。它有一特点,它的分枝向外伸时,同时也向下伸。这,我不觉得难看,反而好看。它有点像人伸出胳膊似的。

南方樟树很多,也有很古很大的。有一位向昌明先生说:"湖南会同县有一棵樟树高 40 米,胸围 13.1 米（直径应为 4.12 米）。根据尺寸,这是特大的树。据向先生说,这棵树一百多年前已经上了会同县志。可见很早就有人注意到它。樟树不是长得快的树。曾有人要把它砍掉。万万砍不得,应该承认它是国宝。同时它也是现在所知道的中国的第三棵大树。

离这棵樟树不太远的地方,广西龙州县有一棵"桄树王",高达 12 层楼那样高,胸径 2.96 米。桄树是硬木树,长得慢。它能够长到这样的尺寸,应该承认是很少见的。

最后,我们提到中国第二棵大树,它是西藏林芝县的一棵柏树。柏在中国是一种常见的大树,北京公园见到的就不小,山西的那棵"秦树"已经是少见的大柏树,可是,远没有林芝县这棵大。林芝这棵高 52 米,胸径 4.5 米,胸围 14.2 米。它是现在所知道的中国的第二棵大树,可是年龄没有估计,但是一定很古,它也是长得慢的树。

松与柏是经常并提的。我没看见过,也没听说什么地方有特别大的松树。古的可能有。北海前面的团城里有一棵白皮松,可能相当古了。有人曾说,白皮松,皮愈白,树也愈老。有没有根据我不知道。如果对的话,方才说的那棵就很古了。它不只是白,而且很美。"松年"有长寿的意思。但是究竟什么地方有两三千年的古老的松树呢?

栀子花是我最喜欢的花之一

多年不同花打交道,也没有从前玩花的条件;怕想它,也就不想它了。其实,从前我也没有玩花的条件,我不是房产或地皮所有者。因此对有些心爱的木本花,住在北京的人是没有办法的。例如,昆明龙头村李老师的那样的大红茶花树,在北京是无法养成的。邓叔存先生在安徽的老家,也就是邓完白先生在安徽的老家的黄梅树,在离家四十多里的地方都可以看得见的,在北京也是没法办到的。对养花我还有相当悲哀的经验。我在花市上买到一棵荷花玉兰,是盆中长大的。北京的玉兰是酒杯玉兰,花是酒杯形的。荷花玉兰形似荷花,叶的特点是面绿底棕色,香有 acid(酸)的感觉。这盆花的问题是盆太小,树太大了。我想最好的办法是种在清华图书馆前面。有位姓金的馆员反对,理由是它挡住了阳光,不能工作,有道理。看来在盆养的条件下,荷花玉兰迟早总要死去。不久也死了。

栀子花是我最喜欢的花之一。在南方因易活而贱,在北京可不容易养。它喜欢酸性的水和土,而这又是北京所不容易办到的。北京的水土都是碱性的。几个月之后,花叶就变黄了,花也不开了。茶花在北京容易活,可是不能在室外过冬,也就不能成大树。黄梅在北京易活,也可以在北京露天过冬。据说原在西城的广济寺就有两棵露天的大黄梅。但是我没有去看过,不敢肯定。我从前有两大盆,冬天开花时都是由两个人抬到客厅的。牡丹除姚黄外,我并不喜欢,而姚黄我也只喜欢起楼的或双层的。我买过一棵姚黄,有花房的时候好办,不然事就多了。在北京能把建兰养好,那就是养花事业的大成绩。

我不是研究植物的,不敢说花有无社会性。但是种和养都是有社会性的。现在可能还有人住平房,平房将来总是要被淘汰的。私人不可能养木本花。木本花归国家后,养花事业会更加发达。北京可能建好些花林,如玉兰林、海棠林、丁香林(紫白都有)、黄梅林(北京露天安家还要花工夫)。每一林区都要夹杂地种些紫藤,搭起棚架,俾游人喝茶休息。有些"林丁"(即办事员)同时是警察,折枝应成为犯法。

北京没有露天的大红色的花。我们应该请植物学家想办法让云南大红茶花和石榴花逐步北移,移到北京来。

北京有一种花木太大、色也不太红的海棠花。颐和园乐寿堂从前有两棵,很好。旧燕京大学西门对过的吴达铨花园里有几棵很好的海棠,不知道现在还在否。中山公园的海棠从前是不够理想的,现在怎样不知道。无论如何北京应该有海棠林。黄刺梅应保留,不要太多,小孩可能碰出毛病。榆叶梅,花不易落,容易变黑,可以淘汰。

花的形只能用花形本身来形容,例如起楼的姚黄形或多瓣大花形,如云南的茶花形。普通的"四方"、"三角"来形容花没有什么用。英国人的宝贝叫做 rose 的花,北京叫做"月季",不是玫瑰,后者是京西妙峰山产的那样的花。我曾有过两盆很好的月季花,开花时我曾把它摆在睡房里。这办法不卫生,不要照办。那时比较难得的是黄的。后来这花养的人多,黄的可能不少了。虽然是木本花,然而是盆景,现在楼房条件下仍可以养。

花的色主要是红黄白及深浅方面的变化。有绿牡丹,我所看见的只略有绿意而已,并不真绿。有黑牡丹,据说从前的崇效寺有很多。中山公园有一棵名叫众生黑。名字为什么带佛教味,我不知道,颜色只是深紫而已。我看见过的真正的黑花是在蜀葵上生的。蜀葵的本相当粗,也相当高,但是它是一年生的,应该是草,只是又高又粗的草而已。

花的很重要的一方面是香,可是形容起来很不容易。上海从前有些女人头上喜欢插几朵白兰花,人们习惯于把那些女人的俗气转移到花上。这不是"不白之冤",恰恰是"白之冤",白好像也俗起来了,白兰花的香好像也俗起来了。香不可俗,也不能雅。这涉及建兰。你把建兰摆在旮旯里,你走到它的旁边,左闻一下,右闻一下,它不理你,只好回到座位上去;这时忽然间最美妙的香味来了。这香也不能说"雅",最恰当的字是"幽"或"清"。

在楼居条件下不成大树的木本花仍然可以养。月季就有人养,据说黄的已经很多。我听了很高兴。当然大红的也很好。只要有高脚瓦盆,姚黄牡丹也可以养。云南的大红茶花也容易养,只是高大了,仍不能立地顶天。

从前秋天有菊花。这种花是我们的祖宗花了很大的力量、并且很长远的时间培养出来的。若提万紫千红,万黄千白,只有这类花能担得起。我同它的接触是偶然的。清华从前有一位学监杨先生,他的一个大兴趣是种菊花,并且每年秋天他都有一个小型展览,我每年都去参观,有时他也参加大的展览会。杨先生有培养菊花的嗜好。他在清华大学工作,又得到培养菊花场地这样一个优越条件,所以他能作出很大的成绩。看来菊花事业也要公家来办理才行。

前清末年曾有过要唱清国歌,选清国花的问题。前清国歌定了,我也唱过,现在只记得头两句:"乌万斯年,亚东大帝国……"选国花不知道干什么,可能是制定国徽。无论如何要的是国花。我们现在没有国花问题。但是从我们一些人所爱的花说,我认为它是玉兰,酒杯玉兰,不是荷花玉兰。树也有类似的问题,同我们的历史纠缠得最多的很可能是银杏树。我们也没有国树问题。但是就我们看见树就好像重见了我们的古史时,我们也会是看见了银杏树,而不是什么别的树。作为树,银杏最能代表我们的国家。澳新地区曾以桉树送给我国,这次赵总理访澳新时以银杏回送,这是最妥当的事。

我参加过斗蛐蛐的游戏

斗蛐蛐(或斗蟋蟀)是中国历史上人们广泛地进行的游戏。我参加过这种游戏。这游戏涉及高度的技术、艺术、科学。要把蛐蛐养好、斗好,都需要有相当的科学。头一个好蛐蛐我听见形容过的是萍乡煤矿局的职员养的。当其时有人形容它,说"它是乌鸦全身黑,好似恤侯张翼德,千员战将不能当,大小三军皆失色。"当其时的想法是先打长沙。长沙攻下的话,不在武汉停留,直下上海。当然没有能够执行,财权和蛐蛐所有权的阻碍都很大。"英雄无用武之地,"不止是人有时的悲哀而已,蛐蛐,特出的蛐蛐,也可能有类似的遭遇。

在北京,头一次养蛐蛐就得到一只红牙黑蛐蛐。它不算大,只有九厘八。可是,在试斗的头一天,它一口就打败了一个一分重的翅子。(这是不应该的,应该完全分量平等。)不是乱斗的话,这个蛐蛐是有相当好的前途的。次年又看见了一只很美的蛐蛐,是一个知识分子样子的青年拿了一只油光四射的黑蛐蛐,问我买不买,他要 15 块钱,我没有买,我疑心那是一条人工孵出来的蛐蛐。究竟是否如此,不敢说。

我养蛐蛐的时候,传说余叔岩先生有一条一分六的大蛐蛐。一分一二已经了不得,何况一分六。这样大的蛐蛐的配对来斗,至少在北京是不可能的,它有点像印度人的大白象,非常尊贵,可是毫无用处。假如余先生有今天飞机之便,他的大蛐蛐可以打到上海和广东,也可能成为那一年的全国蛐蛐大王。

在北京,车是极端重要的

下面我要谈谈我所接触到的北洋军阀时期的小京官的生活。接触当然只能是极小极小的面。

头一个是陆小曼的家庭。她的父亲是财政部的左右丞之下的小官。家里有一匹马,一辆四方的马车,这就是说,已经不是骡车了。母亲身体短小,能说会道,父亲不大说话。家里还有一个年轻的新姑娘,是预备作亲的。在徐志摩追陆小曼之后不久,新姑娘被解放回家了。

另一家是外交部的小官唐在章家。唐在章的两个哥哥,可能都是相当大的官。他的太太也是当时的有名人焉,好像还参加过民主革命。她是很能干很有见识的人。家里有三个小孩,大姐、二哥、小"老薛"。为什么叫"老薛"? 直到今天我也不清楚。我和这一家的朋友关系时间长了,现在和"老薛"仍然是隔些时总要见几次面的老朋友。她曾说我是她最老的小男朋友,我听了高兴极了。友谊的开始也很特别。小孩总是要听故事的。我那时能讲的故事最方便的是福尔摩斯的侦探小说，这可合他们的口味了。我没有记住讲的次数，总是不少的。

唐家很可能有一辆汽车。有一次唐在章先生约我到他家吃午饭，他是坐汽车来请我的。但是，是自备的汽车，还是临时叫的，就不知道了。

在对这两家的介绍中，都着重地介绍了这些京官的车。在北京车是极端重要的。从交通工具与速度说，面积如此之大的现在的北京市，比起封建的清朝末年的北京城可能还要小些。我到北京来考清华的时候，住在西单北边不远的一个学堂里，我的六哥住在金鱼胡同的税务学堂里。我到他那里去，要坐车经前门北大清门南的棋盘街才能去金鱼胡同。据说更早的时候就更麻烦些，要出宣武门进崇文门。我这样的学生可以坐从日本介绍来的洋车。路远一些的话，洋车也就不行了。我考取了之后，是坐骡车到清华学堂的。那时候，要从清华进城的话，我的习惯是骑驴到海淀，然后从海淀坐板车到西直门，板车只是没有罩而可以多坐一些人的骡车而已。（那时候，从清华进城也可以坐火车到西直门，可是时间很不方便，我没有坐过。）

中国菜世界第一

我在北京的日子长。旧北京是无奇不有的地方。在清华教书的人大部分住在学校，也有一些因种种理由住在城里。我就是住在城里的。下面我先提"食"或"吃馆子"来谈谈。早期馆子不太多，可是有能同时开出几十甚至百多桌酒席的。

隆福寺街就有这样一家馆子,名字忘了。前门外大栅栏也有一家。隆福寺的那一家,我在那里吃过饭,不特别好。小馆子确有特别好的,例如前门外的恩承居,再往南一些的春华楼。还有很特别的正阳楼,它是小馆子,但是螃蟹上市时,它似乎有一种优先或甚至垄断权。无论如何最好的螃蟹到它那一馆子去了。

还有一种是小官僚家庭,家里的太太或者姨太太,能够做一些很特别的菜,如果你认识或你的朋友认识这一家庭,你可以在他家请客。谭家菜就是这样出名的。

最后,还有单枪匹马的厨师。林宗孟先生遇难后,他家的厨师失业了。知道他的人还是不少,还是可以请他做菜。胡适就请他做过菜,地点在北海董事会堂,我在座,很好吃。这位厨师后来一定回福建去了。

中国菜世界第一,这是毫无问题的。中国菜中很可能是北京菜或在北京的山东菜第一。广东菜、四川菜、福建菜都是各有专长,而又各自成体系的中国菜,能与北京菜比美。别的地方的菜虽有专长的,可是不成体系,只是独特的菜而已。例如湖南菜中有谭延闿先生的"鸡油冬笋泥",油少泥多特别好吃。这只是独特的菜而已。湖南的腊肉好吃,并且相当靠得住地好吃,但是我们也不能开出湖南的腊肉"席"来。所谓"席",就是请客的主人就当时所请的客,特别是主要的客所考虑到的、最好能起招待作用的一桌菜。席在从前是分等级的。所谓满汉全席可能是最高的,余生也晚,没有看见过。除此外,最高的是烧烤席,主菜是烤得焦黄的、无头的、无内脏的、无尾的、一尺左右长的小猪。这个菜的的确确地好吃,可现在又的的确确地不能提倡，这显然是极端地浪费物资。现在主要的席看来是鱼翅席，在五十或六十年代我所参加过的国宴，差不多都是鱼翅席。在湖南，从前还有次等的席，如海参席，蛏干席。我小的时候没有吃过鱼翅。我最讨厌海参。可是话要说回来，北京出名一时的谭家菜中主要之一是焖成溶质的海参。蛏干还不坏。北京馆子里似乎不分什么席，而是用钱来衡量，有一时期八块钱是最低的。

关于中国菜，有两点我要提出谈谈。首先，它一直是各地方的菜。一个很自然的发展趋势是仍然各自发展下去。我看这是好事，应该鼓励。另一点是现在还没有的、要有意识地创造的比较可以代表全国的中国菜。这不只是汉族的菜而已，而且包括少数民族的特别好菜。有一次，我记得是周扬同志安排的，我们在民族文化宫吃了一大碟烤羊肉。真是美味呀！在外国时，我特别喜欢到土耳其馆子去吃那里的烤羊肉，喝他们所特有的浓咖啡。没想到在文化宫又吃到了那样好的烤羊肉。这里说的只是新疆维吾尔族的好菜之一而已。别的民族一定也有他们的好菜，我们也可以加以推广。这样人民大会堂的厨师，天长日久之后，在招待各国元首或其他领导人的时候，就能展出真正代表中国菜的中国菜。

回忆录中提到饮食的地方很多，下面还有。这是有理由的。古人曾说"饮食男女，人之大欲存焉"。本文不提男女，一是因为男女是神圣的事情，不能随意谈；涉及别人，并且异性，也不应随意谈。饮食是大家所关心的，也是大家所经常谈论的。我第一次出国（那时叫"出洋"）后，也和其他的青年一样感觉到洋饭难吃，星期六晚上总要到中国饭馆去"过瘾"。

可是,吃洋饭不到半年,好些人都长胖了。这就是说味不行,营养还是好的。

当然,洋菜也不只是营养而已。英、法、德、意、美的伙食都有专长。比较起来法国最突出。在巴黎,我只提我的两次经验。一次是在法国总统府附近的海味馆。在那里我第一次尝到大龙虾的美味,那一次也是所吃到的最大而又嫩的大龙虾。以后我一有机会就吃龙虾,可是没有一次可以和那次比美。另一次是在圣米歇尔广场吃到马赛的特别菜,名字写不出来,声音读如"布呀贝斯"。这个菜可与四川的鱼头豆腐比美。德国菜似乎无特长,最可靠的是烤鹅。这个菜到处都有,也到处都可口。英国的早饭很好。有一家很特别的烤牛肉店,客人要牛肉,堂倌就推出一车整个牛来,要你挑选你所要的那些部位的肉。那个馆子的烤牛肉特别好吃。可是,英国人把蔬菜或青菜埋葬在"煮"这一手术中,青菜的好味都没有了。

我只会吃菜,不会做菜,烹饪这一艺术无法谈论。可是,有些手术我听见厨师说过。西菜的主要手术是烤,中菜的长处很多,但是别于西菜的手术是炒。法国有一种近乎炒的手术,看来不完全是炒。但是有两种蔬菜,法国人做得特别好,一种是生吃,另一种有点像百合似的,一片一片地吃。

我有一次想"自寻短见"

提到喝酒,想起醉。解放前喝黄酒的时候多,醉也大都是黄酒的醉。黄酒的醉有恰到好处的程度,也有超过好处的程度。前者可能增加文学艺术方面的创作,超过程度就只有坏

921

处。白酒的醉我就不敢恭维了。就醉说，最坏的醉是啤酒的醉，天旋地转，走不能，睡不是，坐也不是，吐也吐不了。上面说的是因酒而醉。我从前是抽烟的。水烟抽过，不太喜欢。纸烟抽得最多，曾有瘾。好的抽惯了，贱的简直抽不得。斗烟我很喜欢，并且把烟斗作为美术品来欣赏。烟味最好的是雪茄。在德国，我曾抽过一支其大无比的雪茄，一次抽完，醉了。在抗战困难时期，四川人曾在"得"字、"不"字、"了"字三个字上做文章，说当时的日子"不得了"，可是将来的日子会"了不得"。烟醉只是"不得了"而已。我这个人从来乐观，唯一想"自寻短见"或"自了之"的时候，就是那一次烟醉的时候。

我比较注意衣服

上面说食。其实，在生活小节中，我比较更注意一些的是衣服。这不是怪事。我的父亲是清朝的小官。我不直接知道他属几品，可能是三品，因为我母亲后来被称为"金母唐太淑人"。据说"淑人"属三品，据此可以推出父亲可能属于三品。他的官虽小，衣服可多。其中有特别怪的，例如用切成了一寸或半寸长的空心小竹，用丝线穿连成三角形或四方形的图案织成起来的贴心小褂。穿上这样一件小褂，当然等于不穿。可是在这样一件衣服上面可以穿上蓝的铁线纱袍，黑的铁线纱马褂，这两件衣服也都不会沾上汗水。冬天的衣服没有特别怪的，可是数量多。其中袍子和普通袍子不一样，它的袖子是马蹄袖，下部不只开左右两衩，而是左右前后共开四衩。我特别欣赏花衣。花衣是上面有盘龙图案，下面有海水图案，左右前后都开衩的马蹄袖长袍，冬夏都有。衣服看得多了，也就很早产生了对衣服的辨别。我爱母亲，从来没有反抗过她。可是也有例外。有一次她带我出去作客，要我穿上绿袍红马褂，我大哭一场硬是不穿。就这样我从小就注意衣服了。

辛亥革命后，类似花衣、马蹄袖长袍、套子那样的衣服不能穿了。可是，在北洋军阀割据和蒋介石军阀专政时代，长袍和马褂都保存了下来。不但是保存了下来，而且成为这一时期的礼服。徐志摩同陆小曼结婚的时候，我是他的伴婚人。那时候我本来就穿西服，但是，不行，我非穿长袍马褂不可。我不知道徐志摩的衣服是从哪里搞来的，我的长袍马褂是从陆小曼的父亲那里借来的。

礼服的构成部分只是马褂。那时在北京，长袍是冬天里必备的衣服。皮的长袍我就有两件。有一件是我在冬天里日夜穿着的，它是所谓萝卜丝羊毛制成的。另一件是以喇嘛红色的局绸为面子，以白的猞猁狲为里子的皮袍子。这里要特别提出讨论的是局绸。我买袍面的时候，卖料小伙子就告诉我说"这是局绸"。我要他解释。他说他"不知道"。我后来问沈从文先生，他说："江南织造局本局制造的叫局绸。"这才知道那袍子的袍面是古物。我本来是穿着它到处跑的，包括到北京大学去兼课。知道了之后，我就不穿它了。

局绸是古物，古物当然要保存下来。敬古物而远之，当然也好。但是，是古物的只是局绸而已，并不是一般的宁绸。我认为我们应该恢复宁绸的生产。这种料子不像缎子那样发亮，也不像湖绉那样站不起来。素的男人可以做制服，女人可以做上衣，也可以做裙，并且可以利用有花的宁绸做各式各样的衣服。宁绸也和别的丝织品一样可以出口。

我养了一对黑狼山鸡

旧北京，每逢一四七，或二五八，或三六九有庙会。我经常去的是东城的隆福寺和西北城的护国寺的庙会。有一次，我买到了一对黑狼山鸡。养了不多的时间，公鸡已经到了 9 斤 4 两，母鸡也过了 9 斤。这对鸡对我虽然是很宝贵的东西，可是我没有让它们过夜的房子。冬天来了，我怕它们冷，找书作参考，书上说可以喂点鱼肝油。我用灌墨水笔的管子灌了它们一管子的鱼肝油，结果它们很快就在窝里寿终了。这是头一次养鸡。

到了昆明之后，我有一个时期同梁思成他们住在昆明东北的龙头村。他们盖了一所简单的房子。我们就在这所房子里养起鸡来了。这一次不是玩，养的鸡是我们的唯一荤菜。尽管如此，我仍然买了一只桃源的黄色毛腿公鸡。它也是油鸡，不算大，可是比起柴鸡来还是要大的多。公鸡这东西生来就是霸权主义者。这个黄公鸡一战就把人家的柴公鸡打败了。从此小黄就在这村子里称霸起来了。我看这并不碍事。可是，谢家的人不同意。管家出来，一棍子把小黄打死了。

回到北京后，类似的经验重复了一次，又是我的公鸡逞凶被人家打死了。

这里我想就鸡发一点议论。从吃鸡说，北京从前有很好的条件。第一有两种油鸡，一是小一点的，二是大的。小一点的油鸡特别好吃，它容易辨别，差不多全是绛红色的。就家庭说，现在的家庭都是小家庭，小油鸡最适合于小家庭。如果已经绝种，最好想法子进口一些，恢复起来是很快的。

大油鸡还是有用。用处应该说很大。国家招待外宾，如此频繁，大鸡更是不可缺少的。十只大种鸡的肉可能等于几十只小种鸡的肉。各机关的食堂都可以用大种鸡。

同时，中国的大种鸡非常之多。东北和山东有寿光鸡，江北有狼山鸡（即北京从前的九斤黑），上海有浦东鸡，也有养了多年而成为中国种的波罗门鸡，湖南有桃源鸡。好些大种鸡在云南保存了下来。恢复大种鸡好办。

关于鸡我要提出一个问题。解放前和解放后，我都主张所谓线鸡。我的了解在这里"线"是动词。"线"这个字代表我小时形容这一手术时说出来的声音，是否写时应该写"骟"，现在我也说不清。我看见过好些次线鸡。手术很简单，把小公鸡的某一（不记得是左是右）边的翅膀下的皮切开，把生殖器取出，然后把切处用线缝上。线过后的小公鸡有一天的时间不好过，第二天就好了。这样线过的公鸡，即令属于柴鸡种，也可能长到六七斤，甚至更大些，吃起来又肥又嫩。

这种处理鸡的办法，并不只是限制到长江以南而已。长江以北的安徽省、江苏省可能也有。河南有没有不清楚。黄河以北，好像都没有。笼统地说，广大的北方没有。在广大的北方，农民只要学会线鸡，市场的鸡肉量是可以大大地增加的。这样的好事为什么不做呢？

方才说的鸡是就多余的公鸡说，无论是大种鸡还是小种鸡，油鸡还是柴鸡，线了都可以增产。我小的时候，只看见过线公鸡。长沙有没有线母鸡的，我不知道。云南有线母鸡的。线了的母鸡没有什么好吃，连头上都长了一层厚厚的黄油。谭延闿先生所发明的鸡油冬笋泥确实好吃。所谓"鸡油"是否就是方才说的那样的黄油，不清楚；如果是的，这个菜就不是日常所能吃到的了。

我认为鸭也有问题。在北京提起鸭似乎就只有北京烤鸭。烤鸭很好吃，但是不是唯一吃法。我们说"烤"，美国人也跟着说"烤"。按照美国人的说法，"烤"是在有高温而无火的箱子里成熟，所烤的东西并不直接挂在火中。北京鸭是直接在火中成熟的。这在美国应该说是 barheque。这又是一个文字是约定俗成的东西的例子。

我吃过一次姜丝炒鸭丝，二丝当然是以鸭丝为主，非常之好吃。这里用的就不必是北京的白鸭了，也不必是江北的淮鸭了，可能只是江南常见的小鸭。我小的时候，长沙有一个官僚地主式的人，在北门外的新河里养了一大群鸭。无巧不成故事，他的大名叫陈海鹏，喜欢弄文墨的人就作了一副对联："欲吃新河鸭，须交陈海鹏。"

我回国后，没有吃过鹅。在德国的时候，经常吃鹅。烤鹅很好吃。人们有一个很怪的先入之见："那么大的东西好吃吗?"有这一奇怪思想的人所假设的前提，是禽兽愈小愈好吃。所谓"小"有两个意义，一是与老相对的，一是与大相比。就家禽说，老的大的都不如小的好吃，这并不是说大的一定不如小的好吃。一只大的线鸡和一只小的公鸡，味会有些不同，可是同样好吃。大的鹅和北京白鸭味会不一样，可是都好吃。我建议北京大量地吃鹅。也建议除直接在火中烧鹅外，也在高温烤箱中烤鹅。

我最爱吃"大李子"

上面说的是鸡鸭鹅，事情好办。我个人的兴趣主要在水果蔬菜方面。这一方面的问题要麻烦得多,它涉及区域气候水土等等问题。

　　我小时候最喜欢吃一种水果,卖水果的人把这种水果叫做"苹果"(那时长沙没有苹果)。在美国四五年之后,忽然在纽约第五街看见了这种水果。它是用盒子装着的,每盒六个,一盒价 2 元 4 角美金。那时候我每月只有 60 块钱(美金)。可是,拒绝不了,还是买了吃了。美国人叫它作 plum,我就叫它"李子",不过形容它为绿皮红肉的"大李子"。那是 1919或 1920 年的事情,以后我都没有吃过这种"大李子"。在 60年代的头几年中,有一个八月间休息的机会,我到大连去休息。在八月底正预备回京的时候,在大连的大街上有许多农民样子的人卖这种"大李子"。我高兴极了,买了 4 篓,在大连就吃起来了。大连的这种"大李子",比美国的大多了,每个大都是半斤以上的。这东西就是我最爱吃的水果。我最爱吃的水果,我一生只吃过两次,小时吃的不算。芒果也是我喜欢吃的,但吃的次数也不多。苏东坡一天要吃 300 颗的东西①,我也爱吃。这件事我们要谢谢飞机和人造冰。假如我们过的是何绍基的日子,非到广东去吃不可的话,过迟过早的问题,仍然避免不了。

　　关于水果(我把瓜也算在一起)我也曾发点议论。某些事情我们非坚持统一不可,例如行政、领土。吃的东西的种类就大可以不必。我们现在供应的鸡,从照片看来似乎都是来亨鸡,或由它产生的白鸡,有人不喜欢吃这种鸡,我就是一

———————

　　①　指荔枝。

927

个。现在供应的西瓜好像全是绿皮上有黑花样的西瓜。我喜欢吃三白西瓜（白皮白肉白子）。三白停止供应之后，我就不吃西瓜了。这对我说是一个相当大的改变，也是不受欢迎的改变。

我又想到一种很特别的果。这种果名叫"火拿车"。它有点像苹果，可是从我的感觉说，比苹果好吃多了。它的名字本身就怪，暴露了它是按声音翻译过来的。好像曾有一位先生或女士名字叫傅乐焕的写过一篇考证文章，说这水果是金人占领北京时引进来的。果然如此的话，这水果不只是水果而已，就历史说，它有文物的身份。我们应该搞清楚实际情况究竟如何。如果树还在，只是果太小、太少，进入市场不合算，那不要紧。要是树也毁了，那就真糟。这不是纸上谈兵，而是重要的实际问题。如果发现有农民把这种树保存了下来，那确实是好事，要鼓励他保存下去。如果事实上树已经毁了，那，我们应该承认，我们做了一件对不起祖宗的事。

我欣赏杂在别的东西里面的甜

蔬菜问题，更麻烦些。有一次我在上海碰见郑铁如先生。有人问他到上海干什么事，他说他来吃塔姑菜的。（这里是按声音写的，究竟应如何写，我不知道。①）郑先生当然只是在说俏皮话。可是，这也表示：某些蔬菜，只是限于某些地方，别的地方吃不着。后来我在上海也吃了这个菜，它确实好吃。

---

① 应为塌棵菜，也叫太古菜。

回北京后,我打听过几次,回答总是没有。

甜是大都喜欢吃到的味。但是,糖的甜是一件相当直截了当的事,西洋式糖果的甜非常之甜,似乎是一种傻甜,好些人欣赏,我不欣赏。我欣赏的反而是杂在别的东西里面的甜。"大李子"的甜,兰州瓜的甜都是特别清香的甜。"清"字所形容的品质特别重要,可能只有生吃才能得到。芒果和荔枝都甜,我都喜欢吃,可是它们似乎在"清"字上都有不足,虽然它们也是生吃的。

在这里,我要特别提出的是两种炒菜中的甜。一是炒胡萝卜丝的甜,说的是丝,不是片。炒菜总是有汤的,炒胡萝卜丝的汤是甜的,这种甜我很欣赏。另一种是炒丝瓜的汤的甜。这里说的都是炒菜的甜,不是煮菜的甜。

我对猫的认识

回忆录中难免要夹杂一些议论。我现在就特别提出一种没有展开的议论。我好像听见过这样的议论——资产阶级爱动物,给它们盖房子、穿衣、吃肉,就是不爱人。我不同意这个论点。论点涉及的只是猫、狗、马,也不是猫狗马类,而只是这一或那一猫、狗、马而已。

在历史上,马居很特别的地位。中国历史上名马很多。我读书太少,只在一本书上见到元世祖有一匹很好的黑马。《三国演义》说关羽有匹好马。这可能是有根据的。那时没有照相,样子如何,不知道。直到1944年,美国有匹差不多全国知名的名马,本名译音大可以不必,别名叫"大红"。"大红"为它的主人赢了好几百万美金,主人也优待它,让它在一个地方养老传代。我们大概不需要个别的特别的马，但是好马还是需要的。大约 20 年前，我看见一匹套车用的英国种的大马，在东单商场外面。这种马在农村里可能还有用。私人养马的时代大概已经过去了。

狗的命运最差。专门看家的狗看来是没有用了。（附带地说：杨布杨居白衣黑衣的故事大概是不正确的，狗靠的主要是鼻子得到的气味，不是颜色。）不但城市里这样，农村里也是。但是猎狗还是要，可能品种还要增加。我看我们还应该引进一些专门猎狼、猎狐、猎野猪、猎禽鸟的狗。猎狗是要训练的，而训练只能在使用之中才能得到。这些猎狗无论有无本能，训练总是需要的。打猎总是业余的吧！在城市养狗不好办。就打猎说，最好似乎是城乡合作，工农合作，猎狗仍然可以养在农村。

在现在居住的条件下，私人能养的只是猫了。我小的时候住在长沙，家里有一只黑母猫，对它我一点好感也没有。隔壁屋里有一只黄公猫，黑猫经常找黄猫谈情说爱，黄猫不大响应。可是，家里后院鸡房底下经常有一尺长的老鼠，晚上就出来了，它也不管。

对猫的认识，只是近几个月才得到的。原来猫的生活同人的生活是紧密地结合在一起的。在这里我要介绍一下我们这个综合的家庭。成员现在只有 5 人：梁家共有 3 人，梁从诚、从诚的爱人方晶、他的女儿梁帆，我的护士兼厨师倪镜兰和我本人。家里养只猫，据说这只猫对方晶的感情最好，其次可能是梁从诚，又其次是梁帆或倪镜兰（或倪镜兰、梁帆），最后是我。近来它对我的感情有进步，我对猫的态度也完全改过来了。

现在是七月了。今年六月间有一天，我正在写回忆录，猫一跳就上了我的桌子，并且站在我的稿子纸上。从前的"江城五月落梅花"说的是音乐，我现在说的不是音乐，而是绘画，我把猫赶走之后，才发现它老先生已经在我的稿子纸上"首都六月落梅花"了。

附

录

从堕落到反动的美国思想[*]

美国人自诩其自由的国家、自由的文化。所谓自由国家、自由文化,主要是他们所经常夸耀的民主个人自由主义。在欧洲,个人自由主义本来是资产阶级用来反对封建统治的革命思想,在资产阶级颠覆封建制度,建立资本主义社会,推动社会向上发展的时候,这种思想是有其一定进步作用的。欧洲资产阶级发展的重要结果之一便是向美洲大量移民,在这块新大陆上建立新的资本主义社会,个人自由主义的思想同时也就移植到美洲,成为美国资产阶级在独立战争和南北战争中领导人民向英帝国和南方奴隶主地主阶级进行革命斗争的思想武器。在这两次革命斗争的时期,美国的资本主义社会是在上升的阶段,它的资产阶级是进步的阶级,这个阶级所楬橥的个人主义是进步的思想。南北战争以后,美国的资本主义以惊人的速度发展起来,在数十年中,超过了其他资本主义国家,一跃而成为世界资本主义的盟主。但也就在这个时候,美国的资本主义开始转变为垄断的资本主义,这个转变可

---

   * 原载于金岳霖等:《从堕落到反动的美国文化》,上海平明出版社 1951 年版,第 1—17 页。作者署名为金岳霖、任华。——编者注

以说在 19 世纪末叶开始,在第一次世界大战期间初步完成。在这一时期,美国人所标榜的民主自由已成为统治的资产阶级欺骗人民的工具,起着麻痹阶级意识的反动作用,表现为腐败堕落的生活方式。第二次世界大战以来,这个转变达到了登峰造极的地步,美国已成为帝国主义的最后堡垒,反动侵略的大本营,它的反动统治阶级连民主的伪装都可以撕掉,露出了法西斯的本来面目。美帝国主义已经成为法西斯的军国主义,它的统治阶级的思想是十足的法西斯主义的思想,最具体的表现是天主教—圣托马斯的思想在大资产阶级中的复活与传播。这种思想与所谓世界主义的思想结合而成为现在美国最反动最富于侵略性的法西斯主义思想。

我们知道,个人自由主义中所讲的自由平等,在资本主义社会里,本质上仍是资产阶级内部的自由平等,美国也不能例外。不过正如其在欧洲一样,在美国资本主义上升的时期,它的资产阶级所提出来的自由平等思想乃有其一定的进步作用,特别是在当时美国的自然及社会条件之下,这个作用是尤其明显的。在自然条件方面,当时的美国可谓是地大物博而人稀,殖民运动正在大规模进行,广大的地区、丰富的资源,都有待开发。从社会条件方面看,美国的资本主义尚在发展形成中,还没掌握国家经济命脉的大资产阶级,可以垄断生产、操纵市场。在这两种条件之下,一般人可以说尚有相当的回旋余地,他们在经济上也可以说还有某种机会的平等,只要个人努力奋斗,还可以有发财致富,甚至成为资本家的可能。美国中部西部的开发可以说明这点。这个开发,是大规模殖民运动的结果。参加殖民运动的人,固然有很多本国和外国的资本家与地主,但也不乏奋斗冒险的人民,大家都为追求财富发展生产的愿望所驱使,相率向广大的中西部移殖,特别是19世纪50年代加利福尼亚发现金矿以后,更促进了殖民的运动,从欧洲各地赶来参加探索与开发的殖民者,年以数十百万计。就在这种情况之下,产生一种发财乐观的思想,很显著地表现在当时美国小说家亚尔吉(Horatio Alger)的作品中。这种思想的内容也很简单,天无绝人之路,一切全靠个人努力,只要个人努力,便可以发财致富,被称为亚尔吉主义(Algerism),在当时社会中流行甚广,深入人心。由于它多少反映着当时的情况,所以起了某些推动的作用,使广大的人民为追求财富而奋斗,向中西部进行移殖和开发,许多当时的大富人的确也是这样产生的。可见在美国当时的条件之下,一般人还可以有某种经济上的机会均等,所谓自由竞争、自由企业,还有其一定的实在内容。

但是等到美国的资本主义进入了垄断的阶段,资本逐渐集中,国家的资源大部分已为少数大资本家所掌握,以前的那种社会条件已不复存在,自然的条件也随着社会条件的改变而改变,天然的资源已成为少数人的专利而非一般人民所得而有。这时候,连小的资本家都受到了威胁,他们的既得利益都要被大资本家吃掉,何况一般的人民,他们只有在大资本家的意向驱使之下谋生,为大资本家们追求利润的欲望而牺牲,至于勤劳的工人阶级,直接受到了大资本家们的残酷剥削,更只有听凭他们宰割,过着每况愈下的生活。在这种情况之下,我们还能设想一个普通人或者一个工人只凭自己努力便能够发财致富吗? 我们还能设想他们和大资本家们竞争吗? 所谓

937

自由竞争、自由企业，已成为一句空话，而前此曾经起过作用的发财乐观思想则完全失掉了它的现实意义。如果这时候还有人说美国一般人享受着自由平等的天赋人权，那就只能是骗人的鬼话。

然而美国的资本家们，美国的统治者以及为他们服务的知识分子就是这样来蒙蔽和欺骗人民，他们还在企图掩盖他们的丑恶，无耻地宣称美国人民的自由平等权利不但没有遭受损害，而且日益得到保障。他们早就认为发财乐观的思想平易近人，很可以利用来帮助他们达到这个蒙蔽欺骗人民的目的，使人民的注意集中到这一点，麻痹他们的阶级意识。因此到处宣传这种思想，在教堂里面、学校里面，在文学戏剧，特别是在小说里面，大肆渲染鼓吹。他们说，贫富全系于个人努力，只要自己努力，总可以发财，同他们一样变成资本家，如果发不了财的话，那只好怨自己不努力。说得天花乱坠，好像贫富的分别和社会制度全无关系，好像他们都是善良的人、杰出的人，他们剥削得来的果实都是他们自己努力的结果。有些资产阶级的学者甚至拼命歪曲事实，说美国根本没有阶级存在，说什么个人至上、人人机会均等，夸耀美国的民主，宣称美国的资本主义是人类最进步的制度，是为人民大众谋福利的工具，其目的在使人人都变成资本家，种种谰言，不一而足，虽然都有他们的理论根据，但显然也要和这种发财乐观的思想结合，才能充分发挥蒙蔽人民和麻痹阶级意识的作用。

对于美国资产阶级的这种宣传，还有另外一个有利的条件，就是美国的个人自由主义与欧洲传统的个人自由主义不尽相同，平等的思想曾经在美国的个人自由主义中占着比较突出的地位。欧洲的资本主义社会,一般都是从封建社会孕育出来的,欧洲的资产阶级一开始便和封建贵族不能完全分开,许多资本家是由封建贵族转变过来的。在某些国家中,特别是在英国,资产阶级老早便和封建贵族妥协,因此,欧洲的资本主义社会里面,一般都保存着封建的残余,在英国甚至保存到现在,而且力量还很大。欧洲的资本主义社会既然还有封建的传统,在这个社会里面出现的个人自由主义,便不能强调平等的思想。这种情形在英国也最明显。英国直到现在等级的思想在社会里还起着支配的作用,所以平等的思想在英国的自由主义中便不能占很重要的地位。可是在 19 世纪以前的美国则不然。那时的美国才从殖民地直接转变到独立的资本主义国家,没有封建社会的传统,没有欧洲封建式的贵族,因此也没有明确的社会等级思想。兼之那时美国的资产阶级是上升的阶级,抱着自由的思想,为建立自由的土地而奋斗。在这种情形之下,美国的资产阶级便比较容易接受平等的思想,把它提到显著的地位,使它成为个人自由主义的一个主要部分。在当时,北方是新兴资产阶级的势力范围,平等的思想也就在这个地区最为流行,起着一定的作用,甚至可以说曾经在某种程度上实现过。但在南方,由于奴隶主的势力很大,黑人与白人杂处并为白人所奴役,平等的思想便始终不曾有过。

无论如何,这种积极的平等思想乃是上升时代的美国资产阶级的思想。自从 19 世纪末叶以后,美国的资本主义社会转入垄断的阶段,平等的思想也成为落空的、骗人的东西。代之而起者是实际上种族的不平等。这时的资产阶级在经济上、政治上取得了统治权,渐渐感觉到美中不足,还需要一种社会上的显贵来增加他们的威望。但由于美国没有封建贵族的传统,不能讲谈个人的门第身份,只好从种族上来分别贵贱。而这种种族上的贵贱大致又是和他们的经济地位密切相关联的,黑人虽然在南北战争以后表面上得到了解放,但在经济上始终是没有地位的,在社会上也被认为是最下贱的。他们不但找不到像样的职业,并且差不多是不被当作人看待。不用说他们没有实际的选举权,没有与白人同等的法律上的保障,就是在日常的社会生活中,也经常是被无情歧视的。在许多地方,他们不能同白人在一个饭馆吃饭,不能进白人的娱乐场所,甚至不能和白人一道坐电车。在某些地区,连号称民主自由精神所在的大学里,他们也要受到许多不合理的限制。这种情形,乃是众所周知的。

种族间的不平等,不仅表现在白人对黑人及所谓有色人种的歧视上,就是在白人内部,也要从种族上来分别贵贱高下。同是从欧洲来的,还要分英国人、荷兰人、德国人、法国人、意大利人;同是从英国来的,又要分英格兰人、苏格兰人。这种种族贵贱的分别,大致上是和他们的经济地位相配合的。即以爱尔兰人为例,他们原来在经济上没有地位,在社会上也没有身份,可是近年来由于他们在经济上取得了一定的地位,于是在社会上也就抬起头来,一变而为可以自豪的贵种了。前世纪之末,在纽约出现的所谓"四百人",乃是当时美国的实际统治者,可以说是大资本家、政客和贵种的具体结合。三者缺一便很难参加到这个集团里去。连福特那样的阔佬,还不够标准,都要被排斥,其身份等级界限之严可以想见。从这些事实都可以见到,尽管美国人还在口口声声讲平等,而实际上最不平等的地方就是美国。但事实愈是这样,美国的资产阶级愈是要讲平等。由于平等的思想曾经在美国的个人自由主义中起过积极的作用,他们便可以利用这个口号来掩饰不平等的事实,在一般人民尚未觉悟的时候,这种口号是可以起着某些麻痹阶级意识的作用的。

美国人喜欢夸耀他们的民主生活方式,自鸣得意地称之为"美国的生活方式"。照他们看来,这种生活方式也是个人自由主义的体现。如果他们所指的是杰弗逊、林肯的时代,我们倒可以承认他们的话有几分真实性;但如果他们所讲的是19世纪末叶以来美国人的生活方式,那又是反动的资产阶级用来骗人的一派胡言。杰弗逊、林肯时代的那种进步的民主生活方式早已成为历史上的名词,在日趋没落的美国资本主义社会里面,国家的经济政治都掌握在少数财阀手中,为他们所操纵,国家不属于广大人民而属于少数资本家,国家的统治者不是为人民服务而是为少数资本家服务,国家的资源和人民自己的生产大部分都给少数资本家搜括而去,人民自己反不能享受,就是美国人自己标榜的民有、民治、民享,也成了空头支票。相反的,人民日益受到经济政治上的迫害,生活一年不如一年,言论与出版的自由日益被限制剥夺,哪里来的个人自由? 哪里来的民主生活方式? 如果真有所谓个人自由的民主生活方式,那便是表现在日常生活末节中的自由散漫与腐败堕落。这种个人自由,不是什么真正的个人自由,而是放纵的自由、发狂的自由,视严肃纪律的生活如敝屣,以寻求刺激为常务。色情小说、黄色读物、强盗电影,充斥市场;酗酒犯罪的事件层出不穷,神经失常成为最严重的病症。这些都是美国人所谓个人自由的具体表现。这种个人自由主义有时甚至表现为极其无聊可笑的行动。一个人为了要出风头,总想做点与众不同的事情。在教堂里结婚感觉到太平凡了,于是来一次飞机上结婚;跳舞跳腻了,也要想方设法玩点花样,于是举行一次比赛,看谁跳得最久。诸如此类,都表示一种没落的资本主义社会中的病态,但这就是美国人认为值得骄傲的所谓美国生活方式。

可见在美国这样的社会里,实在谈不上什么文化的生活。一般人只知道追求极其庸俗的物质享受。其集中的表现是美国人的拜金主义。所谓拜金主义,便是把一切人事的关系都归结为商业的关系、金钱的关系。盲目地崇拜金钱,把有钱看成衡量一切的标准。有钱人便是社会上最成功的人,也好像是有德之人,最值得尊敬。一个企业家是否成功,固然要看他赚了多少钱;就是一个作家之成功与否,也要看他的作品究竟卖了多少钱。银行老板,公司经理好像是人上人,他们在社会上的地位比一切人都高,一个人如果得到他们的垂青,便算受宠若惊了。

美国的土产哲学实用主义就是这样一种社会的产物。关于实用主义,已经另有专文讨论,这里可以不必多谈。简而言之,这种哲学本身,特别是杜威的系统,虽也很曲折辩给,但就其社会根源和一般的影响而论,可以说它一方面反映了美国社会中腐败堕落的个人自由主义,另一方面则把美国人的商业主义、拜金主义变成了一种哲学上的理论。实用主义基本上是一种意志主义,以个人的意志为一切的根本。主观的意志规定世界和社会的性质。照实用主义看来,世界是不断变化的,但这个不断变化的世界仍是一个主观的经验之流。实用主义者特别强调未来,但未来又是完全不确定的。未来是什么样子,要由主观的意志来决定,因此社会与个人的发展没有客观固定的方向和目标。这种看法基本上是唯心论,它所反映的显然是没落期中漫无目标、专务新奇与放纵的个人自由主义生活。另一方面,实用主义也认为真理是由意志决定的。离开一种主观的抉择和自愿的行动,没有客观必然的真理。真理乃是一种愿望的满足,知识或观念是满足愿望的一种工具,知识的真假全视其是否能用来满足我们的一定愿望,如果能够达成这个任务,便算是"有用",只要有用,便是真理。在资本主义社会里,人的最大愿望是发财,是则凡能使人发财的都应当是真的了。所以我们说实用主义的真理论归根到底乃是反映这个社会里面的商业主义、拜金主义。有人说实用主义是美国商业家的哲学,也就是这个意思。这种哲学表面上抽象地讲个人自由,讲人的愿望及其满足,讲"有用"与"可行",在没落的资本主义社会里也起着麻痹阶级意识的作用,实质上则是有利于反动的资产阶级,因而有意或无意地为其服务。

实用主义最流行的时期是在第一次世界大战前后。大战以后美国的垄断资本已取得了独占世界的优势地位,美帝国主义的侵略性已日渐暴露出来。实用主义无力满足野心勃勃的大资产阶级的要求,中产阶级和小资产阶级感觉到它没有前途,也对它开始产生厌倦。在这种情形之下,实用主义便逐渐失掉了它的力量。但是在这个时期,一方面大资产阶级的侵略企图还没有发展到明目张胆的程度,使其可以公然提出一套法西斯的哲学。不过在这一个时期中逐渐抬头的各种唯心论可以说是给大资产阶级的这个企图作准备。另一方面,中产阶级和小资产阶级也开始感觉到彷徨和失望,不敢面对现实,逐渐逃避到脱离实际的观念世界中去,专门从事抽象的概念游戏,沉湎于繁琐微末的辩论,究其实质,则是一种没落的怀疑主义。这种思想表现为桑戴延纳的哲学,表现为新实在论与批判的实在论,而其最彻底的表现则为逻辑实证论。

逻辑实证论是马赫主义的嫡派,第一次世界大战以后,由奥国传入美国,受到知识分子的广泛欢迎。其中心思想是否定一切关于客观世界的哲学,否定历史上唯物论与唯心论的斗争,谓之为形而上学的争论,根本没有意义,主张把哲学限制到科学语言的分析,专门讲述逻辑的技巧、严格的形式推论,极尽繁复琐碎之能事。有人称之为一种新的经院哲学,倒很恰当。这种哲学主张科学守中立,企图证明现代物理学和哲学上的唯物论与唯心论之争无关,对于一部分自然科学家影响极大。例如最近写作《近代科学及哲学》的物理学家弗兰克教授便宣称:物理学并不要我们接受任何形而上学。(他所谓形而上学包括唯物论与唯心论。)物理学的任务只是寻求一套严格而正确的符号来描述我们的经验。这是地道的马赫主义,是一种反动的唯心论。它使自然科学守中立,无异是使自然科学为反动的资产阶级服务。如果我们要使自然科学为人民服务,便必须对这派哲学进行斗争。

第二次世界大战的前夕,在美国学院中最活跃的思想是逻辑实证论。在美国学院之外最活跃的思想是共产主义和天主教哲学,这是美国人自己也坦白承认的事实。美国的共产主义思想,不在本文讨论的范围之内。本文所要讨论的是它的天主教思想。天主教的思想从这时起在美国传播并不是一件偶然的事情,它是美国走向法西斯化的大资产阶级拿来反对共产主义的思想武器。第二次世界大战以来,美国的大资产阶级、华尔街的财阀们,为解决他们国内不可避免的经济危机,挽救他们自己垂死的命运,妄想发动世界大战,奴役全世界的人民,使美国变成法西斯的军国主义。他们对内施行法西斯的镇压和统治,对外进行经济的、政治的,以至直接的军事侵略。在这样情形之下,美国的统治阶级的思想,必然是法西斯主义的奴役世界的思想。但是没有前途的大资产阶级一方面慑于人民力量的壮大、共产主义的威胁,另一方面又没有新生的力量创造自己的哲学,只有靠复古来充实自己。他们知道美国传统的个人自由主义以及其他哲学既不能掩护他们的实际行动,也不足以对抗共产主义的思想,因此必须另找出路。一位代表资产阶级利益的天主教哲学家曾经很坦白地说过:"马克思主义要求建立一种积极的与独断的真理,为要抵抗这种马克思主义的要求,我们没落哲学中的怀疑主义是没有成功的机会的。……必须要提出一种更合理更富有建设性的东西来才行。"(Gilson, The Unity of Philosophical Experience. 291)(这儿的翻译不是逐字逐句的,而是比较自由的。)这种他所谓更合理更富于建设性的东西不是别的,就是天主教——圣托马斯哲学。

天主教——圣托马斯哲学何以能够被美国的统治阶级拿来作为掩护他们的侵略行为和对抗共产主义的思想武器呢?

大致说来,这种哲学是一种唯心论,本来可以被反动的统治阶级所利用。但其所以能被法西斯的美国统治阶级所利用,主要是因为它从神学的唯心论的观点来讲统一和集中。天主教的组织乃是一种极其严格的阶梯系统,自下而上,最后统一集中于教皇的意志。它的思想与此相应,也是一种极其严格的阶梯体系,自下而上,最后统一集中于上帝的意志,这种僧侣主义的统一和集中的思想与组织都是有利于法西斯的统治的。不仅如此,天主教乃是一个世界性与国际性的组织,它在欧洲中古时代即已提出世界基督王国的思想,并曾为神圣罗马帝国的扩张政策服务。现在美国的统治阶级正在宣传所谓世界主义,主张建立所谓世界秩序与世界政府。大家知道,所谓世界主义,乃是美帝国主义企图侵略和奴役世界的思想。所谓世界政府亦只是美帝国主义想把全世界人民直接置于其统治之下的狂妄主张。这是一种最反动的资产阶级民族主义思想,认为美国民族至上,企图以美国的民族来统治和消灭其他一切民族。这种世界主义的思想也可以依附天主教——圣托马斯哲学,由之找到某些根据,与之结合而成为一种最富于侵略性的法西斯主义思想。

天主教——圣托马斯哲学在美国统治阶级中的复活与传播还有其一定的社会条件。第一次世界大战以后,美国的天主教势力逐渐扩大,并进而与华尔街的财阀勾结,成为反动统治阶级的帮凶。福斯特在《世界资本主义的末日》里也曾指出美国的天主教会和梵蒂冈教廷一鼻孔出气,是资本主义反动的悍将,"它在华尔街帝国主义准备安排一个由美国称霸的法西斯世界以保存资本主义的企图中乃是主要力量之一。"但是,诚如福斯特所说,美国的反动天主教会的行为并不表示美国和其他国家中爱好和平的天主教徒也同样甘心情愿为法西斯主义服务。反之,世界上各国都有成千成万的天主教徒,正在反对反动的天主教会这种违背人民利益的作为,他们可能并且正在和进步的力量团结在一起,共同努力,从事社会主义的建设,完成解放人类的大业。在欧洲许多新民主主义国家中,天主教徒都是这样积极地与共产党合作。在我们的国家里,天主教徒更是在共产党的领导之下,与党和人民精诚团结,为建设我们的新国家而努力。

批判胡适实用主义哲学[*]

——实用主义是反理性的盲目行动的
主观唯心论哲学

    大家都知道,胡适贩运到中国来的实用主义,是反动的美帝国主义的哲学,它是在资本主义进入帝国主义时代产生和传播起来的。这时候,垄断资产阶级已经走上穷途末日,他们想避免死亡,做垂死的挣扎,而实用主义这种主观唯心论的哲学,就是为垂死的垄断资产阶级的利益服务的哲学。胡适将实用主义贩运到中国来,正是中国人民革命力量得到了马克思列宁主义的指导,像暴风骤雨一样,迅速澎湃发展的时候。胡适宣传实用主义就是为了反对马克思列宁主义,为垂死的中国封建势力,特别是为帝国主义在中国的反动统治服务。

    本文将着重分析批判实用主义对于"经验"的解释,指明尽管实用主义者标榜自己的哲学是"最新的"、"科学的"哲学,实质上却不过是最陈腐的主观唯心论哲学,与贝克莱主义、马赫主义等主观唯心论比较,没有任何新的东西;他们极

    * 原刊于《北京大学学报(人文科学)》1955 年第 1 期,作者署名为金岳霖、汪子嵩、张世英、黄枬森。本次出版略作删节。——编者注

端地仇视人类理性,抹杀客观规律性,企图从根本上取消科学,目的就在于反对马克思主义;他们强调行动,把经验解释成为"行为",但实用主义所说的行动,决不是生产的实践、革命的实践和科学的实践,而是反动统治阶级做垂死挣扎时的盲目冒险的行动。

一

　　什么是实用主义哲学? 列宁早就指出过:"美国最新哲学的'最新时髦'要算是'实用主义'(字源是希腊文的'prag-ma'——行为、行动,即行动的哲学)。……实用主义嘲笑唯物论与唯心论的形而上学,宣扬经验并且仅仅宣扬经验,承认实践是唯一的标准,引证一般的实证论的潮流,特别依据奥斯特瓦尔德、马赫、毕尔生、普恩凯莱、杜恒,依据科学不是'实在的绝对的摹写'的说法,并且从这一切中极其顺利地导出了神,……为着实践的目的而且仅仅为着实践,没有任何形而上学,没有超越经验的任何界限。……从唯物论的观点看来,马赫主义与实用主义的差异,是像经验批判论与经验一元论的差异一样地极琐细和极不重要的。"①

　　所以我们的分析应该从"经验"开始。"经验"是实用主义哲学的基本概念。列宁说过:"从哲学史上大家知道:经验这个概念的解释把古典的唯物论者与古典的唯心论者划分开

---

　　① 列宁:《唯物论与经验批判论》,人民出版社 1953 年版,第 373 页注。

来了。"①实用主义的哲学就和唯心论者贝克莱、休谟、马赫主义者以及现代其他反动资产阶级哲学流派一样,在对"经验"这个概念的解释上面偷运他们的主观唯心论的世界观。

"经验"之受到哲学家的重视,是与近代科学兴起的历史密切联系着的。欧洲中世纪时占统治地位的是宗教的唯心论的世界观,宗教的世界观认为自然界是一种黑暗的罪恶的力量,所以中世纪的经院哲学反对认识自然界,反对到自然界中去获取知识。这是与当时封建社会的物质生活条件、自然经济、科学停滞不前的状态相适应的,也是与当时封建统治阶级的利益相适应的。随着生产的向前发展、资本主义生产方式的出现,科学技术也就迅速发展了。科学是与宗教直接对立的;宗教的世界观鄙视自然界,当时的科学却首先要人们面向自然界,以自然界作为真理知识的源泉,科学是以经验事实为根据的。唯物论哲学总结了科学的成就,提高了经验知识的地位。17世纪英国唯物论哲学就是经验派的哲学,马克思曾很高地评价这派哲学的创始人培根,称他为"经验的自然科学和近代唯物论的创始者"②。由此可见,"经验"这个概念原来是与科学、与唯物论的世界观密切联系着的。但是到18世纪,英国唯心论哲学家、大主教巴克莱,为了要保护宗教,但又不敢公开反对科学,于是就狡猾地给予"经验"这个概念以主观唯心论的解释,说"存在就是被知觉",否认物质世界的客观存在,阉割了科学的核心——唯物论的世界观,从而使科

---

① 列宁:《唯物论与经验批判论》,人民出版社1953年版,第176页。

② 马克思、恩格斯:《神圣家族》。

学与宗教调和起来。巴克莱在西欧哲学史上是第一个给"经验"作了唯心论解释的人,在他之后,无论休谟、马赫主义者以及实用主义者等,尽管所玩的花样有些不同,基本上却总是沿袭贝克莱的路线,给"经验"这个概念作唯心论的解释,企图达到歪曲科学与保护宗教的目的。

对于"经验"这一概念的唯物论解释和唯心论解释的根本对立究竟何在呢?我们唯物论者坚持物质是第一性的,意识是第二性的这一基本原理,认为物质的自然界是在人类意识之外独立存在着的,意识依赖于物质而非物质依赖于意识。经验是人在社会实践的基础上对客观世界的认识。所以在人类还没有存在从而还没有经验之前,世界早就存在着了。这就是说,必须承认客观世界是不依赖于人类经验而存在的;经验只有一个来源,那就是客观世界。所以列宁说:"如果经验是'客体的认识',如果'经验是主体面前的客体',如果经验是在于'某种外间的东西是存在着并且必然地存在着',那么显然地,这就归着到唯物论了!"①所以,承认有在经验之外独立存在着的客观物质世界,这个客观物质世界是必然地存在着的,而经验则是从客观世界给予人的,承认客观世界是经验的源泉,因而经验的内容是客观的;这就是唯物论地解释经验。而一切唯心论者总是千方百计地企图否认在经验之外可以独立存在的客观物质世界,他们认为存在就是被经验,没有经验就没有存在,世界只能存在于经验之内,这样,他们就把客观世界变成了依赖于主体的东西、主观的东西,以主体并吞

---

① 列宁:《唯物论与经验批判论》,第 325 页。

了客体。这就是唯心论地解释经验。所以，承认或不承认物质世界可以在经验之外独立存在，从而承认或不承认经验有客观的源泉与客观的内容，这就是对"经验"这个概念的解释上的唯物论与唯心论的根本对立。

这样，我们就可以开始来考察实用主义者是如何解释"经验"这个概念的了。

胡适说："一切唯心唯实（胡适故意将唯物说成'唯实'——引者注）的争论，都只是由于不曾懂得什么叫做经验。"①在实用主义者看来，唯物论与唯心论在哲学基本问题上的争论，完全是没有意义的"哲学家的问题"。

然而实用主义者所说的"经验"究竟是什么呢？为什么"懂得""经验"就可以避免唯物论与唯心论的争论呢？胡适故意没有正面回答这个问题，但是他的老师，实用主义的大头目杜威回答了。本节着重分析杜威所说的"经验"，这也就是胡适所害怕、所不敢说，然而偷偷运用了的部分。

杜威说，过去唯物论和唯心论所以发生争论，只是因为，认为"客体和主体，精神和物质是分离的和彼此独立的。因此便遇到如何能够认识的问题……"②因此他认为，只要不分离主体与客体，精神与物质，只要既不从物质出发，也不从精神出发，而是从"经验"出发，就可以避免唯物论与唯心论的争论了。

这完全是像马赫主义一样，企图用一个"中性"的"经验"

① 《实验主义》，《胡适文存》二集，第 445 页。
② 杜威：《经验与自然》。

来偷运主观唯心论。下面我们从两方面来证明：

第一，列宁说："自然科学肯定地主张：在人类和其他任何生物在地球上未曾存在并且不能存在的状态下，地球就已经存在了。"①可是杜威却明白地主张："经验是地球上的整个历史，它和这个历史一样地广，一样地深，一样地丰富。"②这就奇怪了，经验总是有主体的，是人（类）的经验。按照杜威的说法，则在地球上有人类之前的千千万万年的历史，是谁的"经验"呢？这里只能有两个解释：或者是在人类出现之前，先有某个上帝或"宇宙精神"在经验着；这就是客观唯心论的解释。或者是，在有人类经验之前，在人类存在之前，地球并不存在，因而没有历史；这就是主观唯心论的解释了。

因为"经验就是地球上的整个历史"，所以表面上他似乎承认日、月、星、山、河等自然物体的存在。他说："这些物体不单是历史和经验的外部条件，它们乃是历史和经验的不可缺少的部分。"但他马上接着说："但是如果没有人类对于这些事物的关系和兴趣，没有人类对于这些事物的解释，那么这些事物也就不是历史上的事物。"③不是历史上的事物就是非经验的事物，非经验的事物是否存在呢？杜威在《经验主义的公设》这篇文章里说："事物——任何事物——如何，就是我们经验它们如何。"④在这句话后面加了一个"注"，在注中就明白地说："……不存在的东西，那就等同于非经验的

---

① 列宁：《唯物论与经验批判论》，第 99 页。
② 杜威：《经验与自然》。
③ 杜威：《经验与自然》。
④ 转引自《达尔文主义对哲学的影响》一书。

东西。"

原来结论就是如此：世界上的客观事物，如果没有人对它的关系与兴趣，如果没有人对它的解说，它就不是历史上的事物，它就不是经验，它就是非经验，那就是不存在的。无论太阳或者月亮，如果没有人对它经验，它就不存在。没有经验就没有存在，在人类经验之前，世界是不存在的。"存在就是被经验"，不是经验依赖于客观世界，而是客观世界依赖于经验。这难道还不是与贝克莱的"存在就是被知觉"一样的主观唯心论的公式吗？

这样，我们也就可以理解杜威为什么称他自己的学说是"自然和经验的连续性"①了。前面讲过，杜威反对将物质和精神分离开来。同样的理由，他强调反对将自然与经验分离，他要将自然与经验"联系"起来、"连续"起来，所以他称他自己的哲学是"自然主义的经验论"。但是，将自然与经验联系有两种可能的看法：一种看法是承认自然独立存在，经验的内容是自然给予的，经验从自然获得客观内容，因此，经验是依赖于自然的。这是唯物论者的联系法。唯心论者的联系法与此相反，认为自然只能在经验之内，没有独立于经验而存在的自然，从而自然依赖于经验，经验就成为第一性的东西。实用主义哲学恰恰就是采取后一种办法。杜威将自然与经验等同起来，反对将自然看成是"独立于经验的东西"②。他认为如果"将一切经验到的东西都认为是客观的，独立于自我的态

① 杜威：《经验与自然》。

② 杜威：《经验与自然》。

度和行动而存在在那里的",那只是"人类自然的和本来的偏见"。①　这就是说,如果你以为你所经验到的那个太阳是客观地、独立于你的态度而存在在那里的,那只是你的"偏见"。太阳——自然物体,没有在人的经验之外的独立存在,"事物就是被经验到的东西"②。自然界不依赖于经验,就不能存在,这就是否认客观实在的主观唯心论的结论。

　　第二,像别的一些主观唯心论者一样,实用主义者唯心论地解释经验,否认客观实在,同时直接地反对唯物论,说唯物论是"形而上学"。

　　我们唯物论者认为物质是第一性的,意识是第二性的,客观物质世界是不依赖于意识而独立存在的,人的意识只是客观世界的反映,因而正确与错误的标准就是看思想是否正确反映客观物质世界及其规律性。科学必须承认物质世界是不依赖于意识而存在,它是第一性的。

　　实用主义者就是要反对这个独立存在的物质的世界,杜威把它叫做"最高最后的实在"、"绝对无上的实在"、"先存的实在",到处加以反对。例如在《哲学的改造》一书中,他反对传统的哲学讲"本体的世界",他说:"一个略等于民众信仰里的那个宗教的,超自然的世界,加上了形而上学的翻译,就成了一个最高最后的实在的世界。……在哲学方面,那个绝对无上的实在也就给一切关于事物的真理作唯一可靠的保证。"他认为这是"哲学妄自尊大,以为它的职务在于证明一

①　杜威:《经验与自然》。
②　杜威:《经验与自然》。

个超于经验的,绝对的本体。"而认为哲学只能研究"经验的、相对实在的'现象的世界'"①。

说物质的概念是"超经验的"、形而上学的翻译"等,并不是新的东西,列宁在《唯物论与经验批判论》中早就指出:"在休谟主义者看来,唯物主义一定是形而上学、教条、超出经验范围的东西等等。"②

列宁对于这种滥调早就给予坚决的驳斥:"我们要问:当一个人看见红的,感觉到硬的等的时候,他是不是被给予了客观的实在呢? ……如果你们认为是被给予了的,那么对于这个客观的实在就必须有一个哲学的概念,而这个概念是老早老早就制定了的,这个概念就是物质。物质是标示客观的实在的哲学范畴,这种客观的实在是在人的感觉中被给予人的,它不依赖我们的感觉而存在着,为我们的感觉所复写、摄影、映写。因此,如果说这个概念会'陈腐',那就是小孩子的说话,就是愚蠢地重复时髦的反动哲学的论据。"③

事实确是如此,实用主义哲学对于哲学的基本问题并没有"以不了了之",它用了"经验"这个概念,表面上是既反对唯物论,又反对唯心论,想"超越"唯物论与唯心论之上,实质上是偷运主观唯心论;他反对唯物论的物质概念,而这不过是重复时髦的反动哲学的论据,丝毫没有新鲜的东西。

由此可以得出结论:尽管实用主义者胡适说他们的哲学是"哲学上的革命",强调实用主义与以前哲学的区别,但我

---

①　以上引文均见杜威:《哲学的改造》,中译本第21页。

②　列宁:《唯物论与经验批判论》,第285页。

③　列宁:《唯物论与经验批判论》,第156页。

们可以看到这些区别只是唯心论内部的一种体系与其他体系间的区别，这种区别从唯物论的观点看来，是完全不重要的。重要的是出发点，即物质是第一性的还是意识是第一性的问题，而实用主义哲学是唯心论地回答这个问题的。实用主义哲学只是重复贝克莱、休谟和马赫主义者等主观唯心论者的滥调，并没有什么新的东西。

二

实用主义者给经验作了唯心论的解释，以此偷运主观唯心论哲学，他们的哲学与贝克莱、休谟、马赫主义者并没有什么本质的区别。但是胡适却再三吹嘘实用主义的哲学是"哲学的光复"，是"哲学的革命"，说"近代哲学的根本大错就是不曾懂得'经验'究竟是个什么东西"①。仿佛他们真的给经验作了"新"的解释，从而使哲学发生了"革命"。本节打算具体分析胡适所谓"新"的解释究竟是些什么，以便进一步揭发他们偷运主观唯心论，反对唯物论的狡诈手段。

胡适在《实验主义》一文中说杜威所讲的"经验"与"旧派哲学"对经验的看法根本不同，有五条区别，这就是所谓杜威对于经验的"新"解释。尽管杜威将这五条区别讲得很烦琐复杂，但是仔细分析一下，贯穿着这五条的，主要的只有一点，就是他们将经验解释成为动作、行动。他们说：经验是人对环境的"一切交涉"（第一条）；是环境受了人的动作而"发生种

---

① 《实验主义》，《胡适文存》二集，第 444 页。

种变迁"（第二条）；"经验是试验的，是要变换现有的事物；……他的主要性质在于联络未来"（第三条）；经验是"应付环境和约束环境的事"（第四条）。胡适总起来说："经验就是生活，生活就是对付人类周围的环境"，经验是"应付环境的行为"，是行动，而反对像"旧派哲学"那样将经验解释成为只是"知识"。所以他们说：经验是"向前的"、"主动的"，而不是"静止的"、"被动的"①。所以实用主义是"行动的哲学"。

必须指出：马克思主义哲学——辩证唯物论是非常重视实践的，"实践的观点是辩证唯物论的认识论之第一的和基本的观点"②。我们认为，经验与实践不可分，经验必然以人类的社会实践为基础。但实用主义者所说的行动与马克思主义者所讲的实践没有丝毫共同之处。为了说明这点，我们要进一步分析实用主义者所讲经验即行动的具体内容。

首先要说明，为什么实用主义者要反对"旧派哲学"将经验解释为知识，而要将经验解释为行动呢？胡适回答了这个问题，他说："既不承认经验就是知识，那么三百多年以来把哲学几乎完全变成认识论，便是大错了；那么哲学的性质、范围、方法，都要改变过了。"③原来实用主义否认经验就是知识，目的是想避免哲学的认识论的问题。谁都知道：认识论的问题即存在与意识的关承问题，乃是哲学的基本问题。哲学

---

① 《实验主义》，《胡适文存》二集，第445—447页。
② 毛泽东：《实践论》，《毛泽东选集》一卷本，人民出版社1966年版，第273页。
③ 《实验主义》，《胡适文存》二集，第446页。

家依照他们如何答复这个问题而分成唯物论与唯心论两大阵营;回答哲学的认识论问题,立刻就会暴露出他是唯物论或是唯心论。实用主义是主观唯心论的哲学,但是他们想冒充科学,害怕暴露自己的唯心论面目;他们知道:一切休谟主义者、马赫主义者都是在认识论的问题上显露原形,正是在这个意义上,他们反对旧派哲学对于经验的解释。所以,实用主义将经验作"新"解释,目的是要反对马克思主义的反映论的认识论。他们将经验解释成为行动,目的是想用"行动"这个"新"名词来掩盖他们的主观唯心论。

实用主义将经验解释成为行动,将行动解释成为应付环境。胡适说:杜威哲学的基本观念是"经验即是生活,生活即是应付环境"。他们认为,人的应付环境与动物的应付环境比较,与蛆虫在粪窟里滚上滚下、滚来滚去比较,并没有本质的区别,只有"高下的程度不同";这不同就是人能思想,有"高等的应付环境的思想能力"。所以实用主义好像很重视思想,因为思想是"人生应付环境的工具"。所以实用主义哲学很重视"思想方法"。胡适说:"总括一句话,杜威哲学的最大目的,只是怎样能使人类养成那种'创造的智慧'使人应付种种环境充分满意。换句话说,杜威的哲学的最大目的是怎样能使人有创造的思想力。"①所以实用主义要教人一套"思想的方法",他们再三强调"实用主义始终只是一种方法论"②。胡适再三吹嘘这种方法是"科学的方法",就是他要

---

① 以上参见《实验主义,胡适文存》,第450—452页。
② 《五十年来之世界哲学》,《胡适文存》二集,第258页。

教人"不受人惑"的方法，"不被马克思、列宁、斯大林牵着鼻子走"的方法。所以我们必须再来分析他的思想方法论，即所谓杜威的"思想五步说"。

实用主义者说经验是应付环境的行为，而思想是应付环境的工具，但是他们所说的思想过程，也就是应付环境的过程，是行动的过程，生活的过程，也就是经验的过程；所以胡适说杜威"把经验和思想看作一件事"①。所以"思想五步说"是思想方法，同时又是经验过程。实用主义的方法论仍旧是他们的经验论，我们分析实用主义的"思想五步说"，可以使我们更深入了解实用主义所谓经验即行动的具体内容。

实用主义的方法论，就是胡适介绍的杜威的"思想五步说"。1919 年，胡适在他的《实验主义》一文中已经介绍过，但是杜威在 1920 年发表了《哲学的改造》一书，对"经验"、"理性"、"实在"等概念作了更确定的实用主义的解释。所以胡适在 1922 年写《五十年来之世界哲学》一文时，对这"五步说"介绍得虽然比较简单，但意思却比较确定。所以我们以此作为分析批判的主要材料，必要时再用《哲学的改造》与《实验主义》中的话来补充。胡适在《五十年来之世界哲学》一文中说：

> 这种生活就是经验。经验全是一种"应付的行为"；思想知识就是应付未来的重要工具。向来的哲学家不明白经验的真性质，所以有些人特别注重感觉，只认那细碎

---

① 《实验主义》，《胡适文存》，第 446 页。

散漫的感觉为经验的要义;有些人特别注重理性,以为细碎的感觉之上还应该有一个综合组织的理性。前者属于经验主义,后者属于理性主义。近代生物学和心理学发达的结果,使我们明白这种纷争是不必有的。杜威指出感觉和推理都是经验(生活)的一部分。平常的习惯式的动作,例如散步、读小说、睡觉,本没有什么段落可分;假如散步到一个三岔路口,不知道哪一条是归路,那就不能不用思想了;又如读书读到一处忽然上下不相接了,读不下去了,那就又不能不用思考的工夫了。这种疑难的境地便是思想的境地,困难的感觉便是思想的动机,'便是思想的挑战书'。感觉了困难之后,我们便去搜求解决困难之法,这便是思想。思想是解决困难的工具。当搜求解决的方法之时,我们的经验知识便都成了供给资料的库藏。从这库藏里涌出来了几个暗示的主意,我们一一选择过,斥退那些不适用的,单留下那最适用的一个主意。这个主意在此时还只是一种假设的解决法;必须他确能解决那当前的困难,必须实验过,方才成为证实的解决。解决之后,动作继续进行;散步的继续散步,读书的继续读书,又回到顺适的境地了。……

……仔细分析起来,凡是有条理的思想,大概都可以分作五步:(1)感觉困难;(2)寻出疑难所在;(3)暗示的涌现;(4)评判各种暗示的解决,假定一个最适用的解决;(5)证实(就是困难的解决)。——在这五步里,究竟何尝单是细碎的感觉? 又何尝有什么超于经验的理性? 从第一步感觉困难起,到最后一步解决困难止,步步都是一段经验的一个小部分,都是一个"适应作用"的一个小段落。①

这是实用主义哲学"思想"的全部过程,是它"应付环境的行为"的全部过程,也就是实用主义所谓"经验"的实际内容。在这个过程中不包含任何一点对客观世界的反映,行动就是一切。现在我们来分析这个过程。原来的五步胡适常简化成三步,我们也着重分析以下三点:(1)感觉;(2)思想;(3)证实。

(一)感觉

辩证唯物论教导我们:认识客观世界首先要经过感觉。列宁说过:"除了经过感觉,我们既不能知道任何物质的形态,也不能知道任何运动的形态……"②所以感觉是我们一切知识的起点。但感觉首先就是客观世界作用于我们感官的结果,所以感觉是对客观世界的反映。

实用主义者也说感觉是"思想的动机",但他们的意思是说:感觉不是"知识的门户",只是"行为的刺激",感觉本身并不给人以任何知识。杜威又将人比作动物,他说动物如果看到什么或听到什么,并不表示它对世界上某一事件的"无用的知识",而只是刺激它去动作。③ 动物听到人的脚步声,并不是得到知识,而只是得到刺激。什么是脚步声? 实用主义者认为对动物来说,仅只是刺激它逃跑的记号,而不必问脚步

---

① 《五十年来之世界哲学》,《胡适文存》二集,第262—264页。
② 列宁:《唯物论与经验批判论》,第333页。
③ 参见杜威:《哲学的改造》,第82—83页。

声是什么。所以胡适讲:什么是事物的意义呢?譬如"闷空气",它只是使我呼吸感觉困难,从而刺激我要去打开窗门。①至于闷空气是什么?它为什么产生的?等等问题,实用主义者是不管的,因为这就是"消极的"知识了。所以感觉在性质上不是知识,而只是刺激。这就是胡适所说的,当你在做习惯式的散步、读书等动作时,是没有困难的感觉的,"没有什么段落可分",只有当你散步到三岔路口,不知道哪一条是归路了,读书遇到困难读不下去时,这才有困难的感觉,要"应付环境"了,就要刺激你去思想了。

实用主义者将感觉之作为知识的起点与门户的作用完全抹杀,硬说人和动物一样,从感觉不能得到认识,感觉只能是行为的刺激。他们所以要这样说,就是要避免过去一切经验论哲学家所必须回答的问题:感觉是不是客观世界的反映?他们说感觉不是知识,只是行为的刺激,目的就是企图取消掉反映的问题。这样一来,所谓"感觉困难"的"困难"所在(感觉内容)就变成完全依赖于主体的东西了。杜威在《经验主义的公设》一文中举了一个例子:我第一次听到一个声音很可怕,后来我知道它是风吹窗帘动的声音,第二次就不感觉可怕了。对这情形,一个正常的人会说:这两次的声音,都是风吹窗帘动,本来第一次并不应该引起怕的感觉,是我们的感觉错了,等我知道了客观事实,我就没有可怕的感觉了。感觉是被客观存在的事物所决定的。但是杜威并不这样解释。他不承认感觉是被客观事物所决定的,而认为感觉只是主观的感

———
① 参见《五十年来之世界哲学》,《胡适文存》二集,第260页。

觉经验而已。对脱离了客观事物的主观感觉经验说,它并没有错误与否的问题。所以杜威解释:第一次的感觉经验并没有错,两次的经验都是"实在"的;不过在这两次感觉之间有"认识活动",这一活动就将第一次感觉到的"实在"(可怕的声音)改变成为第二次感觉到的"实在"(不可怕的声音)。杜威所以这样解释,就是因为他否认感觉是客观事物的反映,将感觉的内容说成是依赖于主体而不依赖于客观世界的,这就是主观唯心论。由此可见:实用主义所说应付环境的"环境",确实不是真正客观的东西,而只是主观的情景。

将感觉说成是"行为的刺激",当然是不能避免唯物论与唯心论争论的问题的。我们要追问:所谓感觉——"刺激"的来源又是什么呢?是否来自客观世界呢?实用主义者像列宁在《唯物论与经验批判论》一书中所批判的俄国的马赫主义者尤世凯维奇的"经验符号论"一样,将感觉说成"符号"或"记号"。① 他们避免回答感觉的来源问题,这就陷入不可知论的泥坑。我们知道:不可知论归根到底就是主观唯心论。

实用主义者既然否认感官是知识的门户,也就是根本否认了感性认识,这就是挖空了理性认识的墙脚,就使得下一步理性认识成为不可能,也就是使得一切科学知识成为根本不可能。

(二)思想

"思想"就是胡适所说的"大胆的假设"的过程。实用主义者认为感觉到困难之后,为了要解决困难,就要用思想,思

---

① 参见杜威:《哲学的改造》,第83页。

想就是解决困难的工具。在思想开始时,过去的经验知识成为解决疑难的库藏,从这库藏里涌出来几个暗示的主意;从这些暗示里一一选择,去掉那些不合用的,留下一个最合用的,这就叫做取得了假设。在《实验主义》一文中又将从感觉困难到暗示的涌现这个步骤叫做"归纳的过程",也叫做"抽象";从暗示的涌现——到选定一个假设,再去证实,这个步骤叫做"演绎的过程",也叫做"推理"。这样看来,凡是形式逻辑上重要的名词,什么"归纳"、"演绎"、"抽象"、"推理"在这里都有了,因此有人以为"胡适的方法至少是合乎形式逻辑的吧",以为"胡适的方法总还是科学的、正确的吧"。其实仔细分析一下,就知道根本不是那么一回事:

首先,那个为思想供给资料的过去的"经验知识",实用主义者称作"库藏"的,并不是已经整理和概括成为系统的科学知识,它不过是一堆过去应付环境的经验,乃是一堆杂乱的记忆的堆积。杜威说它们不是按知识的原理组织起来的,而是按实用的原理组织起来的。① 这实际上就是说:它们不是按照客观世界所固有的规律性(科学规律是客观世界规律的反映)整理起来的,而只是按对垄断资本家个人有用的情况安排起来的。那当然只能是一堆杂乱的记忆的堆积,而不是系统的知识。只有从这样的"库藏"出发,实用主义者才能任意涂抹和歪曲事实。

其次,"暗示"是怎样涌现出来的呢? 那是从这个"库藏"

① 参见杜威:《哲学的改造》,第86页。

里"应需要的征召"涌现出来的。① "需要"当然只是个人主观的需要，是反动统治阶级的需要，换句话说，按照个人主观的需要，要它来什么样的暗示，就可以来什么样的暗示，丝毫也不用考虑事物本身的联系与规律。也就是说，它完全是主观任意的，而不是按照客观规律的。因此，暗示所给予人的东西，完全不是什么客观世界规律性的认识，而只是对个人有用的，至多只有表面的、形式上的类似。实质上是不相干的过去的经验。

因此，什么叫做"归纳"与"抽象"呢？那并不是像形式逻辑所要求的，仔细研究一件件个体事物，从中抽出它们的共同之点来，从许多个体中抽出普遍的、本质的东西来。不是这样，实用主义者所说的"归纳"与"抽象"，只是根据个人的需要，从过去经验过的事物中任意抽出一个特性，用来应付当前的环境，不问它们之间究竟有什么联系；至多只有表面的与形式的类似，只要按照个人的需要来穿凿附会的，都可以出现成为暗示。

怎么样从几个"暗示"中选择出一个"合用的"来作为"假设"呢？又没有别的法子，仍是"用当前的需要做标准"，个人主观的需要成为唯一的标准。实用主义有这样一个"需要"做标准，真是什么花招都可以要得出来的。根据个人的需要，用这几个暗示与当前要应付的困难环境来比附，不问它是否有客观的真实的联系，只要能满足个人的主观愿望，能"应付环境充分满意"，就算已经找到了他所要的"假设"。在"暗

---

① 参见《五十年来之世界哲学》，《胡适文存》二集，第 268 页。

示"、"假设"与当前的困难环境之间,仍旧至多只有表面的、形式的类似,实质上是牵强比附,实用主义者却叫做"演绎"与"推理"。

用实用主义者自己举的具体例子来说明。杜威自己举的例子:从具体的鸟抽出"飞"的特性,将这"飞"的特性推到蝙蝠上去,就可以预期蝙蝠会有鸟的其他某些特性。[①] 我们知道,蝙蝠虽然会飞,但是并不是鸟,它与鸟只是表面的类似。照实用主义这种"抽象"与"推论"的方法,我们同样也可以从鸟中抽出"飞"的特性推到飞机或蚊子上去,也可以"预期"飞机或蚊子会有鸟的某些特性了。而对于鸵鸟,虽然它是鸟,但是它不会飞,反倒不能有鸟的其他某些特性了。实用主义这种逻辑是与传统的形式逻辑完全不同的。杜威在《逻辑》一书中说:"传统逻辑中关于归纳和演绎的理论,是和现在的科学实践(引者按:应该作实用主义的实践)全不相干的。"所以会产生这样荒谬的"逻辑",乃是因为实用主义哲学不承认科学的抽象,不承认有普遍性,特别是不承认有本质属性。实用主义者要歪曲传统的形式逻辑,以便垄断资产阶级可以任意涂抹事实,可以将白的说成黑的,将真理说成谬误。这种"抽象"、"归纳"、"演绎"、"推理",对于实用主义者进行诡辩,确是很有用的。胡适为了要替帝国主义侵略中国作辩护,就为这种"逻辑"的运用作了很"好"的榜样:胡适硬说中国的大敌是"五鬼"——贫穷、愚昧、疾病、贪污、扰乱,而不是帝国主义。胡适作了这样一个诡辩:"如说'扰乱则间接由于帝国主

---

① 参见杜威:《哲学的改造》,第 143 页。

义之操纵军阀'，试问张献忠、洪秀全又是受了何国人的操纵?"①请看:胡适从张献忠、洪秀全"抽象"和"归纳"出一个"扰乱"(胡适将一切人民革命都污蔑为"扰乱")，而这个"扰乱"没有受帝国主义的操纵，于是胡适"演绎"、"推论"到近代中国军阀的扰乱也可以"预期"没有受帝国主义操纵的特性。这就是实用主义者的"逻辑"。胡适就是用这样的"逻辑"来抹杀铁一样的事实。这种例子在胡适的著作中是很多的，如他说:如说'贫穷则直接由于帝国主义的经济侵略'，则难道八十年前的中国果真不贫穷吗?"②胡适在这里所使用的也是这种按照自己需要随手拈来、任意比附的反科学的"逻辑"。胡适口口声声要人"拿证据来"，从这些例子我们可以看出，他所要的"证据"，原来就是这样的"证据"! 这样的思想方法，居然还自吹自擂，吹成是"科学的方法"!

用这种"抽象"、"归纳"、"推理"、"演绎"的方法，胡适可以"考证"出没有屈原这一个人;胡适的追随者可以"考证"出"墨子是印度人"，等等。这就是形式主义的考证方法。这种"推理"与"假设"都是抹杀了事物的本质联系及其规律性，只任意抓住一点表面的相同现象牵强比附。这就是胡适的实用主义的"推理"，这就是他的"科学方法"。这种方法与真正的科学方法是没有丝毫共同之点的。用这种方法是不能得出正确的结论的，连杜威自己也承认这是"冒险"的，是"没有保障"的。③

---

① 《我们走那条路·附录二》，《胡适论学近著》，第465页。
② 《我们走那条路·附录二》，《胡适论学近著》，第465页。
③ 杜威:《哲学的改造》，第143页。

968

由此可见,实用主义所谓"思想"乃是彻头彻尾的歪曲科学的"思想"。人类思想的初步规律——形式逻辑也被他们故意歪曲和改变。它的任何一步都不是反映客观事物及其规律性的,完全只是任意妄为;只要能应付目前的困难,根本不考虑事物本身的规律性及内在联系,只是以对个人的"需要"与"有用"为标准,一切都决定于主体。这完全是主观唯心论的方法论,是为反动行为作诡辩的方法论。

(三)证实

我们辩证唯物主义者是重视通过实践来检验真理的,而实用主义者好像也要"叫那个留下的假设去实地试验,用试验的成败定他的价值"①。但我们必须指出这二者是有根本区别的。马克思主义辩证唯物论主张用实践检验真理,即是说,我们是在实践中检验"理论的东西之是否符合于客观真理性这个问题"②。经过实践检验,证实它是符合客观实在的,才是真理,这是客观的真理。但实用主义所说的"实地试验",却不是去检验真理是否符合客观实在,而只是看它能否应付当前的环境,能否产生"由个人兴趣与意志"所需要的"效果"。能产生这样的"效果"的就是真理。他们宣布"效果"是真理性的唯一标准。按照实用主义的意见,每个人都在追逐自己的利益,所以有多少人就有多少真理,胡适常说的"公说公有理,婆说婆有理","真理是这个时间、这个境地、这个我的这个真理"③。"效果"标准是完全主观的,所以他们

① 《五十年来之世界哲学》,《胡适文存》二集,第269页。
② 毛泽东:《实践论》。
③ 《实验主义》,《胡适文存》二集,第415页。

所谓"真理"也是完全主观的,所以胡适说:"真理是人造出来供人用的。"①列宁早就指出:"对于唯我论者,'效果,是我在实践中所需要的一切。"②实用主义主观唯心论已完全堕落成为唯我论。他们可以将这种反科学的方法说成是"科学的方法",这实在是对于真正科学的嘲弄与污蔑!

上文引胡适所说:杜威哲学的最大目的,是教人养成能"应付种种环境充分满意"的"创造的智慧",实用主义的方法论,就是教人养成这种"创造的智慧"。什么是"创造的智慧"呢? 我们已经看到:在他们的整个思想过程中,并没有对于客观规律性的反映,它是违反理性、违背科学的;完全以主观的需要为标准,"对我有用"的就是"真理"。在这样的思想过程中作选择与判断的那个"创造的智慧",首先必然是反理性的,神秘的东西;所以胡适说它"是不可强求的,是自然涌出来的,如潮水一样压制不住的;他若不来时,随你怎样搔头抓耳,挖尽心血,都不中用"③这种反理性的、神秘的"智慧"就只能是垄断资产阶级的阶级性的表现;它完全根据垄断资产阶级利益的要求来搜求暗示、选择假说和检验效果。所以战争贩子艾森豪威尔说:"在我看来,原子弹的使用将以此为基础:在战争中使用原子弹是对我有利还是不利? ……如果我认为对我有利,我就会立刻使用它。"④实用主义所说的"创造性的智慧"就是这种血淋淋的东西,它不包含任何理性成分,

---

① 《实验主义》,《胡适文存》二集,第 435 页。
② 列宁:《唯物论与经验批判论》,第 167 页。
③ 《实验主义》,《胡适文存》二集,第 461 页。
④ 转引自威尔斯:《实用主义:帝国主义的哲学》。

正是垄断资产阶级的阶级性的十足愚蠢而凶恶的表现。

实用主义所说的"思想方法",实在就是如此。

三

实用主义哲学的实质是什么呢？经过以上的分析，我们可以得出三点结论：

首先，实用主义哲学是腐朽的主观唯心论哲学。实用主义哲学宣扬经验并且仅仅宣扬经验，在对于经验的解释里面取消了独立于我们之外的客观物质世界。他们把经验解释成为应付环境的行动、实践，企图以此来取消唯物论的认识论即反映论的问题。他们嘲笑唯物论是"形而上学"，将哲学基本问题说成可以"以不了了之"。他们将这一切吹嘘成为"哲学的革命"，其实，这些都不过是为了掩饰他们的主观唯心论面目而已。认识论的问题是不能"以不了了之"的。在他们用来应付环境的"思想方法"里面，"思想"并不是反映自然界和社会中不以人们意识为转移的客观规律性的知识，而是任意涂抹和装扮事实的工具。实在是人造的，规律是人造的，真理也是人造的。一切都是为着个人的需要，一切都以是否对个人发生效果、对个人有用为转移。杜威的公式是："存在就是被占有、被处理、被利用、被享受。"①这与巴克莱有名的主观唯心论公式"存在就是被知觉"有什么不同呢？事物是依赖于人的，存在是受意识决定的，实用主义就是这样唯心论地回

---

① 转引自威尔斯：《实用主义：帝国主义的哲学》。

答了认识论问题。所以实用主义是最陈腐的主观唯心论哲学,本质上并没有任何新的东西。

第二,实用主义是反科学、反认识,特别是反理性认识的蒙昧主义哲学。实用主义表面上颂扬"思想",颂扬"科学",实质上却是反对思想,反对科学;因为他们攻击知识,反对系统的科学知识。马克思主义辩证唯物论是重视科学,重视理论,重视知识的。科学知识正确地反映了客观事物的规律性(事物的内部矛盾与内部联系),这就是科学的抽象,这样的抽象才是更深刻、更正确、更完全地反映了客观世界。只有这样的知识才是能指导改造世界的实践活动的科学知识。但是实用主义哲学否认世界的客观存在及其客观规律性,认为科学的抽象"只是空洞的名词",否认反映客观事物规律性的科学知识。在他们看来,"知识"只是曾经用来应付环境的个别的、偶然的、没有规律的、杂乱一堆的"经验"。"知识"不反映客观事物的规律性,而是完全主观的,其中只有偶然性而没有必然性,只有个别而没有一般,没有本质与非本质的区别。因此,如果按照实用主义方法来"思想"的话,"思想"便成为完全任意的行为,"真理"只是对他有用。只要对他有用,他可以抓住任何类似之点,当作"证据",用来穿凿附会,牵强比附。只要对他有用,他便可以无耻诡辩,将白的说成黑的,将谬误说成"真理"。这就是他的方法论,就是所谓"大胆的假设,小心的求证"的全部意义。胡适极其无耻地将这样的"方法"说成是"科学的方法"。如果有人认为"胡适的方法总还是科学的",就上当了。过去有些人相信胡适的方法是科学的,因而胡适的实用主义能够在旧中国学术界散布肤浅的、诡辩的、反科学的不良影响。

这种反动影响是散布在各个学术领域之内的,我们只举历史与教育为例。

胡适自命是"有历史癖的人",他的主要著作也是历史方面的(包括哲学史与文学史)。但是什么是历史呢? 在他看来,历史并不是按照客观规律发展着的人类社会的历史,历史只是许多个别的、彼此孤立的、彼此没有联系的史实的偶然堆积。胡适说:"偶然加上模仿,便是历史的公式"历史记载就是那杂乱一堆的"经验知识",根本没有什么客观真实性。他爱怎样解释历史,就怎样解释,这就是胡适的"多元的历史观"。历史的研究也只是应付环境的工具,所以胡适可以用王莽变法的失败来论证社会主义一定要失败;用张献忠的"扰乱"来论证帝国主义没有侵略中国;用秦始皇统一中国的失败来梦想中华人民共和国各地区、各民族的铜铁般团结会变为分裂。在他写《中国哲学史大纲》时,为了要替实用主义在中国找理论根据,他把墨子哲学中的朴素唯物论因素说成是实用主义的"应用逻辑"而吹嘘一番,说墨子是"革新的左派";而现在,为了要制造"共产主义是极权主义"的神话,胡适又把墨子说成是"极权主义的极右派"。这就是"历史学家"的胡适! 实用主义者讲学问仅仅是为着应付环境的目的,"有用就是真理"。

胡适否认历史发展的客观规律,否认反映规律的系统科学知识,所以他对搜集、整理资料的考据方法进行了实用主义的歪曲之后,把它说成是唯一的科学方法,用"整理国故"来代替系统的历史研究,引导历史学家只注意一个个枝节问题的考证,而不去研究历史发展的主要规律,使历史科学变成只是零碎的资料的堆积,而不是系统的理论知识。事实上这就是取消历史科学。

实用主义的教育学说也是以这样的理论为基础的。实用主义的教育理论在中国也曾发生过影响。杜威所谓"生活教育",实在就是取消学校教育中的系统科学(如文学、历史、数学等)的传授,而提倡"活的课程"。这就是把人类几千年积累起来的系统科学知识抛开一边,片面夸大学生在活动过程中所获得的零星片断的生活经验。使人回到蒙昧时代,是符合反动统治阶级的愚民政策的。

从这些简单的例子已经可以看出实用主义是反对人类理性、反对科学、宣传蒙昧主义的哲学。

第三,实用主义是好战的、垂死的美帝国主义反动派的盲目冒险的哲学。实用主义重视"行动"、"实践",从表面上看来,这好像与马克思主义重视实践有相似之处。其实,辩证唯物论的实践观与实用主义的实践观是根本对立的,二者没有任何相似之处。辩证唯物论的认识论是知行统一论,我们重视实践但决不轻视理论。通过实践所取得的正确反映客观物质世界的科学理论,就可以反过来指导实践。没有理论指导的实践,就是盲目的实践。而实用主义者却为着"实践"的目的而且仅仅为着"实践",垄断资产阶级竭力反对客观规律性,以自己主观的、反动的意志来行动,这与无产阶级的认识世界与改造世界的革命实践是毫无共同之处的。所以他们颂扬"实践"而蔑视理论。他们否认知识是对客观事物及其规律性的反映,将知识说成行动,就是用行动取消知识。没有知识指导的行动当然只能是盲目的行动。行动失去了指导原则，就只能临时找办法来应付当时发生的每个情况，这就是实用主义应付环境的方法的基本特点。所以实用主义认为人与动物没有本质的不同而只有程度的差异，实质上就是将人类降低到动物的地位。

实用主义者否认事实，否认客观规律性，然而事实终究是事实，任何唯心论者的"智慧"必然会在事实面前碰得头破血流，最后实用主义者也只得承认他们的应付环境的盲目行动的方法"乃是一种冒险。事先并没有保障，使我们一定能够把从一个具体事物抽象出来的推到别个特例而有效果"①。承认"这个世界是一种真正冒险事业，危险很多，但是也许有最后的胜利"②。垂死的反动统治阶级只能冒险赌博，将一切希望寄托在最后的孤注一掷，胡适一面想进行冒险，"努力""干吧"，但也感觉到他的"世界末日"已经到来，所以他常常引用易卜生的话："我真觉得全世界都像海上撞沉了船，最要紧的就是救出自己。"这真是做垂死挣扎的盲目行动的冒险主义的最妙的自白。

这样，我们就可以看到实用主义哲学的阶级根源了。原来实用主义哲学就是已经走上死路的垄断资产阶级做垂死挣扎的哲学。在今天，是美国好战分子的哲学。

实用主义是在资本主义进入帝国主义时代产生和传播起来的。这时摆在资本家面前的是日益深刻严重的资本主义总

① 杜威：《哲学的改造》，第142页。
② 《实验主义》，《胡适文存》二集，第442页。

975

危机和日益蓬勃发展的世界无产阶级革命。这就是垄断资本家所要应付的环境，是使得他们寝食不安的"危险的世界"。马克思主义科学地指出了资本主义必然灭亡、社会主义必然胜利的前途，这就是实用主义者及其主子们最害怕的死刑判决书。他们反对理性、反对科学，目的就在于反对马克思主义这个科学真理，企图使资本统治永世长存。他们将世界说成是没有规律的，就是可以由人任意"创造"的，对垄断资产阶级来说，是可以"冒险""尝试"的，也是只能"冒险""尝试"的。这种盲目冒险的行动哲学只是反映了垄断资本家在死亡面前疯狂挣扎的凶恶狰狞的面目。胡适将实用主义贩运到中国来，因为这套帝国主义哲学是完全符合当时中国反动统治阶级利益的，因为中国反动统治阶级和他们的帝国主义主子的利益、要求和命运是完全一致的。

实用主义哲学是世界上最反动、最愚蠢的哲学之一，它应该受到而且已经受到了我们的鄙夷和唾弃！

实用主义所谓"经验"和"实践"是什么[*]

一

　　什么是实用主义哲学？列宁早就指出过："在最新的美国哲学中，'最时髦的东西'可以说是'实用主义'了（'实用主义'来自希腊文 pragma——行为、行动，即行动哲学）。……实用主义既嘲笑唯物主义的形而上学，也嘲笑唯心主义的形而上学；它宣扬经验而且仅仅宣扬经验；认为实践是唯一的标准；依据一般实证论思潮；专门依靠奥斯特瓦尔德、马赫、毕尔生、昂·彭加勒、杜恒，依靠科学不是'实在的绝对复写'的说法；并且……极其顺利地从这一切中推演出上帝，这是为了实践的目的，而且仅仅为了实践，这里没有任何形而上学，也没有超越经验的任何界限。……从唯物主义的观点看来，马赫主义和实用主义之间的差别，就像经验批判主义和经验一元

──────────

　　[*] 原刊于《人民日报》1955 年 5 月 29 日，署名为金岳霖、汪子嵩、张世英、黄枬森。——编者注

977

论之间的差别一样,是微不足道的和极不重要的。"①

所以,我们的分析应该从"经验"开始。"经验"是实用主义哲学的基本概念。列宁说过:"从哲学史中知道,对经验概念的解释,使古典的唯物主义者与古典的唯心主义者划分开来了。"②

承认有在经验之外独立存在着的客观物质世界,这个客观物质世界是必然地存在着的,而经验则是从客观世界给予人的,承认客观世界是经验的源泉,因而经验的内容是客观的;这就是唯物主义地解释经验。而一切唯心主义者总是千方百计地企图否认在经验之外可以独立存在的客观物质世界,他们认为存在就是被经验,没有经验就没有存在,世界只能存在于经验之内,这样,他们就把客观世界变成了依赖于主体的东西,主观的东西,以主体并吞了客体。这就是唯心地解释经验。这就是对"经验"这个概念的解释上的唯物主义与唯心主义的根本对立。

这样我们就可以开始来考察实用主义者是如何解释"经验"这个概念的。

杜威说,过去唯物主义和唯心主义所以发生争论,只是因为,认为"客体和主体,精神和物质是分离的和彼此独立的,区此便遇到如何能够认识的问题……"③。因此他认为:只要

————————

① 列宁:《唯物主义和经验批判主义》,人民出版社 1960 年版,第 361 页。

② 列宁:《唯物主义和经验批判主义》,人民出版社 1960 年版,第 150 页。

③ 杜威:《经验与自然》。

不分离主体与客体,精神与物质,只要既不从物质出发,也不从精神出发,而是从经验出发,就可以避免唯物主义与唯心主义的争论了。

这完全是像马赫主义一样,企图用一种"中性"的"经验"来偷运主观唯心主义。下面我们从两方面来证明:

第一,杜威明白地主张:"经验就是地球上的整个历史",它和这个历史一样地广,一样地深,一样地丰富①。这就奇怪了:经验总是有主体的,是人(类)的经验。按照杜威的说法,则在地球上有人类之前的千千万万年的历史是谁的"经验"呢? 这里只能有两个解释:或者是,在人类出现之前,先有某个上帝或"宇宙精神"在经验着,这就是客观唯心主义的解释。或者是,在有人类经验之前,在人类存在之前,地球并不存在,因而没有历史,这就是主观唯心主义的解释了。

因为"经验就是地球上的整个历史",所以表面上杜威似乎承认日、月、星、山、河等自然物体的存在。他说:"这些物体不单是历史和经验的外部条件,它们乃是历史和经验的不可缺少的部分。"②但他马上接着说:"但是如果没有人类对于这些事物的关系和兴趣,没有人类对于这些事物的解释,那么这些事物也就不是历史上的事物了。"③不是历史上的事物就是非经验的事物,非经验的事物是否存在呢? 杜威在《经验主义的公设》这篇文章里说:"事物——任何事物——如何,

① 杜威:《经验与自然》。
② 杜威:《经验与自然》。
③ 杜威:《经验与自然》。

就是我们经验它们如何。"①在这句话后面加了一个"注"，在注中就明白地说："……不存在的东西那就等同于非经验的东西。"②

原来结论就是如此，世界上的客观事物，如果没有人对它的关系与兴趣，如果没有人对它的解说，它就不是历史上的事物，它就不是经验，它就是不存在的。没有经验就没有存在，在人类经验之前世界是不存在的。"存在就是被经验"，不是经验依赖于客观世界，而是客观世界依赖于经验。这难道还不是与贝克莱的"存在就是被知觉"一样的主观唯心主义的公式吗？

这样，我们也就可以理解杜威为什么称他自己的学说是"自然和经验的连续性了"。前面讲过，杜威反对将物质和精神分离开来。同样的理由，他强调反对将自然与经验分离，他要将自然与经验"联系"起来，所以他称他自己的哲学是"自然主义的经验主义"。但是，将自然与经验联系有两种可能的看法：一种看法是承认自然独立存在，经验的内容是自然给予的，经验从自然获得客观内容，因此经验是依赖于自然的，这是唯物主义者的看法。唯心主义者的看法与此相反，认为自然只能在经验之内，没有独立于经验而存在的自然，从而自然依赖经验，经验就成为第一性的东西。实用主义哲学恰恰就是采取后一种办法，杜威将自然与经验等同起来，反对将自

---

① 杜威:《经验主义的公设》，转引自《达尔文主义对哲学的影响》一书。

② 杜威:《经验主义的公设》，转引自《达尔文主义对哲学的影响》一书。

然看成是"独立于经验的东西"。他认为如果"将一切经验到
的东西都认为是客观的,独立于自我的态度和行动而存在那
里的",那只是"人类自然的和本来的偏见"。这就是说:如果
你以为你所经验到的那个太阳是客观地、独立于你的态度而
存在那里的,那只是你的"偏见"。太阳——自然物体,没有
在人的经验之外的独立存在,"事物就是被经验到的东西"①。
自然界不依赖于经验,就不能存在,这就是否认客观实在的主
观唯心主义的结论。

第二,像别的一些主观唯心主义者一样,实用主义者唯心
主义地解释经验,否认客观实在,同时直接地反对唯物主义,
说唯物主义是"形而上学"。

实用主义者反对独立存在的物质世界,杜威把它叫做
"最高最后的实在","绝对无上的实在","先存的实在",到
处加以反对。例如在《哲学的改造》一书中,他反对传统的哲
学讲"本体的世界",他说:"一个略等于民众信仰里那个宗教
的,超自然的世界,加上了形而上学的翻译,就成了一个最高
最后的实在的世界。……在哲学方面,那个绝对无上的实在
也就给一切关于事物的真理作唯一可靠的保证"。② 他认为
这是"哲学妄自尊大,以为它的职务在于证明一个超于经验
的,绝对的或内心的本体"。而认为哲学只能研究"经验的、
相对实在的'现象的世界'"。

说物质的概念是"超经验的"、"形而上学"的翻译等并不

———————

① 杜威:《经验与自然》。
② 杜威:《哲学的改造》。

是新的东西,列宁在《唯物主义和经验批判主义》中早就指出:"在休谟主义者看来,唯物主义一定是形而上学、教条、超出经验范围的东西等等。"①

事实确是如此,实用主义哲学对于哲学的基本问题并没有"以不了了之",它用了"经验"这个概念,表面上是既反对唯物主义又反对唯心主义,实质上是偷运主观唯心主义。他反对唯物主义的物质概念,而这不过是愚蠢地重复时髦的反动哲学的论据,丝毫没有新鲜的东西。

二

胡适在《实验主义》一文中说杜威所讲的"经验"与"旧派哲学"对经验的看法根本不同,有五条区别,这就是所谓杜威对于经验的"新"解释。尽管杜威将这五条区别讲得很烦琐复杂,但是仔细分析一下,贯穿着这五条的,主要的只有一点,就是他们将经验解释成为动作、行动。他们说:经验是人对环境的"一切交涉"(第一条);是环境受了人的动作而"发生种种变迁"(第二条);"经验是实验的,是要变换现有的物事;……他的主要性质在于联络未来"(第三条);经验是"应付环境和约束环境的事"(第四条)。胡适总起来说:"经验就是生活,生活就是对付人类周围的环境",经验是"应付环境的行为",而反对像"旧派哲学"那样将经验解释成为只是"知

---

① 列宁:《唯物主义和经验批判主义》,人民出版社 1960 年版,第269 页。

识"。所以他们说：经验是"向前的"、"主动的"，而不是"静止的"、"被动的"。所以实用主义是"行动的哲学"。

必须指出：马克思主义哲学——辩证唯物主义是非常重视实践的，"实践的观点是辩证唯物论的认识论之第一的和基本的观点"①。我们认为：经验和实践不可分，经验必然以人类的社会实践为基础。但实用主义者所说的行动与马克思主义者所讲的实践，没有丝毫共同之处。

实用主义者说经验是应付环境的行为，而思想是应付环境的工具；但是他们所说的思想过程，也就是应付环境的过程，是行动的过程、生活的过程，也就是经验的过程；所以胡适说杜威"把经验和思想看作一件事"。所以"思想五步说"是思想方法，同时又是经验过程。实用主义的方法论仍旧是他们的经验论，我们分析实用主义的"思想五步说"，可以使我们更深入了解实用主义所谓经验即行动的具体内容。

胡适在《五十年来之世界哲学》一文中说："这种生活就是经验。经验全是一种'应付的行为'；思想知识就是应付未来的重要工具。"又说："仔细分析起来，凡是有条理的思想，大概都可以分作五步：（1）感觉困难；（2）寻出疑难所在；（3）暗示的涌现；（4）评判各种暗示的解决，假定一个最适用的解决；（5）证实（就是困难的解决）。——在这五步里，究竟何尝单是细碎的感觉？又何尝有什么超于经验的理性？从第一步感觉困难起，到最后一步解决困难止，步步都是一段经验的

---

① 毛泽东：《实践论》，《毛泽东选集》一卷本，人民出版社 1966 年版，第 273 页。

一个小部分,都是一个'适应作用'的一个小段落。"

这是实用主义哲学的"思想"的全部过程,是它"应付环境的行为"的全部过程,也就是实用主义所谓"经验"的实际内容。在这个过程中不包含任何一点对客观世界的反映,行动就是一切。现在我们来分析这个过程。原来的五步,胡适常简化为三步,我们也着重分析以下三点:(1)感觉;(2)思想;(3)证实。

(1)感觉

辩证唯物主义教导我们:认识客观世界首先要经过感觉。但感觉首先就是客观世界作用于我们感官的结果,所以感觉是对客观世界的反映。

实用主义者也说感觉是"思想的动机",但它们的意思是说:感觉不是"知识的门户",只是"行为的刺激",感觉本身并不给人以任何知识。杜威在《哲学的改造》一书中又将人比作动物,他说动物如果看到什么或听到什么,并不表示它对世界上某一事件的"无用的知识",而只是刺激它去动作。动物听到人的脚步声,并不是得到知识,而只是刺激它逃跑。什么是脚步声? 实用主义者认为对动物来说,仅只是刺激它逃跑的记号,而不必问脚步声是什么。所以胡适讲:什么是事物的意义呢?譬如"闷空气",它只是使我呼吸感觉困难,从而刺激我要去打开窗门。至于闷空气是什么? 它为什么会产生? 等等问题,实用主义者是不管的,因为这就是"消极的""知识"了。所以感觉在性质上不是知识,而只是刺激。

实用主义者将感觉之作为知识的起点与门户的作用完全

抹杀,硬说人和动物一样,从感觉不能得到认识,感觉只能是行为的刺激。他们所以这样说,目的就是企图取消掉反映的问题。这样一来,所谓"感觉困难"的"困难"所在(感觉内容)就变成完全依赖于主体的东西了。杜威在《经验主义的公设》一文中举了一个例一子:我第一次听到一个声音很可怕,后来我知道它是风吹窗帘的声音,第二次就不感觉可怕了。对这情形一个正常的人会说:这两次的声音都是风吹窗帘动,本来第一次不应该引起怕的感觉,是我的感觉错了,等我知道了客观事实,我就没有可怕的感觉了。感觉是被客观存在的事物所决定的。但是杜威并不这样解释,他不承认感觉是被客观事物所决定的,而认为感觉只是主观的感觉经验而已。对脱离了客观事物的主观感觉经验说,它并没有错误与否的问题。所以杜威解释:第一次的感觉经验并没有错,两次的经验都是"实在"的;不过在这两次感觉之间有"认识活动",这一活动就将第一次感觉到的"实在"(可怕的声音),改变成第二次感觉到的"实在"(不可怕的声音)。杜威所以这样解释,就是因为他否认感觉是客观事物的反映,将感觉的内容说成是依赖于主体而不依赖客观世界的,这就是主观唯心主义。由此可见,实用主义所说应付环境的"环境",确实不是真正客观的东西,而只是主观的情景。

将感觉说成是"行为的刺激"当然是不能避免掉唯物主义与唯心主义争论的问题的。我们要追问:所谓感觉——"刺激"的来源又是什么呢? 是否来自客观世界呢? 实用主义者像列宁在《唯物主义和经验批判主义》一书中所批判的俄国的马赫主义者尤世凯维奇的"经验符号论"一样①,将感觉说成是"符号"或"记号"。他们避免回答感觉的来源问题,这就陷入不可知论的泥坑。我们知道:不可知论归根到底就是主观唯心主义的。

实用主义者既然否认感官是知识的门户,也就是根本否认了感性认识,这就是挖空了理性认识的墙脚,就使得下一步理性认识成为不可能,也就是使得一切科学知识成为根本不可能。

(2)思想

"思想"就是胡适所说的"大胆的假设"的过程。实用主义认为感觉到困难之后,为了要解决困难,就要用思想,思想就是解决困难的工具。在思想开始时,过去的经验知识成为解决困难的库藏,从这库藏里涌出来几个暗示的主意;从这些暗示里一一选择,去掉那些不合用的,留下一个最合用的,这就叫做取得了假设。在《实验主义》一文中,他又将从感觉困难到暗示的涌现这个步骤叫做"归类的过程",也叫做"抽象";从暗示的涌现到选定一个假设,再去证实,这个步骤叫做"演绎的过程",也叫做"推理"。这样看来,凡是逻辑上所有的名词,什么"归类"、"演绎"、"抽象"、"推理",在这里都有了,因此有人以为"胡适的方法至少是合乎形式逻辑的吧",以为"胡适的方法总还是科学的、正确的吧"。其实仔细分析一下,就知道根本不是那么一回事。

---

① 参见列宁:《唯物主义和经验批判主义》,人民出版社1960年版,第169页。

首先,那个为思想供给资料的"经验知识",实用主义者称作"库藏"的,并不是已经整理成为系统的科学知识,它不过是一堆过去应付环境的经验,乃是一堆杂乱的记忆的堆积。杜威在《哲学的改造》一书中说,它们不是按知识的原理组织起来的,而是按实用的原理组织起来的。这实际上就是说:它们不是按照客观世界所固有的规律性(科学规律是客观世界规律的反映)而整理起来的,而只是按对个人有用的情况安排起来的。那当然只能是一堆杂乱的记忆,而不是系统的知识。只有从这样的"库藏"出发,实用主义才能任意涂抹和歪曲事实。

其次,"暗示"是怎样涌现出来的呢?那是从这个"库藏"里"应需要的征召"涌现出来的。"需要"当然只是个人主观的需要,是反动统治阶级的需要;换句话说,按照个人主观的需要,要它来什么样的暗示,就可以来什么样的暗示,丝毫也不用考虑事物本身的联系与规律。因此,暗示所给予人的东西,完全不是什么客观世界规律性的认识,而只是对个人有用的,至多只有表面的、形式上的类似,实质上是不相干的过去的经验。

因此,什么叫做"归类"与"抽象"呢?那并不是像形式逻辑所要求的,仔细研究一件件个体事物,从中抽出它们的共同之点来,从许多个体中抽出普遍的、本质的东西来。不是这样,实用主义者所说的"归类"与"抽象",只是根据个人的需要,从过去经验过的事物中任意抽出一个特性,用来应付当前的环境,不问它们之间究竟有什么联系;至多只有表面的与形式的类似,他可以按照个人的需要来穿凿附会的,都可以出现成为暗示。

怎么样从几个"暗示"中选择出一个"合用的"来作为"假设"呢？又没有别的法子，仍是"用当前的需要作标准"，个人主观的需要成为唯一的标准。实用主义有这样一个"需要"作标准，真是什么花招都可以耍得出来的。根据个人的需要，用这几个暗示与当前要应付的困难环境来比附，不问它是否有客观的、真实的联系，只要能满足个人的主观愿望，能"应付种种环境充分满意"，就算已经找到了他所要的"假设"。在"暗示"、"假设"与当前的困难环境之间，仍旧至多只有表面的、形式的类似。实质上是牵强比附，实用主义者却叫做"演绎"与"推理"。

用实用主义者自己举的具体例子来说明：杜威自己举的例子：从具体的鸟抽出"飞"的特性，将这"飞"的特性推到蝙蝠上去，就可以预期蝙蝠会有鸟的其他某些特性。① 我们知道：蝙蝠虽然会飞，但是并不是鸟，它与鸟只是表面的类似。照实用主义这种"抽象"与"推论"的方法，我们同样也可以从鸟中抽出"飞"的特性推到飞机或蚊子上去，也可以"预期"飞机或蚊子会有鸟的某些特性了。面对于鸵鸟，虽然它是鸟，但是它不会飞，反倒不能有鸟的其他某些特性了。实用主义这种逻辑是与传统的形式逻辑完全不同的。杜威在《逻辑》一书中说："传统逻辑中关于归纳和演绎的理论，是和现在的科学实践（引者按：应读作实用主义的实践）全不相干的。"所以会产生这样荒谬的"逻辑"，乃是因为实用主义哲学不承认科

———————————

① 参见杜威：《哲学的改造》。

学的抽象,不承认有普遍性,特别是不承认有本质属性。实用主义者要歪曲传统的形式逻辑,以便垄断资产阶级可以任意涂抹事实,可以将白的说成黑的,将真理说成谬误。这种"抽象"、"归类"、"演绎"、"推理",对于实用主义者进行诡辩,确是很有用的。帝国主义的文化买办胡适为了要替帝国主义侵略中国作辩护,就为这种"逻辑"的运用作了很"好"的榜样:胡适硬说中国的大数是"五鬼"——贫穷、愚昧、疾病、贪污、扰乱,而不是帝国主义。胡适作了这样一个诡辩:"如说'扰乱则间接由于帝国主义之操纵军阀',试问张献忠,洪秀全又是受了何国的操纵?"请看:胡适从张献忠、洪秀全"抽象"和"归类"出一个"扰乱",而这个"扰乱"没有受帝国主义的操纵,于是胡适"演绎"、"推论"到近代中国军阀的扰乱也可以"预期"没有受帝国主义操纵的特性。这就是实用主义者的"逻辑"。胡适就是用这样的"逻辑"来抹杀铁一样的事实。为了替帝国主义辩护,也就是买办文人所要"应付"的"环境",他就来进行这样无耻的诡辩。这种例子在胡适的著作中是很多的,如他说:"如说'贫穷则直接由于帝国主义的经济侵略',则难道八十年前的中国果真不贫穷吗?"胡适在这里所使用的也是这种按照自己需要随手拈来、任意比附的反科学的、反动的"逻辑"。胡适一直打着"科学"的幌子,口口声声要人"拿证据来",从这些例子我们可以看出:他所要的"证据",原来就是这样的"证据"! 这样的思想方法,居然还自吹自擂,吹成是"科学的方法",真是无耻之尤!

(3)证实

我们辩证唯物主义者是重视通过实践来检验真理的,而实用主义者好像也要"叫那个留下的假设去实地试验,用试验的成败定它的价值"。但我们必须指出,这二者是有根本区别的。马克思主义辩证唯物主义主张用实践检验真理,即是说,我们是在实践中检验"理论的东西之是否符合于客观真理性这个问题"[①]。经过实践检验,证实它是符合客观实在的,才是真理,这是客观的真理。但实用主义所说的"实地试验",却不是检验真理是否符合客观实在,而只是看它能否应付当前的环境,能否产生"由个人兴趣与意志"所需要的"效果"。能产生这样的"效果"的就是"真理",他们宣布"效果"是真理性的唯一标准。按照实用主义的意见,每个人却在追逐自己的利益,所以有多少人就有多少真理。胡适常说的"公说公有理,婆说婆有理",真理"是这个时间,这个境地,这个我的这个真理","效果",标准完全是主观的,所以他们所谓"真理"也是完全主观的,所以胡适说真理"是人造出来供人用的"。列宁早就指出:"对于唯我论者,'效果'是我在实践中所需要的一切。"实用主义是堕落成为唯我论的主观唯心主义者,他们可以将这种反科学的方法叫做"科学的方法",这实在是对于真正科学的嘲弄与污蔑!

胡适说:杜威哲学的最大目的,是教人养成能"应付种种环境充分满意"的"创造的智慧",实用主义的方法论,就是教人养成这种"创造的智慧"。什么是"创造的智慧"呢?我们已经看到:在他们的整个思想过程中,并没有对于客观规律的

---

① 毛泽东:《实践论》,《毛泽东选集》一卷本,人民出版社1966年版,第281页。

反映,完全以主观的需要为标准,"对我有用"的就是"真理"。在这样的思想过程中,作选择与判断的那个"创造的智慧",首先必然是反理性的、神秘的东西。所以胡适说它"是不可强求的,是自然涌上来,如潮水一样压制不住的;他若不来时,随你怎样搔头抓耳,挖尽心血,都不中用"。这种反理性的、神秘的"智慧",就只能是垄断资产阶级的阶级性的表现;它完全根据垄断资产阶级利益的要求来搜求暗示,选择假说和检验效果。所以艾森豪威尔说:"在我看来,原子弹的使用将以此为基础:在战争中使用原子弹是对我有利还是不利,……如果我认为对我有利,我就会立刻使用它。"①实用主义所说的"创造的智慧"就是这种血淋淋的东西,它不包含任何理性成分,正是垄断资产阶级的阶级性——十足愚蠢而凶恶的表现。

实用主义所说的"思想方法",实在就是如此。

三

实用主义哲学的实质是什么呢? 经过以上的分析我们可以知道:

首先,实用主义哲学是腐朽的主观唯心主义哲学。实用主义哲学宣扬经验,但在对于经验的解释里面取消了独立于我们以外的客观物质世界。他们把经验解释成为应付环境的行动,企图以此来取消认识论的问题。在他们用来应付环境

①　转引自威尔斯:《实用主义——帝国主义的哲学》。

991

的所谓"思想方法"里面，"思想"并不是反映自然界和社会中不以人们意识为转移的客观规律性的知识，而是任意涂抹和装扮事实的工具。实在是人造的，规律是人造的，真理也是人造的。一切都是为着个人的需要，一切都以是否对个人发生效果对个人有用为转移。①

第二，实用主义哲学是反科学、反认识，特别是反理性认识的蒙昧主义哲学。实用主义哲学否认世界的客观存在及其客观规律性，认为科学的抽象"只是空洞的名词"，否认反映客观事物规律性的科学知识。在他们看来，"知识"只是曾经用来应付过环境的个别的、偶然的、没有规律的、杂乱一堆的"经验"，"知识"不反映客观事物的规律性，而是完全主观的，其中只有偶然性而没有必然性，只有个别而没有一般，没有本质与非本质的区别。因此，如果按照实用主义的方法来"思想"的话，"思想"便成为完全任意的行为。只要对他有用，他可以抓住任何类似之点，当作"证据"，用来穿凿附会，牵强比附。只要对他有用，他便可以无耻、诡辩、将白的说成黑的，将谬误说成真理。这就是他的方法论，就是所谓"大胆的假设，小心的求证"的全部意义。

第三，实用主义是好战的、垂死的美帝国主义反动派的盲目冒险的哲学。实用主义者颂扬"行动"、"实践"，但与马克思主义重视实践毫无相似之处。垄断资产阶级竭力反对客观规律性，以自己主观的、反动的意志来行动，他们否认知识是对客观事物及其规律性的反映，将知识说成行动，就是用行动

---

① 转引自威尔斯:《实用主义——帝国主义的哲学》。

取消知识。没有知识指导的行动当然只能是盲目的行动。行动失去了指导原则,就只能临时找办法来应付当时发生的每个情况,这就是实用主义应付环境的方法的基本特点。

实用主义是在资本主义进入帝国主义时代产生和传播起来的。这时摆在资本家面前的是日益深刻严重的资本主义总危机和日益蓬勃发展的世界无产阶级革命。这就是垄断资本家所要应付的环境,是使得他们寝食不安的"危险的世界"。马克思主义科学地指出了资本主义必然灭亡、社会主义必然胜利的前途,这就是实用主义者及其主子们最害怕的死刑判决书。他们反对理性、反对科学,目的就在于反对马克思主义这个科学真理,企图使资本统治永世长存。他们将世界说成是没有规律的,就是可以由人任意"创造"的,对垄断资产阶级来说,是可以"冒险"尝试"的,也是只能"冒险"尝试"的。这种盲目冒险的行动哲学只是反映了垄断资本家在死亡面前疯狂挣扎的凶恶狰狞的面目。胡适将实用主义贩运到中国来,因为这套帝国主义哲学是完全符合当时中国反动统治阶级利益的,因为中国反动统治阶级和他们的帝国主义主子的利益、要求和命运是完全一致的。